W0075344

WALTER KRÄMER UND MICHAEL SCHMIDT

DAS BUCH DER LISTEN

DIE BEKANNTESTEN WELTUNTERGÄNGE
DIE BELIEBTESTEN MAGGISUPPEN
DIE DÜMMSTEN KRIMINELLEN
DIE UNBELIEBTESTEN LOTTOZAHLEN
SOWIE 581 WEITERE REKORDE
UND WISSENSLÜCKENFÜLLER AUS WIRTSCHAFT,
POLITIK, GESELLSCHAFT, SPORT

EICHBORN.

Die Deutsche Bibliothek – CIP-Einheitsaufnahme

Krämer, Walter:
Das Buch der Listen : 581 Rekorde und Wissenslücken-
füller aus Wirtschaft, Politik, Gesellschaft, Sport/ Walter
Krämer/Michael Schmidt. – Frankfurt am Main : Eichborn,
1997
ISBN 3-8218-0490-4

© Vito von Eichborn GmbH + Co. Verlag KG,
Frankfurt am Main, März 1997
Umschlaggestaltung: Christina Hucke
Lektorat: Matthias Bischoff
Gestaltung: Christina Schneeweis
Satz: Fuldaer Verlagsanstalt, Fulda
Druck und Bindung: Werner Söderström OY, Finnland
ISBN 3-8218-0490-4

Verlagsverzeichnis schickt gern:
Eichborn Verlag, Kaiserstraße 66, D-60329 Frankfurt am Main
http://www.eichborn.de

VORWORT

Gott der Herr rief Moses, und machte eine Liste: 1. Du sollst keinen anderen Göttern dienen; 2. Du sollst den Tag des Herren ehren; 3. Du sollst ...
Auch sein Sohn Jesus, »da er aber die vielen Menschen sah«, stieg auf einen Berg und machte eine Liste: 1. Selig die Armen im Geiste, denn ihrer ist das Himmelreich; 2. Selig die Trauernden, denn sie werden getröstet werden; 3. Selig die Bescheidenen, denn ...
Die alten Kirchenväter machten Listen, die alten Griechen, Römer, Gallier machten Listen, die Nibelungen auf ihren Reisen machten Listen, die Reformatoren, Inquisitoren, Konquistadoren, Hexenjäger, Dichter, Denker, Weltumsegler, Weltraumfahrer machten Listen. »Ein Mantel, sechs Hemden, vier Hosen, 24 Paar Schuhe, eine Mütze, einen Gürtel«, schreibt Leonardo da Vinci am 22. Juli 1491 in sein Tagebuch (die Ausgaben für seinen mißratenen Adoptivsohn Gian Giacomo Caprotti), und genauso machen wir noch heute unsere Listen: 1. Schwiegermutter anrufen; 2. Hund ausführen; 3. Mülleimer auf die Straße stellen ...
Was ist da natürlicher als eine Liste der Listen? Ein Buch der Hitparaden, Bestenlisten, Einkaufslisten, Sündenlisten, schwarzen, grünen, gelben, roten Listen, Kabinettslisten und Bücherlisten, die unser Berufs- und Alltagsleben so schön ordnen und durchschaubar machen? Und genau das haben wir in den folgenden 30 Kapiteln vor: wir listen Wörter, Bücher, Bücherschreiber, Sportler, Sportrekorde, Großverdiener, Menschen, Tiere, Schwerverbrecher, Höchstleistungen, Pleiten, Pannen, all die Tausende und Millionen von Informationshappen, die uns täglich um die Ohren schwirren, in leicht verdaulichen Paketen auf.
Manche dieser Listen sind uns in unseren Brotberufen als Ökonomen und Statistiker quasi von alleine in den Weg gelaufen, andere haben wir erst für dieses Buch der Listen eigens recherchiert. Gemeinsam ist allen, daß sie das zusammenführen, was zusammengehört (Pardon, Willy), daß sie Nachrichten und Daten zu eng begrenzten Themen so kompakt wie möglich an die Leser weiterleiten.
Weil wir an jeder Hand fünf Finger haben, enden viele dieser Listen bei der Nummer zehn. Aber das ist nur ein Zufall der Genetik, bei vier Fingern wäre die Welt vermutlich voller Achterlisten. Ansonsten haben wir nur darauf geachtet, so neutral wie möglich die Dinge so zu zeigen, wie sie sind, und als »ehrliche Informationsmakler« unseren Zeitgenossen das Erfassen ihrer und unserer Welt soweit wie möglich zu erleichtern.

DANKSAGUNGEN

Bei den Recherchen für das Buch der Listen haben uns geholfen (in alphabetischer Reihe): Peter Beringer, Ruth Breitenstein, Frank Gerbert, Volker Hummel, Denis, Doris und Eva Krämer, Dieter Kuckuck, Johanna Kuntze, Michael Lohre, Heiner Müller-Merbach, Wolfgang Polasek, Jutta, Renate und Walter Rabenschlag, Claudia Rexhaus, Andreas Sammann, Hella Sammann-Schartenberg, Horst-Dieter Schlosser, Gisela und Klaus-Dieter Schmidt, Andreas Stich, Maria Strecker, Natalie Strutz, Holger Thiel, Götz Trenkler, Sven-Oliver Troschke, Christine von Rudloff und Lutz Wille. Ohne die Hilfe dieser Freunde und Kollegen wären viele der folgenden Listen nicht entstanden. Matthias Bischoff und Uwe Gruhle haben uns darüber hinaus fachkundig bei der Organisation des Materials beraten, und Frank Laufenberg und Frank Elstner haben uns bereitwillig verschiedene private Listen aus Funk und Fernsehen überlassen.

Ferner haben uns die folgenden Organisationen bereitwillig, zum Teil unter großem eigenen Arbeitseinsatz und mit überraschendem Enthusiasmus mit Informationen versorgt (ebenfalls in alphabetischer Reihenfolge):

- Allianz AG, München
- ARAG Allgemeine Versicherungs AG, Düsseldorf
- Archiv- und Informationsstelle des Deutschen Lottoblocks, Münster (besonders Herr Hessel)
- Augsburger Puppenkiste
- Börsenverein des Deutschen Buchhandels, Frankfurt am Main
- Bundesamt für Naturschutz, Bonn
- Bundesanstalt für Arbeit, Nürnberg
- Bundesinstitut für Berufsbildung, Berlin und Bonn
- Bundeskriminalamt, Wiesbaden
- die Bundesministerien für Justiz, Verteidigung, Gesundheit, Arbeit und Sozialordnung sowie das Bundesministerium des Innern
- Bundesverband der phonographischen Wirtschaft, Hamburg (besonders Herr Kruse)
- Bundesverband Video, Hamburg
- Bundeszentrale für gesundheitliche Aufklärung, Köln
- DeBeers Diamanteninformationsdienst, Frankfurt am Main
- Deutsche Bahn AG
- Deutsche Krebshilfe
- Deutsche Landwirtschafts-Gesellschaft, Frankfurt am Main (besonderer Dank an Rainer Schramm)
- Deutsche Messe AG, Hannover

- Deutsche Post AG
- Deutscher Allergie- und Asthmabund e.V., Mönchengladbach
- Deutscher Brauer-Bund e.V., Bonn
- Deutscher Bühnenverein, Köln
- Deutscher Fußball Bund, Frankfurt am Main
- Deutscher Fleischer-Verband, Frankfurt am Main
- Deutscher Werberat, Bonn
- Deutsches Jugendinstitut e.V.
- Deutsches Liturgisches Institut (besonderer Dank an Katharina Gerwens)
- Redaktion DM, Düsseldorf (besonders Helmut Locher und Heinz Johnen)
- Föderation der Natur- und Nationalparks Europas, Sektion Deutschland
- Forsa Gesellschaft für Sozialforschung, Dortmund und Berlin
- Redaktion freundin, München (besonders Margit Riewe)
- Fryske Akademy, Leeuwarden, Niederlande
- Gesellschaft für Deutsche Sprache, Wiesbaden (besonders Frau Steinhauer)
- Hanseatisches Auktionshaus für Historica GmbH & Co KG, Bad Oldesloe
- Heeresgeschichtliches Forschungsamt, Berlin (besonderer Dank an Hauptmann Lücken)
- Institut der Deutschen Wirtschaft, Köln
- Institut für deutsche Sprache, Wiesbaden (insbesondere Frau Dr. Jüttner)
- Internationale Jugendbibliothek, München
- John-F.-Kennedy-Institut, Berlin
- Karstadt AG Essen, ZL Gastronomie (besonderer Dank an Hagen Jankowski)
- Maggi GmbH, Frankfurt am Main (besonderer Dank an Alain Duvaud)
- MDM Münzhandelsgesellschaft, Braunschweig
- Nationales Olympisches Komitee für Deutschland, Frankfurt am Main
- Presseamt der Stadt Bonn
- Presse- und Informationsamt der Bundesregierung, Bonn
- Programmdirektion, Erstes Deutsches Fernsehen (besonderer Dank an Ellen Schwan)
- Ravensburger Spieleverlag
- RTL TV Medienforschung
- Sozietät Nordwestdeutscher Brauerei-Verbände, Hamburg
- Stadtbibliothek Köln, Abt. EDV (besonderer Dank an Margot Schlutius)
- Statistisches Bundesamt, Wiesbaden
- WWF Deutschland
- ZDF Medienforschung (besonderer Dank an Anna Badenski, Monika Stroh und Manfred Hamann)
- Zentralverband des Deutschen Friseurhandwerks, Köln

Wir danken allen diesen Helfern nochmals herzlich und nehmen in der ehrwürdigen Tradition der Bücherschreiber alle verbleibenden Fehler und Pannen gern auf uns.

Dortmund, Januar 1997   Walter Krämer und Michael Schmidt

INHALTSVERZEICHNIS

1. LAND UND LEUTE

2. ESSEN UND TRINKEN

3. WÖRTER, SPRACHE, NAMEN

4. BÜCHER UND BÜCHERSCHREIBER

5. HITPARADEN

6. SÜNDENLISTEN

7. FUSSBALLFIEBER

8. WIRTSCHAFT

9. GELD

10. ICH KAUFE, ALSO BIN ICH

11. BEWEGTE BILDER: FERNSEHEN UND KINO

12. IRREN IST MENSCHLICH

13. PLEITEN, PECH UND PANNEN

14. ALTIUS, CITIUS, FORTIUS

15. GESUCHT – GEFUNDEN

16. FLEISCHESLUST

17. VON MÄUSEN UND MENSCHEN

21. RUNTER KOMMEN SIE IMMER

22. WENN EINER EINE REISE TUT ...

23. GUTER RAT, UND GAR NICHT TEUER

24. SCHULE, STUDIUM, BERUF

28. ASCHE ZU ASCHE

29. BLICK NACH VORNE ...

30. ... UND ZURÜCK

EPILOG: WAS FASZINIERT UNS SO AN LISTEN? 487

REGISTER 491

1. KAPITEL:
LAND UND LEUTE

DIE ZEHN ATTRAKTIVSTEN DEUTSCHEN STÄDTE

Mitte der 90er Jahre brachte *Focus* einmal alle 105 deutschen Städte mit mehr als 80.000 Einwohnern nach Qualität von Luft und Wasser, Lärm, Naturschönheit und Unfallhäufigkeit in eine Reihe. Bei der (zugegeben subjektiven) Zusammenfassung der dabei ermittelten fünf einzelnen Ranglisten zu einer einzigen Superhitparade landeten die folgenden zehn Städte auf den ersten Plätzen (die mit der höchsten Lebensqualität zuerst):

Die lebenswerteste Stadt in Deutschland: Villingen-Schwenningen im Schwarzwald – viel Grün, reine Luft und frisches Wasser, kaum Verkehrslärm, geringes Unfallrisiko.

1. Villingen-Schwenningen
2. Reutlingen
3. Siegen
4. Paderborn
5. Kaiserslautern
6. Hildesheim
7. Wolfsburg
8. Düren
9. Ingolstadt
10. Wilhelmshaven

Die großen Städte Hamburg, München, Köln und Berlin erreichten hier nur Mittelplätze. Schlußlichter waren Remscheid, Herne, Oberhausen und Leverkusen. Aber ehe sich die Leverkusener jetzt grämen: Nach irdischen Gütern wie Wohlstand, Sicherheit der Arbeitsplätze oder Verkehrsverbindungen wurde für diese Liste nicht gefragt; so liegt das reiche Düsseldorf mehr als 70 Plätze hinter dem längst nicht so reichen Brandenburg, und Frankfurt am Main weit hinter Frankfurt an der Oder ...

Quelle: »105 Städte im Test«, *Focus* 10/1994.

DIE ZEHN GRÖSSTEN DEUTSCHEN STÄDTE

Einwohner 1994

1.	Berlin	3.471.500
2.	Hamburg	1.710.600
3.	München	1.256.300
4.	Köln	961.600
5.	Frankfurt am Main	663.600
6.	Essen	624.600
7.	Dortmund	602.400
8.	Stuttgart	598.000
9.	Düsseldorf	577.600
10.	Bremen	552.700

Diese Liste zeigt ein berühmtes empirisches Gesetz: Die größte Stadt ist ungefähr doppelt so groß wie die zweitgrößte, dreimal so groß wie die drittgrößte, viermal so groß wie die viertgrößte, fünfmal so groß wie die fünftgrößte usw. Solche Regelmäßigkeiten findet man auch anderswo. So erscheint z. B. das häufigste Wort in literarischen Texten doppelt so oft wie das zweithäufigste, dreimal so oft wie das dritthäufigste, viermal so oft wie das vierthäufigste usw., oder verkauft sich die beliebteste Zigarettenmarke doppelt so oft wie die zweitbeliebteste, dreimal so oft wie die drittbeliebteste, viermal so oft wie die viertbeliebteste usw. Solche Regelmäßigkeiten entstehen nahezu zwangsläufig in Wachstumsprozessen aller Art; in der Linguistik sind sie als »Gesetz von Zipf« bekannt, in den Wirtschaftswissenschaften haben sie dem Amerikaner Herbert Simon den Nobelpreis eingebracht.

Quelle: *Statistisches Jahrbuch für die Bundesrepublik Deutschland 1995.*

DIE ZEHN KLEINSTEN DEUTSCHEN STÄDTE

Eine Gemeinde darf sich grob gesagt als »Stadt« bezeichnen, wenn sie schon immer eine war (etwa wenn ihr irgendwann im Mittelalter die Stadtrechte verliehen wurden). Außerdem können die Innenminister der Länder einer Gemeinde das Führen der Bezeichnung »Stadt« erlauben, wenn sie »nach Einwohnerzahl, Siedlungsform und Wirtschaftsverhältnissen städtisches Gepräge« trägt.

Zur Zeit gibt es in Deutschland 2.059 Städte, davon 17 mit weniger als 1.000 Einwohnern. Hier sind die zehn kleinsten:

Einwohner 1993

1.	Arnis	375
2.	Ummerstadt	522
3.	Teichel	540
4.	Neumark	552
5.	Schnackenburg	735
6.	Greifenberg	738
7.	Friedland	744
8.	Liebstadt	846
9.	Lauenstein	865
10.	Märkisch Buchholz	868

Arnis, die kleinste Stadt Deutschlands, entstand 1666 als Zuflucht für Bürger des nahen Kappeln, die dem Herrn von Rumohr auf Roest nicht die von diesem verlangten Frondienste leisten wollten; sie begaben sich unter den Schutz des Herzogs zu Schleswig, der ihnen die damalige Insel Arnis als Wohnort anbot. Am 1. Januar 1934 erhielt der bis dato als »Flecken« firmierende Ort die Stadtrechte verliehen.

PS: Die kleinsten Gemeinden in Deutschland überhaupt sind Wiedenborstel in Schleswig-Holstein mit 5 Einwohnern und Dierfeld in Rheinland-Pfalz mit 7.

Quellen: *Amtliche Schlüsselnummern und Bevölkerungsdaten der Gemeinden und Verwaltungsbezirke in der Bundesrepublik Deutschland*, Ausgabe 1994; Stadtdirektor Dieter Kuckuck, persönliche Mitteilung, Juli 1996; Bürgermeister Degen, Arnis, persönliche Mitteilung, September 1996.

DIE ZEHN GRÖSSTEN ÖSTERREICHISCHEN STÄDTE

Einwohner 1994

1.	Wien	1.540.000
2.	Graz	238.000
3.	Linz	203.000
4.	Salzburg	144.000
5.	Innsbruck	118.000
6.	Klagenfurt	89.000
7.	Villach	55.000
8.	Wels	53.000
9.	Sankt Pölten	50.000
10.	Dornbirn	41.000

Quelle: *Statistisches Jahrbuch für die Republik Österreich 1995.*

DIE ZEHN GRÖSSTEN SCHWEIZER STÄDTE

Einwohner 1994

1.	Zürich	343.000
2.	Basel	176.000
3.	Genf	173.000
4.	Bern	128.000
5.	Lausanne	117.000
6.	Winterthur	88.000
7.	St. Gallen	72.000
8.	Luzern	59.000
9.	Biel	51.000
10.	Thun	39.000

Quelle: *aktuell '97 – Lexikon der Gegenwart*, Dortmund 1996.

DIE ZEHN DEUTSCHEN STÄDTE MIT DEN HÖCHSTEN MIETEN

Durchschnittliche Netto-
kaltmiete pro m^2 bei
Neuvermietung 1993

1.	München	DM 20,00
2.	Erfurt	DM 18,00
3.	Darmstadt	DM 17,00
3.	Dresden	DM 17,00
5.	Hamburg	DM 15,25
6.	Berlin	DM 15,00
6.	Bonn	DM 15,00
6.	Stuttgart	DM 15,00
6.	Wiesbaden	DM 15,00
10.	Köln	DM 14,00

Diese Preise gelten nur für neuvermietete Wohnungen, und auch nur für 1993; das allgemeine Mietniveau muß diesen Preisen nicht in jedem Fall entsprechen.

Quelle: Statistisches Bundesamt (Hrsg.): *Datenreport 1994*, Bonn 1994.

DIE ZEHN AM HÖCHSTEN VERSCHULDETEN DEUTSCHEN STÄDTE

		Schulden pro Einwohner am 31. Dezember 1994
1.	Frankfurt am Main	DM 9.810,–
2.	Düsseldorf	DM 6.127,–
3.	Hanau	DM 6.022,–
4.	Köln	DM 5.194,–
5.	Stolberg	DM 4.957,–
6.	Neuss	DM 4.701,–
7.	Bonn	DM 4.664,–
8.	Aachen	DM 4.479,–
9.	Trier	DM 4.316,–
10.	Kassel	DM 4.234,–

Diese Liste enthält nicht die Stadtstaaten Berlin, Bremen und Hamburg (abweichende Berechnungsmethoden). Sie darf ferner nicht dahingehend mißverstanden werden, daß hohe Schulden immer wirtschaftliche Schlamperei bedeuten – sofern Schulden für Investitionen aufgenommen werden, deren Ertrag den Schuldendienst übersteigt, können sie ganz im Gegenteil ein Zeichen wirtschaftlicher Stärke sein ...

Quelle: Otto Ruchty: »Schuldenstand 1994«, in: *Statistisches Jahrbuch Deutscher Gemeinden 1995*.

DIE ZEHN DEUTSCHEN STÄDTE MIT DEN MEISTEN AUSLÄNDISCHEN BÜRGERN

Ausländer auf 1.000 Einwohner 1992

1. Frankfurt am Main	279	6. Köln	181
2. Offenbach	269	7. Ludwigshafen	179
3. Stuttgart	233	8. Düsseldorf	172
4. München	223	9. Remscheid	169
5. Mannheim	198	10. Duisburg	163

Quelle: Statistisches Bundesamt (Hrsg.): *Datenreport 1994*, Bonn 1994.

DIE ZEHN TEUERSTEN DEUTSCHEN BAULAND-STÄDTE

Durchschnittspreise
für baureifes Land 1994

1.	München	1.424 DM/m²
2.	Stuttgart	1.280 DM/m²
3.	West-Berlin	1.237 DM/m²
4.	Wiesbaden	874 DM/m²
5.	Nürnberg	712 DM/m²
6.	Dresden	554 DM/m²
7.	Köln	521 DM/m²
8.	Düsseldorf	511 DM/m²
9.	Karlsruhe	500 DM/m²
10.	Freiburg	492 DM/m²

Quelle: *Statistisches Jahrbuch für die Bundesrepublik Deutschland 1995*.

DIE ZEHN HÖCHSTEN DEUTSCHEN BERGE

Höhe

1.	Zugspitze (Wettersteingebirge)	2.962 m
2.	Höllentalspitze (Wettersteingebirge)	2.754 m
3.	Watzmann (Berchtesgadener Alpen)	2.713 m
4.	Hochfrottspitze (Allgäuer Hochalpen)	2.649 m
5.	Mädelegabel (Allgäuer Hochalpen)	2.645 m
6.	Alpspitze (Wettersteingebirge)	2.629 m
7.	Hochkalter (Berchtesgadener Alpen)	2.607 m
8.	Hochvogel (Allgäuer Hochalpen)	2.592 m
9.	Östliche Karwendelspitze (Karwendelgebirge)	2.537 m
10.	Hoher Göll (Berchtesgadener Alpen)	2.522 m

Alle diese Berge liegen in den Alpen, in den nördlichen Kalkalpen, genau gesagt. Die höchsten Berge außerhalb der Alpen sind der Feldberg im Schwarzwald mit 1.493 Metern und der Große Arber im Bayerischen Wald mit 1.456 Metern Höhe über dem Meeresspiegel.

Quelle: *Statistisches Jahrbuch für die Bundesrepublik Deutschland 1995*.

DIE ZEHN HÖCHSTEN BERGE ÖSTERREICHS

		Höhe
1.	Großglockner (Hohe Tauern)	3.798 m
2.	Wildspitze (Ötztaler Alpen)	3.768 m
3.	Großvenediger (Hohe Tauern)	3.674 m
4.	Hochfeiler (Zillertaler Alpen)	3.509 m
5.	Zuckerhütl (Stubaier Alpen)	3.507 m
6.	Olperer (Tuxer Hochalpen)	3.476 m
7.	Piz Buin (Silvretta)	3.312 m
8.	Parseierspitze (Lechtaler Alpen)	3.036 m
9.	Hoher Dachstein (Nördliche Kalkalpen)	2.995 m
10.	Schesaplana (Rätikon)	2.965 m

Quelle: *Statistisches Jahrbuch der Republik Österreich 1996.*

DIE ZEHN GRÖSSTEN DEUTSCHEN SEEN

		Fläche
1.	Bodensee	539 km^2
2.	Müritzsee	110 km^2
3.	Chiemsee	82 km^2
4.	Schweriner See	61 km^2
5.	Starnberger See	57 km^2
6.	Ammersee	47 km^2
7.	Plauer See	38 km^2
8.	Kummerower See	32 km^2
9.	Steinhuder Meer	30 km^2
10.	Großer Plöner See	29 km^2

Quelle: *Statistisches Jahrbuch für die Bundesrepublik Deutschland 1995.*

DIE ZEHN GRÖSSTEN DEUTSCHEN INSELN

Größe

1.	Rügen	930 km²
2.	Usedom	373 km²
3.	Fehmarn	185 km²
4.	Sylt	99 km²
5.	Föhr	83 km²
6.	Nordstrand	50 km²
7.	Pellworm	37 km²
8.	Poel	34 km²
9.	Borkum	31 km²
10.	Norderney	26 km²

Quelle: *Statistisches Jahrbuch für die Bundesrepublik Deutschland 1995.*

DIE ZEHN GRÖSSTEN DEUTSCHEN BIOSPHÄRENRESERVATE

Biosphärenreservate sind im Rahmen des UNESCO-Programms »Der Mensch und die Biosphäre« geschaffene Gebiete, in denen »naturnahe und natürliche« Lebensformen geschaffen und gefördert werden sollen. Die folgenden sind in Deutschland die zehn größten:

Fläche

1.	Schleswig-Holsteinisches Wattenmeer	285.000 ha
2.	Niedersächsisches Wattenmeer	240.000 ha
3.	Pfälzerwald	179.800 ha
4.	Rhön	166.674 ha
5.	Schorfheide-Chorin (Brandenburg)	129.161 ha
6.	Spreewald	48.460 ha
7.	Alpen- und Nationalpark Berchtesgaden	46.800 ha
8.	Mittlere Elbe	43.000 ha
9.	Südost-Rügen	23.500 ha
10.	Vessertal-Thüringer Wald	17.000 ha

Quellen: Statistisches Bundesamt (Hrsg.): *Datenreport 1994*, Bonn 1994; Bundesamt für Naturschutz: *Daten zur Natur 1994/95*, 1996; *Naturschutz konkret*, 1994.

DIE ZEHN GRÖSSTEN DEUTSCHEN ATOMKRAFTWERKE

		In Betrieb seit	Stromleistung
1.	Isar 2 (Bayern)	1988	1.410 MW
2.	Brokdorf (Schleswig-Holstein)	1986	1.395 MW
3.	Grohnde (Niedersachsen)	1984	1.394 MW
4.	Phillipsburg 2 (Baden-W.)	1984	1.390 MW
5.	Neckarwestheim 2 (Baden-W.)	1989	1.365 MW
6.	Emsland (Niedersachsen)	1988	1.363 MW
7.	Unterweser (Niedersachsen)	1978	1.320 MW
8.	Krümmel (Schleswig-Holstein)	1983	1.316 MW
9.	Grundremmingen C (Bayern)	1984	1.308 MW
10.	Grafenrheinfeld (Bayern)	1981	1.300 MW

Quelle: *aktuell '95 – Das Lexikon der Gegenwart*, Dortmund 1994.

DIE 16 DEUTSCHEN KULTURDENKMÄLER DER UNESCO-LISTE

Nach der 1972 von der Generalkonferenz der UNESCO verabschiedeten »Internationalen Konvention zum Schutz des Kultur- und Naturerbes der Welt« sollen Objekte aller Art von »außergewöhnlicher, weltweiter Bedeutung« in den Schutz der UNESCO übergehen. Die Unterzeichnerstaaten – mittlerweile mehr als 140 – schlagen die Objekte vor, ein aus 21 Personen bestehendes »Komitee für das Welterbe« wählt jährlich einmal die würdigsten Objekte – inzwischen weltweit mehr als 450 – aus. Die folgenden 16 sind in Deutschland zu bewundern (in der Reihenfolge, wie sie in die UNESCO-Liste aufgenommen worden sind):

1. Aachener Dom mit der Pfalzkapelle Karls des Großen
Als erstes deutsches Kulturdenkmal 1978 aufgenommen; hier wurden vom 10. bis 16. Jahrhundert die deutschen Kaiser gekrönt.

2. Der Dom zu Speyer
Aufgenommen 1981. Die Haus- und Grabeskirche der Salierkaiser: Konrad II., Heinrich III., Heinrich IV. und Heinrich V.; einst die größte Kirche des gesamten Abendlandes.

3. Würzburger Residenz
Zusammen mit dem Dom zu Speyer aufgenommen. Das schönste erhaltene Schloß des süddeutschen Barock.

4. Die Wallfahrtskirche auf der Wies
Das Glanzstück des bayerischen Rokoko, 1983 in die Liste aufgenommen. Der »Christus an der Geißelsäule« in ihrem Innern war Ziel der größten Wallfahrt des 18. Jahrhunderts.

5. Die Schlösser Augustusburg und Falkenlust bei Brühl
1984 aufgenommen, Ziel von jährlich mehr als 4 Millionen Besuchern. Gehören zu den bedeutendsten Bauten des Spätbarock in der Bundesrepublik. Glanzstück: Das von Balthasar Neumann konzipierte Treppenhaus.

6. Die Michaeliskirche und der Dom zu Hildesheim
Gehören zu den besterhaltenen Zeugnissen romanischer Bau- und Bilderkunst, aufgenommen 1985.

Lustschloß Sanssouci, Potsdam: Das 9. deutsche Baudenkmal in der UNESCO-Liste

7. Das römische Amphitheater, der Dom und die Liebfrauenkirche zu Trier
Aufgenommen 1986; unter allen deutschen Baudenkmälern der UNESCO-Liste ist das Trierer Amphitheater das älteste.

8. Der Mittelalterliche Stadtkern von Lübeck
Aufgenommen 1987; zahlreiche Baudenkmäler der norddeutschen Backsteingotik (Rathaus, Marienkirche, Holstentor).

9. Die Schlösser und die Parks von Sanssouci
Eindrucksvolle Zeugen der Bau- und Gartenkunst des Rokoko; aufgenommen 1990 (wegen geplanter Bausünden in Potsdam ist eine Aberkennung des Denkmal-Status möglich).

10. Das ehemalige Benediktinerkloster Lorsch
Die berühmte »Königshalle« zählt zu den bedeutendsten Relikten vorrömischer Baukunst in der Bundesrepublik; aufgenommen 1991.

11. Die Altstadt und das Metallerzbergwerk Rammelsberg in Goslar
»Ein einzigartiges Denkmal des deutschen Bergbaus« (Rammelsberg), das älteste Metallerzbergwerk der Welt. Aus ihm floß der Reichtum, der den Bürgern Goslars ihre ebenfalls prämierte Altstadt mit der berühmten Kaiserpfalz erbauen half. Aufgenommen 1992.

12. Die Altstadt von Bamberg
Unter Heinrich II. war Bamberg die heimliche Hauptstadt des Deutschen Reiches. Seine Altstadt »überliefert alle Stilepochen seit der Romanik, wie man sie nach Dichte und Umfang in Deutschland kein zweites Mal findet«. Aufgenommen 1993.

13. Das Kloster Maulbronn
Zusammen mit Bamberg 1993 aufgenommen.

14. Die Stiftskirche St. Servatius in Quedlinburg
Die alte »Quitilingaburg« war der geistige und kulturelle Mittelpunkt des ottonischen Kaiserreiches. Aufgenommen 1994.

15. Die Eisenhütte in Völklingen
Ein Denkmal des Aufstiegs und des Niedergangs der modernen Eisenhüttenindustrie, neben dem Bergwerk Rammelsberg eines der wenigen technischen Baudenkmäler der UNESCO-Liste. Aufgenommen 1994.

16. **Die Grube Messel bei Darmstadt**
Eine der weltweit wichtigsten Fundstätten für Fossilien aller Art, das bislang einzige deutsche Naturdenkmal in der UNESCO-Liste. Aufgenommen 1995.

Quellen: *Schätze der Menschheit*, 3. Auflage, Stuttgart 1996; Wolfgang M. Werner 100337.2331@compuserve.com (dort auch zahlreiche weitere Informationen und Querverbindungen zu anderen Objekten der UNESCO-Liste).

DIE ZEHN WICHTIGSTEN HERKUNFTSLÄNDER VON AUSLÄNDISCHEN BÜRGERN IN DER BUNDESREPUBLIK

	Soviele Menschen aus diesen Ländern lebten am 31. Dezember 1995 in der Bundesrepublik
1. Türkei	2.014.000
2. ehem. Jugoslawien	1.350.000
3. Italien	586.000
4. Griechenland	359.000
5. Polen	276.500
6. Österreich	184.200
7. ehem. Sowjetunion	146.000
8. Spanien	132.000
9. Portugal	125.000
10. Großbritannien	116.000

Diese Zahlen erfassen nur die »offiziell« gemeldeten Ausländer, keine Asylbewerber.

Quelle: Statistisches Bundesamt, persönliche Mitteilung, Oktober 1996.

DIE ZEHN GRÖSSTEN DEUTSCHSPRACHIGEN MINDERHEITEN

In den folgenden Ländern außerhalb Deutschlands, Österreichs und der Schweiz leben die meisten Menschen, die Deutsch als Muttersprache haben:

1.	USA	1.600.000
2.	Brasilien	1.500.000
3.	Frankreich	1.200.000
4.	Polen	1.100.000
5.	Kasachstan	900.200
6.	Rußland	790.800
7.	Kanada	438.700
8.	Argentinien	300.000
9.	Italien	290.000
10.	Ungarn	220.000

Quelle: J. Born, S. Dickgießer: *Deutschsprachige Minderheiten*, Institut für deutsche Sprache, Mannheim 1989.

DIE ZEHN WICHTIGSTEN BESITZTÜMER DEUTSCHER GÄRTNER

Kein Volk der Welt gibt soviel Geld für seine privaten Gärten aus wie wir Deutsche (pro Kopf und Jahr 250 Mark, das ist Weltrekord). Unter anderem besitzen deutsche Hobbygärtner und -gärtnerinnen die folgenden Geräte:

1. Gartenschlauch (93 %)
2. Garten-/Terrassenmöbel (89 %)
3. Baum- und Gartenschere (77 %)
4. Markise, Sonnenschirm (73 %)
5. Terrassen- oder Gartenbeleuchtung (70 %)
6. Rasensprenger (55 %)
7. Komposter (53 %)
8. Rasenmäher mit Elektromotor (48 %)
9. Gerätehaus (45 %)
10. Rasenmäher mit Benzinmotor (41 %)

Quelle: »Garten '96 High-Tech mit Ente fürs Mini-Biotop«, *Natur und Umwelt*, Heft 2/1996.

DIE 17 GRUNDRECHTE DEUTSCHER BÜRGER

1. Schutz der Menschenwürde
2. Freie Entfaltung der Persönlichkeit
3. Gleichheit vor dem Gesetz
4. Freiheit des Glaubens
5. Freie Meinungsäußerung
6. Schutz der Ehe und der Familie
7. Recht auf Schulbildung
8. Versammlungsfreiheit
9. Vereinigungsfreiheit
10. Brief-, Post- und Fernmeldegeheimnis
11. Recht der Freizügigkeit
12. Freie Berufswahl
13. Unverletzlichkeit der Wohnung
14. Eigentumsrecht
15. Gemeineigentum
16. Staatsangehörigkeit und Asylrecht
17. Petitionsrecht

Quelle: *Menschenrechte, Bürgerfreiheit, Staatsverfassung*, Bochum 1986.

DIE ZEHN ANGESEHENSTEN DEUTSCHEN FRAUEN

Nach einer Umfrage Anfang 1996 der *Hörzu* sind die folgenden zehn deutschen Frauen in Deutschland am höchsten angesehen (Mehrfachnennungen möglich, deshalb addieren sich die Prozentsätze der Nennungen auf mehr als 100).

1. Steffi Graf: 21 %
»Mir gefällt, daß sie so zu ihrem Vater hält. Sie haben Peter Graf eingesperrt wie einen Totschläger. Schuldig ist er bestimmt. Aber eine Familie muß zusammenhalten. Das tut Steffi Graf, und das imponiert mir.«

2. Hildegard Hamm-Brücher: 20 %
»Ich bedaure, daß wir sie nicht als erste Bundespräsidentin bekommen haben. Sie vermittelt das, was heutzutage selten ist – Glaubwürdigkeit.«

3. Alice Schwarzer: 16 %
»Sie war, ist und bleibt die Leitfigur der deutschen Frauenbewegung, hat vieles vorangetrieben, was ohne sie für viele noch heute kein Thema wäre.«

Die angesehenste deutsche Frau: Steffi Graf

4. Heide Simonis: 15 %
»Sie bringt frischen Wind in die Politik. Es ist ja ein Skandal, daß Politik in Deutschland immer noch fast ausschließlich von Männern gemacht wird. Frauen tauchen meistens als angepaßte Quotenfrauen auf. Heide Simonis ist dagegen eine Querdenkerin, und das finde ich gut.«

5. Franziska van Almsick: 14 %
»Franzi ist einsame Spitze. Vor allem, weil sie in jungen Jahren solche Siege erschwommen hat.«

6. Inge Meysel: 13 %
»Wenn sie die Bühne betritt, dann wird sie unübersehbar. Sie erreicht auch noch den letzten Zuschauer im vierten Rang – mit einer Ursprünglichkeit, die in Deutschland unübertroffen ist.«

7. Dagmar Berghoff: 12 %
»Ich finde einfach toll, wie sie sich in ihrem Job behauptet hat. Denn normalerweise werden die Frauen ja rausgeschmissen, wenn sie älter werden. Sie hat sich durchgebissen. Ihr kann keiner was anhaben.«

8. Rita Süssmuth: 11 %
»Rita Süssmuth ist keine von den Parteibutzen, die sich von den Kerlen zum Kaffeekochen schicken lassen, während wichtige Entscheidungen fallen. Sie hat eine klare Meinung, und für die kämpft sie.«

9. Nina Hagen: 10 %
»Nina Hagen ist ihrer Zeit meilenweit voraus. Ich habe viel von ihr gelernt. Ich will nicht sagen, daß sie ein Vorbild ist. Aber sie ist sehr anregend.«

10. Christiane Herzog: 9 %
»Frau Herzog ist eine von uns. Von der kann ich mir gut vorstellen, daß sie urplötzlich hier reinschneit, ein paar Sachen kauft und wieder geht. Einfach so, ohne sich aufzublasen. Welche Frau in ihrer Stellung würde das sonst machen?«

Quelle: »Die Frauen mit dem höchsten Ansehen in Deutschland«, *Hörzu* 28/1996.

DIE ZEHN IN DEUTSCHLAND
ANGESEHENSTEN BERUFE

Deutschland West	Deutschland Ost
1. Arzt (79 %)	1. Arzt (86 %)
2. Pfarrer (39 %)	2. Rechtsanwalt (41 %)
3. Rechtsanwalt (35 %)	3. Lehrer (34 %)
4. Professor (31 %)	4. Professor (32 %)
5. Diplomat (31 %)	5. Unternehmer (29 %)
6. Unternehmer (30 %)	6. Diplomat (28 %)
6. Apotheker (30 %)	7. Apotheker (27 %)
8. Ingenieur (29 %)	8. Ingenieur (25 %)
9. Fabrikdirektor (22 %)	8. Pfarrer (25 %)
9. Atomphysiker (22 %)	10. Fabrikdirektor (24 %)

Diese Ranglisten beruhen auf einer Allensbach-Umfrage von 1995; darin wurden den Befragten rund 20 Berufe zur Auswahl vorgelegt, zusammen mit der Bitte, darunter die vier oder fünf Berufe anzukreuzen, vor denen man die größte Achtung hätte. Aufgrund der relativen Häufigkeit der Nennungen (oben in Klammern) kamen dann diese Listen zustande.

Zu diesen Listen wäre noch einiges zu sagen, so werden hier mehr die Berufe an sich bewertet, weniger diejenigen, die diese Berufe ausüben (jeder hält den Arztberuf für wichtig, ohne deshalb schon die Ärzte selbst zu mögen). Bemerkenswert auch der Aufstieg des Unternehmers in der öffentlichen Achtung (noch 1991 hatten nur rund 20 % aller Befragten von diesem eine gute Meinung) oder die geringe öffentliche Anerkennung für den Beruf des Buchhändlers: Nur 7 % aller Befragten in Ost und West haben davor große Achtung, noch weniger als vor Gewerkschaftlern (11 %), Politikern (12 %) und Journalisten (17 %).

Quelle: »Berufsimage: Unternehmer zunehmend«, *Informationsdienst des Instituts der Deutschen Wirtschaft* 14/1996.

DIE SIEBEN DEUTSCHEN BEI MADAME TUSSAUD'S

1. Konrad Adenauer	5. Adolf Hitler
2. Boris Becker	6. Jürgen Klinsmann
3. Ludwig van Beethoven	7. Helmut Kohl
4. Thomas Gottschalk	

Quelle: »Deutsche bei Madame Tussaud's«, *Focus* 45/1996.

2. KAPITEL:
ESSEN UND TRINKEN

DIE ZEHN BESTEN DEUTSCHEN GASTRONOMEN

Bitte nicht anrufen oder den Autoren Briefe schreiben – wir wissen selbst, wie subjektiv eine solche Liste immer ist. Die folgende wurde von der Zeitschrift DM aus den großen Restaurantführern *Aral, Varta, Gault Millau, Michelin* und *VIF* zusammengestellt:

Lokal	Koch	Punkte
1. Schwarzwaldstube Traube, Tonbach	H. Wohlfahrt	98,3
2. Waldhotel Sonnora, Dreis	H. Thieltges	96,7
3. Zur Traube, Grevenbroich	D. L. Kaufmann	95,7
4. Bareiss, Baiersbronn	Claus-Peter Lumpp	95,3
5. Schweizer Stuben, Wertheim	Fritz Schilling	95,2
6. Im Schiffchen, Düsseldorf	J. C. Bourgueil	94,9
7. Tantris, München	Hans Haas	94,8
8. Schloßhotel Lerbach	Dieter Müller	94,6
9. Residenz Winkler, Aschau	Heinz Winkler	93,4
10. Lafer's Stromburg, Stromberg	Johann Lafer	92,6

Die Punkte in dieser Liste kommen so zustande, daß jeder der fünf Gourmetführer Aral, Varta, Gault Millau, Michelin und VIF maximal 20 Punkte beisteuern kann, diese für die Höchstnote, die der jeweilige Führer für deutsche Restaurants vergibt: Drei Michelin-Sterne, drei Varta-Kochmützen oder drei VIF-Eulen etwa ergeben je 20 Punkte, schlechtere Bewertungen entsprechend weniger. Dazu gibt es noch Extrapunkte für besonders guten Service und Komfort.

Außer Konkurrenz: Eckart Witzigmann, der »Koch des Jahrhunderts« (Gault Millau).

Quelle: »Die 100 besten Restaurants«, DM 4/1996; *Gault Millau Deutschland,* verschiedene Jahre.

DIE ZEHN GRÖSSTEN DEUTSCHEN GASTRONOMEN

Umsatz 1995 in DM

1. McDonald's Deutschland	2,9 Mrd.
2. LSG Lufthansa Service (Inland)	1,5 Mrd.
3. Autobahn Tank & Rast (Pachtbetriebe)	1,0 Mrd.
4. Mitropa AG	637 Mio.
5. Dinea GmbH	473 Mio.
6. Nordsee GmbH	372 Mio.
7. Mövenpick	336 Mio.
8. Karstadt-Gastronomie	304 Mio.
9. Burger King	286 Mio.
10. Wienerwald	243 Mio.

Quelle: »Am liebsten Markenlachs zu Leberwurst-Preisen«, *Frankfurter Allgemeine Zeitung* vom 13. März 1996.

DIE ZEHN WICHTIGSTEN DEUTSCHEN NAHRUNGSMITTEL

Verbrauch in kg
pro Haushalt und
Monat 1992

1. Brot	6,19 kg
2. Bananen	2,42 kg
3. Äpfel	2,29 kg
4. Schweinefleisch	1,73 kg
5. Apfelsinen	1,29 kg
6. Margarine	1,26 kg
7. Butter	1,21 kg
8. Käse	1,12 kg
9. Geflügel	1,08 kg
10. Rindfleisch	1,07 kg

Quelle: Statistisches Bundesamt (Hrsg.): *Datenreport 1994*, Bonn 1994.

DIE ZEHN WICHTIGSTEN DEUTSCHEN GEMÜSESORTEN

	Anbaufläche 1993 in Hektar
1. Spargel	8,25 Mio.
2. Weißkohl	7,23 Mio.
3. Möhren und Karotten	6,52 Mio.
4. Blumenkohl	6,19 Mio.
5. Zwiebeln	5,77 Mio.
6. Grüne Bohnen	4,00 Mio.
7. Gurken	3,21 Mio.
8. Rotkohl	2,96 Mio.
9. Spinat	2,95 Mio.
10. Porree	2,38 Mio.

Die Liste zeigt die Anbaufläche; bei anderen Kriterien wie dem Marktwert oder dem Konsum, wo auch die Importe zählen, sähe sie sicher anders aus.

Quelle: *Statistisches Jahrbuch für die Bundesrepublik Deutschland 1995*.

DIE ZEHN BELIEBTESTEN DEUTSCHEN FLEISCHPRODUKTE

1995 wurden in Deutschland pro Kopf der Bevölkerung rund 62 Kilo reines Fleisch plus 30 Kilo Wurst und sonstige Fleischerzeugnisse verzehrt. Hier ist die Hitliste der »sonstigen Fleischerzeugnisse«:

1. Brühwurst	7,0 kg		6. Bratwurst	2,7 kg
2. Rohwurst	4,9 kg		7. Aufschnitt	2,2 kg
3. Kochwurst	4,5 kg		8. Speck	1,1 kg
4. Würstchen	3,8 kg		9. Aspik/Sülze	0,9 kg
5. Schinken	3,7 kg		10. Braten	0,3 kg

Quelle: Deutscher Fleischer-Verband: *dfv information* vom 11. März 1996 und vom 27. März 1996.

DIE ACHT BELIEBTESTEN GERICHTE
IN KARSTADT-KAUFHAUSKÜCHEN

Bis Ende der 80er Jahre   Aktuell

1. Sauerbraten / Rinderrouladen   1. Gemüse
2. Gulasch / Ragouts   2. Schnitzelvarianten
3. Eintöpfe   3. Pasta
4. Schnitzelvarianten   4. Asien-Food
5. Halbes Hähnchen   5. Gebratener Seelachs
6. Kohlrouladen   6. Kindergerichte
7. Kasseler   7. Gebackenes Fischfilet
8. Eisbein mit Sauerkraut   8. Rinderrouladen

Quelle: Karstadt Aktiengesellschaft: persönliche Mitteilung 1996.

DIE ZEHN BELIEBTESTEN MAGGI-SUPPEN

1. Zwiebelsuppe Feinschmecker Art
2. Rindfleischsuppe
3. Hühnersuppe
4. Rindfleischklößchen-Suppe
5. Champignoncreme-Suppe
6. Broccolicreme-Suppe
7. Spargelcreme-Suppe
8. Tomatencreme-Suppe
9. Grießklößchensuppe
10. Frühlingssuppe

Quelle: Maggi GmbH Produktmanagement: persönliche Mitteilung 1996.

ZEHN FEINSCHMECKERMENÜS VON ALDI
FÜR WENIGER ALS 5 MARK

Hier sind nur die Zutaten (für vier Personen, alle Original Aldi), keine Rezepte, ohne Kleinkram wie Pfeffer, Knoblauchzehen, Zucker, Salz. Die Rezepte selbst und vieles andere zu dieser berühmten Einkaufstempel-Kette sind nachzulesen bei Astrid Paprotta und Regina Schneider: *Aldidente – 30 Tage preiswert schlemmen*, Frankfurt 1996.

1. Linseneintopf mit Edelzwicker
2 Büchsen Stella-Linsen mit Suppengrün, 3 Zwiebeln, 2 Eßlöffel kaltgepreßtes Olivenöl (Lorena), 4 Eßlöffel Petti-Tomatenmark 3fach konzentriert, 2 Glas Edelzwicker Jean Biecher 1994, 8 kleine Tomaten, 1 Paar Wiener im Saitling (Gut Ostergaard), Saft von 2 Zitronen, 4 Elsässerbrötchen; Kosten pro Nase DM 3,80.

2. Spaghetti mit Zitronensauce
400 Gramm Hartweizen-Spaghetti (Alino), 2 Zitronen, 6 Eßlöffel kaltgepreßtes Olivenöl (Lorena), 8 Eßlöffel geriebener Emmentaler, dazu eine Flasche Grove Hill Cabernet Sauvignon, Kosten pro Nase DM 3,38.

3. Tortelloni mit Broccoli
500 Gramm Tortelloni (Pasta Baroni), 500 Gramm Broccoli, $^1/_4$ Liter klare Instantbrühe (Dr. Lange), 2 Eßlöffel Weizenmehl (Sonnenstrahl), 2 Eßlöffel Süßrahmbutter, 200 Gramm Doppelrahm-Frischkäse (Almbacher), 200 Gramm geriebener Emmentaler, dazu eine Flasche trockener Chardonnay Bourgogne Blanc, Kosten pro Nase DM 4,88.

4. Quiche Lorraine mit Salat
200 Gramm Weizenmehl (Sonnenstrahl), 4 Eier, 100 Gramm Butter, 150 Gramm magerer Bauchspeck (Gelderländer Delikateß Bauchspeck), 250 Gramm geriebener Emmentaler, 1 Kopfsalat, 3 Eßlöffel Sonnenblumenöl (Bellasan), dazu eine Flasche Chianti Classico, Kosten pro Nase DM 2,50.

5. Kartoffelsuppe mit Pfifferlingen
4 große Kartoffeln, 1 Bund Frühlingszwiebeln, 1,5 Liter klare Instantbrühe (Dr. Lange), $^1/_4$ Liter Schlagsahne (Milfina), 300 Gramm Schinken-Pfifferlinge nach Mettwurst-Art (Schulte), dazu eine Flasche Heuriger Veltliner, Kosten pro Nase DM 3,38.

6. Gazpacho mit Knoblauchbaguette
500 Gramm frische Tomaten, 1 Salatgurke, 2 Zwiebeln, 1 Paprikaschote, 1 Liter klare Instantbrühe (Lachende Köchin), 6 Baguettebrötchen, 2 Eßlöffel geriebener Emmentaler, dazu eine Flasche trockenen Rioja, Kosten pro Nase DM 4,63.

7. Lachs-Geldbeutel mit Bananenfüllung

500 Gramm Doppelrahm-Frischkäse, $^1/_8$ Liter Milch (Milfina), 16 Scheiben Räucherlachs (Samo Solar), 2 Bananen, dazu eine Flasche Champagner Veuve Monsigny, Kosten pro Nase DM 4,80.

8. Feuriger Thai-Topf

$^1/_4$ Liter klare Brühe, 1 Karotte, 1 Kartoffel, 2 Dosen Feurige Thai-Suppe (Primana), dazu eine Flasche Ortenauer Spätburgunder Weißherbst, Kosten pro Nase DM 2,13.

9. Kirschenmichel

5 Brötchen, 100 Gramm Süßrahmbutter, $^3/_8$ Liter Milch (Milfina 3,5%), 4 Eier, 1 Kilo Süßkirschen. 100 Gramm Mandelblätter, dazu eine Flasche Rödelseer Schloßberg, Müller Thurgau Kabinett, Kosten pro Nase DM 2,45.

10. Heringssalat mit Bratkartoffeln

400 Gramm Sahne-Heringsfilets (Almare), 300 Gramm Heringsfilets ohne Haut, 2 Äpfel, 200 Gramm Schmand (rote Kuh), 500 Gramm Kartoffeln, dazu eine Flasche Grüner Veltliner, Kosten pro Nase DM 3,15.

DIE ZEHN MEGA-TRENDS DER MODERNEN ERNÄHRUNG

Die folgenden Trends im Essen wurden von den Unternehmensberatern Gerd Gerken und Michael-A. Konitzer in ihrem Buch *Trends 2015* (Bern 1995) ausgemacht:

1. »Synthetic Food«

Wird sich laut Gerken und Konitzer immer mehr durchsetzen, da »die Traditionen des Essens mit der Entwicklung immer neuer Eßmoden wie zufällig vergessen werden«. (Das erste rein synthetische Nahrungsmittel, das sogenannte »card-food« ist schon seit 1991 in Japan erfolgreich auf dem Markt.)

2. »Narzißmuß-Food«

»Eine Exotikwelle nach der anderen wird kommen, sie werden zu Moden werden, die jeweils ein paar Jahre dauern. Wer sie kennt und mit ihnen sympathisiert, kann so Geschmack und Kennerschaft beweisen.«

3. Vegetarismus

4. »Grazing«
Ist englisch und heißt »grasen«. Gemeint sind Menschen, die keine abgegrenzten Mahlzeiten mehr kennen, sondern sich wie die Kühe auf der Weide »kontinuierlich von kleinen Zwischenmahlzeiten ... ernähren«.

5. Konsumentenmacht
»Die Konsumenten mit all ihren Ambitionen und modischen Attitüden werden zunehmend die eigentlichen Hersteller von Nahrungsmitteln.«

6. Neue Ehrlichkeit
»Es wird den kollektiven Tagtraum von einem ehrlichen, unverfälschten, sauberen Essen geben.«

7. »Brainfood«
»Darunter ist die Ernährungsweise zu verstehen, die innere Bilder und Phantasien durch Nahrungsmittel stimuliert.«

8. Neo-Rohkost
»Verklärung von roher, unbearbeiteter Nahrung ... eine Art Anti-Veredelung durch High-Tech, eine künstlich erzeugte Natürlichkeit.«

9. High-Tech-Natürlichkeit
»Künstliche Aromen und künstliche Konservierungsstoffe werden für die Ernährung immer wichtiger werden.«

10. Pop-Essen
Essen als Teil der Abendunterhaltung.

DEUTSCHE LEBENSMITTELRATIONEN IM WINTER 1946/47

Im Winter 1946/47, dem härtesten seit Menschengedenken, »sank das Lebensniveau von Millionen Deutschen auf einen Tiefstand wie seit der Mitte des 19. Jahrhunderts nicht mehr«. Es kommt zu »Hungermärschen« in Hagen, Dortmund, Wuppertal; Bergarbeiterfrauen blockieren die Schlachtanlagen, Industriearbeiter streiken für das nackte Überleben. Während die Vereinten Nationen ein Existenzminimum für erwachsene Menschen von 2.550 Kalorien täglich ansetzen, haben die Deutschen in der amerikanischen Zone offiziell 1.275, in der britischen Zone 1.040 und in der französischen Zone 927 Kalorien täglich zur Verfügung (in der russischen Zone sind solche Statistiken verboten). Im Ruhrgebiet sinkt die tägliche Kalorienzuteilung auf unter 700, täglich verhungern mehr als 100 Menschen.

Im Mai 1947, dem »für die gesamte Bizone ... absoluten Tiefstand in der Nach-
kriegsernährung«, mußte ein deutscher Normalbürger im Ruhrgebiet mit den folgenden Lebensmitteln auskommen (Tagesrationen):

> 200 g Brot
> 10 g Fleisch
> 20 g Fisch
> 3 g Fett
> 30 g Magermilch
> 18 g Zucker
> 3 g Käse
> 6 g Kaffee-Ersatz
> 15 g Kartoffeln

Quellen: Windfried Stadtmüller: »Vom Schwarzmarkt zum Wirtschaftswunder«, in: *Deutsche Geschichte*,
Gütersloh 1984; *Chronik des 20. Jahrhunderts*, Dortmund 1988; Günter J.Trittal: *Hunger und Politik*,
Frankfurt am Main 1990.

DIE ZEHN TEUERSTEN BIG-MACS

Jedes Frühjahr publiziert das englische Wirtschaftsmagazin *The Economist* seinen
jährlichen »Big-Mac-Index«, einen Vergleich der Kaufkraft der großen Währungen
dieser Welt, gemessen am Preis dieses weltweit gleichförmigen Nahrungsmittels.
Nach der sogenannten »Kaufkraftparitäten-Theorie« müßten die Wechselkur-se
von frei konvertierbaren Währungen auf lange Sicht für weltweit gleiche Preise
gleicher Güter sorgen; wenn wir also die in DM ausgedrückten Big-Mac-Preise mit
dem deutschen Preis vergleichen, können wir erkennen, welche Währungen nach
dieser Theorie in Zukunft gegenüber der DM steigen oder fallen werden.

Land	Preis eines Big-Mac in DM
1. Schweiz	7,20
2. Dänemark	6,60
3. Schweden	5,81
4. Belgien	5,25
5. Frankreich	5,12
6. Österreich	5,10
7. Deutschland	4,90
8. Niederlande	4,81
9. Israel	4,50
9. Argentinien	4,50

Zum Vergleich: In den USA kostet ein Big-Mac umgerechnet DM 3,54, in Australien DM 2,96 und in Hongkong DM 1,92, also rund ein Viertel des Preises in der Schweiz.

Quelle: »McCurrencies: where's the beef?«, *The Economist*, 27. April 1996, S. 82.

ZEHN ARTEN VON KAFFEE IN WIEN

Ein Wiener Ober erkennt den Barbaren an der Art, wie er oder sie Kaffee bestellt: »Herr Ober, bitte einen Kaffee.« Ein Kulturmensch muß zumindest die folgenden zehn Arten auseinanderhalten:

1. Kleiner Schwarzer: Kleine Tasse schwarzen Kaffees.
2. Großer Schwarzer: Große Tasse schwarzen Kaffees.
3. Kleiner Brauner: Kleiner Schwarzer mit einem Schuß Milch.
4. Großer Brauner: Großer Schwarzer mit einem Schuß Milch.
5. Verlängerter Schwarzer: Schwarzer mit etwas mehr Wasser.
6. Verlängerter Brauner: Brauner mit etwas mehr Wasser.
7. Melange: Milchkaffee.
8. Kaffee verkehrt: mehr Milch als Kaffee.
9. Einspänner: Schwarzer im Glas, obendrauf Schlagobers alias Schlagsahne.
10. Kapuziner: Schwarzer mit einem Tropfen Schlagsahne.

Quellen: Eigene Beobachtungen sowie W. Kuballa und A. Mayer: *Richtig Reisen – Wien*, Köln 1981.

DIE ZEHN GRÖSSTEN WEINPRODUZENTEN

		Jährliche Weinproduktion (in Mio. Hektolitern)
1.	Italien	57,0
2.	Frankreich	54,0
3.	Spanien	27,0
4.	USA	17,0
5.	Deutschland	13,0
6.	Argentinien	12,0
7.	Südafrika	9,3
8.	Portugal	9,0
9.	Rumänien	8,0
10.	Rußland	7,5

Quellen: Hugh Johnson: *Der Grosse Weinatlas*, Bern 1985; Russell Ash: *The Top Ten of Everything*, London 1995.

DIE ZEHN GRÖSSTEN WEINKONSUMENTEN

Verbrauch pro Kopf
und Jahr (Liter)

1.	Frankreich	64
2.	Luxemburg	61
3.	Italien	58
4.	Argentinien	48
5.	Portugal	47
6.	Schweiz	46
7.	Griechenland	35
7.	Österreich	35
9.	Ungarn	32
10.	Spanien	31

Quellen: Hugh Johnson: *Der Grosse Weinatlas*, Bern 1985; Russell Ash: *The Top Ten of Everything*, London 1995.

DIE »FEINSCHMECKER«-LISTE
DER ZEHN BESTEN ROTWEINE AUS BORDEAUX

Zu haben für
DM/Flasche

1.	Château Ausone 1985 (St. Emilion)	250,–
2.	Château Pichon-Longueville Comtesse de Lalande 1989 (Pauillac)	90,–
3.	Château Haut-Brion 1989 (Pessac-Léognan)	400,–
4.	Château Lafite-Rothschild 1982 (Pauillac)	400,–
5.	Château L'Evangile 1985 (Pomerol)	140,–
6.	Château Latour 1989 (Pauillac)	175,–
7.	Château Léoville-Las Cases 1990 (St. Julien)	100,–
8.	Pétrus 1989 (Pomerol)	950,–
9.	Châteaux Margaux 1991 (Margaux)	150,–
10.	Château Mouton-Rothschild 1982 (Pauillac)	700,–

Quelle: »Die 100 besten Weine der Welt«, *Feinschmecker* 1/1996.

DIE »FEINSCHMECKER«-LISTE DER VIER BESTEN WEINE AUS ÖSTERREICH

	Zu haben für DM/Flasche
1. 1993 Pinot Cuvée Ausbruch, Weingut Feiler-Artinger, Rust	44,50
2. 1994 Sauvignon Blanc »Zieregg« (Steiermark)	34,90
3. 1994 Grüner Veltliner »Kellerberg«, Wachau	34,50
4. 1994 Riesling »Steinertal«, Wachau	39,50

Quelle: »Die 100 besten Weine der Welt«, *Feinschmecker* 1/1996.

DIE ZEHN TEUERSTEN WEINE ALLER ZEITEN

	Preis für eine Flasche
1. Château Lafite 1787 (Christie's, London, 5. Dez. 1985)	DM 241.000,–
2. Château d'Yquem 1784 (Christie's, London, 4. Dez. 1984)	DM 90.000,–
3. Château Mouton-Rothschild 1945 (Jeroboam, entspricht vier normalen Flaschen) (Christie's, Genf, 14. Mai 1995)	DM 83.000.–
4. Château Lafite 1832 (Doppel-Magnum) (Internationale WeinAuktion, London, 9. April 1988)	DM 55.000,–
5. Château Lafite 1806 (Sotheby's, Genf, 13. Nov. 1988)	DM 50.000,–
6. Château Cheval Blanc 1947 (Imperial, entspricht acht normalen Flaschen) (Christie's, London, 1. Dez. 1994)	DM 48.000,–
7. Château Lafite 1811 (Christie's, London, 23. Juni 1988)	DM 46.000,–
8. Château Cheval Blanc 1947 (Jeroboam) (Christie's, London, 3. Nov. 1994)	DM 44.000,–
9. Château Margaux 1784 (halbe Flasche) (Christie's, Bordeaux, 26. Juni 1987)	DM 41.000,–
10. Château d'Yquem 1811 (Christie's, London, 1. Dez. 1988)	DM 35.000,–

Quelle: Russell Ash: *The Top Ten of Everything*, London 1995.

ZEHN DEUTSCHE WEINE
MIT DEM GROSSEN PREIS EXTRA DER DLG

1. 1994 Hochheimer Stein halbtrocken Riesling Kabinett (Rheingau)
2. 1992 Hangen-Weisheimer Sommerwende Albolonga Trockenbeerenauslese (Rheinhessen)
3. 1994 Kirrweiler Römerweg Ortega Trockenbeerenauslese (Pfalz)
4. 1994 Randerackerer Pfülben Rieslander Trockenbeerenauslese (Franken)
5. 1994 Bechtheimer Heilig-Kreuz Riesling Beerenauslese (Rheinhessen)
6. 1993 Zeltinger Sonnenuhr Riesling Auslese (Mosel-Saar-Ruwer)
7. 1994 Schwarzhofberger Riesling Auslese (Mosel-Saar-Ruwer)
8. 1994 Weinheimer Hölle Siegerrebe Auslese (Rheinhessen)
9. 1994 Bechtheimer Heilig-Kreuz Gewürztraminer Beerenauslese (Rheinhessen)
10. 1994 Wachenheimer Mandelgarten Müller-Thurgau Beerenauslese (Pfalz)

Das sind zehn von 58 Weinen, die 1996 den Großen Preis Extra der Deutschen Landwirtschafts-Gesellschaft (DLG) bekommen haben (die zehn mit dem geringsten Alkoholgehalt). Insgesamt wurden 1996 rund 4.400 deutsche Weine mit dem Bronzenen und Silbernen DLG-Preis und mit dem Großen DLG-Preis ausgezeichnet. Von letzteren wiederum werden seit 1993 einige wenige nochmals durch den »Großen Preis Extra« hervorgehoben.

Quelle: Deutsche Landwirtschafts-Gesellschaft: *Die deutschen Spitzenweine, Preisträgerverzeichnis Bundesweinprämierung*, Frankfurt am Main 1996.

DIE ZEHN BELIEBTESTEN DEUTSCHEN BIERE

	Konsum 1995
1. Warsteiner	5,7 Mio. Liter
2. Krombacher	4,0 Mio. Liter
3. Bitburger	3,9 Mio. Liter
4. Holsten	2,4 Mio. Liter
5. Veltins	2,3 Mio. Liter
6. König Pilsener	2,0 Mio. Liter
7. Paulaner	1,7 Mio. Liter
7. Beck's	1,7 Mio. Liter
9. Diebels Alt	1,6 Mio. Liter
10. Henninger	1,5 Mio. Liter

Die Liste ist sortiert nach Inlandsabsätzen 1995. Bemerkenswerterweise enthält sie keine einzige Marke aus der deutschen und europäischen Biermetropole Dortmund (offenbar lieben die Dortmunder viele kleine Marken statt einer einzigen großen).

Quelle: *Brauindustrie* 3/1996.

DIE ZEHN GRÖSSTEN BIERPRODUZENTEN

Produktion 1992
(Mio. Hektoliter)

1.	USA	237
2.	Deutschland	117
3.	China	102
4.	Japan	70
5.	Großbritannien	59
6.	Brasilien	57
7.	Mexiko	43
8.	Rußland	28
9.	Spanien	26
10.	Südafrika	23

Bei einigen Ländern stammen die Produktionsziffern aus 1994.

Quellen: United Nations: *Statistical Yearbook*, 40. Ausgabe, New York 1995; Deutscher Brauer-Bund: *Die deutsche Brauereiwirtschaft in Zahlen*, Bonn 1996.

DIE ZEHN GRÖSSTEN BIERKONSUMENTEN

Verbrauch pro Kopf
und Jahr (Liter)

1.	Tschechien	140
2.	Deutschland	138
3.	Irland	131
4.	Slowakei	130
5.	Dänemark	128
6.	Österreich	125
7.	Luxemburg	122
8.	Belgien	110
9.	Ungarn	104
10.	Australien	102

Quellen: *Statistisches Jahrbuch für die Bundesrepublik*; Russell Ash: *The Top Ten of Everything*, London 1995.

ZEHN NAHRUNGSMITTEL, DIE PRO 100 GRAMM MEHR EISEN ENTHALTEN ALS SPINAT

Wie inzwischen jeder weiß (siehe *Lexikon der populären Irrtümer*, Frankfurt am Main 1995), ist der wegen seines Eisengehaltes berühmte und viel verfütterte Spinat vor allem wegen eines Druckfehlers – ein Komma wurde eine Stelle zu weit rechts gesetzt – zu dem notorischen Kinderquälmenü geworden, als das wir ihn kennen. Die folgenden Nahrungsmittel enthalten alle pro 100 Gramm mehr Eisen als die 2,2 Milligramm Eisen in gekochtem und entwässertem Spinat:

	Eisengehalt pro 100 Gramm in Milligramm
1. Eier	2,25 mg
2. Weißbrot	2,3 mg
3. Bohnen	2,7 mg
4. Ölsardinen	3,1 mg
5. Gekochtes Rindfleisch	3,3 mg
6. Mandeln	4,6 mg
7. Leberwurst	5,9 mg
8. Schokolade	6,7 mg
9. Pistazien	7,3 mg
10. Leber	8,0 mg

Quelle: R. M. Deutsch: *Realities of Nutrition*, Palo Alto 1976.

... enthalten mehr Eisen als Spinat

NEUN VERGEBLICHE KALORIENKILLER

Anders als viele Menschen glauben, sind Sport und körperliche Arbeit keine großen Kalorienkiller. Die folgende Liste zeigt, wieviele Kalorien ein 70 kg schwerer Mann bei einer Stunde der jeweiligen Tätigkeit verbraucht (zum Vergleich: eine Käsepizza hat 1200 Kalorien):

Tätigkeit	Kalorienverbrauch pro Stunde
1. Klavierspielen	100
2. Langsames Radfahren	140
3. Staubsaugen	150
4. Schnelles Gehen	210
5. Tischtennis	280
6. Treppensteigen	320
7. Schnelles Radfahren	500
8. Schnelles Schwimmen	520
9. Querfeldeinlaufen	590

Quellen: R. M. Deutsch: *Realities of Nutrition*, Palo Alto 1976; Bernhard Ludwig: *Anleitung zum Dickwerden*, 2. Auflage, München 1990.

BERNHARD LUDWIGS 12-PUNKTE-JAHRES-ÜBUNGSPROGRAMM ZUM DICKWERDEN

1. Nützen Sie die Eigenkalorien und Umwegkalorien des regelmäßigen Alkoholgenusses.
2. Essen Sie mindestens 150 Gramm Fett pro Tag.
3. Achten Sie schon beim Einkauf auf die Salz- und Zuckergemische.
4. Essen Sie Ihre Portionen restlos auf.
5. Leben Sie mit der Waage.
6. Kaufen Sie Sich Diätliteratur.
7. Schämen Sie Sich fürs Essen.
8. Essen Sie heimlich.
9. Wechseln Sie Fast- und Mastkuren ständig ab.
10. Legen Sie beim Essen das Besteck nicht aus der Hand.
11. Trainieren Sie, feste Bissen mit einem Getränk hinunterzuschlucken.
12. Üben Sie das Essen ohne Speichelfluß.

Quelle: Bernhard Ludwig: *Anleitung zum Dickwerden*, 2. Auflage, München 1990.

LUIS VERISSIMOS TIPS
FÜR DIE SCHLACHT AM KALTEN BUFFET

1. Lassen Sie sich keine Vorschriften machen.
»Es ist durchaus normal, daß der Gastgeber mit einem Scherzwort eine Art Hierarchie für den Gang zum Buffet bestimmen will, zuerst die Gäste an den Tischen auf der einen oder anderen Seite, zuerst die Älteren, zuerst die Ehrengäste ... Überhören Sie das.«

2. Seien Sie trickreich.
»Nehmen Sie nach Möglichkeit immer zwei Teller, und tun Sie, als sei der andere für die liebe Frau Gemahlin ...«

3. Vergessen Sie alle Skrupel.
»Falls die vor Ihnen stehende Person Ihnen den Zugang zum zusehends schrumpfenden Muschelberg versperrt, stoßen Sie ihm oder ihr den Gabelstiel zwischen die Rippen.«

4. Drohen Sie.
»Nehmen Sie den Teller in die Hand, bauen Sie sich vor dem Kellner auf und lassen Ihren Blick sagen: ›Ich kenne deinesgleichen, du Gauner. Wenn du mir nicht genug Fleisch gibst, ersäufe ich dich in deiner Salattunke.‹«

Quelle: Luis Fernando Verissimo: »Tips für Strategen am kalten Buffet«, *Reader's Digest* 3/1990 (Deutsche Ausgabe).

ZEHN BERÜHMTE GERICHTE,
DIE IHREN NAMEN VON PERSONEN HABEN

1. Sandwich
Verdankt seinen Namen einem gewissen John Montagu, dem Vierten Graf von Sandwich (1718-1792), der sich beim Kartenspielen – unwillig, zum Essen aufzustehen – zwischen Brotscheiben geklemmte Fleischportionen servieren ließ (diese Sitte geht allerdings schon auf die Römer zurück, der Graf ist nicht der Erfinder).

2. Cumberlandsauce
Nach Prinz August von Cumberland (1721-1765).

3. Curzon-Suppe
Schildkrötensuppe, benannt nach Lady Curzon, der Frau des Vizekönigs (1888-1905) von Indien.

4. Bismarckhering
Anläßlich einer Ernährungsdebatte im Reichstag nannte Bismarck den damals als Armeleuteessen verschrieenen Hering eine Delikatesse. Der »Bismarckhering« war der Dank der Fischer für diese förderlichen Worte.

5. Wellington-Filet
Nach Sir Arthur Wellesley, Herzog von Wellington (1769-1852), dem Sieger von Waterloo.

6. Waldorf-Salat
Erstmals 1883 zur Eröffnung des Waldorf-Astoria-Hotels in New York komponiert. Enthält ein Teil Apfel, ein Teil englischen Sellerie, und ist mit Mayonnaise angerührt (und das ist ernst zu nehmen: ein Münchener Delikatessen-Händler mußte laut dpa vom Juli 1996 1.000 DM Buße zahlen, weil er seinen »Waldorf-Salat« zusätzlich mit Erdnüssen versehen hatte).

7. Filet Châteaubriand
Mit viel Gemüse umlegtes Rinderfilet, nach François-René Vicomte de Châteaubriand (1768-1848). In Restaurants oft nur »für zwei Personen«.

8. Bœuf Stroganoff
Filetstreifen in dicker, saurer Soße; nach Grigorij Alexandrowitsch Graf Stroganoff (1774-1857), russischer Gesandter in London.

9. Pfirsich Melba
Halber Pfirsich auf Vanilleeis; hat seinen Namen von der australischen Opernsängerin Nellie Melba, eigentlich Helen Parker Mitchell (1861-1931).

François-René Vicomte de Châteaubriand

10. Mozartkugeln
Rumkugeln aus Mozarts Heimatstadt Salzburg, wurden aber erst nach Mozarts Tod nach ihm benannt.

Quellen: H. Rosenthal: *Das ist Spitze*, Dortmund 1983; *Brockhaus Enzyklopädie*, verschiedene Bände; *Brockhaus – Was so nicht im Lexikon steht*, Mannheim 1996.

ZWÖLF FASTFOOD-SPEZIALITÄTEN
UNSERER NACHBARN

1. Belgien: Pommes Frites
(Wie bringt man einen Belgier zum Wahnsinn? Man sperrt ihn in ein rundes Zimmer und sagt, an der nächsten Ecke gibt's Pommes Frites).
  Wurden tatsächlich in Belgien erfunden:»Die Einwohner von Namur, Andenne und Dinant pflegen in der Meuse Kleinzeug zu fischen und es in Fett zu braten, um ihre Alltagskost aufzubessern, vor allem die armen Leute; aber wenn der Frost die Wasserläufe ergreift und der Fischfang darauf riskant wird, schneiden die Einwohner Kartoffeln in Form kleiner Fische aus und braten sie in Fett wie jene«, schreibt ein Chronist.

2. Dänemark: Smørrebrød
Auf deutsch »belegte Brote«. »Die Dänen essen belegte Brote zum Frühstück, zum Lunch und zum Mittagessen. Und um sicher zu gehen, daß sie keinen Hunger bekommen, essen sie auch noch ein paar Brote als Zwischenmahlzeit«, schreibt eine Zeitung in New York.

3. England: Fish and Chips
Das englische Volksnahrungsmittel Nr. 1, in der Regel Schellfisch oder Kabeljau.

4. Frankreich: Crêpes
Gibt es süß und salzig in Dutzenden von Varianten, vor allem in der Bretagne, wo es früher oft überhaupt nichts anderes zu essen gab.

5. Griechenland: Pita
Gefüllte Teigpasteten.

6. Italien: Pizza
Kommt aus Neapel, wurde dort in den Gassen als Schnellimbiß verkauft.

7. Irland: Kartoffelpuffer
In Irland vor allem als »Boxty Pancakes« bekannt; erinnern an das Schweizer Rösti.

8. Österreich: Wiener Würstchen
Heißen zwar häufig auch »Frankfurter« (nach ihrem »Erfinder«), kommen aber zweifellos aus Wien. In keiner Stadt Europas sieht man so viele Würstchenstände.

9. Polen: Kascha
Aus verschiedenen Getreidesorten hergestellte Grütze.

10. Rußland: Piroggen
Pasteten aus Hefeteig, mit Hackfleisch, Eiern, Pilzen etc. gefüllt.

11. Schweiz: Rösti
Geriebene Kartoffeln, angereichert mit Speck (Berner Rösti), Zwiebeln (Basler Rösti) oder Käse (Appenzeller Rösti).

12. Spanien: Tortilla
Kartoffelomelett, hat in Spanien die gleiche Rolle wie die Crêpes in Frankreich.

Quelle: J. Römer und M. Ditter (Hrsg.): *Culinaria*, Köln 1995.

AUS INTERNATIONALEN SPEISEKARTEN

1. Cold shredded children and sea blubber in spicy sauce (China)
2. Indonesian Nazi Goreng (Hongkong)
3. French fried ships (Ägypten)
4. Sweat from the trolley (Italien)
5. Pork with fresh garbage (Vietnam)
6. Buttered saucepans and fresh hormones (Japan)
7. Fried fishermen (Japan)
8. Toes with butter and jam (Bali)

Quellen: Eigene Beobachtungen sowie diverse Humorseiten des WWW.

ZEHN SELTSAME KULINARISCHE HOCHGENÜSSE

Wir Menschen sind rein wissenschaftlich gesehen Allesfresser; von ranzigen Drüsensekreten über Schimmelpflanzen oder Steine (alias Käse, Pilze, Salz) essen und verdauen wir so vielerlei. Trotzdem wird die folgende Liste kulinarischer Hochgenüsse den einen oder anderen überraschen:

1. Geröstete Heuschrecken
Eine große Delikatesse in Japan, genau wie viele andere Insektensorten. Auch die Chinesen essen bzw. aßen bis vor kurzem große Mengen Zikaden, Schaben, Grillen, Wanzen oder Gelbrandkäfer.

2. Spinnen

Werden in Laos, Vietnam und Thailand gern gegessen. »Ein Mistkäfer oder der weiche Körper einer Spinne haben, wenn geröstet, ein knuspriges Äußeres und ein weiches Inneres von der Konsistenz eines Soufflé, das keineswegs unangenehm ist«, schreibt der Anthropologe W. S. Bristowe, der selbst davon probierte. »Gewöhnlich kommt Salz daran, manchmal werden Chili oder die Blätter von wohlriechenden Kräutern zugefügt, und verschiedentlich werden sie mit Reis gegessen oder mit Soßen oder Curry gereicht.«

3. Termiten und Ameisen

Werden vor allem in Westafrika gern gegessen. Einhundert Gramm afrikanische Termiten enthalten 610 Kilokalorien, 38 Gramm Protein und 46 Gramm Fett, damit von allen diesen Dingen rund doppelt soviel wie ein gebratener mittelfetter Hamburger.

4. Hunde

Der chinesische Außenminister soll einmal auf einem Empfang bei einem westlichen Botschafter dessen Spaniel-Hündin sehr bewundert haben. Der aufmerksame Botschafter schickt ihm zwei Junge aus dem nächsten Wurf. »Wie finden Sie die Hündchen«, fragt der Botschafter beim nächsten Staatsempfang. »Sie waren köstlich«, antwortet der Minister.

5. In Streifen geschnittene Quallen

Sehen aus wie Sauerkraut, wurden einem der Autoren dieses Buches bei einem Festbankett in Shanghai als besondere Köstlichkeit serviert.

6. Mit Gelee überzogene und auf offenem Feuer geröstete Hühnerfüße

Dito.

7. Hufend-Sehnen

In Streifen geschnittene Sehnen aus Rinderfüßen; werden mit Paprika serviert, Delikatesse in Shanghai.

8. Entenfüße

Sehen aus wie Nudeln; werden in Soße getunkt und in China kalt als Vorspeise gegessen.

9. Geröstete Maden

Eine Delikatesse bei den Aborigines in Australien; finden sich aber zuweilen auch auf den Speisekarten »normaler« Restaurants.

10. Schlangensuppe

»Wer eine Schlange gekauft hat, muß mit ansehen, wie sie mit einem Draht erwürgt und vor seinen Augen enthäutet wird«, schreibt ein Taiwan-Reiseführer über eine der dortigen Spezialitäten. Blut und Galle werden zu einem Potenzgebräu vermischt, das Fleisch kommt in die Suppe, »einem sehr feinen, wohlschmeckenden und nahrhaften Gericht«.

Quellen: Eigene Beobachtungen; *Apa-Guides: Taiwan*, Gütersloh 1994; Marvin Harris: *Wohlgeschmack und Widerwillen*, Stuttgart 1988.

FÜNF HEIMATLICHE LECKERBISSEN, DIE ANDERSWO ALS UNGENIESSBAR GELTEN

Jeder weiß, daß Inder keine Kühe oder gläubige Juden sowie Muslims keine Schweine essen (das Rinderschlachtverbot ist sogar in der indischen Verfassung verankert). Aber neben diesem Ekel vor Rindfleisch gibt es noch andere für uns Westeuropäer unerklärliche Abneigungen gegen die verschiedensten bei uns hochgeschätzten Nahrungsmittel.

1. Milch

Wird fast überall im Fernen Osten als Nahrungsmittel abgelehnt. »Die Chinesen und andere Völker in Ost- und Südostasien haben nicht bloß eine Abneigung gegen Milch«, schreibt der Ethnologe Marvin Harris, »sie verabscheuen sie zutiefst und reagieren auf jede Aussicht, ein Glas schöner, kalter Milch schlucken zu müssen, etwa so, wie wir im Westen auf die Aussicht eines schönen Glases kalten Kuhspeichels reagieren würden.«

2. Käse

Wird als Milchprodukt von vielen Asiaten nicht gegessen.

3. Yoghurt

Dito.

4. Ananas

Darf in manchen Teilen Indiens nicht gegessen werden, vor allem nicht von schwangeren Frauen.

5. Papaya-Früchte

Dito.

Quelle: Marvin Harris: *Wohlgeschmack und Widerwillen*, Stuttgart 1988.

3. KAPITEL:
WÖRTER, SPRACHE, NAMEN

DIE ZEHN HÄUFIGSTEN WÖRTER
DER DEUTSCHEN SPRACHE

		Anteil an geschriebenem Text
1.	die	3,5 %
1.	der	3,5 %
3.	und	2,8 %
4.	in	1,8 %
5.	den	1,2 %
6.	zu	1,1 %
6.	das	1,1 %
8.	von	1,0 %
9.	mit	0,9 %
9.	nicht	0,9 %

Quellen: H. Meyer: *Deutsche Sprachstatistik*, Hildesheim 1964; Institut für deutsche Sprache: persönliche Mitteilung, November 1996.

DIE ZEHN HÄUFIGSTEN HAUPTWÖRTER
DER DEUTSCHEN SPRACHE

Mensch, Jahr, Prozent, Mark, Berlin, Leben, Frau, Mann, Bundesrepublik, Frage.

Die häufigsten Abkürzungen sind DDR, DM, SPD und Dr.

Quelle: Institut für deutsche Sprache: persönliche Mitteilung, November 1996.

DIE ZEHN SCHÖNSTEN SCHIMPFWÖRTER
DER DEUTSCHEN SPRACHE

1. Brunzkachel
Eigentlich Nachttopf, »besonders in Süddeutschland abwertend für eine Person, die sehr oft uriniert«.

2. Ferkelstecher
In gewissen Gegenden üblich für einen Winkeladvokaten.

3. Furzklemmer
Geizhals.

4. Grasaffe
»Der Grasaff, ist er weg?« heißt es in Goethes *Faust*.
Unreifer, vorwitziger oder eitler Mensch.

5. Heugeige
Große, hagere Person.

6. Krampfbolle
Fränkisch und schwäbisch für einen geschwätzigen Aufschneider.

7. Nudeldrücker
Pedant.

8. Pestfetzen
Österreichisch für eine unerfreuliche Person, Widerling.

9. Schlickefänger
Rheinisch für eine zwielichtige Person.

10. Schneebrunzer
Oberdeutsches Schimpfwort mit wechselnder Bedeutung (Geck oder alter Mann).

Quelle: Herbert Pfeiffer: *Das große Schimpfwörterbuch*, Frankfurt am Main 1996.

GOETHES LISTE VERBOTENER REDEWENDUNGEN
IN LITERARISCHEN MANUSKRIPTEN

Goethe war ein großer Freund von Listen; hier eine von ihm verfaßte Liste von
»Redensarten, welche der Schriftsteller vermeidet, sie jedoch dem Leser beliebig
einzuschalten überläßt«:
  Aber, Gewissermaßen, Einigermaßen, Beinahe, Ungefähr, Kaum, Fast,
  Unmaßgeblich, Wenigstens, Ich glaube, Mich deucht, Ich leugne nicht,
  Wahrscheinlich, Vielleicht, Nach meiner Einsicht, Wenn man will, Soviel
  mir bewußt, Wie ich mich erinnere, Wenn man mich recht berichtet, Mit
  Einschränkung gesprochen, Ich werde nicht irren, Es schwebt mir so vor,
  Eine Art von, Mit Ausnahme, Ohne Zweifel, Ich möchte sagen, Man könnte
  sagen, Wie man zu sagen pflegt, Warum soll ich nicht gestehen, Wie ich es
  nennen will, Nach jetziger Weise zu reden, Wenn ich die Zeiten nicht ver-
  wechsle, Irgend, Irgendwo, Damals, Sonst, Ich sage nicht viel, Wie man mir
  sagt, Man denke nicht, Wie natürlich ist, Wie man sich leicht vorstellen
  kann, Man gebe mir zu, Zugegeben, Mit Erlaubnis zu sagen, Erlauben Sie,
  Man verzeihe mir, Aufrichtig gesprochen, Ohne Umschweife gesagt, Gera-
  dezu, Das Kinde bei seinem Namen genannt, Verzeiht den derben Ausdruck.

Quelle: Karl Richter (Hrsg.): *Johann Wolfgang von Goethe – Sämtliche Werke nach Epochen seines
Schaffens*, Band 11.2, München 1994.

ZEHN VERWORFENE ALTERNATIVEN
FÜR DAS »HANDY«

Leider vergeblich war ein Appell der Gesellschaft für Deutsche Sprache (GfdS),
ein deutsches Wort für das häßliche englische »Handy« einzuführen – eine eigens
eingesetzte Jury konnte unter mehr als 1.200 eingesandten Vorschlägen keine
Alternative finden. Verworfen wurden unter anderem:

Anrufli, Calli, Digifon, Griffi, Nervi, Ohrly, Porteko (portable Telekommunikati-
onseinheit), Porty, Protzfohn, Yuppielutscher.

Quelle: »Yuppielutscher und Nervi kein Ersatz für Handy«, *Ruhrnachrichten* vom 5. November 1996.

DIE FÜNFZEHN SCHÖNSTEN FREMDWÖRTER
VON SIGRID LÖFFLER

Diese Liste ist für die Freunde des Literarischen Quartetts. So wie die Autoren dieses Buches hat sicher mancher Leser manche Schrecksekunde ausgehalten und
überlegen müssen: Was meint sie denn nun bloß ...

1. amalgam, amalgamieren
»verbinden, vereinigen«

2. Allegorie, allegorisieren
»Faßbare Darstellung eines abstrakten Begriffes in einem Bild, oft mit Hilfe der
Personifikation.«

3. Duktus
»charakteristische Art der künstlerischen Formgebung«

4. exuberant
»überschwenglich, üppig«

5. Helvetismen
Wörter, die unsere Schweizer Nachbarn gern benutzen.

6. Kitschier
Gesprochen »Kitschje«, jemand, der kitschige Bücher schreibt.

7. Kompilation
»Zusammenstellung, Zusammentragen mehrerer Quellen.«

8. Kontradiktorisch
»sich widersprechend, sich gegenseitig aufhebend«

9. Konstrukt
»Arbeitshypothese oder gedankliche Hilfskonstruktion für die Beschreibung von
Dingen oder gedanklichen Erscheinungen, die nicht konkret beobachtbar sind,
sondern nur aus anderen beobachtbaren Daten erschlossen werden können.«

10. Metapher
»Als Stilmittel gebrauchter sprachlicher Ausdruck, bei dem ein Wort, eine Wort-
gruppe aus seinem eigentümlichen Bedeutungszusammenhang in einen anderen
übertragen wird, ohne daß ein direkter Vergleich die Beziehung zwischen Bezeich-
netem und Bezeichnenden verdeutlicht.«

11. paradigmatisch
Standardvokabel, heißt soviel wie »musterhaft«.

12. priapisch
Unser absoluter Hit; heißt »unzüchtig, obszön«, aber außer Frau Löffler weiß das nur die Duden-Redaktion.

13. Sensorium
»Bewußtsein, Gespür«

14. Topos
»Festes Klischee, traditionelles Denk- und Ausdrucksmuster.«

15. Vexierspiel
»Suchbild, das eine nicht sofort erkennbare Figur enthält.«

Quellen: Mehrere Sendungen des Literarischen Quartetts im ZDF, 1996; *Duden Fremdwörterbuch*, 4. Auflage, Mannheim 1982.

12 BEDEUTUNGEN DER ABKÜRZUNG MS

Motorschiff, Mietspiegel, Multiple Sklerose, Master of Surgery, Massen-Spektrometrie (eine chemische Analysetechnik), Mitral-Stenos (ein Fachausdruck aus der inneren Medizin), die Stadt Münster, der Inselstaat Mauritius, der Orden der »Missionare von La Seletta«, die Softwarefirma Microsoft, die Fluggesellschaft Egyptair (fragen Sie uns nicht warum) und die ökonomische Fachzeitschrift »Manchester School« (außerdem Verwechslungsmöglichkeiten mit »Manuskript« und »Monatsschrift« [korrekt Ms.] sowie »Millisekunde« [korrekt ms]).

62 LINKE GEMEINPLÄTZE

»Manchmal können wir gar nicht unterscheiden, ob die Sachen und Tatsachen schneller unseren linken Vokabeln davonlaufen oder ob es die Umlaufgeschwindigkeit der Worte und Sprüche ist, die uns den Inhalten entfernt«, schreiben Heiner Boehncke und Herbert Stubenrauch in *Klasse, Körper, Kopfarbeit – Lexikon linker Gemeinplätze*, Reinbek 1983. Hier ein Teil des »Wortqualms«, den sie aus der linken Szene aufsteigen sehen:

Verben:	andiskutieren, differenzieren, diskutieren, einbringen, thematisieren, verankern, vermitteln
Adjektive:	aktuell, authentisch, frauenspezifisch, fundamental, gesellschaftlich, grundlegend, herrschend, kaputt, kulturell, massenhaft, massiv, moralisch, natürlich, ökologisch, permanent, schichtspezifisch, spontan, zunehmend.
Abkürzungen:	AKW, BI, BRD, Demo.
Adverbien:	echt, sozial, voll.
Substantive:	Ängste (wieso eigentlich immer nur in der Mehrzahl), Arbeit (Beziehungsarbeit, Gefühlsarbeit, Lernarbeit, Trauerarbeit etc.), Basis, Bedürfnis, Beziehung, Bezugsperson, Bündnis, Erfahrung, Feeling, Friedenserziehung, Gleichgewicht, Integration, Interaktion, Klasse, Körper, Kopfarbeit, Papier, Projekt, Resignation, Rolle, Sachzwang, Solidarität, Sozialisation, Studierende, Transparenz, Trip, Verelendung, Vernetzung, Wende, Workshop.

Quellen: Außer dem oben zitierten Buch von Boehncke und Stubenrauch zahlreiche Flugschriften der Allgemeinen Studentenausschüsse der Universitäten Münster, Dortmund und Hannover.

DIE 10 HÄUFIGSTEN DEUTSCHEN FAMILIENNAMEN

		Anzahl Bundesbürger mit diesem Namen
1.	Müller	611.000
2.	Schmidt	598.000
3.	Meyer	477.000
4.	Schneider	255.000
5.	Fischer	229.000
6.	Weber	197.000
7.	Becker	178.000
8.	Wagner	177.000
9.	Schäfer	153.000
10.	Schulz	148.000

Die Tabelle wirft gleichlautende Namen mit unterschiedlicher Schreibweise (wie Schmidt, Schmid und Schmitt, oder Meyer, Mayer, Meier) jeweils in einen Topf. Die Zahlen hinter den Namen stammen aus der Volkszählung 1977; sie gelten nur für die alten Bundesländer mit damals 60 Millionen Menschen. Bei der letzten Volkszählung 1987 wurden die Familiennamen wegen Datenschutzes nicht mehr ausgewertet.

Alle Spitzenreiter stehen für Berufe. Auch die folgenden drei Namen, Hoffmann, Bauer und Koch sind Namen für Berufe, wie auch weitere 16 Namen unter den insgesamt 47 häufigsten, die in dieser Statistik gesammelt worden sind. Ebenfalls sehr häufig sind sogenannte »Übernamen«, die auffällige körperliche, charakterliche oder geistige Merkmale festhalten, wie z. B. Klein auf Platz 14 oder Schwarz auf Platz 18 dieser Liste.

PS: Der häufigste Familienname überhaupt ist Wang; so heißen weltweit mehr als 200 Millionen Menschen.

Quelle: *Der Sprachdienst* 21, Heft 10, 1977.

DIE ZEHN BELIEBTESTEN VORNAMEN 1980 (ALTE BUNDESLÄNDER)

Jungen

Mädchen

1. Christian
2. Michael
3. Stefan
4. Daniel
5. Markus
6. Andreas
7. Matthias
8. Alexander
9. Sebastian
10. Tobias

1. Stefanie
2. Sabrina
3. Christine/Christina
4. Melanie
5. Kathrin
6. Nicole
7. Julia
8. Sandra
9. Daniela
10. Nadine

DIE ZEHN BELIEBTESTEN VORNAMEN 1995 (ALTE BUNDESLÄNDER)

Jungen

Mädchen

1. Alexander
2. Maximilian
3. Daniel
4. Lukas
5. Philipp
6. Christian
7. Marcel
8. Michael
9. Tobias
10. Dominik

1. Maria
2. Katharina
3. Laura
4. Julia
5. Lisa
6. Sarah
7. Marie
8. Sophie
9. Anna/Anne
10. Vanessa

DIE ZEHN BELIEBTESTEN VORNAMEN 1995 (NEUE BUNDESLÄNDER)

Jungen	Mädchen
1. Maximilian	1. Maria
2. Philipp	2. Lisa
3. Florian	3. Laura
4. Felix	4. Julia
5. Paul	5. Anna/Anne
6. Lukas	6. Sophia
7. Alexander	7. Sarah
8. Sebastian	8. Jessica
9. Kevin	9. Franziska
10. Tobias	10. Jennifer

Quelle: *Der Sprachdienst*, verschiedene Jahrgänge von 1981 bis 1996.

ZEHN NICHT GANZ ALLTÄGLICHE NAMEN

Seit einer der Autoren dieses Buches einen Nachbarn namens Brandy mit einer Tochter namens Cherry hatte, achten wir auf solche Kuriositäten. Hier sind zehn weitere skurrile Namen (die meisten tatsächlich in diversen Telefonbüchern zu finden):

1. Sandy Beach
2. Anna Bolika
3. Mary Christmas
4. Rhoda Dendron
5. Pearl Harbour
6. Ueva Kapp
7. Nivea Krämer
8. Urban Sprawl
9. Izmir Übl
10. Gorgon Zola

ZEHN MISSGLÜCKTE EHEN VON NAME UND BERUF

Die folgenden Namen haben wir oder unsere Gewährsleute selbst auf Bürotüren, vor Kanzleien und Praxen aller Art mit eigenen Augen abgelesen:

1. Dr. A. Payne, Dentist.
2. Crook & Crook, Rechtsanwälte und Notar.
3. Massagepraxis U. Schuppenhauer.
4. Rainer Sonntag, Fachanwalt für Arbeitsrecht.
5. Klaus Pfennigfuchser (Leiter eines Supermarkts).
6. H. Lauer, Privatdetektiv.
7. Frauenarzt Dr. A. Wüstemann.
8. Alois Fingerlos, Schreinermeister.
9. Rainer Unglaub, Pfarrer.
10. Installateurbetrieb Michael Murks.

```
Alleinimport:
DUNEKACKE & WILMS—Hamburg 70

Paçked By:
H.K. Seasoning Food Factory Ltd
Lot 3901 D.D. 104, Pok Wai.
San Tin, Yuen Long, N'
Hong Kong.
```

Auch keine gute Werbung: eine Chinasoße und ihr deutscher Importeur.

24 WÖRTER FÜR EINEN DUMMKOPF

Bachsimpel, Bananenbieger, Batzenlippel, Blötschkop, Dilldopp, Dollbohrer, Dösel, Dumpfbacke, Eimer, Entenmelker, Eumel, Flachkopf, Grützkopf, Hansel, Knallkopf, Palmesel, Pflaumenaugust, Pinsel, Primeltopf, Schafskopf, Simpel, Strohkopf, Weichei, Zeitzünder.

Quelle: Herbert Pfeiffer: *Das große Schimpfwörterbuch*, Frankfurt am Main 1996.

13 BISSIGE BEGRIFFSBESTIMMUNGEN

1. Alimente: Zahlungsverpflichtung bei Verkehrsunfällen
2. Appetit: Luxusausgabe des Hungers (A. Daniel)
3. ARD: Behörde mit angeschlossenem Sender (H. Krüger)
4. Beleidigungen: Argumente derer, die unrecht haben (J.-J. Rousseau)
5. Denken: Für viele nur ein Umgruppieren ihrer Vorurteile (W. James)
6. Ehrgeiz: Letzte Zuflucht des Mißerfolgs (O. Wilde)
7. Eigensinn: Energie der Dummen (B. Gracián)
8. Einkommen: Provision für Einzahlung der Steuern (Anonymus)
9. Ideologie: Ordnung auf Kosten des Denkens (F. Dürrenmatt)
10. Ideologen: Leute, die die Menschheit für besser halten als den Menschen (I. Svevo)
11. Medizin: Wissenschaft zur Verhinderung eines natürlichen Todes (Anonymus)
12. Schweiß: Träne der Arbeit (P. Hille)
13. Verzeihen: Beste Form der Rache (Anonymus)

Quelle: E. G. Tange: *Sag's mit Biß*, Frankfurt am Main 1985.

DIE SECHS UNWÖRTER DER DEUTSCHEN SPRACHE

Die seit 1991 jährlich durchgeführte Aktion »Unwort des Jahres« hatte bisher die folgenden fünf »Sieger«:

Jahr	Unwort des Jahres
1996	Rentnerschwemme
1995	Diätenanpassung
1994	Peanuts
1993	Überfremdung
1992	ethnische Säuberungen
1991	ausländerfrei

DIE ZEHN HÄUFIGSTEN VORSCHLÄGE
ZUM UNWORT 1995

	Anzahl der Nennungen
1. Diätenanpassung	152
2. unkaputtbar	110
3. Kids	79
4. greiseneinfach	75
5. Frauenquote	49
6. Verschlankung	45
7. Kukidents	43
8. Quotenfrau	41
9. ethnische Säuberung	34
10. Mobbing	32

Quelle: Horst D. Schlosser: *Medieninformation zur Sprachkritischen Aktion »Unwort des Jahres«*, 1991–1995.

ZEHN OXYMORONE

Ein Oxymoron ist ein Wort, das sich strenggenommen selber widerspricht, wie fleischloser Hamburger oder Plastikgläser. Hier sind zehn weitere:

Akkordeonmusik, Advanced BASIC, Bankrotter Millionär, Englische Küche, Konstanter Wandel, Trockener Wein, Vegetarisches Steak, Kindfrau, Kalte Glut, Großer Zwerg.

DIE ZEHN WICHTIGSTEN MUTTERSPRACHEN
AUF DER ERDE

	Anzahl Menschen 1994 mit dieser Muttersprache
1. Chinesisch	792 Mio.
2. Hindi	404 Mio.
3. Englisch	329 Mio.
4. Spanisch	325 Mio.

5.	Russisch	210 Mio.
6.	Arabisch	198 Mio.
7.	Bengalisch	180 Mio.
8.	Portugiesisch	164 Mio.
9.	Japanisch	124 Mio.
10.	Deutsch	91 Mio.

Quellen: *Encyclopae Britannica* (Book of the Year 1994); Logical language group, über die Internet-Adresse lojbab@access.digex.net.

41 DEUTSCHE FREMDWÖRTER IM ENGLISCHEN

Ablaut, Abseilen, Angst, Blitz, Blitzkrieg, Bretzel, Dachshund, Ersatz- (als Teil von Wörtern wie »Ersatz-coffee«), Fahrvergnügen, Festschrift, Flak, Gestalt, Gestapo, Götterdämmerung, Hinterland, Kaiser, Kindergarten, Kitsch, Leitmotiv, Lumpenproletariat, Mangoldwurzel, Markgraf, Meerschaum, Mittelstand, Nazi, Pudel, Reichstag, Rinderpest, Rucksack, Sauerkraut, Schnaps, Schwindler, Selters, U-Boot, Waldsterben, Wanderjahre, Wanderlust, Weltschmerz, Wunderkind, Zeitgeist, Zink.

Nicht alle diese Wörter sind im Englischen sofort als Fremdwörter zu erkennen – einige wie Schwindler (swindler) oder Markgraf (margrave) sind mit der Gastsprache bereits verschmolzen.

Quellen: *Webster's Dictionary* und eigene Beobachtungen.

38 SPRACHEN, DIE ZUR DEUTSCHEN BEIGETRAGEN HABEN

Fremd- und Lehnwörter aus dem Lateinischen, Griechischen, Englischen und Französischen sind aus der deutschen Sprache nicht mehr wegzudenken. Dabei wird oft übersehen, daß auch andere Sprachen zu unserer eigenen beigetragen haben, wie:

Ägyptisch: Kartell, Kartogramm, Oase, Pharao.
Arabisch: Admiral, Algorithmus, Alkohol, Alkoven, Atlas (Gewebe), Beduine, Café, Chemie, Fakir, Gamasche, Gazelle, Harem, Hasardeur, Haschisch, Jasmin, Kali, Karaffe, Mafia, Magazin, makaber, Marabu, Maske, Matratze, Minarett, Monsun, Moschee, Schirokko, Sofa, Sultan, Talisman, Talkum, Tarif.

Baskisch:	bizarr.
Bengalisch:	Jute.
Chinesisch:	Ginseng, Ketchup, Taifun, Tee.
Dänisch:	Lemming.
Eskimoisch:	Iglu, Kajak.
Finnisch:	Sauna.
Hebräisch:	Amen, Balsam, Benjamin, Halleluja, Kabbale, Kassiber, Kibbuz, meschugge, Pharisäer, Schlemihl, schofel.
Hindi:	Bungalow, Guru, Kuli, Nabob, Sari, Shampoo.
Indianisch:	Avocado, Jaguar, Palisander, Pampa, Piranha, Poncho, Puma, Tabak, Tanga, Tapir.
Italienisch:	Agio, Baldachin, Bank, Brigade, Brokat, Espresso, Fata Morgana, Fiasko, Fresko, Getto, Graffitti, Intermezzo, Kantine, Karussell, Konto, Lava, Makkaroni, Manege, Maraschino, Miniatur, Motto, Piano, Pizza, Rakete, Skizze, Sopran, Spagat, Stilett, Strapaze, Tarantel, Tombola.
Japanisch:	Bonsai, Futon, Judo, Karate, Kimono, Mikado, Origami, Rikscha, Tofu, Tsunami.
Karibisch:	Kanu, Kolibri, Leguan.
Ketschua:	Alpaka.
Kihongo:	Zebra.
Kroatisch:	Kravatte, Slibowitz.
Malaiisch:	Amok, Gong, Rattan.
Maledivisch:	Atoll, Mango.
Nahuatl:	Chili, Schokolade,Tomate.
Niederländisch:	Apfelsine, Bordell, Boß, Brikett, Dock, Etappe, Etikett, Harpune, Kap, Koje, Köper, Makrele, Plakat, Scharteke, schraffieren, Stellage, Takelage, takeln.
Norwegisch:	Ski, Slalom.
Persisch:	Ajatollah, Basar, Kaftan, Karawane, Lasur, Mogul, Mumie, Pistazie, Safran, Schakal, Scheck, Spinat, Turban, Zinnober.
Polnisch:	Kalesche.
Polynesisch:	Tabu.
Portugiesisch:	Ananas, Marmelade, Pagode, Tanker, Veranda.
Russisch:	Kosak, Knute, Kolchose, Samowar, Schaschlik, Steppe, Taiga, Tundra.
Sanskrit:	Joga, Mandarin, Nirwana, Schamane.
Schwedisch:	Ombudsmann, Schäre.
Slawisch:	Popanz, Pulk.
Slowenisch:	Jause.

Spanisch:	Armada, Embargo, Flamingo, Gala, Galan, Guerilla, Kannibale, Karacho, Kojote, Mais, Manta, Marihuana, Moskito, Rumba, Sombrero, Tempo, Tornado.
Sumerisch:	Kanister, Kanüle.
Tamilisch:	Katamaran, Kopra, Paria.
Tschechisch:	Halunke, Pistole, Polka, Roboter, scharwenzeln, Trabant.
Tibetanisch:	Polo.
Türkisch:	Joghurt, Kiosk, Kismet, Pascha, Taft, Tulpe.
Ungarisch:	Gulasch, Kutsche, Paprika, Pußta, Schabracke.

Bei manchen dieser Wörter ist die Herkunft noch umstritten; einige, wie viele arabische Wörter oder das hebräische Balsam, das erst über das Griechische und Lateinische in das Deutsche eingegangen ist, sind über Umwege zu uns gekommen (andere Beispiele sind viele ursprünglich niederländische Wörter wie Boß, Dock, Etappe oder Etikett, die über das Englische oder Französische gegangen sind; in solchen Fällen haben wir immer die Ursprungssprache und nicht das letzte Glied der Kette angegeben).

Quellen: *Das Deutsche Wörterbuch*, München 1985 und *Duden Fremdwörterbuch*, Mannheim 1982.

4. KAPITEL:
BÜCHER UND BÜCHERSCHREIBER

DIE LITERATURNOBELPREISTRÄGER
DEUTSCHER SPRACHE

1. Theodor Mommsen (1902)
Erhielt (nach dem Franzosen Sully Prudhomme) den zweiten Literaturnobelpreis überhaupt. War eigentlich Historiker (Hauptwerk: *Römische Geschichte*), zeigte aber immer wieder, daß Sachverstand und literarische Brillanz durchaus nicht auseinandertreiben müssen.

2. Rudolf Eucken (1908)
Eigentlich ein Philosoph; sein literarisches Werk muß wohl nur von kurzer Ausstrahlung gewesen sein; in dem fünfbändigen *Lexikon der Weltliteratur* des Harenberg Verlags findet sich zu ihm nicht eine Zeile.

3. Paul Heyse (1910)
»Heyse gilt, zusammen mit seinem väterlichen

Theodor Mommsen, der erste deutsche Nobelpreisträger für Literatur

Freund Geibel, als Haupt des ›Münchner Dichterkreises‹, der sich die Nachahmung klassischer Kunstformen, die Förderung eines reinen, ausgeglichenen Stils und die Pflege formalästhetischer Virtuosität zum Ziel gesetzt hatte.«

4. Gerhard Hauptmann (1912)
»Der erfolgreichste und produktivste Dramatiker der naturalistischen Generation.«

5. Carl Spitteler (1919)
»Der bedeutendste Schweizer Dichter der Jahrhundertwende.«

6. Thomas Mann (1929)
Seit Goethe der größte Virtuose der deutschen Sprache.

7. Hermann Hesse (1946)
Vor allem durch seinen Roman *Der Steppenwolf* auch späteren Generationen ans Herz gewachsen.

8. Nelly Sachs (1966)

Mußte (bzw. konnte) als Jüdin 1940 nach Schweden emigrieren und ist vor allem durch ihre Gedichte über ihre ermordeten Glaubensgenossen unvergessen.

9. Heinrich Böll (1972)

Der politisch korrekte Deutsche. Der Preis war sowohl Anerkennung der Gesinnung wie der literarischen Bedeutung.

10. Elias Canetti (1981)

Jude, in Bulgarien geboren, als Engländer gestorben. Schrieb aber seine Hauptwerke (*Die Blendung, Masse und Macht*) auf deutsch.

Quelle: *Harenbergs Lexikon der Weltliteratur*, 5 Bände, Dortmund 1989.

DIE GRÖSSTEN DICHTER
AUS DEN GRÖSSTEN LÄNDERN DER EU

Im Jahr 1994 wandten sich fünf führende Zeitungen und Zeitschriften in fünf großen Ländern der EU (*Die Zeit, The Times, Lire, El Pais und La Stampa*) an ihre Leser mit der Frage, welchen Dichter oder Literaten dieser Länder sie denn für den größten hielten (keine lebenden und keinen aus dem jeweils eigenen Land; die Leser der *Zeit* konnten also nur über Franzosen, Engländer, Spanier und Italiener abstimmen). Es ergab sich die folgende Reihung:

1. Shakespeare
2. Goethe
3. Dante
4. Cervantes
5. Kafka
6. Thomas Mann
7. Marcel Proust
8. Molière
9. Joyce
10. Dickens

Quelle: Wolf Schneider: *Die Sieger*, Hamburg, ohne Jahr.

DIE ZEHN AM HÄUFIGSTEN ZITIERTEN SCHRIFTSTELLER ALLER ZEITEN

1. William Shakespeare (1564-1616)
2. Charles Dickens (1812-1870)
3. Sir Walter Scott (1771-1832)
4. Goethe (1749-1832)
5. Aristoteles (384-332 v. Chr.)
6. Alexandre Dumas (1802-1870)
7. R. L. Stevenson (1850-1894)
8. Mark Twain (1835-1910)
9. Cicero (106-43 v. Chr.)
10. Balzac (1799-1850)

Quelle: *Focus* 20/1995, S. 206. Leider sind hier keine Einzelheiten angegeben (von wem und wo zitiert, wie gemessen etc.; sehr verdächtig etwa, daß die drei Spitzenreiter alle Englisch schreiben). Wir zitieren diese Liste daher ohne Gewähr, vor allem wegen ihres Kuriositätenwertes.

DREIZEHN DEUTSCHSPRACHIGE LITERATEN ODER DICHTER, DIE VON BERUF JURISTEN WAREN

1. Willibald Alexis (1798-1871)
2. Joseph von Eichendorff (1788-1857)
3. Goethe (1749-1832)
4. Franz Grillparzer (1791-1872)
5. Hans Habe (1911-1977)
6. Walter Hasenclever (1890-1940)
7. Heinrich Heine (1797-1859)
8. E. T. A. Hoffmann (1776-1822)
9. Hugo von Hofmannsthal (1874-1929)
10. Franz Kafka (1883-1924)
11. August von Kotzebue (1761-1819)
12. Ludwig Thoma (1867-1921)
13. Kurt Tucholsky (1890-1935)

Nicht alle diese Literaten haben so wie Goethe, der am Reichskammergericht zu Wetzlar hospitierte, oder wie August von Kotzebue, der zeitweise eine eigene Advokatenpraxis leitete, ihren Juristenberuf auch wirklich ausgeübt. Einige, wie Hugo von Hofmannsthal, haben nach dem Staatsexamen abgebrochen, andere, wie Heine oder Kafka, nach der Promotion. Gemeinsam ist aber allen, daß sie ihren brot-beruflichen Werdegang als Juristen angefangen haben.

Quelle: *Harenbergs Lexikon der Weltliteratur*, 5 Bände, Dortmund 1989.

SIEBEN DEUTSCHSPRACHIGE LITERATEN ODER DICHTER, DIE AUCH MEDIZINER WAREN

1. Peter Bamm (1897-1975)
2. Johannes R. Becher (1891-1958)
3. Gottfried Benn (1886-1956)
4. Georg Büchner (1813-1837)
5. Alfred Döblin (1878-1957)
6. Friedrich Schiller (1759-1805)
7. Arthur Schnitzler (1862-1931)

Hier gilt das gleiche wie bei den Juristen: nicht alle diese Männer haben so wie der zeitweilige Regimentsmedikus Friedrich Schiller oder wie Peter Bamm, der zeitweise als Schiffsarzt arbeitete, oder wie Arthur Schnitzler, der in Wien für kurze Zeit eine Privatpraxis unterhielt, oder wie der als Nervenarzt tätige Alfred Döblin, ihren ärztlichen Beruf tatsächlich ausgeübt. Aber sie alle hatten neben ihren dichterischen auch noch durchaus handfeste Einsichten in das Innenleben ihrer Zeitgenossen ...

Der Schriftsteller und Schiffsarzt
Peter Bamm

Quelle: *Harenbergs Lexikon der Weltliteratur*, 5 Bände, Dortmund 1989.

21 DICHTER DEUTSCHER SPRACHE UND IHRE PSEUDONYME

Richtiger Name	Pseudonym
Paul Ancel	Paul Celan
Löb Baruch	Ludwig Börne
Janos Békessy	Hans Habe
Albert Bitzius	Jeremias Gotthelf
Rudolf Ditzen	Hans Fallada
Kurt Emmrich	Peter Bamm
Hellmuth Flieg	Stefan Heym
Andreas Greif	Andreas Gryphius
Georg Phillip Friedrich Freiherr von Hardenberg	Novalis

Georg Wilhelm Häring	Willibald Alexis
August Henschke	Klabund
Karl Hohental	Karl May
Eugenie John	E. Marlitt
Johann Kienau	Gorch Fock
Hans Maier	Jean Améry
Netty Radvanyi	Anna Seghers
Johann Paul Friedrich Richter	Jean Paul
Sandor Friedrich Rosenfeld	Roda Roda
Eduard Schmidt	Kasimir Edschmid
Utta Schneider	Utta Danella
Günter Stern	Günther Anders

Quellen: Manfred Barthel: *Lexikon der Pseudonyme*, Düsseldorf 1986; *Harenbergs Lexikon der Weltliteratur*, 5 Bände, Dortmund 1989.

ELF INTERNATIONALE LITERATEN UND IHRE PSEUDONYME

	hieß eigentlich
Truman Capote	T. Streckfus Persons
Lewis Carroll	Charles Lutwidge Dodgson
Joseph Conrad	Teodor Korzeniowski
Maxim Gorki	Alexej Maximowitsch Peschkow
Jack London	John Griffith Chaney
André Malraux	André Berger
Pablo Neruda	Neftali Ricardo de Reyes-Basoalto
George Orwell	Eric Blair
Françoise Sagan	Françoise Quoirez
George Sand	Amandine Lucile Aurore Dupin
Oscar Wilde	Fingal O'Flaherty Wills

Quellen: Manfred Barthel: *Lexikon der Pseudonyme*, Düsseldorf 1986; *Harenbergs Lexikon der Weltliteratur*, 5 Bände, Dortmund 1989.

ZEHN BEKANNTE LITERATEN, DIE SICH
SELBST GETÖTET HABEN

1. Paul Celan (1920-1970)
»Eine schwere psychische Erkrankung trieb ihn in den Freitod«, meldet knapp das Lexikon.

2. Ernest Hemingway (1899-1961)
Benahm sich mit zunehmendem Alter immer seltsamer. »Er zeigte seiner Frau das Gesicht des Irrsinns und den Ärzten die Züge gesunden Verstandes« (Anthony Burgess, einer seiner Biographen). Glaubte, literarisch und vielleicht auch sexuell impotent zu werden. »Am Morgen des 2. Juli 1961, eines Sonntags, stand er sehr früh auf ... fand den Schlüssel zu dem Lagerraum, in dem die Gewehre verwahrt wurden, lud eine doppelläufige Schrotflinte, die er zum Taubenschießen verwendet hatte, und ging damit in die vordere Diele des Hauses ... Er setzte sich den Zwillingslauf an die Stirn und drückte ab.«

3. Heinrich von Kleist (1777-1811)
Der ewig Unverstandene. Erschoß erst seine Seelenfreundin Henriette Vogel, dann sich selbst.

4. Jack London (1876-1916)
Einer der meistgelesenen Autoren des frühen 20. Jahrhunderts. Litt gegen Ende seines Lebens zunehmend an Alkoholismus, starb auf seinem feudalen Landsitz »vermutlich durch Selbstmord« *(Harenbergs Lexikon der Weltliteratur)*.

5. Klaus Mann (1906-1949)
Ältester Sohn von Thomas Mann; als Romancier und Bühnenautor aber nicht so erfolgreich wie sein Vater. 1933 in die USA emigriert, 1936 amerikanischer Staatsbürger. Selbstmord durch Schlaftabletten.

6. Sylvia Plath (1932-1963)
Bekannte amerikanische Lyrikerin; vergiftete sich mit Gas.

7. Georg Trakl (1887-1914)
»Als Apotheker war Trakl im 1. Weltkrieg Sanitätsleutnant in Galizien und brach unter den grausigen Eindrücken der Schlacht bei Grodek nervlich zusammen; im Garnisonshospital beendete eine Überdosis Kokain sein Leben.«

8. Kurt Tucholsky (1890-1935)

»Tucholsky wurde von den Nazis 1933 ausgebürgert und literarisch verfemt. Krankheit und die hoffnungslose politische Entwicklung in Deutschland waren zwei Jahre später die Gründe für seinen Freitod.«

9. Virginia Woolf (1882-1941)

Litt zeit ihres Lebens an Depressionen und wollte schon in jungen Jahren sterben. Ertränkte sich in einem Fluß.

10. Stefan Zweig (1881-1942)

»Er gelangte über England 1941 nach Brasilien; dort wählte er bald darauf mit seiner Frau in tiefer Verzweiflung über den geistigen Zusammenbruch Europas den Freitod.«

Quellen: Diverse Biographien sowie *Das Große Personenlexikon zur Weltgeschichte*, 2 Bände, Dortmund 1983; *Harenbergs Lexikon der Weltliteratur*, 5 Bände, Dortmund 1989.

33 »UNERWÜNSCHTE« AUTOREN IN DEUTSCHLAND 1933

In der *Berliner Nachtausgabe* vom 26. April 1933 erschien erstmals eine Liste von in Deutschland unerwünschten Autoren (auf Anordnung von Goebbels von dem Berliner Bibliothekar Wolfgang Hermann zusammengestellt; die Werke dieser Schriftsteller bildeten den Grundstock für die notorischen Bücherverbrennungen im Mai).

In der Sparte »Belletristik« wurden die folgenden Namen aufgeführt:

Schalom Asch, Henry Barbusse, Richard Beer-Hoffmann, Bertolt Brecht, Max Brod, Alfred Döblin, Ilja Ehrenburg, Albert Einstein, Arthur Eloesser, Lion Feuchtwanger, Iwan Goll, Jaroslaw Hasek, Walter Hasenclever, Arthur Holitscher, Heinrich Eduard Jakob, Joseph Kalenikov, Gina Kaus, Egon Erwin Kisch, Heinz Liepmann, Heinrich Mann, Klaus Mann, Robert Neumann, Ernst Ottwald, Kurth Pinthus, Theodor Plivier, Erich Maria Remarque, Ludwig Renn, Alfred Schirokauer, Arthur Schnitzler, Ernst Toller, Kurt Tucholsky, Arnold Zweig, Stefan Zweig.

Quelle: N. Schiffhauer und C. Schelle (Hrsg.): *Stichtag der Barbarei*, Braunschweig 1983.

DIE ZEHN GRÖSSTEN DEUTSCHEN BUCHVERLAGE

Umsatz 1994

1.	Bertelsmann Buch AG	901 Mio. DM
2.	Weka Firmengruppe	436 Mio. DM
3.	Springer	312 Mio. DM
4.	Klett	252 Mio. DM
5.	Cornelsen	225 Mio. DM
6.	Süddeutscher Verlag	192 Mio. DM
7.	BI/Brockhaus	174 Mio. DM
8.	Mairs Geographischer Verlag	160 Mio. DM
9.	Haufe	152 Mio. DM
10.	Heyne	145 Mio. DM

Quellen: *Buchreport* 14/1995; *Forschung und Lehre* 10/1996.

DIE ZEHN GRÖSSTEN DEUTSCHEN SORTIMENTSBUCHHÄNDLER

Der größte deutsche Buchhändler ist Karstadt, ein Warenhauskonzern. Unter den »reinen« Buchhändlern führen die folgenden zehn die Umsatz-Hitparade an:

Umsatz 1995

1.	Hugendubel (München)	207,0 Mio. DM
2.	Bouvier (Bonn)	96,0 Mio. DM
3.	Herder (Freiburg)	88,4 Mio. DM
4.	Thalia (Hamburg)	85,0 Mio. DM
5.	Mayersche (Aachen)	80,0 Mio. DM
6.	Gondrom (Bindlach)	69,0 Mio. DM
7.	Weiland (Lübeck)	67,5 Mio. DM
8.	Kieper (Berlin)	62,5 Mio. DM
9.	Pustet (Regensburg)	56,0 Mio. DM
10.	Buch und Kunst (Dresden)	52,5 Mio. DM

Quelle: »Nach der Fusion von Karstadt und Hertie ist wieder ein Warenhaus Deutschlands größter Buchhändler«, *Buchreport* 15/1996, April 1996.

DIE UMSATZANTEILE IM SORTIMENTSBUCHHANDEL

Umsatzanteil 1995

1. Taschenbücher	14 %
2. Sachbücher	12 %
3. Hobby, Freizeit, Reise	11 %
4. Belletristik	11 %
5. Fachbuch Geisteswissenschaften	9 %
6. Schulbücher	9 %
7. Kinder- und Jugendbücher	8 %
8. Zeitschriften	7 %
9. Fachbuch Naturwissenschaften	5 %
10. Antiquariat	3 %
11. Audiovisuelle Medien	2 %
12. Sonstiges	9 %

Quelle: *Informationsdienst des Instituts der Deutschen Wirtschaft* 40/1996.

DIE ZEHN GRÖSSTEN BÜCHERPRODUZENTEN

Aufgelegte Bücher 1991
(bei einigen Ländern
auch 1990 oder 1992)

1. Großbritannien	86.000
2. China	73.000
3. Deutschland	67.000
4. USA	49.000
5. Frankreich	45.000
6. Spanien	41.000
7. Japan	36.000
8. Italien	29.000
9. Rußland	28.000
10. Südkorea	28.000

Den Negativrekord in dieser Liste halten die Karibik-Inseln Saint Kitts und Saint Pierre – dort wurden 1990 je drei Bücher aufgelegt.

Quelle: *Statistisches Jahrbuch der Vereinten Nationen*, 40. Ausgabe, New York 1995.

DIE WELTWEIT GRÖSSTEN BIBLIOTHEKEN

In Deutschland gibt es rund 15.000 öffentliche bzw. wissenschaftliche Bibliotheken mit zusammen 300 Millionen Büchern (Stand 1992). Hier sind die zehn größten auf der ganzen Welt:

	Anzahl Bücher
1. Kongreßbibliothek, Washington, USA	28,0 Mio.
2. Britische Bibliothek, London	18,0 Mio.
3. Universitätsbibliothek von Harvard	12,9 Mio.
4. Russische Staatsbibliothek, Moskau	11,8 Mio.
5. New York Public Library	11,3 Mio.
6. Deutsche Bibliothek, Frankfurt und Leipzig	11,1 Mio.
7. Universitätsbibliothek von Yale	9,5 Mio.
8. Biblioteca Academiei Romane, Bukarest	9,4 Mio.
9. Nationalbibliothek, Paris	9,0 Mio.
10. Staatsbibliothek preußischer Kulturbesitz, Berlin	8,7 Mio.

Quelle: Persönliche Mitteilung des Deutschen Bibliothekinstituts, Berlin 1996; Statistisches Bundesamt (Hrsg.): *Datenreport 1994*, Bonn 1994; Russell Ash: *The Top Ten of Everything*, London 1995.

DIE ZEHN WICHTIGSTEN HERKUNFTSSPRACHEN VON BUCHÜBERSETZUNGEN INS DEUTSCHE

	Soviele Bücher wurden aus dieser Sprache 1995 ins Deutsche übersetzt:
1. Englisch	7.815
2. Französisch	973
3. Italienisch	271
4. Niederländisch	239
5. Spanisch	198
6. Russisch	184
7. Schwedisch	168
8. Latein	127
9. Polnisch	61
10. Dänisch	59

Quellen: *Buchreport* 14/1995; *Forschung und Lehre* 10/1996, S. 533.

DIE GRÖSSTEN BÜCHERWÜRMER

Im Jahr 1995 wurden weltweit für 120 Milliarden Mark Bücher verkauft, davon für 15 Milliarden Mark in Deutschland. Das ist ein historischer Rekord (der allerdings nicht allein auf steigender Lesefreudigkeit beruht; zum Teil spiegeln sich hier nur die höheren Preise für Papier wider).

Auch pro Kopf gerechnet belegen die Deutschen einen Spitzenplatz (weit vor anderen, die sich gerne als die Welt-Kulturnationen sehen – ein typischer Deutscher gibt dreimal soviel Geld für Bücher aus wie ein typischer Italiener):

	Pro-Kopf-Ausgaben für Bücher 1995 (in DM)
1. Norwegen	200
2. Deutschland	180
3. Belgien	175
4. Schweiz	170
5. Österreich	160
6. USA	150
7. Singapur	145
8. Japan	140
9. Spanien	130
10. Australien	120
11. Großbritannien	110
12. Südkorea	110
13. Frankreich	100
14. Italien	60

Quelle: *The Economist*, 2. November 1996.

DIE TEUERSTEN BÜCHER ODER MANUSKRIPTE

1. Codex Hammer
Eines der wenigen erhaltenen Notizbücher von Leonardo da Vinci. Wurde am 11. November 1994 von Christie's in New York für über 30 Millionen Dollar versteigert; Käufer war Bill Gates, der Chef von Microsoft.

2. Evangeliar Heinrichs des Löwen
Mittelalterliche Handschrift; am 6. Dezember 1983 von Sotheby's in London für über sieben Millionen Pfund versteigert.

3. Gutenberg-Bibel von 1455

Eines der ersten von Gutenberg gedruckten Exemplare; erzielte am 22. Dezember 1987 bei Christie's in New York über 5 Millionen Dollar und ist damit das teuerste gedruckte Buch aller Zeiten.

4. Das »Northhumberland Bestiary«

Reich illustriertes mittelalterliches Manuskript; am 29. November 1990 bei Sotheby's für 2,7 Millionen Pfund verkauft.

5. Handschriftliches Manuskript von neun Mozart-Symphonien

Erzielte bei Sotheby's in London 2,35 Millionen Pfund (22. Mai 1987).

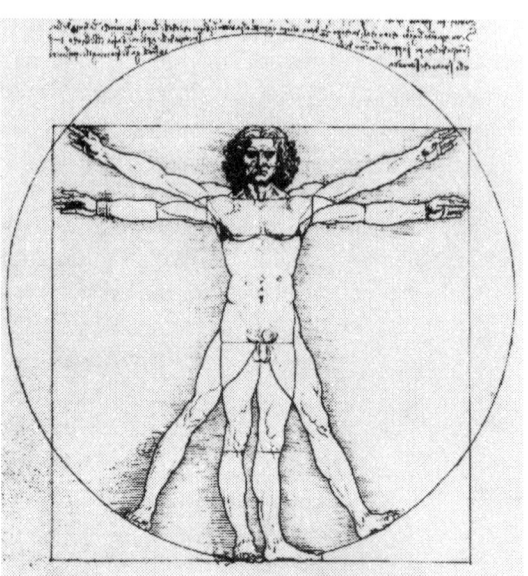

Eine der berühmtesten Seiten aus den Notizbüchern Leonardo da Vincis, den derzeit teuersten Büchern auf der Welt (nicht aus dem Codex Hammer).

6. The Birds of America

Eine Sammlung von über 400 handkolorierten Kupferstichen von John James Audubon, wechselte am 6. Juni 1989 bei Sotheby's in New York für 3,6 Millionen Dollar den Besitzer; auch andere Exemplare erzielen bei Auktionen regelmäßig Preise von mehreren Millionen Dollar. Ein bei der Abbeville Press in New York 1985 erschienener Faksimile-Nachdruck ist mit rund 50.000 Mark pro Stück das teuerste je kommerziell verlegte Buch.

7. Hebräische Bibel

Im Nahen Osten um die Jahrtausendwende entstandene Handschrift; erzielte am 5. Dezember 1989 bei Sotheby's in London 1,8 Millionen Pfund.

8. Das »Monypenny-Brevier«

Illustrierte französische Handschrift aus dem 15. Jahrhundert; am 19. Juni 1989 bei Sotheby's in London für 1,7 Millionen Pfund verkauft.

9. Psalmenbuch der Elisabeth von Bohan
Mittelalterliche Handschrift, am 21. Juni 1988 bei Sotheby's in London für 1,4 Millionen Pfund verkauft.

10. Schumanns zweite Symphonie
Am 1. Dezember 1994 bei Sotheby's in London für 1,35 Millionen Pfund verkauft.

Quelle: *Harenbergs Lexikon der Weltliteratur*, 5 Bände, Dortmund 1989; Russell Ash: *The Top Ten of Everything*, London 1995.

DIE ZEHN AM HÄUFIGSTEN AUSGELIEHENEN ROMANE DER STADTBIBLIOTHEK ZU KÖLN

Die Stadtbibliothek Köln gehört zu den zehn größten deutschen Bibliotheken; die folgenden sind die dort 1995 am häufigsten ausgeliehenen Romane (exklusiv für dieses Buch erfaßt):

1. Eva Ibbotson: *Die Morgengabe* (58 Entleihungen)
»Ruth Berger, die Tochter eines österreichischen Naturwissenschaftlers, wächst in der Vorkriegszeit in Österreich auf. Als Hitler 1938 in Wien einmarschiert, flieht ihre Familie nach England. Durch widrige Umstände wird Ruth von ihren Eltern getrennt und bleibt allein zurück.«

2. Susan Isaacs: *Und das nach all den Jahren* (41 Entleihungen)
»Mit Humor und bissigen Seitenhieben auf die Männer erzählter Krimi über eine sitzengelassene Frau, die des Mordes an ihrem Mann verdächtig ist.«

3. Belva Plain: *Wie schwankendes Schilf* (41 Entleihungen)
»Nach dem Tod ihrer Eltern trennen sich die Geschwister Connie, Eddy und Lara. Erst nach vielen Jahren treffen sie sich wieder.«

4. Christine Brückner: *Früher oder später* (40 Entleihungen)
»Das Schicksal zweier ungleicher Frauen: Paula aus der ehemaligen DDR, jung und mittellos – und Anne Linde aus Westdeutschland – nicht mehr jung, wohlhabend, querschnittsgelähmt.«

5. Steve Martini: *Zwingender Beweis* (40 Entleihungen)
»Die Frau eines erfolgreichen amerikanischen Rechtsanwalts wird verdächtigt, ihren Mann umgebracht zu haben. Ihr Verteidiger, einer ihrer Ex-Liebhaber, versucht in einem packenden Mordprozeß ihr Leben zu retten.«

6. Sidney Sheldon: *Das Imperium* (39 Entleihungen)
»Lara Cameron, eine erfolgreiche und attraktive Geschäftsfrau in der Immobilien-
branche, heiratet einen bekannten Pianisten. Doch schon bald zerbricht ihr Ehe-
glück und ihrem Imperium droht der Konkurs.«

7. Barbara T. Bradford: *Was bleibt, ist die Erinnerung* (38 Entleihungen)
»Die amerikanische Star-Reporterin Nicole – verliebt in ihren Kollegen – will das
Rätsel um ihren vor Jahren spurlos verschwundenen Ex-Verlobten lösen.«

8. Martha Grimes: *Was am See geschah* (38 Entleihungen)
»In den letzten Jahren sind in dem kleinen amerikanischen Ferienort La Porte drei
Menschen ermordet worden. Sheriff DeGeyn ist überzeugt, daß damals der Falsche
verurteilt wurde.«

9. Karin Köster-Lösche: *Die Hakima* (23 Entleihungen)
»Historisch-biographischer Roman aus der Zeit der Glaubenskriege. Im Mittelpunkt eine junge Lübeckerin, die auf ihrer abenteuerlichen Flucht um 1208 bis
nach Toledo gelangt und dort in einer arabischen Klinik zur erfolgreichen Ärztin
ausgebildet wird.«

10. Martha Grimes: *Inspektor Jury spielt Katz und Maus* (22 Entleihungen)
»Erdrosselte und vergiftete Hunde und Katzen sind der Anfang, doch dann werden
in einem idyllischen englischen Dörfchen drei Menschen ermordet. Ohne die Hilfe
von Inspektor Jury von Scotland Yard kommt die örtliche Polizei nicht weiter.«

FÜNF BERÜHMTE ROMANE UND
IHRE FORTSETZUNGEN

Im Jahr 1614 veröffentlichte ein unbekannter spanischer Gelegenheitsdichter
pseudonym den Zweiten Teil des Don Quijote von Cervantes (100 Jahre später
auch auf deutsch erschienen), und seitdem hängen sich Literaten an Verkaufser-
folge anderer Leute an. Hier fünf weitere Beispiele:

1. Margaret Mitchell: *Vom Winde verweht*
Wird fortgesetzt durch *Scarlett* (Alexandra Ripley): »Breit angelegter Roman über
Leben, Liebe und Schicksal der eigensinnigen Scarlett O'Hara und des Abenteu-
rers Rhett Butler in Amerika und Europa nach 1865.«

Don Quijote: Einer der ersten, dessen Lebensfaden von einem anderen Autor weitergesponnen wurde.

2. Emily Brontë: *Sturmhöhe*

Fortsetzung: *Rückkehr zur Sturmhöhe* (Lin Haire-Sargeant): »Die Fortführung... klärt über Heathcliffs Leben in den Jahren seiner Abwesenheit und den wahren Ausgang seiner Liebesgeschichte auf.«

3. Daphne Du Maurier: *Rebecca*

Wird fortgesetzt durch *Rebeccas Vermächtnis* (Susan Hill): »Über zehn Jahre sind vergangen, seit Manderley brannte. Auf einem kleinen Friedhof in der Nähe des Schlosses wird jemand zu Grabe getragen...«

4. Boris Pasternak: *Doktor Schiwago*

Fortsetzung durch *Laras Tochter* (Alexander Mollin): »Lara ahnt noch nicht, welches Schicksal sie nach den chaotischen Jahren der Russischen Revolution erwartet. Breit angelegte Quasi-Fortsetzung des berühmten Klassikers.«

5. John Galsworthy: *Die Forsyte-Saga*

Wird fortgesetzt durch *Die Forsytes kehren zurück* (Suleika Dawson): »Fleur, Soames Tochter, ist Lady Mont. Sie hat die Liebe zu ihrem lange verlorenen Cousin Jon Forsyte, dem Sohn von Irene Forsyte, unter Mutterschaft und harter Arbeit vergraben. Tragische Umstände verschlagen Jon nach England – und Fleur wird von der Vergangenheit eingeholt. Sie verliebt sich erneut.«

Quellen: »Ein Jungbrunnen für das Original, auch wenn die Rechnung beim Nachfolger nicht aufgeht«, *Buchreport* 12/1994; John Hösle: »Alonso Fernandez de Avellanedes Fortsetzung des ›Don Quijote‹«, in: C. Corino: *Gefälscht*, Frankfurt am Main 1996. Die Beschreibungen verdanken wir der Stadt- und Landesbibliothek Dortmund, Oktober 1996, und der Internet-Seite www.amazon.com.

DIE FÜNF ERSTEN BÜCHER FÜR NATIONALSOZIALISTISCHE BIBLIOTHEKEN

Im Jahr 1935 gab die »Reichsstelle zur Förderung des deutschen Schrifttums« eine Liste von 100 Büchern heraus, die vorrangig von deutschen Bibliotheken anzuschaffen waren. Die folgenden fünf Werke standen als besonders dringlich an der Spitze:

1. Adolf Hitler: *Mein Kampf*, 2 Bände in einem Band, 142. Auflage, München 1935.
2. Adolf Hitler: *Die Reden Hitlers für Gleichberechtigung und Frieden*, München 1934.
3. Houston Steward Chamberlain: *Die Grundlagen des 19. Jahrhunderts*, Ungekürzte Volksausgabe, München 1935.
4. Alfred Rosenberg: *An die Dunkelmänner unserer Zeit*, München 1935.
5. Alfred Rosenberg: *Der Mythus des 20. Jahrhunderts*, München 1935.

Quelle: Reichsstelle zur Förderung des deutschen Schrifttums: *Die ersten hundert Bücher für nationalsozialistische Bibliotheken*, München 1935 (Zentralverlag der NSDAP).

W. SOMERSET MAUGHAMS LISTE DER ZEHN BESTEN ROMANE ALLER ZEITEN

»Lassen Sie mich gleich zu Anfang sagen«, schreibt W. Somerset Maugham, »daß es Unsinn ist, von den zehn besten Romanen aller Zeit zu reden.« Aber dann tut er es doch. Wenn man 50 gebildete Personen fragte (allerdings »persons of the English speech«), so Maugham, welches denn die 100 besten Romane aller Zeiten wären, so würden summa summarum vielleicht 200 bis 300 Titel genannt, manche nur einmal, manche öfter, aber manche immer, und zwar nach Maughams Meinung die folgenden zehn:

Jane Austen, die erste Frau in
Maughams Liste.

1. *Krieg und Frieden*, Leo Tolstoi (1866)
2. *Vater Goriot*, Honoré de Balzac (1834)
3. *Tom Jones*, Henry Fielding (1749)
4. *Pride and Prejudice*, Jane Austen (1813)
5. *Rot und Schwarz*, Stendhal (1831)
6. *Die Sturmhöhe*, Emily Brontë (1848)
7. *Madame Bovary*, Gustave Flaubert (1857)
8. *David Copperfield*, Charles Dickens (1849)
9. *Die Brüder Karamazow*, Fjodor Dostojewski (1880)
10. *Moby Dick*, Herman Melville (1851)

Quelle: W. Somerset Maugham: *Great Novelists and their novels*, Philadelphia 1948.

DIE TOP TEN DER SPIEGEL BELLETRISTIK-
BESTSELLERLISTE 1970-1994

	Wochen auf der Liste
1. Patrick Süskind: *Das Parfum* (1985)	470
2. Noah Gordon: *Der Medicus* (1987)	358
3. John R. Tolkien: *Der Herr der Ringe* (1976)	346
4. Michael Ende: *Die unendliche Geschichte* (1979)	332
5. Michael Ende: *Momo* (1973)	326
6. Kristiane Allert-Wybranietz: *Trotz alledem* (1980)	319
7. Heinz Körner: *Johannes* (1978)	303
8. Isabel Allende: *Das Geisterhaus* (1984)	286
9. Umberto Eco: *Der Name der Rose* (1982)	265
10. Rosamunde Pilcher: *Die Muschelsucher* (1990)	202

J.R. Tolkien, eigentlich die Nummer 1: Sein »Herr der Ringe« war zwar nicht so lange auf der Spiegelliste wie Patrick Süskind, wurde aber häufiger verkauft. Zuvor hatten mehr als 20 deutsche Verlage das Buch als unverkäuflich abgewiesen.

DIE TOP TEN DER SPIEGEL SACHBUCH-
BESTSELLERLISTE 1970-1994

	Wochen auf der Liste
1. Dale Carnegie: *Sorge Dich nicht, lebe* (1973)	728
2. Phil Bosmans: *Vergiß die Freunde nicht* (1978	427
3. Dale Carnegie: *Wie man Freunde gewinnt* (1971)	342
4. Erich Fromm: *Haben oder Sein* (1976)	317
5. Thomas Gordon: *Familienkonferenz* (1975)	293
6. David A. Yallop: *Im Namen Gottes?* (1984)	292
7. Phil Bosmans: *Blumen des Glücks mußt Du selbst pflanzen* (1978)	277
8. Paul Watzlawick: *Anleitung zum Unglücklichsein* (1983)	273
9. Phil Bosmans: *Liebe wirkt täglich Wunder* (1980)	264
10. Robin Norwood: *Wenn Frauen zu sehr lieben* (1986)	251

Quelle: U. Schmidt: »Verlage und Sortimente lieben sie innig, vernachlässigen sie im Handels-Alltag aber sträflich«, *Buchreport*, Nr. 12, März 1994.

DIE ZEHN BESTSELLER DES JAHRES 1996

Autor/Titel	Verlag	Verkaufte Auflage (zwischen September 95 und September 96)
1. Rosamunde Pilcher: *Heimkehr*	Wunderlich	320.000
2. John Grisham: *Der Regenmacher*	Hoffmann und Campe	270.000
3. Simmel: *Träum den unmöglichen Traum*	Droemer	212.000
4. John Irving: *Zirkuskind*	Diogenes	185.000
5. Michael Crichton: *The Lost World*	Droemer	160.000
6. Daniel Goleman: *Emotionale Intelligenz*	Hanser	160.000
7. Bill Gates: *Der Weg nach vorn*	Hoffmann und Campe	145.000
8. Jostein Gaarder: *Durch einen Spiegel*	Hanser	140.000
9. Günter Ogger: *König Kunde*	Droemer	135.000
10. Gabriel García Márquez: *Nachricht von einer Entführung*	Kiepenheuer und Witsch	135.000

Quelle: *Welt am Sonntag – Buchmagazin* 39/1996, S. 93. (Diese Liste enthält nur Bücher, die zwischen September 1995 und September 1996 erstmalig erschienen sind.)

WAS DIE DEUTSCHEN BÜCHERMACHER SELBER LESEN

Zur Frankfurter Buchmesse fragt die *Welt am Sonntag* regelmäßig 20 führende deutsche Verleger:»Welches Buch des vergangenen Jahres war der größte Lesespaß für Sie (Produkte des eigenen Hauses ausgenommen)?« Hier sind die Antworten von der Buchmesse 1996 (alphabetisch nach Verlag):

1. **Bernd F. Lunkewitz, Aufbau: *Die Päpstin* (Donna Cross)**
»spannend, raffiniert, grandios historisch recherchiert«

2. **Arnulf Conradi, Berlin Verlag: *Unter Tanten und andere Stilleben* (Ingomar Kieseritzky)**
»Ob nun einer unter die Tanten gefallen ist oder ein fragwürdiges Glück an der Seite gewisser Haustiere sucht, ob sich einer den unvermeidlichen Fährnissen des Reisens aussetzt oder den vermeidbaren Gefahren der Liebe, Kieseritzky schreibt das alles mit schöner Ungerührtheit nieder.«

3. **Klaus Eck, Bertelsmann: *Long John Silver* (Björn Larsson)**
»Ein süffiger, höchst unterhaltsamer Piratenroman reinsten Wassers.«

4. **Karl Blessing, Blessing: *Schnee, der auf Zedern fällt* (David Gutersohn)**
»Ein Kriminalfall, zugegeben, aber eigentlich ein Buch über unser verdruckstes Verhältnis zu ethnischen Minderheiten, voll untergründiger Spannung.«

5. **Ulrich Frank-Planitz, DVA: *Marion Dönhoff* (Alice Schwarzer)**
»Weil es nicht nur ein guter Einfall war, zwei so unterschiedliche Journalistinnen aus so unterschiedlichen Generationen und so unterschiedlichen Lebenswelten in einem Buch zu Wort kommen zu lassen, sondern weil sich auch die Realisierung der Idee so gut liest.«

6. **Daniel Keel, Diogenes: *Nero Corleone* (Elke Heidenreich)**
»Eine saftige, spannende Katzengeschichte für Jung und Alt.«

7. **Gerd Haffmans, Haffmans: *Kein Freibier für Matzbach* (Gisbert Haefs)**
»Wer kann einem Krimi widerstehen, der solche Sätze hat? ›An einem Abhang ist mir Neigung Pflicht.‹ ›Es gibt mehr schlechte Männer als gute Frauen.‹ ›Wer sich durch Geld den Charakter verderben läßt, ist aus dem Gröbsten raus.‹«

8. **Michael Krüger, Hanser: *Pfingsten in Babylon* (Peter Horst Neumann)**
»Der erste Gedichtband von P. H. Neumann ist schon Summe: Lakonische, genaue Wörter suchend und sie findend.«

9. **Rolf Heyne, Heyne:** *Hafen der Düfte* **(Harold Nebenzal)**
»Nebenzal versteht es meisterhaft, die exotische Vielschichtigkeit und Faszination
Hongkongs, dieser bedeutendsten Handelsmetropole zwischen Ost und West, zu
vermitteln.«

10. **Lothar Menne, Hoffmann und Campe:** *Alphabet der Gefühle*
    (Goffredo Parise)
»So betörend sind unsere Gefühle von A bis S noch nie buchstabiert worden.«

11. **Reinhold Neven, DuMont (Kiepenheuer und Witsch):**
    Schnee, der auf Zedern fällt **(David Gutersohn)**
»Ein ungeheuer intelligent gebautes Buch, das in seiner Raffinesse etwas an Cho-
derlos de Laclos erinnert.«

12. **Herbert Fleissner (Langen Müller):** *Aus lauter Liebe* **(Petra Lisker)**
»Nicht nur ein echter Lesespaß, sondern für manche auch ein Spiegel eigener
Erfahrung.«

13. **Peter Molden, Lübbe:** *Gute Mädchen kommen in den Himmel*
    (Ute Ehrhardt)
»Das Buch stammt zwar aus 1994, aber mit Schmunzeln gelesen habe ich es erst im
letzten Herbst.«

14. **Viktor Niemann, Piper:** *Tabu 1* **(Peter Rühmkorf)**
»Witzig, melancholisch, unterhaltsam, bei aller Larmoyanz nie abstürzend.«

15. **Hans Helmuth Röhring, Rasch und Röhring:** *Das Wetter* **(Ulrich Wickert)**
»Mein Gott, ist der Mann witzig! Und so originell!«

16. **Nikolaus Hansen, Rowohlt:** *Tales of burning love* **(Louise Erdrich)**
»Mit atemberaubender Virtuosität läßt Louise Erdrich vier junge Witwen, die auf
dem Heimweg von der Beerdigung ›ihres‹ Mannes in einem Schneesturm auf Hilfe
warten, ihre wüsten, trivialen Beziehungen zu dem Dahingeschiedenen erzählen.«

17. **Jürgen A. Bach, Seemann:** *Helden wie wir* **(Thomas Brussig)**
»Lesespaß nicht nur wegen des gelungenen Versuchs, den Fall der Mauer auf die
Schippe zu nehmen, sondern auch der Erkenntnis, wie sehr man jemand bloßstel-
len kann, indem man ihn lediglich zitiert.«

18. **Siegfried Unseld, Suhrkamp:** *Abends auf dem Hellikon* **(Ludwig Fertig)**
»Ludwig Fertigs Buch hat mir wirklich Spaß gemacht. Wir kennen die wichtigsten

Schriftsteller der letzten drei Jahrhunderte, aber kennen wir auch ihre Brotberufe? ... Fertig läßt hundert Dichter in ihren Berufsschicksalen Revue passieren.«

19. Wolfram Göbel, Ullstein: *Die Päpstin* (Donna Cross)
»Ein historischer Kolportage-Roman, so unwahrscheinlich wie glaubhaft, so raffiniert trivial, daß das schon wieder kunstvoll ist.«

20. Dietrich Simon, Volk & Welt: *Ein weites Feld* (Günter Grass)
»Ein derartiges Buch unter dem Rubrum ›Lesespaß‹ einzuordnen, stellt eine Menge Anforderungen an den Autor, die Grass aber durchweg erfüllt.«

Quelle: »Welche Bücher lesen die Verleger 1996?«, *Welt am Sonntag* 39/1996.

ZEHN BERÜHMTE BÜCHER, DIE VON VERLEGERN ZURÜCKGEWIESEN WURDEN

1. *Madame Bovary* (Flaubert)
»Zuviele überflüssige Details.«

2. *Kon-Tiki* (Heyerdahl)
»Eine lange und langweilige Reise über den Pazifik.«

3. *Farm der Tiere* (Orwell)
»Tiergeschichten sind in Amerika nicht zu verkaufen.«

4. *Tagebuch der Anne Frank*
»Nichts, was über den gewöhnlichen Alltagsklatsch hinausgeht.«

5. *Die Brücke am Kwai* (P. Boulle)
»Ein sehr schlechtes Buch.«

6. *Das Peter-Prinzip* (L. J. Peter)
»Keinerlei kommerzielles Potential« (war länger als ein Jahr auf der New-York-Times Bestsellerliste und wurde in 38 Sprachen, auch ins Deutsche, übersetzt).

7. *Herr der Fliegen* (W. Golding)
»Nicht ganz erfolgreiche Umsetzung einer zugegebenermaßen erfolgversprechenden Idee.« (Unter anderem auch für dieses Buch erhielt Golding den Literaturnobelpreis 1983.)

8. *Die Blechtrommel* (Grass)
»Nicht zu übersetzen.«

9. *So kam der Mensch auf den Hund* (K. Lorenz)
»Gibt schon so viele Hundebücher.«

10. *Tal der Puppen* (J. Susann)
»Langweilig, untalentiert, amateurhaft.«

Quelle: André Bernard: *Rotten rejections*, London 1996.

SIEBEN BOSHAFTE DEFINITIONEN EINES LITERATURKRITIKERS

»A critic is a man who writes about things he doesn't like« (H. L. Mencken).
»Critics are like eunuchs in a harem: they know how it's done, they've seen it done every day, but they're unable to do it themselves« (Brendan Behan).
»As a bankrupt thief turns thief-taker, so an unsuccessful author turns critic« (P. B. Shelley).
»Asking a working writer what he feels about critics is like asking a lamp post what it feels about dogs« (John Osborne).
»A drama critic is a man who leaves no turn unstoned« (George Bernard Shaw).
»Any fool can criticise – and many of them do« (C. Garbett).
»A drama critic is a person who surprises a playwright by informing him what he meant« (W. Mizner).

Quelle: J. Green: *Dictionary of insulting quotations*, London 1995.

ZEHN BEKANNTE JUGENDBÜCHER, DIE AUF EINER INSEL SPIELEN

	Ort der Handlung
1. *Jim Knopf und Lukas der Lokomotivführer* (Michael Ende)	Lummerland
2. *Pipi Langstrumpf in der Südsee* (Astrid Lindgren)	Kurrekurredutt
3. *Robinson Crusoe* (Daniel Defoe)	unbenannt
4. *Zwei Jahre Ferien* (Jules Verne)	einsame Insel vor Feuerland
5. *Gullivers Reisen* (Jonathan Swift)	Lilliput

6. *Peter Pan* (James Barrie)   Neverland
7. *Mio, mein Mio* (Astrid Lindgren)   Insel der grünen Wiesen
8. *Die Juweleninsel* (Karl May)   Juweleninsel
9. *Die Schatzinsel* (Robert Louis Stevenson)   unbenannte Schatzinsel
10. *Die geheimnisvolle Insel* (Jules Verne)   unbenannte Pazifikinsel

Diese Liste ist nicht komplett; sie soll nur die Sehnsucht nach einer eigenen, kleinen abgeschlossenen Welt in ihrer Auswirkung auf Jugendbücher zeigen.

Quelle: Internationale Jugendbibliothek, München: *Von Robinson bis Lummerland. Die Insel als Motiv in der Kinder- und Jugendliteratur*, Katalog zur gleichnamigen Ausstellung, 1995.

Beliebter Schauplatz für Kinder- und Jugendgeschichten: Die Insel

ZEHN GERN VERBRANNTE KLASSIKER

1. **Konfuzius: *Ausgewählte Schriften***
Um 250 v. Chr.: Der erste Herrscher der chinesischen Tsin-Dynastie läßt alle
Bücher verbrennen, die sich mit den Werken des Konfuzius befassen; außerdem
läßt er mehrere hundert Schüler des Konfuzius lebendigen Leibes begraben.

2. **Ovid: *Ars Amandi***
Wird 1497 in Florenz auf einem »Scheiterhaufen der Eitelkeiten« öffentlich verbrannt.

3. **Dante: *Göttliche Komödie***
Dito; 1581 auch in Portugal verboten.

4. **Bocaccio: *Decamerone***
Dito. Das Buch kommt 1559 zunächst auch auf den Index der verbotenen Schriften
der katholischen Kirche, bis clevere Bearbeiter aus sündigen Nonnen adelige
Damen und aus lasterhaften Mönchen politische Verschwörer machen.

5. **Blaise Pascal: *Briefe an einen Provinzler***
1657 in Frankreich verbrannt, »weil sie den notwendigen Respekt vor jeglicher Art
weltlicher Obrigkeit vermissen lassen«.

6. **Voltaire: *Temple du Goût* (Tempel des Geschmacks)**
Wird 1743 in Frankreich öffentlich verbrannt; sämtliche Exemplare werden eingezogen, gegen Voltaire wird Haftbefehl erlassen.

7. **Rousseau: *Emile***
Wird 1762 in Frankreich öffentlich verbrannt.

8. **Madame de Staël: *Über Deutschland***
Das deutschfreundliche Buch wird wegen »unfranzösischer politischer Ansichten«
von Napoleon 1810 aus dem Verkehr gezogen; die Autorin wird in die Schweiz
geschickt, ihr Buch verbrannt.

9. **Joyce: *Ulysses***
Teile des Werkes, die als Vorabdruck in der Zeitschrift »The Little Review«
erscheinen, werden 1918 von der amerikanischen Post konfiziert und verbrannt.
Verbrennungen auch in England, Irland und Kanada. Noch bis in die 30er Jahre
werden Bücher von den Postbehörden konfiziert.

10. **Steinbeck: *Früchte des Zorns***
Eine städtische Bibliothek in St. Louis läßt 1939 drei Exemplare des Buches
»wegen der vulgären Ausdrucksweise der darin auftretenden Figuren« verbrennen.

Quelle: A. L. Haight: *Verbotene Bücher*, Düsseldorf 1956.

NEUN UNGLÜCKLICHE REZENSIONEN

1. Tolstoi: *Anna Karenina*
»Sentimentaler Quatsch ... Zeigt mir eine einzige Seite, die auch nur den Funken einer Idee enthält« (Zeitung »Odessa Kurier«, 1877).

2. Shakespeare, alle seine Stücke
»Shakespeares Name ... steht zu hoch im Kurs, und sein Stern wird über kurz oder lang verlöschen« (Lord Byron, 1814).

3. Mark Twain, sämtliche Werke
»In hundert Jahren wird man sich gerade noch so eben des Huckleberry Finn erinnern« (der Literaturkritiker Harry Thurston Peck, 1901).

4. F. Scott Fitzgerald: *Der große Gatsby*
»Das Buch ist eine Eintagsfliege« (New York Herald Tribune).

5. Gustave Flaubert, sämtliche Werke
»Monsieur Flaubert ist kein Schriftsteller« (Le Figaro, 1857).

6. Charles Dickens, sämtliche Werke
»Wir glauben nicht, daß sein Ruf sich lange halten wird« (Saturday Review, 1858).

7. Balzac, sämtliche Werke
»Monsieur de Balsacs Platz in der französischen Literatur wird wohl kaum von Rang sein« (Revue des deux mondes, 1856).

8. Baudelaire: *Die Blumen des Bösen*
»In hundert Jahren wird das Buch in der französischen Literaturgeschichte nur noch als Kuriosum gehandelt werden« (Emile Zola, 1857).

9. Emily Brontë: *Die Sturmhöhe*
»Wenn wir darüber nachdenken, fällt uns als einziger Trost ein, daß das Buch wohl sowieso von niemandem gelesen wird« (James Lorimer, 1847).

Quelle: S. Pile: *Nieten ohne Ende*, München 1993.

ZEHN BEKANNTE BÜCHER, DIE IN DEN USA VERBOTEN WAREN

1. **Daniel Defoe: *Moll Flanders***
Importverbot in die USA bis 1930.

2. **Voltaire: *Candide***
Importverbot 1929; eine von Studenten der Harvard-Universität für ein Seminar bestellte größere Sendung aus Frankreich wird vom Zoll beschlagnahmt.

3. ***1001 Nacht***
Von 1927 bis 1931 ist die Einfuhr in die USA verboten.

4. **Rousseau: *Confessions***
Importverbot 1929, »weil sie eine Beleidigung der öffentlichen Moral darstellen«.

5. **Balzac: *Tolldreiste Geschichten***
Importverbot bis 1930. Aber noch 1944 wird ein Verlag von der Postbehörde angemahnt, den Titel in einem Katalog zu überdrucken, da dieser »wegen Gefährdung der Sittlichkeit« sonst nicht befördert werden könnte. Der Verlag ließ überdrukken.

6. **Flaubert: *Madame Bovary***
Kommt 1954 auf die schwarze Liste der »National Organization of Decent Literature«.

7. **Mark Twain: *Tom Sawyer* und *Huckleberry Finn***
Dürfen nach ihrem Erscheinen in vielen öffentlichen Bibliotheken nicht an Kinder, zum Teil überhaupt nicht ausgeliehen werden.

8. **Tolstoi: *Die Kreuzersonate***
Darf seit 1892 nicht von der Post befördert werden. Der nachmalige Präsident Theodore Roosevelt nennt Tolstoi »sexuell und moralisch verdorben«.

9. **Theodore Dreiser: *Eine amerikanische Tragödie***
In den 20er und 30er Jahren in vielen Bundesstaaten verboten.

10. **D. H. Lawrence: *Lady Chatterley***
Einfuhrverbot 1929; noch 1944 werden bei einer Razzia in den Verlagsräumen der Dial Press 400 Exemplare »wegen Gefährdung der öffentlichen Moral« beschlagnahmt.

Quelle: A. L. Haight: *Verbotene Bücher*, Düsseldorf 1956.

DIE ZEHN AM HÄUFIGSTEN AUS ÖFFENTLICHEN BIBLIOTHEKEN VERBANNTEN BÜCHER IN DEN USA 1990-1992

1. Jack Booth (Hrsg.): *Impressions*
2. John Steinbeck: *Von Mäusen und Menschen*
3. J. D. Salinger: *Der Fänger im Roggen*
4. Mark Twain: *Huckleberry Finn*
5. Robert Cormier: *The Chocolate War*
6. Katherine Paterson: *Bridge to Terabithia*
7. Alvin Schwarz: *Scary Stories*
8. Alvin Schwarz: *More Scary Stories*
9. Roald Dahl: *The Witches*
10. Michael Willoite: *Dady's Roommate*

Quelle: H. N. Foerstel: *Banned in the USA*, New York 1994. Nähere Informationen auch über das Internet: spok@cs.cm.edu.

NEUN WENIGER BEKANNTE VERBOTSGRÜNDE FÜR BÜCHER

Sitten- oder staatsgefährdend, obszön, beleidigend, unmoralisch, gotteslästerlich, majestätsbeleidigend – diese Gründe, Bücher zu verbieten, kennen wir. Aber wie ist es hiermit:

1. »Weil eine illegale Abtreibung allzu anschaulich geschildert wird« (Irland 1933; Grund für das Verbot von *The bad girl* von Delmar Vina).

2. »Weil darin Tiere reden können und weil es verwerflich ist, das Tier dem Menschen gleichzusetzen« (Verbotsgrund für *Alice im Wunderland*, China 1931).

3. »Weil darin biblische Figuren auftreten« (Grund für das Aufführungsverbot des Wilde-Stückes *Salome*, London 1892).

4. »Weil ein Hinweis auf die Göttlichkeit von Jesus Christus fehlt« (Grund für das Verbot der 1852 von Prinz Albert herausgegebenen *Sammlung liturgischer Gebete für den protestantischen Gottesdienst*).

5. Wegen »okkultistischen und spiritualistischen Einschlags« (Grund für das Druckverbot der *Abenteuer des Sherlock Holmes*, Rußland 1929).

6. Wegen »pazifistischer Tendenzen« (Grund für das Verbieten von *Im Kielwasser des Krieges*, England 1919, und *Im Westen nicht Neues* von Erich Maria Remarque, Italien und Deutschland 1933).

7. Wegen detaillierter Schilderung eines militärischen Desasters (mit dieser Begründung verbietet Mussolini 1929 Hemingways Roman *A farewell to arms* (deutsch: *In einem anderen Land*).

8. »Weil man sieht, wie Verschwörer einen jungen König stürzen« (Verbotsgrund für ein Mickey-Maus-Heft in Jugoslawien 1937; der regierende Regentschaftsrat sah den noch minderjährigen König in Gefahr).

9. »Weil das Ausrauben von Reichen zugunsten Armer als kommunistische Progapanda mißverstanden werden könnte« (als Argument des US-amerikanischen Bundesstaates Indiana 1950, alle Bücher über Robin Hood aus öffentlichen Bibliotheken zu entfernen).

Quellen: A. L. Haight: *Verbotene Bücher*, Düsseldorf 1956; *Brockhaus – Wie es nicht im Lexikon steht*, Mannheim 1996.

DIE ZEHN LÄNDER AUSSERHALB DEUTSCHLANDS, ÖSTERREICHS UND DER SCHWEIZ, IN DENEN DIE MEISTEN DEUTSCHSPRACHIGEN BÜCHER ERSCHEINEN

		In deutscher Sprache aufgelegte Bücher 1991
1.	Ehemalige Sowjetunion (Zahlen für 1989)	349
2.	Niederlande	195
3.	Italien	161
4.	Dänemark	137
5.	Tschechien	127
6.	Frankreich	113
7.	Spanien	108
8.	Ungarn	105
9.	Finnland	81
10.	Portugal	72

Quelle: *Statistisches Jahrbuch der Vereinten Nationen*, 40. Ausgabe, New York 1995.

5. KAPITEL:
HITPARADEN

FRANK LAUFENBERGS LISTE DER 20 BESTEN LANGSPIELPLATTEN/CDs ALLER ZEITEN

	Interpret(en)
1. »Sgt. Pepper's Lonely Hearts Club Band«	Beatles
2. »52nd Street«	Billy Joel
3. »Tapestry«	Carole King
4. »Let It Bleed«	Rolling Stones
5. »Born In The USA«	Bruce Springsteen
6. »Songs In The Key Of Life«	Stevie Wonder
7. »Brothers In Arms«	Dire Straits
8. »Rumours«	Fleetwood Mac
9. »Abbey Road«	Beatles
10. »Exile On Main Street«	Rolling Stones
11. »Concert At Carnegie Hall«	Benny Goodman
12. »Déjà Vu«	Crosby, Stills, Nash & Young
13. »Led Zeppelin II«	Led Zeppelin
14. »Nightfly«	Donald Fagan
15. »Dark Side Of The Moon«	Pink Floyd
16. »Hotel California«	Eagles
17. »Thriller«	Michael Jackson
18. »Unplugged«	Eric Clapton
19. »Bridge Over Troubled Water«	Simon & Garfunkel
20. »Pearl«	Janis Joplin

Quelle: Frank Laufenberg, persönliche Mitteilung, September 1996.

FRANK LAUFENBERGS LISTE DER 10 BESTEN ROCK 'N' ROLL-SONGS ALLER ZEITEN

1. »The Honeydripper«	Joe Liggins (1945)
2. »Be-Baba-Leba«	Helen Humes (1945)
3. »That's Alright«	Big Boy Crudrup (1946)
4. »Good Rockin' Tonight«	Wynonie Harris (1947)

5. »Move It On Over«	Hank Williams (1947)
6. »We're Gonna Rock We're Gonna Roll«	Wild Bill Moore (1947)
7. »Drinkin' Wine Spo-Dee-O-Dee«	Stick McGhee (1949)
8. »Rock The Joint«	Jimmy Preston (1949)
9. »Saturday Night Fresh Fry«	Louis Jordan (1949)
10. »I'm Moving On«	Hank Snow (1950)

Quelle: Frank Laufenberg, persönliche Mitteilung, September 1996.

FRANK LAUFENBERGS LISTE DER 10 SCHÖNSTEN SOUL-HITS ALLER ZEITEN

1. »What'd I Say«	Ray Charles
2. »You Send Me«	Sam Cooke
3. »My Girl«	Temptations
4. »Save The Last Dance For Me«	Drifters
5. »Stand By Me«	Ben E. King
6. »When A Man Loves A Woman«	Percy Sledge
7. »Lonely Teardrops«	Jackie Wilson
8. »You've Really Got A Hold On Me«	Miracles
9. »It's A Man's World«	James Brown
10. »Earth Angel«	Penguins

Quelle: Frank Laufenberg, persönliche Mitteilung, September 1996.

CHARLIE WATTS' LISTE DER BESTEN JAZZ-GESÄNGE

Laut Charlie Watts, Schlagzeuger der Rolling Stones, nebenberuflich Chef der Jazz-combo Charlie Watts Quintett, sind das die schönsten Jazz-Vocal-Darbietungen, die es gibt:

1. Louis Armstrong: Someday You'll Be Sorry
»Die Stimme ist nicht so besonders, aber das Setzen der Noten.«

2. Billie Holiday: Good Morning Heartache
»Ihr Taktgefühl ist phantastisch. Sie bringt mich zum Weinen.«

3. Anita O'Day: Let Me Off Uptown
»Ich liebe den Klang ihrer Stimme.«

4. Frank Sinatra: Where or When
»Die Aufnahme nur mit Klavier ist phänomenal.«

5. Chet Baker: Everything Happens to Me
»Er ist der monotone Sänger. Ein sehr einsamer Sound.«

6. Dinah Washington: Lover Come Back to Me
»Eine meiner Favoritinnen – wundervoll.«

7. Julie London: Cry Me A River
»Das ist Hollywood in den 50ties.«

8. June Christy: Something Cool
»Man muß ihn eigentlich spielen, um ihn zu schätzen.«

9. Fred Astaire: Change Partners
»Er war ein großartiger Sänger, weil er eigentlich eine schwache Stimme hatte, aber perfekt den Ton traf. Die Stimme ist verdammt hoch, aber sie ist verdammt gut.«

10. Bernard Fowler: Long Ago and Far Away
»Bernard singt das besser als jeder andere... für mich ist er zur Zeit der beste Sänger.«

Quelle: »Get Rhythm!«, *Focus* 45/1996.

DIE DEUTSCHE SCHLAGERPARADE 1938

Hitparaden so wie heute gab es vor dem Krieg in Deutschland nicht. Aber nach Meinung der Firma EMI Elektrola waren das die beliebtesten deutschen Schlager 1938:

1. »Es leuchten die Sterne«, Orchester Eugen Wolff.
2. »Der Wind hat mir ein Lied erzählt«, Zarah Leander.
3. »Das Fräulein Gerda«, Eugen Wolff und Orchester.
4. »O mia bella napoli«, Rudi Schuricke.
5. »Eine Frau wird erst schön durch die Liebe«, Zarah Leander.
6. »Der Onkel Doktor hat gesagt«, Peter Igelhoff und Ensemble.
7. »Kautschuk«, Eugen Wolff und Orchester.
8. »Auf den Flügeln bunter Träume«, Kirsten Heilberg und die Goldenen Sieben.

9. »Kann denn Liebe Sünde sein«, Zarah Leander.
10. »Der Onkel Jonathan«, Eugen Wolff und Orchester.
11. »Ich brech' die Herzen der stolzesten Frau'n«, Heinz Rühmann.
12. »In Lamberts Nachtlokal«, Rudi Dreyer mit Orchester Hans Rehmstedt.
13. »Laß die Frau, die dich liebt, niemals weinen«, Rudi Schuricke mit Orchester Hans Bund.
14. »Von der Puszta will ich träumen«, Zarah Leander.
15. »Gute Nacht, Mutter«, Wilhelm Strienz und die Goldenen Sieben.
16. »Eine Insel aus Träumen geboren«, Rudi Schuricke mit Orchester Hans Rehmstedt.

Quelle: EMI Elektrola: *Schlagerparade 1938*, CD. Von dort ist auch die obige Reihung übernommen.

DIE ZEHN BELIEBTESTEN MODERNEN DEUTSCHEN SCHLAGER

Im Frühjahr 1996 zog das Dortmunder Forsa-Institut eine repräsentative Stichprobe von 1.000 Bundesbürgern über 14 Jahre und fragte nach ihren liebsten Schlagern (keine Zeitbegrenzung; die Befragten durften alle Titel nennen, an die sie sich erinnern konnten); die folgenden wurden am häufigsten genannt (Mehrfachnennungen möglich):

1. Udo Jürgens: Griechischer Wein	53 %
2. Udo Jürgens: Siebzehn Jahr, blondes Haar	52 %
3. Peter Alexander: Die kleine Kneipe	50 %
4. Roy Black: Schön ist es, auf der Welt zu sein	47 %
5. Klaus+Klaus: An der Nordseeküste	43 %
6. Roland Kaiser: Santa Maria	42 %
7. Heintje: Mama	41 %
7. Mathias Reim: Verdammt ich lieb' dich	41 %
9. Howard Carpendale: Hello again	40 %
10. Rex Gildo: Fiesta Mexicana	39 %

Quelle: Persönliche Mitteilung des Forsa-Instituts, 1996.

DIE ZEHN BELIEBTESTEN DEUTSCHEN SCHLAGER DER 60er JAHRE

1960: »Banyo Boy«	Jan & Kjeld
1961: »Weiße Rosen aus Athen«	Nana Mouskouri
1962: »Tanze mit mir in den Morgen«	Gerhard Wendland
1963: »Schuld war nur der Bossa Nova«	Manuela
1964: »Rote Lippen soll man küssen«	Cliff Richard
1965: »Kleine Anabell«	Ronny
1966: »Marmor, Stein und Eisen bricht«	Drafi Deutscher
1967: »Meine Liebe zu Dir«	Roy Black
1968: »Mama«	Heintje
1969: »Mendocino«	Michael Holm

Quellen: verschiedene Jahrgänge von *Bravo*; Frank Laufenberg, persönliche Mitteilung.

DIE VON 1992 BIS 1996 IN DEUTSCHLAND ERFOLGREICHSTEN POPSÄNGER UND -GRUPPEN

Seit 1977 verleiht die deutsche Phonoindustrie Goldene bzw. Platine Schallplatten an Popsänger bzw. -gruppen; sie müssen ihre Platte in Deutschland 250.000- bzw. 500.000mal verkaufen. Bisher wurden 2.116 dieser Edelplatten verliehen, am häufigsten an:

	Platin	Gold
1. Marius Müller-Westernhagen	8	8
2. Michael Jackson	8	2
3. Guns 'N' Roses	6	2
4. Phil Collins	6	1
5. PUR	5	5
6. Die Prinzen	4	8
7. The Beatles	4	6
7. Kelly Family	4	6
9. Simply Red	4	4
10. Bon Jovi	4	2

Die Plattenfirmen verleihen die Goldenen bzw. Platinen Schallplatten nach eigenem Ermessen; die Verleihung ist dann auch eine Werbemaßnahme für den ent-
sprechenden Künstler. Es gibt also Platten, die sich häufig genug verkauft haben
und die trotzdem keine Goldene bzw. Platine Schallplatte bekommen haben.

Quelle: Bundesverband der phonographischen Wirtschaft e.V.: *Phono Press*, Hamburg, mehrere Jahrgänge.

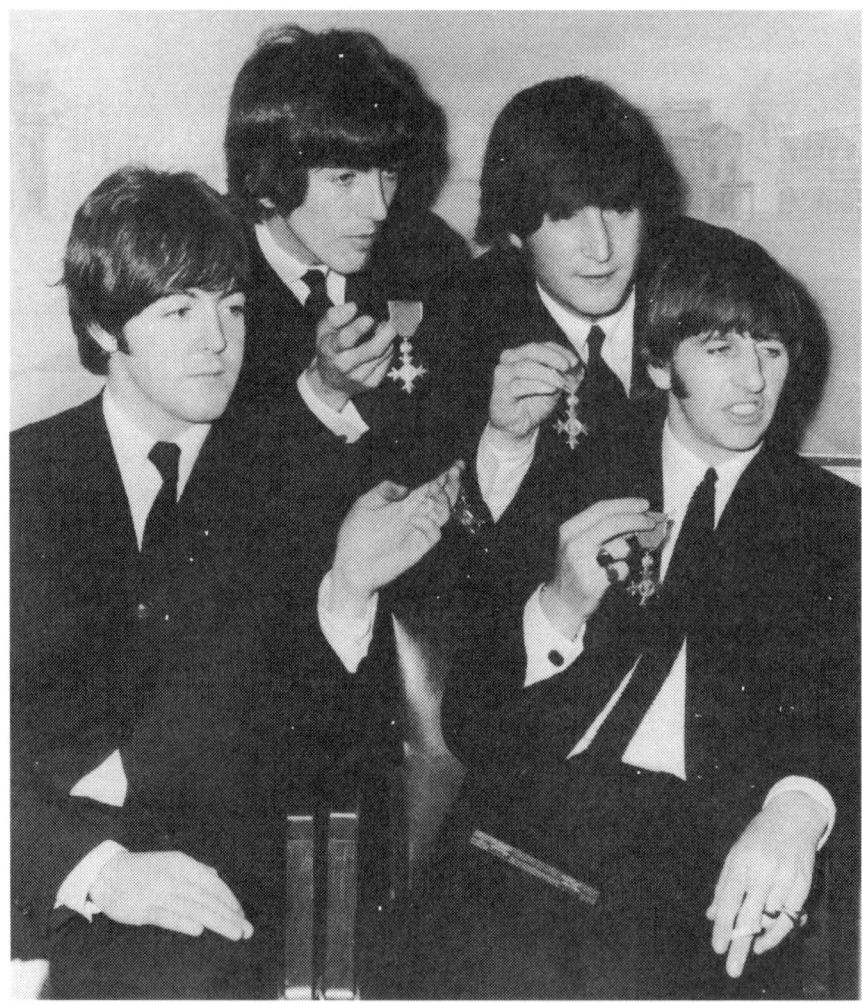

Nicht nur in ihrem Heimatland beliebt: The Beatles

DIE SPITZENREITER IN DEN HITPARADEN DES BAYERISCHEN RUNDFUNKS 1965-1973

So oft waren unter den ersten Zehn:

Gruppen		Einzelinterpreten	
1. The Beatles	258	1. Roy Black	189
2. The Sweet	116	2. Peter Alexander	110
3. Middle of the Road	98	3. Cliff Richard	72
4. The Creedence Clearwater Revival	96	4. Vicky Leandros	64
		5. Chris Roberts	61
5. Bee Gees	90	6. Peggy March	54
6. Rolling Stones	86	6. Heintje	54
7. T. Rex	84	8. Mireille Mathieu	51
8. Dave Dee, Dozy, Beaky, Mick and Tich	64	8. Tom Jones	51
		8. Udo Jürgens	51
9. The Kinks	63		
10. The Tremoloes	46		

Quelle: W. Sieber: *Die Hitparade*, Freising 1982.

31 POP- UND SCHLAGERSÄNGER/-SÄNGERINNEN DEUTSCHER SPRACHE UND WIE SIE WIRKLICH HEISSEN

	heißt/hieß wirklich
1. Christian Anders	Antonio Schinzel
2. Lale Andersen	Lieselotte Bunnenberg
3. Ralp Bendix	Karl-Heinz Schwab
4. Roy Black	Gerhard Höllerich
5. Roberto Blanco	Roberto Zerquera
6. Graham Bonney	Graham Bradley
7. Andy Borg	Andreas Meier
8. Dalida	Yolande Gigliottif
9. Katja Epstein	Karin Witkiewicz
10. Falco	Johann Hölzl
11. Gunther Gabriel	Günther Caspelherr
12. Rex Gildo	Ludwig Alexander Hirtreiter
13. Heino	Heinz Georg Kramm

14. Ted Herold	Harald Schubring
15. Michael Holm	Lothar Walther
16. Ingo Insterburg	Ingo Wetzker
17. Udo Jürgens	Udo Bockelmann
18. Roland Kaiser	Roland Keiler
19. Vicky Leandros	Vassiliki Papathanssiou
20. Lolita	Ditta Zuser
21. Manuela	Doris Wegener
22. Peggy March	Margaret Battario
23. Tony Marshall	Herbert Hilger
24. Wencke Myhre	Wencke Synnove
25. Nena	Gabriele Kerner
26. Abi Ofarim	Abraham Reichstadt
27. Freddy Quinn	Franz Eugen Nidl-Petz
28. Iwan Rebroff	Hans-Rolf Rippert
29. Chris Roberts	Christian Klusacek
30. Mary Roos	Marianne Schwab
31. Jennifer Rush	Heidi Stein

Quellen: Manfred Barthel: *Lexikon der Pseudonyme*, Düsseldorf 1986; Frank und Ingrid Laufenberg: *Frank Laufenbergs Rock- und Pop-Lexikon*, 2 Bände, Düsseldorf 1995.

33 INTERNATIONALE POPSTARS UND WIE SIE WIRKLICH HEISSEN

	heißt/hieß wirklich
1. Gilbert Bécaud	François Silly
2. David Bowie	David Jones
3. Ray Charles	Ray Charles Robinson
4. Chubby Checker	Ernest Evans
5. Lou Christie	Alfredo Sacco
6. Tony Christie	Anthony Fitzgerald
7. Eric Clapton	Eric Patrick Clapp
8. Richard Clayderman	Phillippe Pagès
9. Jimmy Cliff	James Chambers
10. Chris de Burgh	Christopher John Davison
11. John Denver	Henry Deutschendorf
12. Neil Diamond	Noah Kaminski
13. Bob Dylan	Robert Allan Zimmermann
14. Conny Francis	Concetta Franconero

15. Engelbert Humperdinck	Arnold George Dorsey
16. Elton John	Reginald Kenneth Dwight
17. Tom Jones	Thomas Jones Woodward
18. Amanda Lear	Amanda Tapp
19. Little Richard	Richard Wayne Penniman
20. Barry Manilow	Barry Allen Pinkus
21. Meat Loaf	Marvin Lee Aday
22. George Michael	Georgious Passayiotou
23. Joni Mitchell	Roberta Joan Anderson
24. Lou Reed	Louis Fairbank
25. Cliff Richard	Harry Rodger Webb
26. Del Shannon	Charles Westover
27. Sandy Shaw	Sandra Goodrich
28. Dusty Springfield	Mary O'Brien
29. Ringo Starr	Richard Starkey
30. Cat Stevens	Stephen Georgiou
31. Sting	Gordon Summer
32. Donna Summer	Donna Gaines
33. Stevie Wonder	Steveland Judkins Morris

Quellen: Manfred Barthel: *Lexikon der Pseudonyme*, Düsseldorf 1986; Frank und Ingrid Laufenberg: *Frank Laufenbergs Rock- und Pop-Lexikon*, 2 Bände, Düsseldorf 1995.

NEUN INTERNATIONALE POPSTARS, DIE DURCH DROGEN UMGEKOMMEN SIND

1. Jimi Hendrix
Starb am 18. September 1970 unter ungeklärten Umständen. Offizielle Ursache: »Tod durch Erbrechen« (Hendrix war mit dem Notarztwagen unterwegs zu einem Londoner Krankenhaus). Vermutlich hatte er vorher Drogen genommen.

2. Janis Joplin
Gilt als eine der besten Blues-Sängerinnen aller Zeiten, »der Typ, der nach außen hin nichts besaß und auch nichts zu verlieren hatte«. Starb am 4. Oktober 1970 an einer Überdosis Heroin.

3. Judy Garland
Litt unter starken Depressionen; nach einem mißglückten Selbstmordversuch hatte sie starke Alkohol- und Tablettenprobleme. Am 22. Juni 1966 wird sie tot aufgefunden; sie starb an einer Überdosis Schlaftabletten.

4. Andy Gibb
Jüngster Bruder der Bee Gees-Brüder. Hatte Ende der 70er Jahre einige Erfolge in den USA; wird anschließend eher mit Frauengeschichten und Drogen in Verbindung gebracht; stirbt am 10. März 1988; offizielle Todesursache: Herzversagen (wohl durch seine Drogenprobleme ausgelöst).

5. Michael Holliday
Hatte Ende der 50er Jahre große Hits; kommt 1963 unter ungeklärten Umständen ums Leben; soll an einer Überdosis Heroin gestorben sein.

6. Keith Moon
Schlagzeuger von The Who; sorgt nach seinem Tod 1978 (Überdosis Heroin) für den einzigen Wechsel innerhalb der Band.

7. Jim Morrison
Starb am 3. Juli 1971 in Paris in seiner Badewanne. Offizielle Todesursache: Herzversagen infolge von Atemschwierigkeiten.

8. Elvis Presley
Der »König des Rock 'n' Roll« starb am 16. August 1977 an Herzversagen, eine Folge langjährigen Medikamentenmißbrauchs.

9. Sid Vicious
Aushängeschild der erfolgreichsten britischen Punkband Sex Pistols; steht 1978 unter dem Verdacht, seine Freundin erstochen zu haben; wird auf Kaution freigelassen und stirbt kurz darauf an einer Überdosis Heroin.

Quelle: Frank und Ingrid Laufenberg: *Frank Laufenbergs Rock- und Pop-Lexikon*, 2 Bände, Düsseldorf 1995.

Langjähriger Medikamentenmißbrauch war sein Untergang.

NEUN BEKANNTE POPMUSIKER, DIE IM FLUGZEUG UMGEKOMMEN SIND

1. Big Bopper
1959 beim Heimflug von der legendären Winter Dance Party in der Nähe von Mason City abgestürzt.

2. Petsy Cline
Country-Sängerin, hatte ihre großen Erfolge Ende der 50er/Anfang der 60er Jahre; stirbt 1963 bei einem Flugzeugabsturz, bei dem auch die Country-Sänger Cowbow Copas und Hawkshaw Hawkins ums Leben kommen.

3. Jim Croce
Erste Hits Anfang der 70er Jahre; stürzt im September 1973 in einer Privatmaschine ab, wird danach erst richtig populär.

4. Buddy Holly
Stirbt im Februar 1959 im gleichen Flugzeug wie Big Bopper. »The day the music died.«

5. Ricky Nelson
Das »erste Teenager-Idol der Rock-Ära« stirbt im Dezember 1985 beim Absturz einer Privatmaschine.

6. Otis Redding
Begann seine Gesangskarriere in einem Gospelchor; erste Hits Anfang der 60er Jahre; 1967 in England zum weltbesten Sänger gewählt; stürzt im Dezember 1967 als Pilot mit seinem Privatflugzeug ab.

7. Jim Reeves
Country-Sänger, Songschreiber und Discjockey; hatte 1953 seinen ersten großen Erfolg; einer der wenigen Künstler, die sowohl Country- als auch Pop-Erfolge haben; stürzt im Juli 1964 mit seiner Privatmaschine ab.

8. Ritchie Valens
Kommt zusammen mit Buddy Holly und Big Bopper 1959 um; sein Leben wurde 1987 in »La Bamba« verfilmt.

9. Ronnie van Zant
Sänger der amerikanischen Gruppe Lynyrd Skynyrd (eine Verballhornung des Namens ihres Sportlehrers Leonard Skinner); waren auf dem Weg, »eine der erfolgreichsten Southern-Rock-Gruppen zu werden«; im Oktober 1977 stürzen Ronnie van Zant, Steve Gaines und der Manager der Gruppe mit einem Privatflugzeug ab.

Quelle: F. und J. Laufenberg: *Frank Laufenbergs Rock- und Pop-Lexikon*, 2 Bände, Düsseldorf 1995.

DIE LÄNDER MIT DEN HÖCHSTEN PRO-KOPF-AUSGABEN FÜR MUSIK

		Pro-Kopf-Ausgaben 1995 für Schallplatten, CDs und Musik-kasetten (US-Dollar)
1.	Norwegen	68
2.	Schweiz	65
3.	Japan	62
4.	Dänemark	60
5.	Österreich	52
6.	USA	49
7.	Belgien	48
8.	Niederlande	47
9.	Großbritannien	46
10.	Schweden	45

Die deutschen Musikliebhaber rangieren auf dieser Skala mit 41 Dollar pro Kopf und Jahr auf Platz 13.

Quelle: *The Economist*, 24. August 1996, S. 83.

DIE ZEHN ERFOLGREICHSTEN SINGLE-PLATTEN ALLER ZEITEN

1. »White Christmas« (Bing Crosby, über 30 Mio.)
2. »Rock around the Clock« (Bill Haley and His Comets, 17 Mio.)
3. »I want to hold your Hand« (The Beatles, 12 Mio.)
4. »It's now or never« (Elvis Presley, 10 Mio.)
5. »I will always love you« (Whitney Houston, 10 Mio.)
6. »Hound Dog/Don't be cruel« (Elvis Presley, 9 Mio.)
7. »Diana« (Paul Anka, 9 Mio.)
8. »Hey Jude« (The Beatles, 8 Mio.)
9. »I'm a Believer« (The Monkeys, 8 Mio.)
10. »Can't buy me love« (The Beatles, 7 Mio.)

Im Gegensatz zu vielen anderen Listen ist diese objektiv, da an harten Umsatzzahlen ausgerichtet; Single-Platten werden heute nicht mehr angeboten, daher wird sie auch so wie oben in alle Ewigkeit bestehen bleiben.

Quelle: *The Detroit News* vom 8. Dezember 1995.

6. KAPITEL: SÜNDENLISTEN

KONRAD LORENZ' LISTE DER ACHT
TODSÜNDEN DER MENSCHHEIT

Konrad Lorenz unterscheidet acht »voneinander unterscheidbare, wenn auch in engem ursächlichen Zusammenhang miteinander stehende Vorgänge ..., die nicht nur unsere heutige Kultur, sondern die Menschheit als Spezies mit dem Untergang bedrohen«. Dies sind:

1. Die Übervölkerung der Erde.
Zwingt die Menschen, sich gegen ein Überangebot an sozialen Kontakten auf »unmenschliche« Weise abzuschirmen; löst durch das Zusammenpferchen Aggressionen aus.

2. Die Verwüstung des natürlichen Lebensraums.
Zerstört nicht nur die äußere Umwelt, sondern auch »im Menschen selbst alle Ehrfurcht vor der Schönheit und Größe einer über ihm stehenden Schöpfung«.

3. Der Wettlauf der Menschheit mit sich selbst.
Treibt die Technologie immer rascher an, macht blind für wahre Werte.

4. Der Schwund aller starken Gefühle und Affekte durch Verweichlichung.
»Fortschreiten von Technologie und Pharmakologie fördern eine zunehmende Intoleranz gegen alles im geringsten Unlust erregende. Damit schwindet die Fähigkeit des Menschen, jene Freude zu erleben, die nur durch herbe Anstrengung beim Überwinden von Hindernissen gewonnen werden kann.«

5. Der genetische Verfall.
Führt zum Wegfall von »Faktoren, die einen Selektionsdruck auf die Entwicklung und Aufrechterhaltung sozialer Verhaltensnormen ausüben«. (Lorenz sieht hier eine genetische Grundlage der »Infantilismen«, welche die heutige Jugend zu »sozialen Parasiten« machten.)

6. Das Abreißen der Tradition.
Bewirkt, daß »ein kritischer Punkt erreicht ist, an dem es der jüngeren Generation nicht mehr gelingt, sich mit der älteren kulturell zu verständigen«.

7. Zunahme der Indoktrinierbarkeit.
Führt zu einer »Uniformierung der Anschauungen, wie sie zu keinem Zeitpunkt der Menschheitsgeschichte bestanden hat«.

8. Die Aufrüstung mit Kernwaffen.

Quelle: Konrad Lorenz: *Die acht Todsünden der zivilisierten Menschheit*, 6. Auflage, München 1973.

DIE LISTE DER LASTER NACH APOSTEL PAULUS

In seinem Brief an die Galater listet Paulus die folgenden Laster auf:
Unzucht, Unsittlichkeit, ausschweifendes Leben, Götzendienst, Zauberei, Feind-
schaften, Streit, Eifersucht, Jähzorn, Eigennutz, Spaltungen, Parteiungen, Neid und
Mißgunst, Trink- und Eßgelage. »Wer so etwas tut, wird das Reich Gottes nicht
erben.«
Diese Liste wurde später zu den bekannten sieben Todsünden (Geiz, Neid, Stolz,
Trägheit, Unkeuschheit, Unmäßigkeit und Zorn) zusammengefaßt.

Quellen: *Lexikon für Theologie und Kirche*, Freiburg 1964; *Die Bibel – Einheitsübersetzung*, Stuttgart 1980 .

DIE (ANGEBLICH) WICHTIGSTEN GRÜNDE FÜR DEN JUGENDLICHEN GRIFF ZUR DROGE

1. Weil man dabei leichter den Alltag vergessen kann. (59 %)
2. Weil Rauschmittel die Stimmung heben. (57 %)
3. Weil sich dabei Glücksgefühle einstellen. (57 %)
4. Weil man damit eigene Hemmungen überwindet. (51 %)
5. Weil man sich dabei so gut entspannen kann. (34 %)
6. Weil man mitreden können muß. (27 %)
7. Weil man dann leichter Kontakt zueinander bekommt. (23 %)
8. Weil Rauschmittel das Bewußtsein erweitern. (18 %)
9. Weil in unserer Gesellschaft so viel falsch ist, daß man neue
   Wege suchen muß. (15 %)
10. Weil die älteren Leute dagegen sind. (12 %)

Quelle: Bundeszentrale für gesundheitliche Aufklärung: *Die Drogenaffinität Jugendlicher in der Bundesrepublik Deutschland*, Bonn 1994.

DIE AM HÄUFIGSTEN BESCHLAGNAHMTEN DROGEN AN DEUTSCHEN GRENZEN

An den Grenzen zur Bundesrepublik sind 1995 insgesamt 13 Tonnen Drogen beschlagnahmt worden (zusätzlich zu den 17 Tonnen innerhalb des Landes). Hier eine Aufschlüsselung nach den zwei wichtigsten Drogen und deren Herkunft:

Cannabis		Ecstasy-Tabletten	
1. Seehäfen	9.653,0 kg	1. Niederlande	64.483 Stück
2. Niederlande	1.301,5 kg	2. Schweiz	6.688 Stück
3. Flughäfen	275,9 kg	3. Österreich	4.140 Stück
4. Schweiz	119,0 kg	4. Belgien	2.185 Stück
5. Österreich	58,5 kg	5. Tschechien	1.451 Stück
6. Belgien	19,0 kg	6. Flughäfen	614 Stück
7. Frankreich	14,8 kg		
8. Tschechien	5,5 kg		
9. Luxemburg	0,9 kg		
10. Polen	0,3 kg		

Quelle: Bundeskriminalamt: *Rauschgiftjahresbericht Bundesrepublik Deutschland 1995*, Wiesbaden 1996.

SICHERGESTELLTES HEROIN IN EUROPA

Die europäischen Polizei- und Zollbehörden haben 1995 insgesamt mehr als 8.700 kg Heroin beschlagnahmt:

1. Türkei	3.456 kg
2. Italien	952 kg
3. Deutschland	933 kg
4. Ungarn	568 kg
5. Spanien	546 kg
6. Frankreich	499 kg
7. Niederlande	351 kg
8. Großbritannien	218 kg
9. Schweiz	213 kg
10. Griechenland	173 kg

Österreich rangiert mit 47 kg auf Platz 19.

Quelle: Bundeskriminalamt: *Rauschgiftjahresbericht Bundesrepublik Deutschland 1995*, Wiesbaden 1996.

DIE DEUTSCHEN STÄDTE MIT DEN
MEISTEN RAUSCHGIFTDELIKTEN

1995 hat die Polizei in Deutschland über 158.000 Straftaten im Zusammenhang mit Drogen untersucht, dabei in:

	Fälle pro 100.000 Einwohner
1. Kassel	723
2. Frankfurt am Main	672
3. Bremen	641
4. Stuttgart	557
5. Hamburg	543
6. Saarbrücken	490
7. Mannheim	485
8. Düsseldorf	467
9. Hannover	426
10. Köln	393

Für diese Tabelle wurden nur Städte mit mehr als 200.000 Einwohnern ausgewertet.

Quelle: Bundeskriminalamt: *Rauschgiftjahresbericht Bundesrepublik Deutschland 1995*, Wiesbaden 1996.

DIE HÄUFIGSTEN AUSREDEN VON RAUCHERN

Bei einer Umfrage der Bundeszentrale für gesundheitliche Aufklärung haben Raucher und Raucherinnen den Satz »Es mag sein, daß Rauchen die Gesundheit gefährdet ...« wie folgt fortgesetzt (Mehrfachnennungen erlaubt):

1. ... aber ich nehme das Risiko auf mich. (59 %)
2. ... aber ich kann mit dem Rauchen nicht aufhören. (44 %)
3. ... aber das ist mir egal. (22 %)
4. ... und das beunruhigt mich sehr. (20 %)
5. ... aber ich bin gesund genug, um das aushalten zu können. (14 %)
6. ... aber ich rauche sowieso nur wenig. (8 %)
7. ... aber ich rauche nur leichte Zigaretten. (7 %)
8. ... aber ich höre sowieso bald mit dem Rauchen auf. (6 %)

Quelle: Bundeszentrale für gesundheitliche Aufklärung: *Die Drogenaffinität Jugendlicher in der Bundesrepublik Deutschland*, Bonn 1994.

DIE ZEHN (DURCH DIE GRÜNE BRILLE) SCHLIMMSTEN INTERNATIONALEN UMWELTSÜNDER

1. Shell Oil
2. BHP Minerals
3. Archer Daniels Midland
4. Chiquita Brands
5. Enron Corporation
6. Dow Chemical
7. Johnson and Johnson
8. 3M
9. Du Pont
10. Warner Lambert

Quelle: »Shameless: 1995's ten worst corporations«, *Multinational Monitor Magazine*, Januar 1996.

DIE ZEHN EIFRIGSTEN KOHLENDIOXID-EMITTENTEN

	Ausstoß pro Kopf (Tonnen, 1992)	Gesamtausstoß (Milliarden Tonnen, 1992)
1. USA	19,0	4.881
2. Singapur	18,0	50
3. Australien	15,0	268
4. Rußland	14,5	2.103
5. Tschechien	14,0	136
6. Deutschland	13,0	878
7. Polen	10,0	342
8. Japan	10,0	1.093
9. Südafrika	9,5	290
10. Griechenland	9,0	74

Quelle: *The Economist*, 17. August 1996, S. 88.

DIE ZEHN GRÖSSTEN ZIGARETTENPRODUZENTEN

Produktion 1992
(Milliarden Stück)

1. VR China	1.650
2. USA	703
3. Japan	249
4. Deutschland	199
5. Brasilien	169
6. Indonesien	145
7. Großbritannien	127
8. Südkorea	97
9. Niederlande	90
10. Spanien	88

Überraschenderweise landen die vielrauchen-
den Franzosen, die man aus so vielen Filmen
mit ihren Gauloises im Mundwinkel kennt,
mit 49 Milliarden Zigaretten nur im Mittel-
feld, weit hinter Polen, Tunesien oder der
Türkei.

Quelle: United Nations: *Statistical Yearbook*, 40. Ausgabe,
New York 1995.

*Ein etwas überraschender Name für eine
Zigarette (aus dem Land mit der größten
Zigarettenproduktion der Welt).*

DIE ZEHN VERLOGENSTEN BERUFE

Das Hamburger GEWIS-Institut hat einmal eine repräsentative Stichprobe der
Bevölkerung auf einer Liste von Berufen die vermeintlich größten Lügner ankreuzen lassen (die Zahlen in Klammern zeigen den Prozentsatz der Ja-Stimmen; wegen
Mehrfachnennungen addieren sich diese auf über 100 %). Hier sind die nach Meinung der Deutschen zehn verlogensten Berufe:

1. Versicherungsvertreter (71 %)	6. Astrologen (31 %)
2. Politiker (67 %)	7. Finanzberater (25 %)
3. Werbeleute (53 %)	8. Chemiemanager (20 %)
3. Autohändler (53 %)	9. Verkäufer (19 %)
5. Makler (50 %)	10. Pfarrer (18 %)

Am ehrlichsten gelten nach dieser Umfrage Zahnärzte, Maler und Frisöre.

DIE FÜNF AM MEISTEN MISSBRAUCHTEN WOHLTATEN DES SOZIALSTAATS

	Unrechtmäßig kassierte Leistungen 1994 in DM
1. Arbeitslosenversicherung	11,0 Mrd.
2. Sozialhilfe	2,5 Mrd.
2. Kindergeld	2,5 Mrd.
4. Wohngeld	460 Mio.
4. BAFÖG	460 Mio.

Typisches Beispiel: Ein in Hannover arbeitender Grieche wird arbeitslos und kehrt nach Griechenland zurück. Aber alle drei Monate meldet er sich in Hannover beim Arbeitsamt und kassiert in 6 Jahren insgesamt 80.000 Mark. Daß die Wohltaten des Sozialstaates von deutschen Staatsbürgern ebenso ausgenutzt werden wie von Griechen, Türken und anderen ausländischen Mitbürgern, versteht sich von selbst.

Quellen: »Grieche kam nur zum Kassieren nach Hannover«, *Neue Presse Hannover* vom 27. April 1989; Werner Bruns: *Sozialkriminalität in Deutschland*, Berlin 1996.

ZEHN POPULÄRE BELEIDIGUNGEN UND WAS SIE KOSTEN

Pro Jahr erfaßt die deutsche Kriminalstatistik rund 50.000 Beleidigungen; rund 10.000 davon, in der Regel solche gegen Amtspersonen, führen zu einer Geldstrafe für den »Ehrabschneider«. Anfang der 90er Jahre gelten die folgenden Tarife (nur Anhaltspunkte; es gibt regionale Unterschiede):

	Geldstrafe
1. »Dienstgeile Politesse«	DM 200,–
2. »Blöde Kuh«	DM 200,–
3. »Stinkstiefel«	DM 210,–
4. »Wegelagerin« (gegenüber Politesse)	DM 1.200,–
5. Ring aus Daumen und Zeigefinger	DM 1.350,–
6. »Blöde Sau«	DM 1.600,–
7. Duzen eines Polizisten	DM 2.000,–
8. An die Stirn getippter Zeigefinger	DM 2.000,–
9. Ausgestreckter Mittelfinger	DM 2.200,–
10. »Bulle«	DM 3.000,–

Quelle: M. Scheele und R. Wetter: *Ratgeber Recht*, München 1990.

ZEHNMAL ANSTÖSSIGE WERBUNG

Wer sich durch Werbung beleidigt oder angegriffen fühlt, kann sich bei dem 1972 vom »Zentralverband der deutschen Werbewirtschaft« gegründeten »Deutschen Werberat« beschweren; falls berechtigt, leitet der Werberat die Kritik dann an die Werber weiter (verbunden mit der Empfehlung, diese Werbung einzustellen).

Im Jahr 1995 hatte der Werberat über 160 Beschwerden zu entscheiden. Davon wurden 112 als unberechtigt abgewiesen, von den übrigen beklagten Firmen stellten 44 die kritisierte Werbung ein, drei haben sie geändert, und nur eine einzige Firma, das Einzelhandelsgeschäft »Egal« in Essen, wurde wegen Mißachtung des Werberates öffentlich gerügt: Es hatte von Männerhänden umklammerte weibliche Brüste gezeigt, mit dem Text: »Er hat seinen Spaß, wir haben ihre Bluse!« Der Werberat teilte die Auffassung der Beschwerdeführer, diese Art von Werbung diskriminiere Frauen und würdige sie herab.

Auch die folgenden Werbeaktionen fanden 1995 keine Gnade:

1. Mineralwasser
Nochmals Busen: Ein Mineralwasser warb mit den Brüsten einer schwangeren Frau und der Aussage:« Von Anfang an wenig Natrium, viel Leben.« Mehrere Beschwerdeführerinnen nannten die Werbung diskriminierend für Frauen. Werbung wurde eingestellt.

2. Autoreparaturen
Und noch einmal Busen: Eine Kfz-Werkstatt ließ eine Frau von unten ihre Brüste stützen, darunter der Text: »Wir lassen Sie nicht hängen!« Eine Beschwerdeführerin hielt diese Werbung für herabwürdigend. Werbung wurde eingestellt.

3. Privatfernsehen
Ein privater Fernsehsender machte Eigenwerbung mit Zwergenfiguren, die eine versuchte Vergewaltigung darstellten. Eine Beschwerdeführerin war der Auffassung, daß diese Werbung die Gewalt gegen Frauen verharmlose. Werbung wurde eingestellt.

4. Verpackung
Ein Verpackungsunternehmen zeigte eine Frau in einem Käfig und den Text: »Wir verpacken gefährliche Güter.« Eine Beschwerdeführerin meinte, hier würden Frauen als wilde Wesen dargestellt, die man in Käfigen halten müsse. Werbung wurde eingestellt.

5. Radio

Ein privater Radioveranstalter warb mit dem Bild eines an Mongolismus leidenden Kindes und dem Text: »Immer das gleiche macht dumm.« Ein Beschwerdeführer, Vater einer mongoloiden Tochter, sah darin eine Diskriminierung von Behinderten. Werbung wurde eingestellt.

6. Bank

Eine deutsche Großbank warb mit der Abbildung von zwei in Boxershorts mit geballten Fäusten sich gegenüberstehenden Kindern. Text: »Schon die Jugendfotos unserer Fondsmanager verraten etwas über ihren Erfolg. Nur wenn man weiß, wo man den richtigen Treffer landet, kann man mit guten Renditen punkten.« Ein Beschwerdeführer meinte, die Verbindung der abgebildeten Kinder mit der Werbeaussage propagiere einen egoistischen, rücksichtslosen und nicht teamorientierten Führungsstil; die Werbung lege nahe, daß man sich in unserer Gesellschaft durchschlagen müsse, um Erfolg zu haben. Ferner könne die Abbildung von Kindern in Boxerposen zur Gewaltverharmlosung beitragen. Werbung wurde eingestellt.

7. Hifi-Geschäft

Ein Hifi-Geschäft warb mit der Aufforderung: »Machen Sie blau!« Ein Beschwerdeführer meinte, hier würde zum Sozialbetrug aufgefordert; die Werbung wurde eingestellt.

8. Mineralöl

Eine Mineralölfirma warb mit der Abbildung eines nackten, männlichen, auf dem Rücken liegenden Babys, das in hohem Bogen pinkelte. Mehrere Beschwerdeführer hielten das Anzeigenmotiv wegen der zunehmenden Kinderpornographie für bedenklich. Werbung wurde eingestellt.

9. Fleisch

Eine Gesellschaft zur Absatzförderung von Agrarprodukten warb mit der Abbildung eines jungen Mannes mit halb geöffneter Hose; Slogan: »Ich mag's am liebsten mit jungem Gemüse!« Mehrere Beschwerdeführer sahen darin eine Herabwürdigung von Frauen. Werbung wurde eingestellt.

10. Herrenslip

Ein männlicher Beschwerdeführer sah sich durch eine Anzeige eines Einzelhändlers, der Nachtwäsche offerierte, in seiner Ehre verletzt: Man sieht eine junge Frau, die dem vor ihr stehenden Mann vorne in die Unterhose schaut. Der Beschwerdeführer hielt es für falsch, den Wert eines Mannes auf den Inhalt seines Mini-Slips zu reduzieren. Werbung wurde eingestellt.

Quelle: Zentralverband der deutschen Werbewirtschaft: *Jahrbuch Deutscher Werberat 1996*, Bonn 1996.

ZEHNMAL SCHEINBAR ANSTÖSSIGE WERBUNG

1. Griechisch, göttlich, mild (1988)
Ein Fernsehspot zeigt ein alkoholisches Getränk vor dem Hintergrund einer griechischen Landschaft. Text: »Griechisch, göttlich, mild«. Ein Beschwerdeführer sah sich wegen der Verwendung des Wortes »göttlich« in seinen religiösen Gefühlen verletzt. Der Werbespot wurde nicht beanstandet, der Begriff »göttlich« sei mittlerweile Bestandteil der Umgangssprache, die Verwendung in der Werbung könne nicht als Verletzung religiöser Gefühle angesehen werden.

2. Farbige Note (1978)
Ein Hersteller von Badezimmern warb mit einer attraktiven Farbigen im blauen Bademantel, die auf dem Rand einer Badewanne sitzt. Text: »Männer lieben den Reiz einer farbigen Note.« Eine Beschwerdeführerin erblickte in der Anzeige eine Diskriminierung des weiblichen Geschlechts im allgemeinen und der farbigen Frauen im besonderen. Die Anzeige wurde nicht beanstandet, die Anzeige beschränke sich darauf, einen attraktiven Blickfang zu verwenden.

3. Ostermarsch (1989)
Ein Hersteller von Baustoffen und Fliesen lädt zu einem »Ostermarsch« in seine Läden ein. Ein Beschwerdeführer sah hierin eine Verächtlichmachung der Friedensbewegung. Keine Beanstandung.

4. Kein Ausgang (1977)
Eine Anzeige für Brandmelde-Systeme zeigte einen verschachtelten Gang mit einem auf dem Fußboden skizzenhaft in Umrissen eingezeichneten menschlichen Körper. Text: »Der Gang, aus dem X keinen Ausgang fand.« Ein Beschwerdeführer hielt diese Form der Werbung für unzulässig, da dadurch »das Geschäft mit der Angst« betrieben werde. Keine Beanstandung.

5. Zuckerfrei gesüßt (1978)
Eine Anzeige für Konfitüre versprach »zuckerfrei gesüßte Konfitüre«. Der Hersteller empfahl seine Konfitüre allen Übergewichtigen, da der darin enthaltene Süßstoff im Gegensatz zu Zucker nicht zu einer vermehrten Insulinproduktion anrege, so daß das Hungergefühl gemindert werde. Ein Beschwerdeführer beanstandete, daß der in der Konfitüre enthaltene Süßstoff den gleichen Kaloriengehalt habe wie normaler Zucker, die Werbung sei daher irreführend. Keine Beanstandung.

6. Testfahrer gesucht (1983)

Ein Autoproduzent warb mit der Überschrift »Gesucht: Fahrer für 50-km-Test«. Eine Beschwerdeführerin beanstandete die Aussage als frauenfeindlich, weil man offensichtlich einer Fahrerin die Durchführung eines solchen Tests nicht zutraue. Keine Beanstandung.

7. Die berühmte Konkurrenz (1978)

In einer Anzeige für eine ausländische Auto-Stereo-Anlage wurden einzelne Produktvorzüge eines Autoradios besonders herausgestellt, über die deutsche Radios noch nicht verfügten. Text:» Irgendwann wird unsere berühmte deutsche Konkurrenz herausgefunden haben, wie man so eine Auto-Stereo-Anlage baut.« Ein Beschwerdeführer hielt die Anzeige für unzulässig, weil ein in Deutschland vertriebenes Produkt eines anderen ausländischen Herstellers die beworbenen Produktvorzüge ebenfalls besäße. Keine Beanstandung.

8. Nachtschreier (1977)

Anzeige für Säuglingsnahrung: »Warum wird aus einem zufriedenen ›Schlafratz‹ ganz plötzlich ein Nachtschreier? Wenn Ihr Baby nicht mehr richtig satt wird, nachts quengelt oder schreit, dann braucht es eben schon ein bißchen mehr.« Ein Beschwerdeführer hielt diese Aussage für unzulässig, da hierdurch bei unerfahrenen Müttern der Eindruck erweckt werden könnte, als ob einem »Nachtschreier« nur eine andere Nahrung fehle, obwohl auch eine Krankheit Ursache des Schreiens sein könnte. Unerfahrene Mütter könnten so vom Aufsuchen eines Kinderarztes abgehalten werden. Keine Beanstandung.

9. Schmollmund (1983)

Es wird ein roter, eine Praline essender Frauenmund gezeigt. Eine Beschwerdeführerin beanstandete den Fernsehspot mit der Begründung, die Darstellung der Frau werde visuell auf den Mund reduziert, erhalte so eine erotische Komponente, die Frau werde zum Sexualobjekt. Keine Beanstandung.

10. Schule der Nation (1981)

Eine Plakatwerbung zeigte eine Gruppe junger, lächelnd und bewundernd einer hübschen, langbeinigen Frau nachblickende Bundeswehrsoldaten. Mehrere Beschwerdeführerinnen hielten das Plakat für frauendiskriminierend. Die Frau werde zu einem Sexualobjekt degradiert, die Darstellung sei als Aufforderung zur Vergewaltigung anzusehen, da Männer in der Überzahl abgebildet seien, »männliche Machtstrukturen« demonstriert würden und die Bundeswehr mit Hilfe der Werbung hoffähig gemacht werden solle. Keine Beanstandung.

Quelle: Zentralausschuß der Werbewirtschaft e.V., *Spruchpraxis Deutscher Werberat*, 6. erweiterte Auflage, Bonn 1990.

DIE 15 PUNKTETRÄCHTIGSTEN VERKEHRSDELIKTE

Punkte in der
Flensburger Kartei

1. Straßenverkehrsgefährdung   7
2. Führen eines Fahrzeuges bei Fahrunsicherheit infolge   7
   Genusses alkoholischer Getränke oder anderer
   berauschender Mittel
3. Verstoß gegen eine verkehrsrechtliche Vorschrift des   7
   Strafrechts in einem die Schuldfähigkeit ausschließenden
   Rausch infolge Genusses von Alkohol oder anderer
   berauschender Mittel
4. Unerlaubtes Entfernen vom Unfallort   7
5. Wenden, Rückwärtsfahren, Fahren entgegen der Fahrt-   7
   richtung (einschließlich des Versuchs) auf Autobahnen
   oder Kraftfahrtstraßen verbunden mit Gefährdung anderer
6. Kennzeichen-Mißbrauch   6
7. Gebrauch oder Gestattung des Gebrauchs unversicherter   6
   Kraftfahrzeuge oder Anhänger
8. Führen, Anordnen oder Zulassen des Führens eines Kraft-   6
   fahrzeuges ohne Fahrerlaubnis oder trotz Fahrverbot
9. Führen, Anordnen oder Zulassen des Führens eines Kraft-   6
   fahrzeuges trotz Verwahrung, Sicherstellung oder
   Beschlagnahme des Führerscheins
10. Unterlassene Hilfeleistung   5
11. Nötigung   5
12. Fahrlässige Tötung im Straßenverkehr   5
13. Fahrlässige Körperverletzung im Straßenverkehr   5
14. Gefährliche Eingriffe in den Straßenverkehr   5
15. Sonstige Straftaten, soweit sie im Zusammenhang mit der   5
    Teilnahme am Straßenverkehr begangen worden sind

DIE 10 BUSSGELDTRÄCHTIGSTEN VERKEHRSDELIKTE

Bußgeld

1. Führen eines Kraftfahrzeuges mit 0,8 Promille oder mehr oder   1.500.– DM
   einer Alkoholmenge im Körper, die zu einer solchen
   Blutkonzentration geführt hat, 3. Verstoß

2. wie 1., 2. Verstoß	1.000.– DM
3. wie 1., 1. Verstoß	500.– DM
4. Überschreiten der zulässigen Höchstgeschwindigkeit mit dem Pkw oder anderen Kfz bis 2,8 t zulässigem Gesamtgewicht innerhalb geschlossener Ortschaften um mehr als 60 km/h	450.– DM
5. Anordnen oder Zulassen der Inbetriebnahme eines Kfz mit über 7,5 t zulässigem Geamtgewicht. Überschreiten um mehr als 25 %	450.– DM
6. wie 5., jedoch Überschreiten um mehr als 20 %	400.– DM
7. Führen eines Kfz über 7,5 t zulässigem Gesamtgewicht. Überschreiten um mehr als 30 %	400.– DM
8. wie 4., jedoch außerhalb geschlossener Ortschaften	400.– DM
9. Als Fahrzeugführer rotes Wechsellicht oder rotes Dauerlichtzeichen nicht befolgt mit Gefährdung oder Sachbeschädigung	400.– DM
10. wie 4., jedoch mehr als 50 km/h	300.– DM

In besonderen Fällen sind auch höhere Geldbußen möglich. Tatbestände mit 5 oder mehr Punkten bewirken eine automatische Geld- oder sogar Freiheitsstrafe (Straßenverkehrsgefährdung etwa kann bis zu fünf Jahre Gefängnis kosten).

Quelle: R+V Versicherung: *Bußgeldkatalog – Punkte im Straßenverkehr*, Broschüre 1995.

DIE WICHTIGSEN GRÜNDE FÜR DEN ENTZUG DES FÜHRERSCHEINS

1995 wurden in Deutschland 163.000 Führerscheine eingezogen, hauptsächlich aus folgenden Gründen:

1. Unfall in Trunkenheit mit Sachschaden	48.800
2. Unfallflucht in Trunkenheit	10.400
3. Unfall in Trunkenheit mit Personenschaden	9.000
4. Unfall mit Sachschaden	8.200
5. Unfallflucht	7.600
6. Fahren ohne Fahrerlaubnis in Trunkenheit	2.900
7. Unfall mit Personenschaden	2.300
8. Sonstige Straftaten (keine Verkehrsstraftaten)	1.600
9. Fahren ohne Fahrerlaubnis	800
10. Vorfahrtverletzung in Trunkenheit	600

Quelle: Kraftfahrt-Bundesamt: *Statistische Mitteilungen*, Wiesbaden 1996.

DIE DURCHFALLQUOTEN BEI PRAKTISCHEN FAHRPRÜFUNGEN

Im Bundesdurchschnitt fallen bei der ersten Führerscheinprüfung 25 % und bei Wiederholungsprüfungen 33 % aller Kandidaten durch, allerdings mit großen regionalen Unterschieden:

		Durchfallquote 1995
1.	Hamburg	40,5 %
2.	Berlin	36,5 %
3.	Sachsen-Anhalt	35,9 %
4.	Thüringen	35,8 %
5.	Mecklenburg-Vorpommern	35,4 %
6.	Sachsen	34,7 %
7.	Brandenburg	32,1 %
8.	Bremen	30,1 %
9.	Schleswig-Holstein	25,5 %
10.	Bayern	24,7 %
11.	Baden-Württemberg	23,2 %
12.	Niedersachsen	22,9 %
13.	Rheinland-Pfalz	22,2 %
14.	Hessen	21,3 %
15.	Nordrhein-Westfalen	21,3 %
16.	Saarland	20,6 %

Quelle: Kraftfahrt-Bundesamt: *Statistische Mitteilungen*, Wiesbaden 1996.

GURTMUFFEL IN EUROPA

Trotz Anschnallpflicht, die heute fast überall in Europa gilt, gibt es immer noch Leute, die beim Autofahren keinen Gurt anlegen. Hier die europäischen Gurtmuffel:

1.	Irland	48 %
2.	Belgien	46 %
3.	Spanien	39 %
4.	Österreich	30 %
5.	Niederlande	30 %
6.	Dänemark	29 %
7.	Finnland	13 %
8.	Schweden	11 %

9. Großbritannien   9 %
10. Deutschland   8 %

Quelle: »Deutsche keine Gurtmuffel«, *Ruhrnachrichten* vom 13. November 1996.

FÜNF PROMINENTE VERKEHRSSÜNDER

1. Boris Becker
Schon mehrfach wegen überhöhter Geschwindigkeit aufgefallen.

2. Zsa-Zsa Gabor
Mußte wegen Ohrfeigens eines Verkehrspolizisten drei Tage ins Gefängnis.

3. Manfred Krug
Als Verkehrsraudi zu 6 Monaten Fahrverbot und DM 6.000,– Geldstrafe verurteilt.

4. Peter Neururer
Wegen überhöhter Geschwindigkeit verurteilt.

5. Queen Elisabeth
Hat wegen überhöhter Geschwindigkeit beinahe einen Fußgänger überfahren.

DIE GRÖSSTEN VERKEHRSRAUDIS UNTER BONNER DIPLOMATEN

Im Jahr 1995 hat die Bonner Polizei bei ausländischen Diplomatenautos insgesamt 15.891 Verstöße gegen geltendes Verkehrsrecht gezählt (davon 15.537 Parkdelikte). Die folgenden Nationen tun sich dabei besonders hervor:

	Verkehrsverstöße pro Fahrzeug 1995
1. Senegal	56
2. Mexiko	44
3. Armenien	28
4. Lettland	22
5. Lesotho	19
6. Philippinen	17
7. Libyen	15
8. Guatemala	14
8. Bolivien	14
10. Kap Verde	13

DIE VORBILDLICHSTEN AUTOFAHRER
UNTER BONNER DIPLOMATEN

Verkehrsverstöße pro
Fahrzeug 1995

1. Eritrea	0
2. Tonga	0
3. Großbritannien	0,08
4. USA	0,16
5. Polen	0,21
6. Israel	0,28
7. Laos	0,33
8. Schweiz	0,41
9. Dänemark	0,45
10. Malta	0,50

Die Diplomaten dieser Länder hatten also alle weniger als einen Verkehrsverstoß pro Fahrzeug zu verzeichnen. Allerdings ist zu bedenken, daß der Staat Tonga nur ein einziges Diplomatenfahrzeug unterhält (um so beachtlicher die Zahl für Mexiko, die bei 26 Botschaftswagen und 44 Verstößen pro Fahrzeug auf zusammen 1.144 »Knollen« kamen ...).

Quelle: Presseamt der Stadt Bonn: persönliche Mitteilung 1996.

7. KAPITEL: FUSSBALLFIEBER

DIE ERFOLGREICHSTEN WM-FUSSBALL-LÄNDER

Die folgende Liste kondensiert die Ergebnisse der Fußball-Weltmeisterschaften von 1930 bis inklusive 1994: 4 Punkte für Sieg, 3 für Platz zwei, 2 für Platz drei und einen Punkt für Platz vier:

	Erster	Zweiter	Dritter	Vierter	Gesamt
1. Deutschland	3	3	2	1	26
2. Brasilien	4	1	2	1	24
3. Italien	3	2	1	1	21
4. Argentinien	2	2	0	0	14
5. Uruguay	2	0	0	2	10
6. Schweden	0	1	2	1	8
7. Tschechien	0	2	0	0	6
7. Niederlande	0	2	0	0	6
7. Ungarn	0	2	0	0	6
10. England	1	0	0	1	5

Quelle: Eigene Berechnungen (dabei haben wir die Fußballerfolge der ehemaligen Tschechoslowakei dem heutigen Tschechien zugerechnet).

DIE ERFOLGREICHSTEN FUSSBALL-LÄNDER IN DER UEFA-FÜNFJAHRES-WERTUNG

1. Italien	61,259 Punkte
2. Frankreich	45,408 Punkte
3. Spanien	43,932 Punkte
4. Deutschland	42,140 Punkte
5. Niederlande	38,700 Punkte
6. Portugal	32,800 Punkte
7. England	30,166 Punkte
8. Belgien	27,800 Punkte
9. Griechenland	27,000 Punkte
10. Rußland	25,200 Punkte

Die Punkte kommen wie folgt zustande: für jeden Sieg in der Champions League, im Pokalsieger-Cup und im UEFA-Cup gibt es zwei Punkte, für ein Unentschieden einen, für das Erreichen des Viertel- und Halbfinales sowie des Finales nochmals je einen weiteren Punkt. Dann werden die gesamten pro Jahr von den Vereinen eines Landes erreichten Punkte durch die Anzahl der teilnehmenden Vereine geteilt, dann die Punkte der fünf letzten Jahre aufaddiert.

Quelle: »Die UEFA-Fünfjahres-Wertung«, *kicker sportmagazin*, Sonderheft Bundesliga 96/97, Juli 1996.

ZEHN KOMMENTARE ZUR FUSSBALL-EM 1996

1. »Gascoigne spielt wie Doktor Jekyll und Mister Hyde.« (Der ehemalige niederländische Nationalspieler Ruud Gullit.)
2. »Suker spielte wie Picasso.« (Die Zagreber Tageszeitung »Vjesnik«.)
3. »Einige Attacken waren Handlungen von Gemeingefährlichkeit. So verscherzt sich der deutsche Dampfnudelfußball die letzten Sympathien.« (Die österreichische Zeitung »Der Standard« nach dem Spiel Deutschland-Tschechien.)

Im Siegestaumel nach dem EM-Sieg 1996: Berti Vogts und Oliver Bierhoff

4. »Ich bereite unsere Spieler darauf vor, als Kamikaze gegen die Deutschen anzutreten, denn nur richtige Männer können die Deutschen besiegen.« (Der kroatische Trainer Ciro Blazevic vor dem Viertelfinale Deutschland-Kroatien.)
5. »Eine Missetat innerhalb der Familie: Man wirft nicht so viel Gottesgabe weg, man stoppt nicht den Flug der Engel. Sacchi hingegen hat das Team auseinandergenommen.« (Die »Gazetta dello Sport« zu der Entscheidung des Trainers, gegen Tschechien auf fünf Stammspieler zu verzichten.)
6. »Kein Pferd würde auf den Körper eines Menschen treten, der am Boden liegt – kroatische Spieler schon.« (Der Theologe Eugen Drewermann nach dem Viertelfinale Deutschland-Kroatien.)
7. »Man hat von den Franzosen strahlenden Spielwitz erwartet, aber sie waren genauso aufregend wie Oben-ohne-Tänzerinnen im Moulin Rouge, die Jäckchen angezogen hatten.« (Die englische Zeitung »Daily Mirror« nach dem Ausscheiden der Franzosen gegen Tschechien.)

8. »Ich habe mit dem Elfmeterschießen keine Probleme, solange ich nicht schießen muß. Ich kann das einfach nicht, denn mir gefallen immer beide Ecken.«
(Matthias Sammer nach dem Elfmeterschießen im Halbfinale gegen England.)
9. »Heute ist alles irre strategisch: Bei jedem Schuß geht's gleich um eine halbe
Million Mark, auf den Spielern lasten enorme psychische Gewichte. Das ist
nicht schön zu sehen.« (Schauspieler Ulrich Tukur.)
10. »Danke, daß wir uns hier besaufen können.« (Torwart Eike Immel von Manchester City zum DFB-Euro-Treff '96.)

Quelle: »Man stoppt nicht den Flug der Engel«, *Frankfurter Allgemeine Zeitung* vom 1. Juli 1996.

16 WICHTIGE DATEN DER FUSSBALLGESCHICHTE

1. 1846
Wird an der Universität von Cambridge/England von Studenten das Fußballspie-
len eingeführt; die Mannschaften hatten noch 15 bis 20 Spieler.

2. 1857
Wird mit »Sheffield F.C.« der erste Fußballklub der Welt gegründet.

3. 26. Oktober 1863
Wird in London die englische »Football Association« gegründet; außerdem werden
die meisten noch heute gültigen Regeln festgelegt (Abseits, Verbot des Spielens
mit der Hand). Dieser Tag ist der »offizielle« Geburtstag des Fußballspiels.

4. 1872
Das erste offizielle Fußball-Länderspiel: England und Schottland spielen in Glasgow 0:0.

5. 1874
Einführung des Schiedsrichters; in Braunschweig Gründung des ersten deutschen
Schulfußballvereins.

6. 1876
Einführung der Querlatte zwischen den Torpfosten (bis dato wurde eine Schnur
gespannt).

7. 1877
Einführung des Feldverweises.

8. 19. April 1879
Der erste Schweizer Fußballklub – der FC St. Gallen wird gegründet.

9. 1883
Der »Berliner Football und Cricket-Club« wird erster Fußballverein in Berlin.

10. 1885
In England gibt es die ersten Fußballprofis.

11. 15. April 1888
In Berlin entsteht mit »Germania 1888« der erste heute noch bestehende Verein, der ausschließlich Fußball spielt.

12. 1891
Einführung des Elfmeters; der am 18. November in Berlin gegründete »Deutsche Fußball- und Kricket-Club« veranstaltet eine »Deutsche Meisterschaft«. Sieger: Germania 1888 Berlin.

13. 15. November 1894
Erstes »offizielles« Fußballspiel in Wien: Auf der »Kuglerwiese« in Döbling verliert Vienna gegen Cricketer mit 0:4.

14. 1899
Erste inoffizielle Länderspiele Deutschland-England: Die Deutschen verlieren mit 2:13, 2:10 und 0:7.

15. 28. Januar 1900
In Leipzig wird der »Deutsche Fußball-Bund« gegründet.

16. 31. Mai 1903
Der erste offizielle deutsche Fußballmeister: In Hamburg-Altona besiegt der VFB Leipzig den DFC Prag mit 7:2.

Quelle: Bernd Rohr: *Fußball-Lexikon*, München 1993.

DIE ERSTEN SECHS TRAINER DER DEUTSCHEN FUSSBALL-NATIONALMANNSCHAFT

1. Otto Nerz (1923-1936)
2. Sepp Herberger (1936-1964)
3. Helmut Schön (1964-1978)
4. Jupp Derwall (1978-1984)
5. Franz Beckenbauer (1984-1990)
6. Berti Vogts (seit 1990)

Vor 1923 gab es keinen Bundestrainer; bis dahin wurde die Nationalmannschaft gemeinsam vom Bundesvorstand und dem Spielausschuß des DFB aufgestellt.

Franz Beckenbauer, Trainer Nr. 5

Quellen: C. Biermann und T. Lötz: *Wer ist am Ball 94/95? Das große Fußballquiz,* Frankfurt am Main 1995; Deutscher Fußball-Bund, persönliche Mitteilung, Oktober 1996.

DIE 16 GRÜNDUNGSMITGLIEDER DER FUSSBALL-BUNDESLIGA

Samstag, 24. August 1963: Der Beginn des offiziellen Profi-Fußballs in Deutschland. Das alte System mit fünf regionalen Oberligen, deren Spitzenvereine in einer jährlichen Endrunde den deutschen Fußballmeister ermitteln, wird durch die überregionale Bundesliga abgelöst. Die folgenden 16 Vereine wurden vom Deutschen Fußball-Bund aufgrund ihrer Plazierungen in den letzten Oberligajahren oder wegen ihrer Pokalerfolge zu dieser Liga zugelassen:

1. 1. FC Köln
2. Meidericher SV (heute MSV Duisburg)
3. Eintracht Frankfurt
4. Borussia Dortmund
5. VfB Stuttgart
6. Hamburger SV
7. TSV 1860 München
8. Schalke 04
9. 1. FC Nürnberg

10. Werder Bremen
11. Eintracht Braunschweig
12. 1. FC Kaiserslautern
13. Karlsruher SC
14. Hertha BSC Berlin
15. Preußen Münster
16. 1. FC Saarbrücken

Die Liste zeigt die Vereine in der Reihenfolge der Abschlußtabelle der Saison 1963/
64, mit Köln als Meister und mit den Absteigern Preußen Münster und Saarbrük-
ken (denen früher oder später fast alle anderen Vereine folgen sollten: Von den 16
Gründungsmitgliedern sind nur zwei – der Hamburger SV und der 1. FC Köln –
seit 1963 niemals abgestiegen). Der Torschützenkönig dieser ersten Saison war
Uwe Seeler mit 30 Treffern, der erste Tabellenführer war der Meidericher SV, der
sein Eröffnungsspiel gegen Karlsruhe mit 4:1 gewann.

Quelle: *25 Jahre Fußball-Bundesliga*, Rotenburg 1988.

Als Fußball noch ein Spiel war: Gehaltsliste des 1. FC Köln 1962

DIE ZEHN ERFOLGREICHSTEN BUNDESLIGAVEREINE

Von allen 44 jemals in der Bundesliga vertretenen Vereinen führen die folgenden zehn die ewige Tabelle an (Stand Sommer 1996; Bewertung nach der aktuell gültigen Drei-Punkte-Regel):

1. Bayern München	1.058 Spiele / 1.970 Punkte
2. 1. FC Köln	1.118 Spiele / 1.781 Punkte
3. Hamburger SV	1.118 Spiele / 1.721 Punkte
4. Borussia Mönchengladbach	1.058 Spiele / 1.698 Punkte
5. Werder Bremen	1.084 Spiele / 1.662 Punkte
6. Eintracht Frankfurt	1.118 Spiele / 1.602 Punkte
7. 1. FC Kaiserslautern	1.118 Spiele / 1.593 Punkte
8. VfB Stuttgart	1.050 Spiele / 1.583 Punkte
9. Borussia Dortmund	982 Spiele / 1.449 Punkte
10. Schalke 04	948 Spiele / 1.247 Punkte

Quelle: »Die Bilanz nach 33 Jahren«, *kicker sportmagazin*, Sonderheft Bundesliga 96/97, Juli 1996.

DIE ZEHN HÄUFIGSTEN BUNDESLIGA-TABELLENFÜHRER

	Spieltage an der Tabellenspitze
1. Bayern München	360
2. Borussia Mönchengladbach	126
3. SV Werder Bremen	95
4. Hamburger SV	87
5. 1. FC Köln	80
6. Borussia Dortmund	74
7. Eintracht Frankfurt	55
8. 1. FC Kaiserslautern	52
9. Eintracht Braunschweig	35
10. 1. FC Nürnberg	32

Quelle: »Alle Tabellenführer«, *kicker sportmagazin*, Sonderheft Bundesliga 96/97, Juli 1996.

DIE FUSSBALL-REKORDMEISTER IN ÖSTERREICH

Von 1912 bis 1996 haben gewonnen:

1.	Rapid Wien	30mal
2.	Austria Wien	20mal
3.	Admira Wien	10mal
4.	Vienna Wien	6mal
5.	Wacker Innsbruck	5mal

Quelle: *Chronik des 20. Jahrhunderts*, Dortmund, mehrere Jahrgänge.

DIE FUSSBALL-REKORDMEISTER DER SCHWEIZ

Von 1898 bis 1996 haben gewonnen:

1.	Grashoppers Zürich	23mal
2.	Servette Genf	16mal
3.	Young Boys Bern	11mal
4.	FC Zürich	9mal
5.	FC Basel	8mal

Quelle: *Chronik des 20. Jahrhunderts*, Dortmund, mehrere Jahrgänge.

DIE ZEHN BUNDESLIGAVEREINE MIT DER HÖCHST-DOTIERTEN TRIKOTWERBUNG

Insgesamt 51,2 Mio. DM investieren die Sponsoren in der 34. Fußball-Bundesliga-saison 1996/97 in die Trikotwerbung der 18 Klubs:

1.	Bayern München (Opel)	6,0 Mio. DM
1.	Bayer Leverkusen (Alka Seltzer)	6,0 Mio. DM
3.	Borussia Dortmund (Continentale)	4,2 Mio. DM
4.	Hansa Rostock (Daewoo)	3,6 Mio. DM
5.	SC Freiburg (Zehnder)	3,2 Mio. DM
6.	FC Köln (Ford)	3,0 Mio. DM
7.	Werder Bremen (Deutsche Beamten-Versicherung)	2,7 Mio. DM
8.	Hamburger SV (Hyundai)	2,5 Mio. DM
8.	VfB Stuttgart (Südmilch)	2,5 Mio. DM
10.	VfL Bochum (Faber)	2,3 Mio. DM

Quelle: »Mit breiter Brust in die Bundesliga-Saison«, *Frankfurter Allgemeine Zeitung* vom 9. August 1996.

DIE ZEHN BUNDESLIGA-FUSSBALLER
MIT DEN MEISTEN SPIELEN

1. K. H. Körbel (Eintracht Frankfurt)	602
2. Manfred Kaltz (Hamburger SV)	581
3. Klaus Fichtel (Schalke 04)	552
4. Mirko Votava (Werder Bremen)	540
5. Klaus Fischer (Schalke 04)	535
6. Eicke Immel (VfB Stuttgart)	534
7. Willi Neuberger (Eintracht Frankfurt)	520
8. Michael Lameck (VfL Bochum)	518
9. Bernd Dietz (MSV Duisburg)	495
10. Klaus Jakobs (Hamburger SV)	493

Angegeben ist der aktuelle Verein (bei aktiven Spielern) bzw. der Verein, für den der Spieler die meisten Spiele absolviert hat.

Quelle: »33 Jahre Bundesliga«, *kicker sportmagazin*, Sonderheft Bundesliga 96/97, Juli 1996.

DIE ZEHN BUNDESLIGA-FUSSBALLER
MIT DEN MEISTEN TOREN

1. Gerd Müller (Bayern München)	365
2. Klaus Fischer (Schalke 04)	268
3. Jupp Heynckes (Borussia Mönchengladbach)	220
4. Manfred Burgsmüller (Borussia Dortmund)	213
5. Klaus Allofs (1. FC Köln)	177
5. Dieter Müller (1. FC Köln)	177
7. Hannes Löhr (1. FC Köln)	166
8. Karl-Heinz Rummenigge (Bayern München)	162
9. Bernd Hölzenbein (Eintracht Frankfurt)	160
10. Fritz Walter (VfB Stuttgart)	157

Angegeben ist der aktuelle Verein (bei aktiven Spielern) bzw. der Verein, für den der Spieler die meisten Tore geschossen hat.

Quelle: »33 Jahre Bundesliga«, *kicker sportmagazin*, Sonderheft Bundesliga 96/97, Juli 1996.

Der König der Torjäger: Gerd Müller

SIEBEN HOCHDEKORIERTE DEUTSCHE FUSSBALLSPIELER

Fritz Walter: Großes Verdienstkreuz mit Stern.

Uwe Seeler, Sepp Herberger, Franz Beckenbauer, Berti Vogts: Bundesverdienstkreuz 1. Klasse.

Sepp Maier, Gerd Müller: Verdienstkreuz am Bande.

Quelle: »Lorbeerblätter nur für sieben Spieler«, *Mitteldeutsche Zeitung* vom 2. September 1996.

DIE FUSSBALLER DES JAHRES 1987-1996

1996 Matthias Sammer (Borussia Dortmund)
1995 Matthias Sammer (Borussia Dortmund)
1994 Jürgen Klinsmann (Tottenham Hotspurs)
1993 Andreas Köpke (1. FC Nürnberg)
1992 Thomas Häßler (AS Rom)
1991 Stefan Kuntz (1. FC Kaiserslautern)
1990 Lothar Matthäus (Inter Mailand)
1989 Thomas Häßler (1. FC Köln)
1988 Jürgen Klinsmann (VfB Stuttgart)
1987 Uwe Rahn (Borussia Mönchengladbach)

Erstmals seit Sepp Maier 1978 konnte Matthias Sammer 1996 seinen Vorjahrestitel verteidigen. Wenige Monate später wurde er auch Europas Fußballer des Jahres.

Quellen: *Chronik des 20. Jahrhunderts*, Dortmund, mehrere Jahrgänge; »Matthias Sammer zum zweiten Mal in Folge gewählt«, *Hannoversche Allgemeine Zeitung* vom 12. September 1996.

WAS VERDIENEN BUNDESLIGA-TRAINER?

	Gesamteinkommen 1995
1. Ottmar Hitzfeld (Borussia Dortmund)	3.000.000 DM
2. Otto Rehhagel (FC Bayern München)	2.060.000 DM
3. Erich Ribbeck (Bayer Leverkusen)	1.560.000 DM
4. Aad de Moos (Werder Bremen)	1.354.000 DM
5. Frank Pagelsdorf (Hansa Rostock)	1.190.000 DM
6. Bernd Krauss (Borussia Mönchengladbach)	1.130.000 DM
7. Werner Lorant (1860 München)	982.000 DM
8. Aleksander Ristić (Fortuna Düsseldorf)	964.000 DM
9. Rolf Fringer (VfB Stuttgart)	910.000 DM
10. Jörg Berger (Schalke 04)	876.000 DM
11. Friedel Rausch (1. FC Kaiserslautern)	870.000 DM
12. Winfried Schäfer (Karlsruher SC)	740.000 DM
13. Felix Magath (Hamburger SV)	700.000 DM
14. Volker Finke (SC Freiburg)	658.000 DM
15. Uli Maslo (FC St. Pauli)	545.000 DM
16. Karl-Heinz Körbel (Eintracht Frankfurt)	480.000 DM
17. Friedhelm Funkel (KFC Uerdingen)	446.000 DM
18. Stephan Engels (1. FC Köln)	295.000 DM

Quelle: *Sportbild* vom 3. Januar 1996.

Der Topverdiener unter den Trainern: Ottmar Hitzfeld

DIE ZEHN BESTVERDIENENDEN
BUNDESLIGA-SCHIEDSRICHTER

Auch Schiedsrichter bekommen Geld. Hier sind die »Topverdiener« der Saison 95/96:

1. Hellmut Krug (Gelsenkirchen, 21 Einsätze)	50.500 DM
2. Edgar Steinborn (Sinzig, 21 Einsätze)	48.750 DM
3. Hartmut Strampe (Handorf, 19 Einsätze)	46.500 DM
4. Lutz-Michael Fröhlich (Berlin, 19 Einsätze)	43.750 DM
5. Georg Dardenne (Mechernich, 18 Einsätze)	42.000 DM
6. Bernd Heynemann (Magdeburg, 17 Einsätze)	41.500 DM
7. Alfons Berg (Konz, 18 Einsätze)	40.250 DM
8. Hermann Albrecht (Kaufbeuren, 17 Einsätze)	38.750 DM
9. Jürgen Aust (Köln, 16 Einsätze)	38.000 DM
10. Dr. Markus Merk (Kaiserslautern, 16 Einsätze)	37.250 DM

Quellen: »Die Schiedsrichter bitten zur Kasse«, *kicker fußball magazin extra*, Nr. 2 1996; »Keiner redet über Krug: Dann war ich gut«, *Frankfurter Allgemeine Zeitung* vom 12. Juni 1996.

SIEBEN DEUTSCHE FUSSBALLPROFIS IN SPANIEN

Wir wissen, daß deutsche Fußballprofis gern für Lira in Italien spielen. Weniger bekannt: Auch spanische Peseten stinken nicht. Die folgenden deutschen Spieler können das bezeugen:

1. Günther Netzer
Wechselte 1973 von Mönchengladbach zu Real Madrid.

2. Paul Breitner
Ging 1974 von Bayern München zu Real Madrid.

3. Uli Stieleke
Kam nach Netzers Abschied 1976 von Mönchengladbach nach Madrid. Fußballer des Jahres in Spanien 1981.

4. Rainer Bonhof
Ging nach der WM 1978 von Mönchengladbach zum FC Valencia, gewann mit Valencia 1980 den Europapokal der Pokalsieger.

5. Bernd Schuster
Spielte zwischen 1980 und 1993 bei allen führenden Vereinen; wurde mit allen Meister oder Pokalsieger.

6. Andreas Brehme
Spielte Anfang der 90er Jahre kurz bei Real Saragossa, ging dann zum 1. FC Kaiserslautern zurück.

7. Bodo Ilgner
Ging 1996 von Köln zu Real Madrid.

Quelle: »Die Deutschen in Spaniens Liga«, *Mitteldeutsche Zeitung* vom 2. September 1996.

15 MISSGLÜCKTE FUSSBALL-SPRÜCHE

1. »Wir dürfen jetzt nur nicht den Sand in den Kopf stecken.«
   (Lothar Matthäus, Bayern München)
2. »Die Breite an der Spitze ist dichter geworden.« (Berti Vogts, Bundestrainer)
3. »Wenn wir hier nicht gewinnen, dann treten wir ihnen wenigstens den Rasen kaputt.« (Rolf Rüßmann, Borussia Mönchengladbach)
4. »Wir lassen uns nicht verrückt machen, das geben wir auch nicht zu.«
   (Olaf Thon, Schalke 04)
5. »Das wird alles von den Medien hochsterilisiert.«
   Bruno Labbadia, Werder Bremen)
6. »Wenn von hinten nichts kommt, sind wir die einsamsten Leute auf dem Platz.« (Rudi Völler, Bayer Leverkusen).
7. »Man darf über ihn jetzt nicht das Knie brechen.«
   (Rudi Völler über Toni Schuhmacher)
8. »Ich kriege viel, aber ich habe auch eine große Familie. Zwei Frauen müssen ernährt werden, und vier Kinder.« (Nochmal Rudi Völler)
9. »Er spielte ohne Tal und Fehdel.« (Reporter Jochen Hegeleit)
10. »Der Jürgen Klinsmann und ich, wir waren ein gutes Trio.«
    (Fritz Walter, Arminia Bielefeld)
11. »Ich meinte ein gutes Quartett.« (Fritz Walter, Arminia Bielefeld, etwas später)
12. »Ich hatte vom Feeling her ein gutes Gefühl.«
    (Andreas Möller, Borussia Dortmund)
13. »Den größten Fehler, den wir jetzt machen könnten, wäre, die Schuld beim Trainer zu suchen.« (Karl-Heinz Körbel, Trainer)
14. »Wir wollten in Bremen kein Gegentor kassieren. Das hat bis zum Gegentor auch ganz gut geklappt.« (Thomas Häßler, Karlsruher SC)
15. »Ich kann doch nicht vor jedem Spiel einen Rhetorik-Kurs besuchen.«
    (Wolfram Wuttke, 1. FC Saarbrücken)

Quellen: Dieter Kroppach: *Was pfeift der Arsch denn da?!*, Frankfurt am Main 1995; »Der Fußball und seine besten Sprüche«, *TV Spielfilm*, 12/1996.

8. KAPITEL:
WIRTSCHAFT

DIE 20 UMSATZSTÄRKSTEN
DEUTSCHEN UNTERNEHMEN

	Umsatz 1995 (Mrd. DM)	Beschäftigte 1995
1. Daimler-Benz AG, Stuttgart	103,5	311.000
2. Siemens AG, München	88,7	372.000
3. Volkswagen AG, Wolfsburg	88,1	242.600
4. Mercedes-Benz AG, Stuttgart	72,0	197.600
5. Metro-Gruppe, Düsseldorf	66,7	179.000
6. Veba AG, Düsseldorf	66,3	125.000
7. Deutsche Telekom, Bonn	66,1	213.000
8. Edeka-Gruppe, Hamburg	53,2	80.000
9. RWE AG, Essen	52,9	137.000
10. Hoechst AG, Frankfurt am Main	52,2	162.000

Das Paradepferd der Paradefirma

11. Tengelmann-Gruppe, Mülheim	49,9	201.000
12. Rewe-Gruppe, Köln	48,4	168.000
13. BASF AG, Ludwigshafen	46,2	107.000
14. BMW AG, München	46,1	116.000
15. Bayer AG, Leverkusen	44,6	143.000
16. Viag AG, München	41,9	84.000
17. Thyssen AG, Duisburg	39,1	126.000
18. R. Bosch GmbH, Stuttgart	35,8	157.000
19. Mannesmann AG, Düsseldorf	32,1	123.000
20. Aldi-Gruppe, Mülheim	32,0	keine Angaben

Quelle: »Die 100 größten Unternehmen«, *Frankfurter Allgemeine Zeitung* vom 9. Juli 1996.

DIE 20 WERTVOLLSTEN DEUTSCHEN UNTERNEHMEN

Der Marktwert eines Unternehmens, sofern Aktiengesellschaft, errechnet sich als die Zahl der Aktien mal dem Aktienkurs: Soviel müßte ein Investor für die ganze Firma zahlen, wenn er sie zum aktuellen Börsenkurs erwerben wollte. Hier sind die in diesem Sinne wertvollsten 20 deutschen Firmen:

Marktwert am
19. 11. 1996 (Mrd. DM)

1. Allianz	66,4	11. BASF	31,1
2. Daimler-Benz	49,6	12. Mannesmann	22,9
3. Veba	42,6	13. Volkswagen	21,5
4. Bayer	40,7	14. SAP	21,1
5. Siemens	39,9	15. Dresdner Bank	20,8
6. Hoechst	37,1	16. BMW	18,4
7. RWE	36,1	17. Commerzbank	16,0
8. Deutsche Bank	35,7	18. Viag	15,5
9. Deutsche Telekom	32,1	19. Bayer. Vereinsbank	15,4
10. Münchener Rück	31,2	20. Metro	13,7

Quellen: Jörg Lang: »Die 500 besten Firmen der Welt«, *Finanzen* 8/1996, S. 20-26; »Die Telekom-Aktie im DAX«, *Frankfurter Allgemeine Zeitung* vom 20. November 1996.

DIE 20 WERTVOLLSTEN UNTERNEHMEN
AUF DER GANZEN WELT

Das mit rund 60 Milliarden DM Marktwert teuerste deutsche Unternehmen (Allianz) rangiert weltweit nur auf Platz 44. Hier sind die 20 Spitzenreiter:

	Marktwert am 30. 6. 1996 (Mrd. DM)	Gewinne 1995 (Mrd. DM)
1. General Electric (USA)	220,0	9,4
2. Shell (NL/GB)	200,0	9,5
3. Coca-Cola (USA)	186,1	4,3
4. NTT (Japan)	179,3	3,0
5. Exxon (USA)	164,2	9,3
6. Bank of Tokyo (Japan)	164,1	0,2
7. AT&T (USA)	151,6	7,9
8. Toyota (Japan)	142,7	3,6
9. Philip Morris (USA)	131,4	7,8
10. Merck (USA)	120,8	4,8
11. Roche Holding (Schweiz)	111,8	4,2
12. Microsoft (USA)	109,4	2,1
13. Novartis (Schweiz)	109,1	4,2
14. Johnson & Johnson (USA)	100,4	3,4
15. Fuji-Bank (Japan)	94,9	–4,5
16. Procter & Gamble (USA)	94,6	3,8
17. Sumitomo Bank (Japan)	92,4	0,5
18. Intel (USA)	91,9	5,1
19. Industrial Bank of Japan (Japan)	88,8	–0,8
20. Wal-Mart (USA)	88,6	3,9

Quelle: Jörg Lang: »Die 500 besten Firmen der Welt«, *Finanzen* 8/1996, S. 20-26.

DIE GRÖSSTEN IN DEUTSCHLAND OPERIERENDEN UNTERNEHMENSBERATUNGEN

Früher haben Unternehmer unternommen, heute lassen sie beraten. Die folgenden Firmen machen damit in Deutschland die besten Geschäfte:

	Umsatz 1995
1. Andersen Consulting	368 Mio. DM
2. Roland Berger & Partner	290 Mio. DM
3. The Boston Consulting Group	215 Mio. DM
4. KPMG Unternehmensberatung	169 Mio. DM
5. Gemini Consulting	168 Mio. DM
6. Schitag Ernst & Young	152 Mio. DM
7. A. T. Kearney	120 Mio. DM
8. Arthur D. Little	117 Mio. DM
9. Mummert & Partner	107 Mio. DM
10. Booz-Allen & Hamilton	97 Mio. DM

Quelle: »Zusammenschlüsse und Übernahmen bei Unternehmensberatern«, *Frankfurter Allgemeine Zeitung* vom 19. November 1996.

DIE GRÖSSTEN IN ÖSTERREICH OPERIERENDEN UNTERNEHMEN

	Umsatz in österreichischen Schilling 1995
1. OMV-Gruppe	73,3 Mrd.
2. Österreichische Post	62,2 Mrd.
3. BML AG	41,2 Mrd.
4. Siemens-Gruppe	38,2 Mrd.
5. Porsche-Holding	36,4 Mrd.
6. VA Stahl-Gruppe	33,8 Mrd.
7. Spar-Gruppe	27,4 Mrd.
8. ÖBB	26,7 Mrd.
9. VA Technologie-Gruppe	26,1 Mrd.
10. RHI-Radex Heraklith-Gruppe	21,7 Mrd.

Quelle: Internet-Seite des *Kurier*, www.kurier.at.

DIE GRÖSSTEN DEUTSCHEN ARBEITGEBER

	Beschäftigte 1995
1. Siemens AG	372.000
2. Deutsche Post AG	320.000
3. Deutsche Bahn AG	312.500
4. Daimler-Benz AG	311.000
5. Volkswagen AG	242.400
6. Deutsche Telekom AG	213.000
7. Tengelmann-Gruppe	201.000
8. Mercedes Benz AG	197.600
9. Metro-Gruppe	179.000
10. Rewe-Gruppe	168.000

Quelle: »Die 100 größten Unternehmen«, *Frankfurter Allgemeine Zeitung* vom 9. Juli 1996.

DIE ZEHN ANGESEHENSTEN IN DEUTSCHLAND OPERIERENDEN GROSSUNTERNEHMEN

Diese Rangliste ist von 1996; sie basiert auf einer Umfrage unter 2.000 Geschäfts-
führern, Vorständen und Prokuristen deutscher Firmen, die das *Manager Magazin*
alle zwei Jahre von Infratest erheben läßt. Dabei werden die Manager und Manage-
rinnen gebeten, den 100 größten in Deutschland operierenden Firmen wie in der
Schule Noten zu erteilen, aus denen kommt dann diese Hitliste zustande

	Zum Vergleich Rang 1995
1. BMW	1
2. Audi	7
3. Mercedes-Benz	18
3. Siemens (zusammen mit Mercedes)	4
5. Coca-Cola	3
6. Lufthansa	6
7. Bosch	5
8. Henkel	8
9. Volkswagen	67
10. Bosch-Siemens Hausgeräte	8

DIE ZEHN AM WENIGSTEN ANGESEHENEN UNTER DEN 100 IN DEUTSCHLAND OPERIERENDEN GROSSEN UNTERNEHMEN

	Zum Vergleich Rang 1995
100. Deutsche Telekom	–
99. Deutsche Post	–
98. Metallgesellschaft	91
97. Daimler-Benz Aerospace	96
96. Deutsche Bahn	–
95. Reemtsma	98
94. Ruhrkohle	100
93. AMB Versicherungen	86
92. Colonia Versicherungen	85
91. Deutsche Shell	30

Der größte Absteiger, in den obigen Listen nicht enthalten, ist übrigens die Deutsche Bank, sie fiel binnen zweier Jahre im Urteil unserer Wirtschaftsbosse von Platz 2 auf 63 (Peanuts und Schneider lassen grüßen).

Quelle: »Urteil mit Gewicht«, *Manager Magazin* 6/1996.

DIE NACH MEINUNG VON FINANZANALYSTEN BESTGEFÜHRTEN UNTERNEHMEN

Fragt man statt der Manager die Börsenprofis, die das Tun dieser Leute täglich im Aktienhandel bewerten müssen, sieht die Reihung anders aus (nach einer Umfrage unter 120 Finanzprofis vom August 1996; zu bewerten war die »Qualität des Managements« von 0 = besonders schlecht bis 10 = besonders gut):

	Durchschnittsnote
1. SAP	8,48
2. Veba	8,09
3. Bayer	7,91
4. Hoechst	7,82
5. Gehe	7,55
6. Beiersdorf	7,50
7. Linde	7,12
8. ABB	7,04

9. Siemens	7,03
10. BASF	7,00

Quelle: »Strenge Zensuren für deutsche Manager«, *Capital* 12/1996, S. 38.

DIE ZEHN FLEISSIGSTEN DEUTSCHEN PATENTANMELDER

Patente 1991-1995

1. Siemens AG	4.682
2. Robert Bosch GmbH	3.830
3. BASF AG	3.404
4. Bayer AG	2.920
5. Daimler-Benz AG	2.256
6. Hoechst AG	1.895
7. Henkel KGaA	1.550
8. BMW	1.349
9. Volkswagen AG	962
10. Frauenhofer Gesellschaft	898

Quellen: Deutsches Patentamt, *Jahresberichte 1991-1995* (erst ab 1991 werden die angemeldeten Patente nach den anmeldenden Firmen aufgeschlüsselt).

DIE ZEHN UMSATZSTÄRKSTEN AMERIKANISCHEN GROSSUNTERNEHMEN IN DER BUNDESREPUBLIK

Umsatz in Deutschland 1995

1. Adam Opel AG (General Motors)	25,6 Mrd. DM
2. Ford	23,4 Mrd. DM
3. IBM Deutschland GmbH	12,9 Mrd. DM
4. Philip Morris GmbH	10,4 Mrd. DM
5. Esso AG (Exxon Corporation)	10,0 Mrd. DM
6. Mobil Oil AG	7,5 Mrd. DM
6. Hewlett Packard GmbH	7,5 Mrd. DM
8. Coca-Cola GmbH	7,2 Mrd. DM
9. Procter & Gamble GmbH	5,9 Mrd. DM
10. Conoco Mineralöl GmbH	5,5 Mrd. DM
(E. I. Du Pont de Nemours & Co., Wilmington)	

Quelle: »Amerikanische Unternehmen klagen über den Standort Deutschland auch im Aufschwung«, *Frankfurter Allgemeine Zeitung* vom 30. Oktober 1995.

DIE ACHT AUFSICHTSRATSPOSTEN
VON HILMAR KOPPER

Daimler-Benz, Mannesmann, Brauerei Beck & Co KG (jeweils Vorsitzender des Aufsichtsrats), Veba, RWE, Bayer, Lufthansa, Linde.

Quelle: R. Liedtke: *Wem gehört die Republik*, Frankfurt am Main 1996.

DIE BELIEBTESTEN ARBEITGEBER UNTER
EUROPÄISCHEN HOCHSCHULABGÄNGERN

Die folgende Liste ist ein Produkt der schwedischen Firma Universum; sie fragt jedes Jahr mehr als 5.000 Examenskandidaten an führenden europäischen Wirtschafts- und Ingenieurfakultäten, bei welcher Firma sie nach Studienabschluß am liebsten arbeiten würden. Hier ist das Ergebnis 1996:

	Rang 1995
1. McKinsey & Co.	2
2. Boston Consulting Group	3
3. Anderson Consulting	–
4. BMW	6
5. Procter & Gamble	7
6. Nestlé	8
7. Hewlett Packard	1
8. Siemens	11
9. Microsoft	5
10. Unilever	10
11. ABB	9
12. Mercedes-Benz	13
13. IBM	4
14. Shell	15
15. Philips	18
16. Sony	16
17. J. P. Morgan	19
18. Goldman Sachs	20
19. L'Oréal	24
20. Arthur Anderson	12

Quelle: *The European Graduate Survey 1996*, Stockholm 1996.

DIE GRÖSSTEN DEUTSCHEN GEWERKSCHAFTEN

	Mitglieder Ende 1995	Mitglieder Ende 1993
1. IG Metall	2,9 Mio.	3,1 Mio.
2. ÖTV	1,8 Mio.	2,0 Mio.
3. Chemie, Papier, Keramik	724.000	780.000
4. Bau, Steine, Erden	640.000	670.000
5. Postgewerkschaft	530.000	580.000
6. Handel, Banken und Versicherungen	521.000	584.000
7. Eisenbahner Deutschlands	399.000	450.000
8. Bergbau und Energie	377.000	400.000
9. Nahrung, Genuß, Gaststätten	323.000	360.000
10. Erziehung und Wissenschaft	307.000	330.000

Quellen: DGB-Bundesvorstand; Statistisches Bundesamt (Hrsg.): *Datenreport 1994*, Bonn 1994.

DIE GRÖSSTEN DEUTSCHEN BINNENHÄFEN

	Güterumschlag in 1.000 t 1993
1. Duisburg	41.122
2. Karlsruhe	12.561
3. Köln	8.994
4. Hamburg	8.215
5. Ludwigshafen	7.316
6. Mannheim	7.007
7. Heilbronn	4.968
8. Bremerhaven	4.605
9. Frankfurt am Main	4.527
10. Dortmund	4.262

Quelle: *Statistisches Jahrbuch für die Bundesrepublik Deutschland 1995*.

DIE ZEHN REICHSTEN LÄNDER DER WELT

	Bruttosozialprodukt pro Kopf 1993
1. Luxemburg	56.730 DM
2. Schweiz	54.350 DM
3. Japan	47.860 DM
4. Dänemark	40.630 DM
5. Norwegen	39.480 DM
6. Island	37.920 DM
7. Schweden	37.600 DM
8. USA	37.600 DM
9. Deutschland	35.800 DM
10. Österreich	35.730 DM

DIE ZEHN ÄRMSTEN LÄNDER DER WELT

	Bruttosozialprodukt pro Kopf 1993
1. Mosambik	137 DM
1. Tansania	137 DM
3. Äthiopien	152 DM
4. Eritrea	175 DM
5. Somalia	182 DM
6. Sierra Leone	228 DM
7. Vietnam	258 DM
7. Bhutan	258 DM
9. Uganda	274 DM
9. Burundi	274 DM

Quelle für beide Listen: Worldata Research Corporation: *Worldata* (PC Datenbank), 1996; erreichbar über Internet: http://www.worldata.ca.

ZEHN BEDINGUNGEN FÜR EIN GUTES BETRIEBSKLIMA

Deutschland West   Deutschland Ost

1. Teamgeist (67)   1. Teamgeist (66)
2. Selbständiges Arbeiten (65)   2. Selbständiges Arbeiten (66)
3. Anerkennung durch den Chef (56)   3. Gerechte Aufteilung der Arbeit (62)
4. Gerechte Aufteilung der Arbeit (52)   4. Kooperation unter Kollegen (59)
5. Kooperation unter Kollegen (52)   5. Anerkennung durch den Chef (48)
6. Informationen durch den Chef (46)   6. Anerkennung durch Mitarbeiter (47)
7. Beteiligung an Entscheidungen (45)   7. Geregelte Arbeitszeiten (46)
8. Anerkennung durch Mitarbeiter (36)   8. Beteiligung an Entscheidungen (46)
9. Geregelte Arbeitszeiten (35)   9. Informationen durch den Chef (46)
10. Gestaltung des Arbeitsplatzes (33)   10. Gestaltung des Arbeitsplatzes (43)

Diese Listen basieren auf einer Infas-Umfrage unter 2.000 Arbeitnehmern; die Zahlen in Klammern geben an, wieviele von hundert Befragten den jeweiligen Faktor für wichtig halten (Mehrfachnennungen möglich). Als die häufigsten Betriebsklimakiller entpuppten sich bei dieser Umfrage die Angst vor der Arbeitslosigkeit, Intrigen (besonders im Öffentlichen Dienst) und Kollegenneid.

Quelle: »Betriebsklima: Zwei von Dreien fühlen sich wohl«, *Informationsdienst des Instituts der Deutschen Wirtschaft* 14/1992.

DIE ZEHN MULTINATIONALEN KONZERNE
MIT DEM GRÖSSTEN AUSLANDSANTEIL

Ein multinationaler Konzern wirtschaftet per definitionem multinational. Trotzdem wird der Umsatzanteil manchen überraschen, den gewisse dieser Firmen außerhalb der Grenzen ihres Heimatlandes generieren:

Firma	Anteil Auslandsumsatz
1. Nestlé	98 %
2. Philips	88 %
3. ABB	86 %
4. Exxon	79 %
5. BP	75 %
6. Sony	72 %
7. Mobil	70 %
8. IBM	61 %
9. Matsushita	57 %
10. Hanson	55 %

In dieser Liste taucht keine deutsche Firma auf. Der deutsche Konzern mit dem größten Auslandsanteil ist Siemens mit rund 30 %.

Quelle: *The Economist*, 23. März 1996, S. 111.

DIE ZEHN WICHTIGSTEN DEUTSCHEN
EXPORTNATIONEN

	Exporte in dieses Land 1994
1. Frankreich	82,1 Mrd. DM
2. Großbritannien	54,7 Mrd. DM
3. USA	54,2 Mrd. DM
4. Italien	51,9 Mrd. DM
5. Niederlande	51,4 Mrd. DM
6. Belgien/Luxemburg	45,8 Mrd. DM
7. Österreich	39,8 Mrd. DM
8. Schweiz	37,1 Mrd. DM
9. Ehem. Sowjetunion	21,7 Mrd. DM
10. Japan	17,9 Mrd. DM

Quelle: *Statistisches Jahrbuch für die Bundesrepublik Deutschland 1995*.

DIE ZEHN OECD-LÄNDER MIT DEN LÄNGSTEN ARBEITSZEITEN

Wie jeder weiß, arbeiten wir Deutschen offiziell am wenigsten unter allen Industrienationen dieser Erde (gemessen an dem tariflichen Stunden-Jahressoll eines Industriearbeiters oder einer Industriearbeiterin, das hierzulande 1.602 Stunden pro Jahr oder weniger als viereinhalb Stunden pro Tag beträgt). Die folgenden zehn Länder führen die Liste der Jahres-Arbeitszeiten der OECD-Nationen an:

	Jahresarbeitszeit in Stunden
1. USA	1.896
2. Portugal	1.882
3. Schweiz	1.838
4. Griechenland	1.832
5. Schweden	1.808
6. Irland	1.794
7. Luxemburg	1.784
8. Spanien	1.772
9. Großbritannien	1.762
10. Frankreich	1.755

Quelle: *Informationsdienst des Instituts der Deutschen Wirtschaft*, 18. April 1996.

DIE ZEHN TEUERSTEN LÄNDER FÜR DIE ARBEITGEBER

	Kosten pro Arbeiter-Stunde in der verarbeitenden Industrie 1995
1. Westdeutschland	45,52 DM
2. Schweiz	42,69 DM
3. Belgien	38,32 DM
4. Norwegen	36,93 DM
5. Österreich	36,84 DM
6. Dänemark	36,48 DM
7. Finnland	36,20 DM
8. Niederlande	35,54 DM
9. Japan	35,48 DM
10. Schweden	31,13 DM

Quelle: »Schmerzhafter Abschied vom starren Einheitslohn«, *Frankfurter Allgemeine Zeitung* vom 19. Juni 1996.

DIE ZEHN LÄNDER MIT DEN GRÖSSTEN ERDÖLRESERVEN

	Nachgewiesene Erdölreserven Ende 1995 (in Mrd. Barrel)	Reicht bei aktueller Förderleistung noch für soviel Jahre
1. Saudi-Arabien	261	84
2. Irak	98	97
3. Ver. Arab. Emirate	97	133
4. Kuweit	96	127
5. Iran	86	66
6. Venezuela	62	64
7. Mexiko	50	47
8. Rußland	46	22
9. USA	28	10
10. VR China	20	58

Quelle: *The Economist*, 20. Juli 1996, S. 98.

DIE ZEHN LÄNDER MIT DEN HÖCHSTEN AUSLANDSINVESTITIONEN

	Direktinvestitionen aus dem Ausland von 1985 bis 1995 (Mrd. Dollar)
1. USA	477
2. Großbritannien	202
3. VR China	130
4. Frankreich	98
5. Spanien	80
6. Belgien	63
7. Kanada	62
7. Australien	62
9. Niederlande	50
10. Singapur	44

In das einstmals so beliebte Deutschland flossen in dieser Zeit nur noch 28 Milliarden Dollar an Auslandsinvestitionen (Platz 14).

Quelle: *Informationsdienst des Instituts der Deutschen Wirtschaft* 24/1996.

DIE ZEHN LÄNDER DER WELT MIT DER AM WENIGSTEN REGULIERTEN WIRTSCHAFT

1. Hongkong
2. Singapur
3. Neuseeland
4. USA
5. Schweiz
6. Malaysia
7. Großbritannien
8. Thailand
9. Kanada
10. Japan

DIE ZEHN LÄNDER DER WELT MIT DER AM STÄRKSTEN REGULIERTEN WIRTSCHAFT

1. Zaire
2. Algerien
3. Iran
4. Syrien
5. Haiti
6. Rumänien
7. Côte d'Ivoire
8. Burundi
9. Brasilien
10. Nicaragua

Diese Listen basieren auf Kriterien wie: Staatsanteil am Bruttosozialprodukt, Steuerbelastung, Freiheit des Kapitalverkehrs, Lizenzen, Zölle, Außenhandel. Und wie jeder Ökonom schon vorher hätte sagen können, sind die am wenigsten regulierten Länder in der Regel auch die reichsten bzw. die mit dem größten Wirtschaftswachstum, während die Armenhäuser dieser Erde ihre Armut durch Zölle, Staatswirtschaft und Protektionen in aller Regel selbst verschuldet haben.

Wie lange noch: Hongkong – der am wenigsten regulierte und am schnellsten wachsende Wirtschaftsraum der Welt.

Quellen: James Gwartney et al.: *Economic freedom of the world 1975-1995*, London 1995; »Of liberty, and prosperity«, *The Economist*, 13. Januar 1996.

9. KAPITEL: GELD

DIE ZEHN REICHSTEN MÄNNER DER ERDE

1. **Bill Gates (18 Mrd. Dollar)**
Gründer und Hauptaktionär der Firma Microsoft.

2. **Warren Buffett (15,3 Mrd. Dollar)**
Großaktionär von Coca-Cola und Gillette.

3. **Paul Sacher (13,1 Mrd. Dollar)**
Hauptaktionär des Schweizer Chemie-Giganten Hoffmann-La Roche.

4. **Lee Shau Kee (12,7 Mrd. Dollar)**
Immobilienspekulant aus Hongkong.

*Bill Gates, der derzeit
reichste Mann der Welt*

5. **Tsai Wan-lin (12,2 Mrd. Dollar)**
Gründer und Hauptaktionär der Cathay Life Versicherungsgruppe.

6. **Li Ka-shing (10,6 Mrd. Dollar)**
Noch ein Immobilienspekulant und Geschäftsmann aus Hongkong.

7. **Yoshiaki Tsutsumi (9,2 Mrd. Dollar)**
Ein Sozialfall: Einst der reichste Mensch der Welt, hat durch die japanische Immobilienkrise mehr als die Hälfte seines Geldes eingebüßt (geschätztes Vermögen 1994: 20 Mrd. Dollar).

8. **Paul G. Allen (7,5 Mrd. Dollar)**
Ein weiterer Großaktionär der Firma Microsoft.

9. **Kenneth R. Thomson (7,4 Mrd. Dollar)**
Hauptaktionär der kanadischen Thomson Corporation.

10. **Tan Yu (7 Mrd. Dollar)**
Herrscht über ein Immobilienimperium in Taiwan, auf den Philippinen und in den USA.

Diese Liste umfaßt nur Männer, deren Vermögen sichtbar, daher leicht zu schätzen ist (Stand 1995); es fehlen Fürsten, Könige und andere Potentaten, deren Reichtum weniger offen zutage liegt. Würde man auch diese einbeziehen, wäre der reichste Mann der Welt vermutlich der Sultan von Brunei mit einem Vermögen von rund 40 Milliarden Dollar.

Quelle: »The billionaires«, *Forbes* vom 15. Juli 1996.

DIE ZEHN REICHSTEN MÄNNER UND FRAUEN IN DEUTSCHLAND

1. Karl und Theo Albrecht (zusammen 9 Mrd. Dollar)
Besitzen außer ihren Supermärkten oft auch noch das Land, auf dem diese stehen, und gehören damit zu den reichsten Immobilienbesitzern in Europa.

2. Johanna, Susanne und Stefan Quandt (zusammen 8,1 Mrd. Dollar)
Besitzen 48 % der Aktien von BMW.

3. Familie Haniel (8,1 Mrd. Dollar)
Haben ihre Finger in vielen Geschäften, besonders im Pharma-Großhandel (Gehe).

4. Michael Otto und Familie (5,2 Mrd. Dollar)
Halten 65 % am Otto-Versand, dem größen Versandkaufhaus der Welt.

5. Familie Merck (5,0 Mrd. Dollar)
Halten 74 % des Aktienkapitals der gleichnamigen Pharmafirma.

6. Familie Henkel (4,6 Mrd. Dollar)
Mehrheitseigner des gleichnamigen Chemiekonzerns (Persil).

7. Friedrich Karl Flick (4,5 Mrd. Dollar)
Lebt seit dem Verkauf seines Industrieimperiums 1986 als Rentner in Österreich.

8. Familie Boehringer (4,1 Mrd. Dollar)
Mehrheitseigentümer der Pharmafirma Boehringer Ingelheim.

9. Otto Beisheim (3,8 Mrd. Dollar)
Begründer der Metro-Gruppe (1964).

10. Familie Schickedanz (3,8 Mrd. Dollar)
Mehrheitseigentümer vom Quelle-Versand.

Zwecks besserer Vergleichbarkeit mit internationalen Konkurrenten sind auch hier die Vermögen in Dollar angegeben.

Quelle: »The billionaires«, *Forbes* vom 15. Juli 1996.

DIE ZEHN REICHSTEN MÄNNER UND FRAUEN IN DER SCHWEIZ

1. Paul Sacher (13,1 Mrd. Dollar)
Der drittreichste Mensch der ganzen Welt; Hauptaktionär des Schweizer Chemie-Giganten Hoffmann-La Roche (siehe oben).

2. Walter Haefner (5,5 Mrd. Dollar)
Autoimporteur; besitzt außerdem 23 % der Firma Computer Associates.

3. Nicole Landolt (3,5 Mrd. Dollar)
Einzige Enkelin des Gründers des Sandoz-Großchemiekonzerns.

4. Fabio Bartarelli (2,5 Mrd. Dollar)
Ex-Vorstandsvorsitzender und Mitbesitzer der Pharmafirma Ares-Sereno.

5. Stefan Schmidheiny (2,3 Mrd. Dollar)
Besitzt Aktien verschiedener Firmen sowie Wälder in Brasilien. Autor von *Kurswechsel* (München 1993).

6. Thomas Schmidheiny (2,0 Mrd. Dollar)
Älterer Bruder von Stefan, Herrscher über das weltweit größte Zementimperium.

7. Familie Liebherr (1,5 Mrd. Dollar)
Baumaschinen.

8. Martin Ebner (1,5 Mrd. Dollar)
Erfolgreicher Bankier, hat sich sein Vermögen selbst geschaffen.

9. Sergio Mantegazza (1,5 Mrd. Dollar)
Zusammen mit seinem Bruder Geo Mantegazza Haupteigentümer der Globus/Cosmos Reiseagenturen.

10. Klaus Jakobs (1,5 Mrd. Dollar)
Schokolade.

Quelle: »The billionaires«, *Forbes* vom 15. Juli 1996.

FÜNF GROSSVERDIENER UNTER DEUTSCHLANDS WIRTSCHAFTSFÜHRERN

		Jahresgehalt 1994
1. Mark Wössner, Bertelsmann		5,5 Mio.
2. Jürgen Schrempp, Daimler-Benz		2,7 Mio.
3. Bernd Pischetsrieder, BMW		2,5 Mio.
4. Hilmar Kopper, Deutsche Bank		2,2 Mio.
5. Heinrich von Pierer, Siemens		1,6 Mio.

Zu diesen Bezügen sind bei einigen der Herren noch Tantiemen und andere »Fringe Benefits« aus Aufsichtsräten zu addieren (Lufthansa-Aufsichtsräte dürfen mitsamt Lebensgefährtin überallhin erster Klasse gratis fliegen).

Quelle: Jürgen Hesse und Hans Christian Schrader: *Verdienen Sie soviel, wie Sie verdienen?*, Frankfurt am Main 1996.

TYPISCHE STARTEINKOMMEN DEUTSCHER AKADEMIKER

Laut Kienbaum Unternehmensberatung verdienten Hochschulabsolventen beim Eintritt in ihren Beruf im Jahr 1996 durchschnittlich soviel:

	Bruttojahresgehalt in DM
1. Chemiker	81.500
2. Informatiker	78.500
3. Wirtschaftsingenieure	75.500
4. Physiker	74.000
4. Juristen	74.000
6. Ingenieure	69.500
6. Betriebswirte	69.500
8. Mathematiker	68.000
9. Volkswirte	62.500
10. Psychologen	60.000

Quelle: *Spiegel spezial* 11/1996, S. 132.

DURCHSCHNITTLICHE JAHRESGEHÄLTER VON GESCHÄFTSFÜHRERN DEUTSCHER GMBHS

Branche	Brutto-Jahresgehalt in DM
1. Medizintechnik	274.000
2. Verpackung	266.000
3. Kunststoffverarbeitung	265.000
4. Verlage	261.000
5. Chemie/Pharma	228.000

Am Ende dieser Liste liegen die Geschäftsführer von Dachdeckerbetrieben und Spielwarenfabriken mit durchschnittlich 160.000 Mark Gehalt im Jahr.

Quelle:»Geschäftsführer-Vergütungen: Exras belohnen das Engagement«, *Informationsdienst des Instituts der Deutschen Wirtschaft* vom 5. Dezember 1996.

DIE ZEHN SPITZENVERDIENER UNTER DEUTSCHEN ÄRZTEN

	Umsatz aus kassenärztlicher Tätigkeit 1994 (Durchschnitt alte Bundesländer)
1. Radiologen	883.000 DM
2. Orthopäden	553.600 DM
3. Hals-Nasen-Ohren-Ärzte	443.700 DM
4. Urologen	434.700 DM
5. Frauenärzte	411.500 DM
6. Internisten	407.400 DM
7. Augenärzte	397.500 DM
8. Hautärzte	394.500 DM
9. Chirurgen	383.800 DM
10. Kinderärzte	326.800 DM

Zu diesen Zahlen kommen noch die Umsätze aus privatärztlicher Tätigkeit dazu.

Quelle:»Das rechnen die Ärzte ab«, *Ruhrnachrichten* vom 12. Juni 1996.

DIE DIÄTEN DER LANDTAGSABGEORDNETEN 1996

		Monatliche Gesamt- bezüge in DM
1.	Bayern	14.300
2.	Hessen	12.166
3.	Niedersachsen	11.570
4.	Rheinland-Pfalz	10.729
5.	Nordrhein-Westfalen	10.561
6.	Sachsen	10.113
7.	Saarland	9.722
8.	Baden-Württemberg	9.500
9.	Thüringen	9.210
10.	Schleswig-Holstein	8.750
11.	Brandenburg	8.411
12.	Sachsen-Anhalt	8.300
13.	Mecklenburg-Vorpommern	8.230
14.	Berlin	6.560
15.	Bremen	5.226
16.	Hamburg	4.600

Quelle: *aktuell '97 – Das Lexikon der Gegenwart*, Dortmund 1996.

ZEHN EINSICHTEN ZUM GELD

1. Geld stinkt nicht (Sueton).
2. Ohne Geld ist die Ehre nur eine Krankheit (Racine).
3. Um Geld verachten zu können, muß man es haben (Kurt Götz).
4. Geld allein macht nicht unglücklich (Peter Falk).
5. Wo Geld vorangeht, sind alle Wege offen (Shakespeare, *Die lustigen Weiber von Windsor*).
6. Der Geist denkt, das Geld lenkt (Oswald Spengler).
7. Wer Ohren hat, soll hören, Wer Geld hat, solls verzehren (Goethe).
8. Die Menschen machen falsches Geld, und das Geld macht falsche Menschen (K. Fasakas).
9. Geld ist nicht alles. Ein Mann mit 20 Millionen kann genauso glücklich sein wie ein Mann mit 21 Millionen (J. Gleason).
10. Manche haben von ihrem Vermögen nur die Sorge, es zu verlieren (Anonymus).

ZEHN DINGE, DIE EINST ALS GELD GEHALTEN WURDEN

1. Kühe und anderes Viehzeug
Standardwährung im Griechenland Homers. Ursprung des Fremdwortes »pekuniär« (= das Geld betreffend), das aus dem griechischen pecus=Rindvieh über das lateinische pecunia=Geld in unsere Sprache eingegangen ist. Ein Sklave kostete z. B. vier Rinder. Noch bis weit in die Neuzeit hinein wurden in vielen Gegenden der Erde große Transaktionen in Rindviehwährung ausgehandelt.

2. Reis
War in Korea als Zahlungsmittel sehr beliebt.

3. Getreide
War nach der Oktoberrevolution in Rußland offizielles Zahlungsmittel. In der Ukraine etwa wurde Roggen Basiswährung, man rechnete in Roggenrubeln. Anfang der 20er Jahre wurden in Deutschland Beiträge und Leistungen des Landwirtschaftlichen Versicherungsvereins in Roggen abgerechnet.

4. Salz
War noch bis ins 19. Jahrhundert das offizielle Zahlungsmittel in vielen Gegenden Nordafrikas, vor allem in der und um die Sahara.

5. Muscheln
Die Kaurimuschel war über Jahrtausende in Indien, China oder Afrika ein beliebtes Zahlungsmittel, auf manchen Pazifikinseln zirkulierten sie noch Mitte des 20. Jahrhunderts. Als die Japaner im 2. Weltkrieg Neu-Guinea überfielen, nahmen sie für die Eingeborenen tonnenweise Kaurimuscheln mit (worauf deren Wert binnen kurzem so verfiel, daß die Wirtschaft Neu-Guineas schwer geschädigt wurde – ein Musterbeispiel, wie man Inflation erzeugt).

6. Kakaobohnen
In Mexiko zur Zeit der Aztekenherrschaft das gängige Zahlungsmittel bei kleineren Geschäften: für drei, vier Kakaobohnen konnte man etwa einen Maisfladen kaufen. Für größere Transaktionen waren bestimmte Stoffstücke, sogenannte »quatchlis« üblich. Ein quatchli entsprach etwa hundert Kakaobohnen, man erhielt dafür ein Kanu. Für dreißig quatchlis bekam man einen Sklaven (vierzig quatchlis, konnte er singen und tanzen).

7. Mandeln
Eine bestimmte, »padan« genannte Sorte von Bittermandeln, die auf Wüstenfelsen wächst, diente bis zum 18. Jahrhundert im indischen Königreich Gujarat als Zahlungsmittel.

8. Baumrinde
Ein begehrtes Zahlungsmittel unter den Mongolen.

9. Tulpenzwiebeln
Nahmen in der großen holländischen Tulpenhysterie im 17. Jahrhundert die Funktion einer Währung an.

10. Fische
Waren getrocknet lange das Standardzahlungsmittel in Island. Nach einer Verordnung von 1420 kostete ein Paar Lederschuhe vier Fische, ein Faß Wein 100 Fische und ein Faß Butter 120 Fische.

Quellen: E. Victor Morgan: *A history of money*, London 1965; R. Sedillot: *Muscheln, Münzen und Papier – Die Geschichte des Geldes*, Frankfurt am Main 1992; »Roggenwährung gegen Inflation«, *Frankfurter Allgemeine Zeitung* vom 8. Oktober 1996.

DIE ZEHN GRÖSSTEN GOLDPRODUZENTEN

	Produktion 1995
1. Südafrika	522 Tonnen
2. USA	329 Tonnen
3. Australien	253 Tonnen
4. Kanada	152 Tonnen
5. Rußland	150 Tonnen
6. Volksrepublik China	145 Tonnen
7. Indonesien	100 Tonnen
8. Brasilien	95 Tonnen
9. Usbekistan	90 Tonnen
10. Papua-Neuguinea	85 Tonnen

Quelle: *The Economist*, 25. Mai 1996, S. 124.

DIE ZEHN GRÖSSTEN DIAMANTEN DER WELT

1. Der Goldene Jubilee (546 Karat)
1986 in der Premier Mine in Südafrika gefunden. Hat den Namen aufgrund des 50-jährigen Thronjubiläums von König Bhumibol von Thailand bekommen, in dessen Zepter er zur Zierde eingelassen ist.

2. Stern von Afrika (Cullinan I, 530 Karat)
1905 in der Premier Mine in Südafrika gefunden, nach dem damaligen Minendirektor Sir Thomas Cullinan benannt. Der Rohling (3106 Karat, damit der größte bisher je gefundene Diamant) wurde beim Schleifen in mehrere Teile zerlegt. Cullinan I schmückt heute das Zepter der britischen Kronjuwelen.

3. Incomparable (407 Karat)
1984 von der Zale Corporation in Südafrika ans Tageslicht gefördert. Der bisher am schwierigsten zu schleifende Rohdiamant (daher der Name) wurde 1988 für die Rekordsumme von 13,2 Mio. Dollar vom Diamantenhändler Theodor Horovitz ersteigert.

4. Kleiner Stern von Afrika (Cullinan II, 317 Karat)
Der kleine aus demselben Rohling hergestellte Bruder von Cullinan I. Befindet sich heute in der englischen Staatskrone.

5. Centenary (274 Karat)
1986 in der Premier Mine in Südafrika gefunden; 1988 zu Ehren des 100jährigen Bestehens von DeBeers auf den Namen »Centenary« getauft; heute als Notgroschen für schlechte Zeiten im Besitz des DeBeers Konzerns.

6. Jubilee (245 Karat)
1895 in der Jager Fontain Mine in Südafrika gefunden; 1897 zu Ehren des diamantenen Kronjubiläums der Königin Viktoria mit seinem Namen versehen; heutiger Besitzer und Aufenthaltsort sind unbekannt.

7. DeBeers (235 Karat)
1888 in der Premier Mine in Südafrika gefunden; wurde nach dem Schleifen an einen indischen Prinzen verkauft; weitere Einzelheiten unbekannt.

8. Rotes Kreuz (Red Cross, 205 Karat)
1895 in Südafrika gefunden. 1918 vom Londoner Diamantensyndikat an das britische Rote Kreuz verschenkt; von seinen heutigen Schweizer Privatbesitzer zum Verkauf gestellt (Preis: 6 Mio. Dollar).

9. Anon (201 Karat)

Fundort und -jahr sind nicht bekannt; hat drei kleinere Brüder (einer davon ist Bestandteil der persischen Kronjuwelen); alle anderen Steine sind in Privatbesitz.

10. Orlow (200 Karat)

1680 in Golkanda (Indien) gefunden. 1772 von Graf Grigorij Grigorjewitsch Orlow seiner Geliebten, der Zarin Katharina II., zum Geschenk gemacht, heute im Kreml.

Quellen: *Wissenswertes von A bis Z*, Berlin 1983; *Das neue Taschenlexikon*, 20 Bände, Gütersloh 1992; http://www.jtc.th.com; DeBeers Diamanteninformationsdienst, persönliche Mitteilung, Oktober 1996.

DIE ZEHN LÄNDER MIT DEN HÖCHSTEN WÄHRUNGSRESERVEN

Währungsreserven sind Gelder, die man nicht selbst drucken kann – Devisen oder Gold. Die folgenden zehn Länder haben in den Tresors ihrer Zentralbanken davon am meisten:

	Währungsreserven (ohne Gold, März 1996)
1. Japan	202 Mrd. Dollar
2. Deutschland	85 Mrd. Dollar
3. VR China	83 Mrd. Dollar
3. Taiwan	83 Mrd. Dollar
5. USA	73 Mrd. Dollar
6. Singapur	70 Mrd. Dollar
7. Brasilien	54 Mrd. Dollar
8. Spanien	42 Mrd. Dollar
9. Großbritannien	39 Mrd. Dollar
10. Thailand	38 Mrd. Dollar

Quelle: Bayerische Landesbank: *Konjunktur im Trend*, September 1996.

DIE ZEHN TEUERSTEN DEUTSCHEN MÜNZEN

Die folgenden Münzen befinden sich größtenteils in Privatbesitz; sie sind auf dem freien Markt nur sehr schwer zu erhalten, die Preise sind geschätzt.

	Preis
1. Preußen 10 Mark Wilhelm I. (1878)	100.000–105.000 DM
2. Baden 10 Mark (1880)	80.000–100.000 DM
3. Sachsen Coburg-Gotha 20 Mark (1872)	40.000 – 70.000 DM
4. Württemberg 20 Mark Wilhelm II. (1913)	40.000 – 70.000 DM
5. Bayern 20 Mark (1913)	30.000 – 50.000 DM
6. Reuss 20 Mark (1875)	30.000 – 40.000 DM
7. Neu Guinea 20 Mark (1895)	30.000 – 40.000 DM
8. Neu Guinea 10 Mark (1895)	25.000 – 35.000 DM
9. Württemberg 20 Mark (1914)	15.000 – 30.000 DM
10. Schaumburg-Lippe 20 Mark (1874)	15.000 – 20.000 DM

Quelle: MDM Münzhandelsgesellschaft mbH, Braunschweig: persönliche Mitteilung 1996.

DIE ZEHN GRÖSSTEN DEUTSCHEN BANKEN

	Bilanzsumme 1994 (Mrd. DM)	Beschäftigte
1. Deutsche Bank	573,0	73.450
2. Dresdner Bank	400,1	44.884
3. West LB	378,6	26.041
4. Commerzbank	342,1	28.706
5. Bay. Vereinsbank	318,2	22.029
6. Bay. Landesbank	281,9	5.261
7. Bay. Hypotheken- u. Wechselbank	275,4	17.230
8. Kreditanstalt für Wiederaufbau	256,2	1.615
9. DG Bank	248,2	10.575
10. Bankgesellschaft Berlin	246,2	16.300

Quelle: »Deutschlands größte 50 Banken«, abrufbar über die Internet-Seite der *Welt*: www.welt.de.

DIE FÜNF BÖRSENTAGE MIT DEM GRÖSSTEN KURSANSTIEG DES DEUTSCHEN AKTIEN- INDEX DAX

DIE FÜNF BÖRSENTAGE MIT DEM GRÖSSTEN KURSABSTIEG DES DEUTSCHEN AKTIEN- INDEX DAX

Mo,	30.	5. 1962:	+12,8 %
Fr,	29.	5. 1970:	+ 9,3 %
Do,	17.	1. 1991:	+ 7,9 %
Do,	17.	11. 1987:	+ 7,9 %
Mo,	29.	10. 1992:	+ 7,3 %

Mo,	16.	10. 1989:	−12,8 %
Mo,	19.	8. 1991:	− 9,4 %
Mo,	19.	10. 1987:	− 9,4 %
Mo,	26.	10. 1987:	− 7,7 %
Di,	29.	5. 1962:	− 7,2 %

Quelle: Deutsche Finanzdatenbank, Karlsruhe, persönliche Mitteilung 1996.

DIE ZEHN ERTRAGREICHSTEN DEUTSCHEN STEUERN

Aufkommen 1994

1. Lohnsteuer	266,5 Mrd. DM
2. Mehrwertsteuer (Umsatzsteuer)	195,3 Mrd. DM
3. Mineralölsteuer	63,8 Mrd. DM
4. Gewerbesteuer	44,1 Mrd. DM
5. Einfuhrumsatzsteuer	40,4 Mrd. DM
6. Veranlagte Einkommensteuer	25,5 Mrd. DM
7. Tabaksteuer	20,3 Mrd. DM
8. Körperschaftsteuer	19,6 Mrd. DM
9. Kraftfahrzeugsteuer	14,2 Mrd. DM
10. Zinsabschlagsteuer	13,7 Mrd. DM

Quelle: Bundesministerium der Finanzen: *Unsere Steuern von A-Z*, Bonn 1996.

ZEHN BEKANNTE DEUTSCHE STEUERFLÜCHTLINGE

		Zahlt seine Einkommensteuer in
1.	Franz Beckenbauer	Österreich
2.	Boris Becker	Monaco
3.	Friedrich Karl Flick	Österreich
4.	Thomas Gottschalk	USA
5.	Thomas Häßler	Belgien
6.	Heino	Österreich
7.	Tina Ruland	Belgien
8.	Claudia Schiffer	Monaco
9.	Margarete Schreinemakers	Belgien
10.	Michael Schumacher	Monaco

Quellen: »Bewegliches Völkchen«, Spiegel-Online 34/96; Vox Freitag Nacht, Sendung vom 6. September 1996.

ZEHN BEKANNTE FIRMEN, DIE MIT STEUER-FLÜCHTLINGEN GESCHÄFTE MACHEN

1.	Adidas	Thomas Häßler
2.	Deutsche Bank	Boris Becker
3.	Ferrero	Boris Becker
4.	Haribo	Thomas Gottschalk
5.	Mercedes-Benz	Boris Becker
6.	Mars	Thomas Häßler
7.	McDonald's	Heino, Thomas Gottschalk
8.	Otto Versand	Claudia Schiffer
9.	Puma	Boris Becker
10.	Shell	Michael Schumacher

Quelle: Eigene Beobachtungen.

ZEHN WENIGER BEKANNTE DEUTSCHE STEUERN

1. Biersteuer
Besteuert werden Biere aus Malz sowie Mischungen von Bier mit nicht alkoholischen Getränken, und zwar nach der sog. »Stammwürze« des Bieres; alkoholfreies und an Angestellte und Arbeiter der Herstellungsbetriebe unentgeltlich abgegebenes Bier (Haustrunk) ist steuerfrei. Aufkommen 1994: 1,8 Mrd. DM.

2. Branntweinsteuer
Besteuert werden Ethylalkohol in jedweder Konzentration, zusammengesetzte alkoholhaltige Getränke mit Alkoholgehalt von mehr als 1,2 Vol.-%, schäumende und nichtschäumende Weine und gegorene Getränke. Aufkommen 1994: 4,9 Mrd. DM.

3. Feuerschutzsteuer
Wird zur Förderung des Feuerlöschwesens und des vorbeugenden Brandschutzes erhoben. Besteuert werden Prämien und Beiträge zu Feuerversicherungen. Aufkommen 1994: 594,6 Mio. DM.

4. Getränkesteuer
Wird nur in Baden-Württemberg, Brandenburg, Hessen und Sachsen-Anhalt erhoben. Besteuert wird die »entgeltliche Abgabe« bestimmter alkoholischer und nichtalkoholischer Getränke. Aufkommen 1994: 33,3 Mio. DM.

5. Hundesteuer
Wird den Haltern (und Halterinnen) aller Hunde auferlegt (ausgenommen Blindenführhunde, Diensthunde der Polizei und Hunde von Forstbediensteten und Jagdaufsehern). Aufkommen 1994: 279,3 Mio. DM.

6. Kaffeesteuer
Wird erhoben auf Röstkaffee sowie Auszüge, Essenzen und Konzentrate aus Kaffee (bei kaffeehaltigen Waren nur der Kaffeeanteil). Der Steuersatz für Röstkaffee liegt derzeit bei 4,30 DM je Kilo. Aufkommen 1994: 2,3 Mrd. DM.

7. Rennwett-, Lotterie- und Sportwettsteuer
Aufkommen 1994: 2,9 Mrd. DM.

8. Schankerlaubnissteuer
Wird nur in Rheinland-Pfalz und Hessen erhoben, und zwar für »die Erlangung der Erlaubnis zum Betrieb einer Gastwirtschaft oder eines Kleinhandels mit Branntwein«. Aufkommen 1994: 4,1 Mio. DM.

9. Schaumweinsteuer

Wird erhoben auf »Schaumweine in Flaschen mit Schaumweinstopfen, der durch eine besondere Haltevorrichtung befestigt ist, oder die bei +20° C einen auf gelöstes Kohlendioxid zurückzuführenden Überdruck von 3 bar oder mehr aufweisen.« Der Alkoholgehalt muß mindestens 1,2 Vol.-% und darf höchstens 15 Vol.-% betragen. Aufkommen 1994: 1,1 Mrd. DM.

10. Vergnügungsteuer

Wird erhoben auf Tanzveranstaltungen, Filmvorführungen und für den Betrieb von Spiel- und Unterhaltungsautomaten. Aufkommen 1994: 483 Mio. DM.

Quelle: Bundesministerium der Finanzen: *Unsere Steuern von A-Z*, Bonn 1996.

ZEHN HEUTE ABGESCHAFFTE DEUTSCHE STEUERN

1. Börsenumsatzsteuer

Wurde zum 22. Februar 1990 zur Beseitigung des Wettbewerbsnachteils der deutschen Finanzmärkte abgeschafft.

2. Essigsäuresteuer

Zum 1. Januar 1981 wegen geringen Ertrages abgeschafft.

3. Leuchtmittelsteuer

Ein Relikt des frühen Mittelalters (Wachszins, Wachszehnt) bzw. des Barock, als Kerzen mit einer Luxussteuer belegt waren. Wurde zur Vermeidung von Wettbewerbsverzerrungen in der EU zum 1. Januar 1993 aufgehoben.

4. Salzsteuer

Ein weiteres Relikt des frühen Mittelalters (die Salzzölle des Fränkischen Reiches). Wurde zum 1. Januar 1993 zur Vermeidung von Wettbewerbsverzerrungen in der EU abgeschafft.

5. Speiseeissteuer

Diese Steuer geht auf eine Notverordnung des Reichspräsidenten von 1930 zurück; sie wurde letztmalig 1971 in Bayern erhoben. Besteuert wurde »die entgeltliche Abgabe von Speiseeis zu unmittelbarem Verzehr an Ort und Stelle«, der Steuersatz betrug 10 %.

6. Spielkartensteuer
Wurde zur Steuervereinfachung und wegen ihres geringen Ertrages zum 1. Januar
1981 abgeschafft.

7. Süßstoffsteuer
Wurde 1922 als Ausgleichs- und Folgesteuer der Zuckersteuer eingeführt und 1965
wegen ihres geringen Aufkommens wieder abgeschafft.

8. Teesteuer
Zum 1. Januar 1993 abgeschafft.

9. Zuckersteuer
Zum 1. Januar 1993 abgeschafft.

10. Zündwarensteuer
Wurde 1909 eingeführt; erfaßte zunächst nur Zündhölzer und Zündspäne, von 1919
bis 1923 auch Feuerzeuge und Feuersteine. Zum 1. Januar 1981 wegen geringen
Ertrages abgeschafft.

Quelle: Bundesministerium der Finanzen: *Unsere Steuern von A-Z*, Bonn 1996.

10. KAPITEL:
ICH KAUFE, ALSO BIN ICH

WER KAUFT WAS – DIE SIEBEN ZIELGRUPPEN FÜR DAMENMODE

Anteil 1993
(Frauen zwischen
14 und 64)

1. Die Lockere   22 %
»Konfliktlose Anpassung des Outfits ... geringe Marken-
bindung ... keine Abgrenzungsbestrebungen gegenüber
Mainstream-Marken.«

2. Die Anspruchsvolle   17 %
»Hoher Stellenwert der äußeren Erscheinung ... wenig
Interesse an kurzfristigen Trends ... Understatement und
dezente Exklusivität.«

3. Die Modebegeisterte   16 %
»Ausgeprägtes Körperbewußtsein ... narzißtische Freude am
modischen Auftritt ... Vorliebe für Spontankäufe.«

4. Die Geltungsbedürftige   14 %
»Bedürfnis, sich durch Kleidung von der Masse abzuheben ...
Neigung zu spontanen Käufen ... Abgrenzung durch Pflege von
Marken-Feindbildern.«

5. Die Konventionelle   12 %
»Vorsichtiger Umgang mit Mode ... vorsichtiger und
vernunft-orientierter Kauf ... ausgeprägtes Beratungsbedürfnis.«

6. Die Altmodische   10 %
»Keine Anpassung an die aktuelle Mode ... vorsichtiges Kauf-
verhalten ... geringes Markenbewußtsein.«

7. Die Non-Konformistin   9 %
»Demonstrative Geringschätzung ›reiner Äußerlichkeiten‹ ...
Vorliebe für Flohmärkte ... wenig Interesse an aktuellen Marken.«

Quelle für diese und die nächste Liste: *Outfit 3*, Hamburg 1994 (eine an Modefirmen addressierte, für schlappe 250 Mark aber auch im Buchhandel erhältliche Studie des *Spiegel* zu den textilen Kaufge-wohnheiten deutscher Frauen und Männer).

DIE SIEBEN ZIELGRUPPEN FÜR HERRENMODE

	Anteil 1993 (Männer zwischen 14 und 64)

1. Der Korrekte   24 %
»Gepflegtes Auftreten ... Abgrenzung von kurzlebigen Trends ...
Understatement und Dezenzgebot.«

2. Der Modebewußte   19 %
»Hohe Bedeutung der äußeren Erscheinung ... Anpassung
an die aktuelle Mode ... positive Einstellung zum Kleidungskauf.«

3. Der Legere   18 %
»Geringer Stellenwert der äußeren Erscheinung ... stilistische
Unsicherheit ... kein Interesse an exklusiven Marken.«

4. Der Konventionelle   14 %
»Geringer Stellenwert der äußeren Erscheinung ... kein Interesse
an Mode ... Kleidungskauf wird eher als Last empfunden.«

5. Der Geltungsbedürftige   13 %
»Demonstrative Geringschätzung etablierter Bekleidungs-
normen ... ausgeprägte Abgrenzungsbedürfnisse ... Kleidungskauf
als Konsumerlebnis.«

6. Der Individualist   8 %
»Outfit soll vor allem Persönlichkeit widerspiegeln ... Vorliebe
für lässige Kleidung ... geringe Beratungsbedürfnisse.«

7. Der Desinteressierte   4 %
»Äußere Erscheinung wird als unwichtig erachtet ... Kleidungskauf
wird lustlos getätigt ... geringe Kauffrequenz.«

DIE MEISTBESUCHTEN DEUTSCHEN EINKAUFSSTRASSEN

Nach einer Untersuchung der Blumenauer Immobiliengruppe passierten 1996 soviele Passanten binnen einer Stunde die folgenden Straßen:

Dienstag		Samstag	
1. Schildergasse (Köln)	8.940	1. Neuhauser Straße (München)	16.659
2. Neuhauser Straße (München)	8.829		
3. Königstraße (Stuttgart)	7.569	2. Zeil (Frankfurt/Main)	15.864
4. Bahnhofstraße (Hannover)	7.389	3. Tauentzienstraße (Berlin)	12.829
5. Zeil (Frankfurt/Main)	7.338	4. Schildergasse (Köln)	11.840
6. Tauentzienstraße (Berlin)	7.195	5. Bahnhofstraße (Hannover)	11.724
7. Spitalerstraße (Hamburg)	5.876	6. Königstraße (Stuttgart)	11.657
8. Schadow-Arkaden (Düsseldorf)	4.193	7. Spitalerstraße (Hamburg)	10.868
		8. Hauptstraße (Heidelberg)	9.653
9. Hauptstraße (Heidelberg)	3.786	9. Planken (Mannheim)	9.276
10. Breiter Weg (Magdeburg)	3.715	10. Breite Gasse (Nürnberg)	8.561

Quelle: »Neuhauser Straße hat die meisten Passanten«, *Frankfurter Allgemeine Zeitung* vom 26. Juli 1996.

DIE IN DEUTSCHLAND MEISTVERKAUFTEN ZIGARETTEN

	Stückzahl 1995
1. Marlboro	26,8 Mrd.
2. Marlboro Lights	10,9 Mrd.
3. HB	9,8 Mrd.
4. West	8,7 Mrd.
5. F 6	6,0 Mrd.
6. Camel Filter	4,8 Mrd.
6. Peter Stuyvesant	4,8 Mrd.
8. Lord Extra	4,4 Mrd.
9. West Lights	3,5 Mrd.
10. Lucky Strike Filters	2,5 Mrd.

Quelle: *Die Tabak Zeitung*, Nr. 17, April 1996.

DIE IN DEUTSCHLAND MEISTVERKAUFTEN PARFÜMS

Frauen

1. Dolce Vita (Christian Dior)
2. CK One (Calvin Klein)
3. Trésor (Lancôme)
4. Casmir (Parfums Chopard)
5. Poème (Lancôme)
6. Cerruti (88) (Cerruti)
7. Laura (Laura Biagiotti)
8. Venezia Pastello (Laura Biagiotti)
9. Dune (Christian Dior)
10. Roma (Laura Biagiotti)

Männer

1. Hugo (Hugo Boss)
2. CK One (Calvin Klein)
3. Cool Water (Davidoff)
4. Sculpture Homme (Parfums Nikos)
5. Roma Uomo (Laura Biagiotti)
6. Harley Davidson (L'Oréal)
7. Joop! Homme (Joop)
8. Boss Elements (Hugo Boss)
9. Opium pour Homme (Yves Saint Laurent)
10. Havana (Aramis)

Quelle: »Die duften zwanzig«, *stern* 13/1996.

DIE FÜR DEUTSCHE KUNDEN WICHTIGSTEN SERVICELEISTUNGEN

Nach einer Umfrage der Gesellschaft für Konsumforschung in Nürnberg sind die folgenden Serviceleistungen den Deutschen am wichtigsten (von insgesamt 27, die aufgelistet worden waren):

1. Möglichkeit zur Reklamation
2. Möglichkeit zum Umtausch
3. Einkaufswagen mit Kindersitz
4. Kundentoilette
5. Kinderwagenabstellplatz
6. Kinderwickelplatz
7. Batteriewechsel
8. Kindereinkaufswagen
9. Persönliche Annahme von Bestellungen
10. Servicetelefon

Quelle: »Wieviel Service braucht der Kunde?«, *Test* 8/1996.

DIE SECHS BELIEBTESTEN DEUTSCHEN DIENSTLEISTUNGSBRANCHEN

Deutschland ist bekanntlich eine Service-Wüste; die typische deutsche Kaufhaus-angestellte würde in einem zivilisierten Land sofort entlassen. Auf die Frage »Wie zufrieden sind Sie mit den Leistungen dieses Anbieters? Sind Sie vollkommen zufrieden (Note 1), sehr zufrieden (2), zufrieden (3), weniger zufrieden (4), unzu-frieden (5)?« gaben rund 30.000 von Emnid befragte Bundesbürger den folgenden Branchen noch die besten Noten:

		Durchschnittsnote
1.	Kreditkartenorganisationen	2,24
2.	Kfz-Werkstätten	2,29
3.	Reiseveranstalter	2,30
4.	Fluggesellschaften	2,33
5.	Krankenkassen	2,33
6.	Banken und Sparkassen	2,43

Das Schlußlicht in dieser Liste bilden die öffentlichen Stadt- und Kreisverwaltun-gen mit einer Durchschnittsnote von 3,12.

Quellen: Anton Meyer und Frank Dornach: *Das Deutsche Kundenbarometer 1996*, München 1996; »Kunde als König«, *Wirtschaftswoche* vom 17. Oktober 1996.

ZUFRIEDENHEIT DEUTSCHER KUNDEN BEI BESCHWERDEN

Unter anderem wird bei diesem »Kundenbarometer« auch erfragt, wie Unterneh-men auf Beschwerden reagieren. Bei den folgenden Anbietern waren die Kunden am wenigsten zufrieden:

		Anteil unzufriedener Kunden
1.	Krankenkassen	57 %
2.	Elektrohaushaltsgroßgeräte	50 %
3.	Reiseveranstalter	49 %
4.	Computer Software	45 %
5.	Fluggesellschaften	43 %
6.	Pkw-Hersteller	32 %
7.	Computer Hardware	30 %

8. Versandhäuser	21 %
9. Kauf- und Warenhäuser	20 %
10. Lebensmittelmärkte	14 %

Dem Kundenbarometer zufolge hat sich die Reaktion der Unternehmen auf Kundenbeschwerden in den letzten Jahren verschlechtert.

Quellen: Anton Meyer und Frank Dornach: *Das Deutsche Kundenbarometer 1996*, München 1996; »Kunde als König«, *Wirtschaftswoche* vom 17. Oktober 1996.

DIE SECHS BELIEBTESTEN DEUTSCHEN EINZELHANDELSBRANCHEN

In der gleichen Emnid-Umfrage konnten Kunden auch ihre Zufriedenheit mit Einzelhändlern bewerten, mit folgendem durchschnittlichen Ergebnis:

	Durchschnittsnote
1. Apotheken	2,15
2. Buchhandlungen	2,25
3. Tankstellen	2,28
4. Reisebüros	2,29
5. Hifi- und Elektromärkte	2,42
6. Versandhäuser	2,46

Das Schlußlicht dieser Liste bilden die Kauf- und Warenhäuser mit einer Durchschnittsnote von 2,65.

Quellen: Anton Meyer und Frank Dornach: *Das Deutsche Kundenbarometer 1996*, München 1996; »Kunde als König«, *Wirtschaftswoche* vom 17. Oktober 1996.

DIE BRANCHENBESTEN IM DEUTSCHEN KUNDENBAROMETER 1996

Neben den obigen Durchschnitten weist das Deutsche Kundenbarometer auch noch für jede Branche einen Primus aus; dies waren 1996:

- Banken und Sparkassen: Sparda-Bank
- Bausparkassen: Schwäbisch Hall
- Drogeriemärkte: dm Drogeriemärkte

- Elektrohaushaltsgroßgeräte (Kundendienst): Miele
- Fluggesellschaften: LTU
- Hörfunksender: NDR 1 (Radio Niedersachsen)
- Kauf- und Warenhäuser: Kaufhalle
- Krankenkassen: Techniker Krankenkasse
- Lebensmittelmärkte: Globus
- Motorradhersteller: BMW
- Personal Computer: Apple
- PKW-Hersteller: Mazda
- Privathaftpflichtversicherungen: HUK-Coburg Beamte
- Rechtsschutzversicherungen: HUK-Coburg Beamte
- Reiseveranstalter: DER Tour
- Tankstellen: Minol
- Versandhäuser: Baur
- Zeitungen: FAZ

Quellen: Anton Meyer und Frank Dornach: *Das Deutsche Kundenbarometer 1996*, München 1996; »Kunde als König«, *Wirtschaftswoche* vom 17. Oktober 1996.

DIE GÜNSTIGSTEN KREDITKARTEN

Nach einer Berechnung von *Focus*, in die insgesamt 43 Kriterien aus den vier Bereichen Kosten, Bargeldservice, Reiseextra und Versicherungsleistungen eingeflossen sind, erwiesen sich die folgenden Kreditkarten als die günstigsten (durch alternative Gewichtung dieser Kriterien können *Focus*-Leser auch auf ihre individuellen Bedürfnisse maßgeschneiderte Hitlisten erstellen lassen):

1. Lufthansa Airplus (Eurocard)
2. Lufthansa Airplus (Visa)
3. Barclaycard Gold
4. Santander Direkt Bank (Visa Premier)
5. American Express (Platinum Card)
6. TUI (Visa)
7. Citibank (Classic Visa)
8. ADAC (Visa Gold)
9. Commerzbank (Eurocard Gold)
10. Berliner Bank (Kartendoppel Visa Premier und Eurocard Gold)

Quelle: *Focus* online, www.focus.de.

DIE BELIEBTESTEN DEUTSCHEN KUSCHELTIERE

Pro Jahr produziert der Spielwarenhersteller Steiff rund 1,5 Mio. Kuscheltiere. Hier die zehn beliebtesten:

	Stück
1. Teddys	350.000
2. Hasen	50.000
3. Igel	30.000
4. Schweine	20.000
5. Katzen	20.000
6. Hunde	10.000
7. Pferde	10.000
8. Meerschweinchen	10.000
9. Elefanten	10.000
10. Affen	10.000

Quelle: »Paradies der Kuscheltiere«, *Focus* 20/1996.

17 KONSUMGÜTER, DIE PERFEKT AUF DIE WELT KAMEN

In seinem Buch *Dauerbrenner: Von Dingen, die perfekt auf die Welt kamen* führt der Schweizer Journalist Jörg Aeschbacher eine Liste von Produkten auf, die sich seit ihrer Erfindung kaum geändert haben und die heute noch genauso gern gekauft werden wie vor 50 oder 100 Jahren. Hier sind die bekanntesten Konsumgüter aus dieser Liste:

1. Das Aspirin
Die »Welt-Pille« aus Leverkusen, erstmals 1899 in größeren Mengen hergestellt.

2. Die Bluejeans
Von dem aus Windsheim bei Fürth gebürtigen Leve Strauss im Jahr 1873 patentiert (neu waren außer dem groben blauen Stoff vor allem die Nieten zur Verstärkung der Nähte).

3. Das Kleenex-Tuch
Eine Geburt des Baumwollmangels am Ende des 1. Weltkrieges – in der Papiermühle von John Kimberley und Charles Clark im amerikanischen Bundesstaat Wisconsin zunächst als Waschlappen-Ersatz erzeugt.

4. Der Klingenrasierer

Erstmals 1903 von dem Amerikaner King Camp Gillette als Alternative zum Rasiermesser angeboten; war zunächst kein großer Erfolg, bis dann die amerikanische Armee ihre Soldaten damit ausrüstete. Heute rasiert sich kaum noch jemand mit dem Messer.

5. Der Klosterfrau-Melissengeist

Erstmals in der Kölner Apotheke der Maria Clementine Martin in den 20er Jahren des 19. Jahrhunderts nach alten Rezepten hergestellt (schon Paracelsus lobte die heilenden Wirkungen von destilliertem Melissenwasser).

6. Der Knirps

Als »verkürzbarer Schirm« von dem kriegsversehrten deutschen Bergassessor Hans Haupt im April 1930 zum Patent angemeldet.

7. Der Kugelschreiber

1938 von dem ungarischen Journalisten Lazlo Biro patentiert, der es leid war, dauernd seinen Füllfederhalter nachzufüllen. Zunächst belächelt, hat der Kugelschreiber längst den Füllfederhalter abgelöst.

8. Das Leukoplast

Anfang des Jahrhunderts von dem Hamburger Apotheker Paul Beiersdorf entwickelt; bis dato wurden Wunden mit vorher zu verflüssigender Pflastermasse eingestrichen und danach verbunden.

9. Die Maggi-Würze

Von dem Schweizer Müller Julius Maggi 1886 auf den Markt gebracht.

10. Der Melitta-Filter

1908 von der Dresdner Hausfrau Melitta Benz, die es leid war, sich immer über Kaffeesatz zu ärgern, aus Löschpapier konstruiert.

11. Der Nescafé

Von der Schweizer Firma Nestlé am 1. April 1938 auf den Markt gebracht; nach dem Kriegseintritt der USA im Dezember 1941 in großen Mengen für die amerikanischen Soldaten hergestellt.

12. Die Niveacreme

Die erste Hautcreme aus Fett und Wasser, von dem deutschen Chemiker Oskar Troplowitz Anfang des Jahrhunderts entwickelt. Bis dato gab es zur Hautpflege nur reines Fett.

Fröhliche
und gesunde Kinder
sind überall gern gesehen. Wo uns ihr
reiner Atem entgegenweht, wo ihre schönen, feuchtend weißen Zähne uns ent-
gegenblitzen, wissen wir, es sind gut er-
zogene und gepflegte Kinder. Ihre Eltern,
selbst begeisterte Freunde des Odol-Hy-
giene, haben sie von früh an zur täglichen
Mund- u. Zahnpflege mit Odol u. Odol-
Zahnpasta erzogen und sie angehalten,
die Odol-Zahnbürste zu gebrauchen.

Odol-Reklame von 1929

13. Das Odol-Mundwasser
Von dem Magdeburger Hobby-Hygieni-ker August Ligner 1893 erstmals auf den Markt gebracht; wurde schnell zum Inbe-griff der Mundhygiene überhaupt.

14. Das Ohropax
Anfang des Jahrhunderts von einem lärmgeplagten Berliner Geheimrat zu-sammen mit einem befreundeten Apo-theker entwickelt; vorher hatte man sich einfach Wachs ins Ohr gestopft. Bei Artilleristen und U-Bootfahrern des 1. Weltkriegs sehr beliebt.

15. Der Reißverschluß
Mitte der 20er Jahre von dem Schweizer Unternehmer Ottmar Winterhalter auf den Markt gebracht.

16. Der Teddybär
Anfang des Jahrhunderts von einem Absolventen der Stuttgarter Kunstgewerbe-schule namens Richard Steiff kreiert; nach mäßigen Anfangserfolgen findet US-Präsident Teddy Roosevelt Gefallen an dem Spielzeug, die amerikanische Presse berichtet über »Teddys Bären«, allein im Jahr 1907 werden in den USA eine Mil-lion Stück verkauft.

17. Der Uhu-Alleskleber
Anfang der 30er Jahre von dem schwäbischen Apotheker, Hobbyfischer und Hüh-nerzüchter August Fischer entwickelt; da schon Klebstoffe der Marken Pelikan, Greif, Marabu und Schwan existierten, schloß sich Fischer dieser Sitte an und benannte seinen neuen Kleber ebenfalls nach einem Vogel.

DIE GRÖSSTEN DEUTSCHEN FREIZEIT-
AUSGABENPOSTEN

1995 hat ein durchschnittlicher 4-Personen-Haushalt mit mittlerem Einkommen in Westdeutschland 9.495 DM, in Ostdeutschland 7.589 DM für die folgenden Freizeitgüter ausgegeben:

Westdeutschland		Ostdeutschland	
1. Urlaub	2.574 DM	1. Urlaub	2.035 DM
2. Kraftfahrzeuge	1.340 DM	2. Kraftfahrzeuge	1.341 DM
3. Computer, Elektronik	1.131 DM	3. Hörfunk, TV	1.015 DM
4. Sport, Camping	1.096 DM	4. Sport, Camping	688 DM
5. Hörfunk, TV	1.005 DM	5. Computer, Elektronik	596 DM
6. Bücher, Zeitschriften	762 DM	6. Bücher, Zeitschriften	574 DM
7. Spielwaren	589 DM	7. Spielwaren	549 DM

Quelle: »Urlaub ist uns lieb und teuer«, *Ruhrnachrichten* vom 3. Juli 1996.

DIE ZEHN MEISTVERKAUFTEN
RAVENSBURGER SPIELE 1986-1996

1. Das Verrückte Labyrinth
2. Scotland Yard
3. Vier erste Spiele
4. Heimlich & Co.
5. Blinde Kuh
6. Tempo, kleine Schnecke
7. Das Nilpferd in der Achterbahn
8. Junior Memory
9. Das Labyrinth der Meister
10. Sagaland

Quelle: Ravensburger Spieleverlag, persönliche Mitteilung, September 1996.

DIE ZEHN ERFOLGREICHSTEN DEUTSCHEN FRANCHISE-LÄDEN

»Franchising« heißt: der sogenannte Franchisegeber erteilt den Partnern eine Lizenz zur selbständigen Führung eines Betriebes unter seinem, des Franchisegebers Zeichen. Die folgende Liste zeigt, welchen Gebern dies im deutschen Handel am häufigsten gelang:

	Anzahl Läden 1995
1. Porst (Fotohandel)	2.715
2. Foto-Quelle (Fotohandel)	1.287
3. Quick-Schuh (Schuhhandel)	470
4. OBI (Bau- und Heimwerkermärkte)	300
5. Ihr Platz (Drogeriewaren)	162
6. Vobis (Computerfachhandel)	150
6. Happy Shop (Kiosk)	150
8. Goodyear (Reifen, Autoservice)	120
9. NBB (Baufachmärkte)	100
10. Der Teeladen (Teefachgeschäft)	94

Quelle: »Top-20-Franchise-Hitparade des stationären Handels«, *Frankfurter Allgemeine Zeitung* vom 20. Mai 1996.

DIE ZEHN MEISTBESUCHTEN DEUTSCHEN MESSEN

	Besucher 1995
1. Internationale Automobilausstellung, Frankfurt	805.400
2. CeBit, Hannover	600.300
3. Funkausstellung, Berlin	499.000
4. Grüne Woche, Berlin	495.200
5. boot, Düsseldorf	398.700
6. DRUPA, Düsseldorf	395.100
7. bauma, München	347.500
8. Buchmesse, Frankfurt	319.000
9. Hannover Messe	299.300
10. IAA Nutzfahrzeuge, Hannover	262.100

Quelle: Deutsche Messe AG, persönliche Mitteilung, April 1996.

DIE ZEHN GRÖSSTEN DEUTSCHEN HANDELSHÄUSER

	Umsatz 1995
1. Metro-Gruppe	66,7 Mrd. DM
2. Edeka-Gruppe	53,2 Mrd. DM
3. Tengelmann	49,9 Mrd. DM
4. Rewe-Gruppe	48,4 Mrd. DM
5. Aldi	32,0 Mrd. DM
6. Otto Versand	24,8 Mrd. DM
7. Karstadt	24,1 Mrd. DM
8. Spar-Gruppe	21,2 Mrd. DM
9. Lidl und Schwarz	19,9 Mrd. DM
10. Quelle Handelsgruppe	14,6 Mrd. DM

Diese Firmen bestreiten etwa 30 % des gesamten deutschen Einzelhandelsumsatzes.

Quelle: »Die hundert größten Unternehmen«, *Frankfurter Allgemeine Zeitung* vom 9. Juli 1996.

DIE ZEHN FIRMEN MIT DEN HÖCHSTEN AUSGABEN FÜR WERBUNG

	Werbeausgaben in Deutschland 1995
1. Procter & Gamble	505,6 Mio. DM
2. Ferrero	321,8 Mio. DM
3. Kraft Jacobs Suchard	291,3 Mio. DM
4. Adam Opel AG	253,6 Mio. DM
5. Henkel	239,7 Mio. DM
6. Beiersdorf	224,6 Mio. DM
7. Axel Springer Verlag	222,4 Mio. DM
8. Deutsche Telekom	208,9 Mio. DM
9. Effem GmbH	191,2 Mio. DM
10. Volkswagen	190,4 Mio. DM

Quelle: »Reklamebudgets haben sich spürbar verändert«, *Frankfurter Allgemeine Zeitung* vom 7. Februar 1996.

WELCHE WERBUNG GEHT DEN DEUTSCHEN AM MEISTEN AUF DIE NERVEN?

Nach einer Umfrage der Gesellschaft für Konsumforschung (GfK) gehen die folgenden Fernsehwerbungen den Deutschen am meisten auf die Nerven:

1. Ariel Futur (Straßenumfrage von Ilona Christen)
2. Melitta Kaffee (Melitta-Mann)
3. McDonald's (Werbespot mit Heino)
4. Always Ultra (»Ich fühle mich so frei«)
5. Persil Megaperls
6. Maggi-Suppen (fensterlnde Lederhosen-Typen)
7. Toyota (affige Sprüche von Boning)
8. Telekom (Text mit Off-Sprecher)
9. Fairy Ultra (Tellertest mit Witta Pohl)
10. Postbank (Mäuse, Mäuse, Mäuse)

Quelle: »Die zehn nervigsten Werbespots«, TV *Spielfilm*, Nr. 13, 1996.

DIE ZEHN IN EUROPA MEISTVERKAUFTEN AUTOS

	Absatz 1995
1. VW Golf	660.055
2. Fiat Punto	592.849
3. Opel Astra	568.847
4. Ford Escort	484.840
5. Ford Fiesta	474.040
6. Opel Corsa	458.438
7. Renault Clio	406.834
8. Ford Mondeo	356.430
9. VW Polo	325.227
10. Peugeot 306	322.827

Die Verkaufszahlen beziehen sich auf die EU zuzüglich Norwegen und Schweiz.

Quelle: »Nur geringes Wachstum auf dem deutschen Automobilmarkt«, *Frankfurter Allgemeine Zeitung* vom 30. Dezember 1995.

Das meistverkaufte Auto in Europa 1995: der VW Golf

DIE ZEHN TEUERSTEN STAR-SOUVENIRS

Manche kaufen gerne Dinge, die vorher schon in anderen Händen waren, von den Unterhosen Erich Honeckers (siehe auch die folgende Liste der ganz besonderen Schnäppchen) bis zur Zahnbürste von Marlene Dietrich. Die folgenden Stücke erzielten dabei auf diversen Auktionen des In- und Auslandes die bis dato höchsten Preise:

	Preis in DM
1. Rolls Royce von John Lennon	6,7 Mio.
(Sotheby's 1995)	
2. Privatbriefe von Albert Einstein	1,9 Mio.
(Christie's 1996)	
3. Vivien Leighs Oscar für »Vom Winde verweht«	920.000
(Sotheby's 1993)	
4. Die in Woodstock benutzte Gitarre von Jimi Hendrix	560.000
(Sotheby's 1990)	
5. Paul McCartneys Manuskript für »It's getting better«	370.000
(Sotheby's 1995)	

6. Das Piano aus Rick's Café in »Casablanca«   305.000
   (Sotheby's 1988)
7. Das Plastik-Altsaxophon von Charlie Parker   230.000
   (Christie's 1994)
8. Tonband von 1957 der Beatles-Vorläufer »The Quarry Men« 190.000
   (Sotheby's 1994)
9. Bühnen-Overall von Elvis Presley   160.000
   (Bonham's 1995)
10. Film-Uniform aus »Der Große Diktator« von Charlie Chaplin 85.000
    (Sotheby's 1994)

Unverkäuflich dagegen blieb bei einer kürzlichen Auktion bei Christie's das für 36.000 Mark angebotene ehemalige Ehebett der ersten Familie Lennon wie auch ein noch gut erhaltenes Gartenstuhl-Ensemble vom Rand des Lennonschen Swimmingpools.

Quellen: »Heiliger Rock«, *Wirtschaftswoche* 27/1996; »Unverkäufliches Bett«, *Hannoversche Allgemeine Zeitung* vom 7. September 1996; »Einstein-Briefe enthüllen dunkle Seite des Genies«, *Ruhrnachrichten* vom 27. November 1996.

Teure Pop-Ikone: John Lennons Rolls Royce

ZEHN GANZ BESONDERE SCHNÄPPCHEN

Auktion »Mode und Dessous«, April 1996, Bad Oldesloe: Versteigert werden mehrere hundert Kleidungsstücke bekannter Persönlichkeiten, unter anderem:

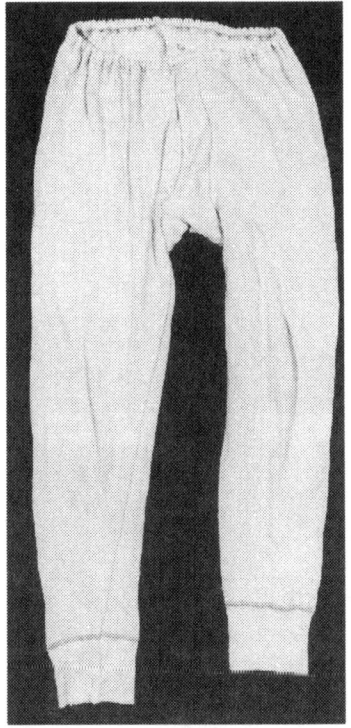

Eine Unterhose von Erich Honecker: Wie geschenkt für 51 Mark.

1. Königliche Hoheit Prinzessin Luise Viktoria von Orleans: Badeanzug.
2. Prinz Alfons von Bayern: Unterhose mit gesticktem Monogramm A.
3. Prinz Joseph Klemens von Bayern: Wadenstrümpfe aus grau-grüner Wolle.
4. Königin Luise Antoinette von Sachsen: Nachthemd mit gesticktem L unter Königskrone.
5. Kaiserin Elisabeth von Österreich: Mieder aus feinem weißen Leinen mit rot gestickter Kaiserkrone.
6. Mata Hari: schwarzes Tageskleid, zweiteilig aus Satin und feinster Spitze.
7. Adolf Hitler: Nachthemd und Nachtmütze, eingenähtes Wäschezeichen A. H.
8. Eva Braun: Schlüpfer lachsrosa mit handgesticktem Monogramm EB.
9. Idi Amin: Unterhose aus Baumwolle.
10. Erich Honecker: lange Unterhose grau mit rot gesticktem Monogramm EH.

Leider waren mit Ausnahme der Unterhose Erich Honeckers keine Preise zu erfahren.

Quellen: Hanseatisches Auktionshaus für Historica: Auktionskatalog zur 73. Auktion, 1996; »Gürtellinie«, *Frankfurter Allgemeine Zeitung* vom 27. April 1996.

11. KAPITEL:
BEWEGTE BILDER:
FERNSEHEN UND KINO

DIE ZEHN MEISTGESEHENEN DEUTSCHEN KINOFILME 1980-1996

		Besucher
1.	Otto – Der Film	8,8 Mio.
2.	Der bewegte Mann	6,5 Mio.
3.	Otto – Der neue Film	6,4 Mio.
4.	Der Name der Rose	5,9 Mio.
5.	Männer	5,2 Mio.
6.	Werner – Beinhart	4,9 Mio.
7.	Die unendliche Geschichte II	4,8 Mio.
8.	Christiane F. – Wir Kinder vom Bahnhof Zoo	4,7 Mio.
9.	Die unendliche Geschichte	4,6 Mio.
9.	Ödipussi	4,6 Mio.

Diese Liste beginnt bei 1980, erst seit damals sammelt die deutsche Filmwirtschaft Besucherzahlen. Die erfolgreichsten deutschen Filme der 70er Jahre waren die notorischen Schulmädchen-Reports, in den 60er Jahren waren »Zur Sache Schätzchen« und die bekannten Oswald-Kolle-Dramen gut besucht, und der erfolgreichste deutsche Film der 50er Jahre war wohl »Das Haus in Montevideo« mit Helmut Käutner.

Quelle: Spitzenorganisation der Filmwirtschaft e.V., Wiesbaden, persönliche Mitteilung 1996.

International besetzt, aber in Deutschland produziert: »Der Name der Rose«

DIE ZEHN KOMMERZIELL ERFOLGREICHSTEN UND ERFOLGLOSESTEN KINOFILME ALLER ZEITEN

Hits	Einspielsumme
1. ET (1982)	399 Mio. Dollar
2. Jurassic Park (1993)	356 Mio. Dollar
3. Forrest Gump (1994)	329 Mio. Dollar
4. Krieg der Sterne (1977)	322 Mio. Dollar
5. König der Löwen (1994)	312 Mio. Dollar
6. Independence Day (1996)	303 Mio. Dollar
7. Kevin allein zu Hause (1990)	285 Mio. Dollar
8. Die Rückkehr der Jedi-Ritter (1983)	263 Mio. Dollar
9. Der weiße Hai (1975)	260 Mio. Dollar
10. Batman (1989)	251 Mio. Dollar

Flops	Verluste
1. Die Abenteuer des Baron Münchhausen (1988)	48 Mio. Dollar
2. Ishtar (1987)	47 Mio. Dollar
2. Hudson Hawk (1991)	47 Mio. Dollar
4. Inchon (1981)	44 Mio. Dollar
5. Cotton Club (1984)	38 Mio. Dollar
6. Santa Claus (1985)	37 Mio. Dollar
7. Heaven's Gate (1980)	34 Mio. Dollar
8. Billy Bathgate (1991)	33 Mio. Dollar
9. Piraten (1986)	30 Mio. Dollar
9. Rambo III	30 Mio. Dollar

Gezählt werden nur Einnahmen an der Kinokasse, und nur in den USA. Zu den obigen Einspielsummen sind noch die Ergebnisse aus anderen Ländern und die Nebeneinkünfte aus Fernsehrechten etc. hinzuzuzählen, dann werden die Gewinne größer und die Verluste kleiner.

Quellen: Russell Ash: *The Top Ten of Everything*, London 1995; Internet-Seite: www.like.it/vertigo/top-movies.html.

DIE FÜNF FILME MIT DEN MEISTEN UND DEN WENIGSTEN OSCARS (VERGLICHEN MIT DER ZAHL DER NOMINIERUNGEN)

	Oscars		Nominierungen/Oscars
1. Ben Hur (1959)	12	1. Johnny Belinda (1948)	12/1
2. West Side Story (1961)	10	2. Becket (1964)	12/1
3. Cabaret (1972)	8	3. The Turning Point (1977)	11/0
4. Gigi (1958)	9	4. Die Farbe Lila (1985)	11/0
5. Der letzte Kaiser (1987)	9	5. Peyton Place (1957)	9/0

Apropos Oscars: Die jüngste Oscar-Preisträgerin war Tatum O'Neal in »Paper Moon« mit 10, die älteste war Jessica Tandy mit 80 in »Miss Daisy und ihr Chauffeur«. Die Schauspielerin mit den meisten Oscars ist Katharine Hepburn mit vier, der Regisseur mit den meisten Oscars ist John Ford mit ebenfalls vier, und die Person mit den meisten Oscars überhaupt ist der Filmkomponist Alfred Newman mit neun.

Quelle: »Brennpunkt Oscar«, *Focus* 13/1994.

14 FILME MIT DER »VIER«

1. Die vier apokalyptischen Reiter (The Four Horsemen of the Apocalypse)
»Ein in Gefühlen schwelgendes Melodram« über den Untergang einer gemischt deutsch- und französischstämmigen argentinischen Familie. USA 1961, mit Charles Boyer, Ingrid Thulin und Karlheinz Böhm.

2. Vier Fäuste für ein Halleluja (Continuavano a chiamarlo Trinità)
Italienischer Western von 1971, einer der Lieblingsfilme eines der Autoren dieses Buches. Zwei Brüder ziehen aus, um Viehdiebstahl und Raub zu lernen. »Nicht gerade intelligent, aber kurzweilig und unterhaltsam.« Mit Bud Spencer und Terence Hill.

3. Vier Fäuste gegen Rio (Double Trouble)
Mäßig unterhaltsamer Aufguß von 2. von 1994.

4. Vier Frauen und ein Mord (Murder Most Foul)
Englische Verfilmung eines Krimis von Agatha Christie mit Margaret Rutherford als Miß Marple.

5. Vier Hochzeiten und ein Todesfall (Four Weddings and a Funeral)
Ein weiterer Lieblingsfilm eines der Autoren dieses Buches. Eine Londoner Freundesclique zwischen Standesamt und Sensenmann. England 1993.

6. Das vierte Gebot (Honor Thy Mother)
»Vordergründige Geschichte über die Abgründe gutbürgerlicher Fassaden.« USA 1992.

7. Der vierte König
Schweizer Film von 1983 über einen kleinen russischen König, der den Heiligen Drei Königen nach Bethlehem zur Krippe nachreist.

8. Der vierte Mann (Kansas City Confidential)
Amerikanischer Gangsterfilm von 1952. (Ein Film mit gleichem Titel, aber anderem Inhalt gab es auch in den Niederlanden 1983.)

9. Das vierte Protokoll (The Fourth Protocol)
Englische Verfilmung von 1986 des gleichnamigen Romans von Frederick Forsyth.

10. Die vierte Zeit
Deutsche Verfilmung von 1984 des erotischen Romans »Venus im Pelz« von Sacher-Masoch. Hauptdarsteller: Bernhard Minetti.

11. Die vier Musketiere (The Four Musketeers/The Revenge of Mylady)
Mit großen Stars besetzte Verfilmung des bekannten Rührstücks von Dumas: Oliver Reed, Raquel Welch, Richard Chamberlain, Michael York, Christopher Lee, Geraldine Chaplin, Faye Dunaway. Regie: Richard Lester.

12. Vier lieben dich
Ein gestreßter Bauingenieur wird dreimal geklont: eine klassische Verwechslungskomödie mit Michael Keaton, Andie MacDowell und Richard Masur. Regie: Harold Ramis (USA 1996).

13. Vier Schlüssel
Deutscher Schwarzweiß-Krimi von 1965 mit Hans Lothar. Regie: Jürgen Roland.

14. Die vier Söhne der Katie Elder (The Sons of Katie Elder)
Amerikanischer Western von 1985: die vier ungleichen Söhne eines Texas-Rangers rächen den Tod ihres Vaters. »Aufwendig und kraftvoll inszeniert.«

Quelle: *Lexikon des internationalen Films*, Reinbek 1995.

17 FILME MIT DER »SIEBEN«

1. Der siebte Geschworene (Le Septième Juge)
Französischer Schwarzweißfilm von 1961. Der unerkannte Mörder eines Mädchens wird selbst zum Geschworenen. »Spannender Kriminalfilm, der ein kritisches Bild provinzieller Enge entwirft und die Doppelmoral seines Helden als Produkt einer maroden Gesellschaft auszugeben versucht.«

2. Die siebte Kavallerie (Seventh Cavalary)
»Patriotischer Western mit ausgedehnten Kampfszenen, in denen viel von Soldatenehre die Rede ist.« USA 1956.

3. Das siebte Kreuz (The seventh cross)
Verfilmung des gleichnamigen Romans von Anna Seghers. USA 1944. Regie: Fred Zinnemann.

4. Das 7. Opfer
Deutsche Verfilmung eines Edgar Wallace Krimis mit Hansjörg Felmy (»relativ geschickt gestaltet und humorvoll aufgelockert«).

5. Der siebente ist dran
Amerikanischer Western von 1956. »Ein Ex-Sheriff sucht und richtet sieben Banditen, die beim Überfall auf eine Wells-Fargo-Station seine Frau umgebracht haben.«

6. Das siebente Jahr
DDR-Film von 1966: Eheprobleme eines Schauspielers und einer Herzchirurgin.

7. Der siebente Junge
Deutsches Schwarzweiß-Lustspiel von 1941: ein Landesfürst will Pate des siebten Jungen eines seiner Beamten werden, aber dann wird das Kind ein Mädchen ... (mit Karl Schönböck und Heli Finkenzeller).

8. Der siebente Kontinent
Österreichischer Problemfilm von 1989: ein Ehepaar stellt in seiner Beziehung eine Krise fest (very exciting!).

9. Das siebente Siegel
Schwedischer Schwarzweißfilm von 1956, mit Max von Sydow als heimkehrender Kreuzritter, der eindrucksvoll »über den Verlust von Sinnbezügen und die Suche nach Haltepunkten in einer neuzeitlichen Welt« meditiert. Regie: Ingmar Bergman.

10. Siebenmal lockt das Weib
»Teils amouröse, teils elegische Episoden aus dem Leben von sieben Pariser Frauen«, alle dargestellt von Shirley MacLaine. Regie: Vittorio de Sica.

11. Sieben Tage Frist
Deutscher Krimi von 1969 mit Joachim Fuchsberger, Petra Schürmann und Horst Tappert.

12. Sieben Tote in den Augen der Katze
Deutscher Krimi von 1972 mit internationaler Starbesetzung (Doris Kunstmann, Jane Birkin, Serge Gainsbourg). »Übliches Mörder-Ratespiel mit Gruseleffekten und guter Kameraführung.«

13. Die sieben Samurai
Japanischer Schwarzweiß-Klassiker von 1953: Sieben stellungslose Ritter verdingen sich als Schutztruppe eines Bauerndorfes und stellen ihre Fähigkeiten in den Dienst der Unterdrückten. Regie: Akiro Kurosawa.

14. Die sieben Raben
Das Märchen der Brüder Grimm in einer deutschen Puppentrick-Version von 1938.

15. Sieben Jahre Glück
Deutscher Schwarzweiß-Schinken von 1942 mit Theo Lingen und Hannelore Schroth. Regie: Ernst Marischka.

16. Sieben gegen Chicago (Robin and the Seven Hoods)
»Treffsichere Parodie auf amerikanische Gangsterfilme« mit Frank Sinatra. USA 1963.

17. 700 Meilen westwärts (Bite the bullet)
Verfilmung eines Langstrecken-Wettrennens im amerikanischen Westen von 1906, mit Gene Hackman, Candice Bergen und James Coburn. »Sorgfältig und in großartigen Bildern dargebotene Unterhaltung, die auch die Grenzen des Wettbewerbsdenkens thematisieren möchte.«

Quelle: *Lexikon des internationalen Films*, Reinbek 1995.

DIE FÜNF KLEINSTEN UND GRÖSSTEN DEUTSCHEN FILMTHEATER

	Sitzplätze		Sitzplätze
1. Lichtburg, Essen	1.302	1. Sputnik II (Südstern Kino II), Berlin	20
2. UCI Zoo Palast Kino 1, Berlin	1.056	2. Filmkunsttheater – Kino 2, Ennigerloh (Nordrhein-Westfalen)	20
3. UFA-Palast Kino 1, Dresden	1.017	3. Kid im Kant, Berlin	23
4. Kosmos, Berlin	984	4. City-Kino-Center Kino 4, Mengen (Baden-Württemberg)	24
5. Royal Palast 1, Berlin	905	5. Zeil-Filmtheater Kino 5, Frankfurt am Main	25

Quelle: Spitzenorganisation der Filmwirtschaft e.V., Statistische Abteilung, persönliche Mitteilung, Mai 1996.

DIE ZEHN KINOFREUDIGSTEN DEUTSCHEN BUNDESLÄNDER

	Kinoplätze je 1.000 Einwohner
1. Berlin-West	11,5
2. Bremen	11,4
3. Hamburg	11,0
4. Saarland	10,0
5. Sachsen	9,7
6. Bayern	9,5
6. Schleswig-Hostein	9,5
6. Nordrhein-Westfalen	9,5
9. Mecklenburg-Vorpommern	9,3
10. Baden-Württemberg	8,9

Quelle: Spitzenorganisation der Filmwirtschaft e.V.: *Filmstatistisches Taschenbuch '95*, 1995.

DIE FÜNF GRÖSSTEN DEUTSCHEN KINOUNTERNEHMEN

	Kinos	Leinwände
1. Ufa-Theater AG, Düsseldorf	132	426
2. Filmtheaterbetrieb Kieft, Lübeck/Hagen	45	137
3. Filmtheaterbetriebe H. J. Flebbe, Hamburg	36	110
4. Filmtheaterbetriebe R. Theile KG, Darmstadt	23	82
5. UCI United Cinemas, Bochum	4	51

Hier wird »Größe« an den Leinwänden gemessen.

PS: Das meiste Geld verdienen die Kinobetreiber inzwischen nicht mehr mit dem Kino; rund die Hälfte der Karteneinnahmen gehen an den Verleiher, die Kinobetreiber verdienen vor allem an Popcorn, Eis und Coca-Cola.

Quelle: K. Lemm: »Goldene Leinwand«, *Die Woche* vom 4. Oktober 1996.

DIE ZEHN KINOFREUDIGSTEN DEUTSCHEN STÄDTE

	Verkaufte Karten 1995	pro Kopf
1. Berlin	9,1 Mio.	2,6
2. München	5,0 Mio.	4,0
3. Hamburg	3,9 Mio.	2,3
4. Köln	3,5 Mio.	3,6
5. Hannover	2,4 Mio.	4,7
6. Essen	2,2 Mio.	3,5
7. Bochum	2,0 Mio.	4,9
8. Stuttgart	1,9 Mio.	3,3
9. Frankfurt am Main	1,7 Mio.	2,6
10. Bremen	1,4 Mio.	2,1

Pro Kopf gesehen ist Freiburg mit 7 Kinobesuchen pro Jahr die kinofreudigste deutsche Stadt.

Quellen: K. Lemm: »Goldene Leinwand«, *Die Woche* vom 4. Oktober 1996; *Brockhaus – Wie es nicht im Lexikon steht*, Mannheim 1996.

DIE IN DEUTSCHLAND MEISTVERKAUFTEN VIDEOFILME

1992	1994
1. Pretty Woman	1. Aladdin
2. Kevin allein zu Hause	2. Das Dschungelbuch
3. Es	3. Schneewittchen und die sieben Zwerge

1993	1995
1. Das Dschungelbuch	1. Der König der Löwen
2. Die Schöne und das Biest	2. Schneewittchen und die sieben Zwerge
3. Ein Hund namens Beethoven	3. Aristocats

Quelle: Bundesverband Video, persönliche Mitteilung 1996.

DIE GRÖSSTEN MEDIENKONZERNE DER WELT

Umsatz (1994)

1. Time Warner Inc. (USA)	30,1 Mrd. DM
2. Bertelsmann (Deutschland)	20,6 Mrd. DM
3. Walt Disney Corp. (USA)	20,1 Mrd. DM
4. News Corporation (Australien)	13,5 Mrd. DM
5. Sony (Japan)	12,3 Mrd. DM
6. Viacom (USA)	11,9 Mrd. DM
7. Dai Nippon (Japan)	11,5 Mrd. DM
8. ARD (Deutschland)	10,3 Mrd. DM
9. Fujisankei Communication Group (Japan)	9,2 Mrd. DM
10. Nippon Hoso Kyokai (Japan)	9,0 Mrd. DM

Quelle: *Aktuell '97 – Lexikon der Gegenwart*, Dortmund 1996.

DIE ZEHN GRÖSSTEN FILMREGISSEURE

1. Alfred Hitchcock
Der Meister des Schreckens; bekannte Meisterwerke: »Psycho«, »Die Vögel«.

Der Meister des Schreckens mit einem seiner Stars

2. Orson Welles
Das »maliziöse Genie«; sein Film »Citizen Kane« gilt vielen als der beste aller Zeiten überhaupt.

3. John Ford
Der Western-Spezialist («Ringo«, »Der Mann, der Liberty Valence erschoß«).

4. Howard Hawks
(»Rio Bravo«, »Leoparden küßt man nicht«)

5. Martin Scorsese
(»Taxi Driver«, »Goodfellas«)

6. Akiro Kurosawa
Der erste Nicht-Angelsachse dieser Liste (»Die sieben Samurai«).

7. Buster Keaton
(»Der Navigator«, »Der General«)

8. Ingmar Bergman
Jaja, das »Schweigen«...

9. Frank Capra
(»Mr. Deeds geht in die Stadt«)

10. Federico Fellini
(»La Strada«, »Roma«)

Diese Liste wurde 1996 von der Zeitschrift *Entertainment Weekly* komponiert; sie soll verschiedene Kriterien wie Ruhm, Erfolg und Anerkennung zusammenfassen, ist aber wie alle solche Listen dennoch reichlich subjektiv.
Quelle: *Focus* 17/1996, S. 218.

NEUN FILMREGISSEURE UND IHRE PSEUDONYME

	heißt/hieß wirklich
1. Woody Allen (Manhattan)	Allen Stewart Königsberg
2. Mel Brooks (Frankenstein Junior)	Melvin Kaminsky
3. René Clair (Die Schönen der Nacht)	René Chomette
4. Michail Curtiz (Casablanca)	Mikaly Kertesz
5. John Ford (Früchte des Zorns)	Sean Aloysius O'Fearna
6. Werner Herzog (Nosferatu)	Werner H. Stipetić
7. Max Ophüls (Der Reigen)	Maximilian Oppenheimer
8. Rosa von Praunheim (Berliner Bettwurst)	Holger Mischwitzky
9. Eric Rohmer (Die Marquise von O.)	Jean Maurice Scherer

29 BEKANNTE FILMSCHAUSPIELER UND WIE SIE WIRKLICH HEISSEN ODER HIESSEN

	heißt/hieß wirklich
1. Fred Astaire	Frederick Austerlitz
2. Bourvil	André Raimbourg
3. Pierre Brasseur	Pierre-Albert Espinasse
4. Yul Brunner	Taidje Kahn

5. Richard Burton	Richard Jenkins
6. Michael Caine	Maurice J. Micklewhite
7. Charlie Chaplin	Charles Spencer
8. Eddie Constantine	Edward Constantinewski
9. Tony Curtis	Bernard Schwartz
10. Kirk Douglas	Jssur Danielovitch
11. Willi Forst	Wilhelm Frohs
12. Jean Gabin	Jean Moncorgé
13. Mel Gibson	Frank Dunn
14. Cary Grant	Alexander Archibald Leach
15. Terence Hill	Mario Girotti
16. Rock Hudson	Roy Harald Scherer
17. Emil Jannings	Theodor Friedrich Emil Janenz
18. Boris Karloff	William Henry Pratt
19. Klaus Kinski	Nikolaus Nakszynski
20. Stan Laurel	Arthur Stanley Jefferson
21. Jerry Lewis	Joseph Levitch
22. Karl Malden	Miaden Sekulowich
23. Dean Martin	Dino Crocetti
24. Walter Matthau	Walter Matuschanskajaski
25. Hans Moser	Johan Julier
26. Omar Sharif	Michael Chalhoub
27. Rudolpho Valentino	Rudolpho Affonso Raffaleo
	Pierre Filibert Guglielmo di
	Valentino d'Antonguolla
28. Lino Ventura	Angelo Borrini
29. Oskar Werner	Josef Schließmayer

Quellen für die drei letzten Listen: Manfred Barthel: *Lexikon der Pseudonyme*, Düsseldorf 1986; *Lexikon Filmschauspieler international*, Berlin 1995.

13 BEKANNTE FILMSCHAUSPIELERINNEN UND WIE SIE WIRKLICH HEISSEN ODER HIESSEN

heißt/hieß wirklich

1. Stephane Audran	Colette Dacheville
2. Karin Baal	Karin Blauermel
3. Lauren Bacall	Betty Joan Perske
4. Anne Bancroft	Annemarie Italiano
5. Brigitte Bardot	Camille Javal

6. Doris Day   Doris von Kappelhoff
7. Catherine Deneuve   Catherine Dorléac
8. Marlene Dietrich   Maria Magdalena v. Losch
9. Greta Garbo   Greta Gustafsson
10. Marilyn Monroe   Norma Jean Mortenson
11. Lilli Palmer   Lilli Peiser
12. Romy Schneider   Rose-Marie Albach
13. Raquel Welch   Raquel Tejada

Fräulein Gustafsson alias Greta Garbo

ZEHN GEFÄLSCHTE FERNSEH-DOKUMENTATIONEN

Im Juli 1996 klagte die Staatsanwaltschaft Koblenz den Journalisten Michael Born wegen »Betruges zum Nachteil mehrerer Fernsehsender« an; Born hatte mehreren Sendern über mehrere Jahre gefälschte Dokumentationen untergeschoben. Hier zehn der 21 staatsanwaltschaftlich untersuchten Fälle:

1. Asylantenschlepper
Im Dezember 1990 von Born an »Spiegel TV« verkauft: Interview eines Asylantenschleppers, der eine libanesische Familie illegal von Frankreich in die Bundesrepublik eingeschleust haben soll. Der angebliche Asylantenschlepper war der verkleidete Born persönlich.

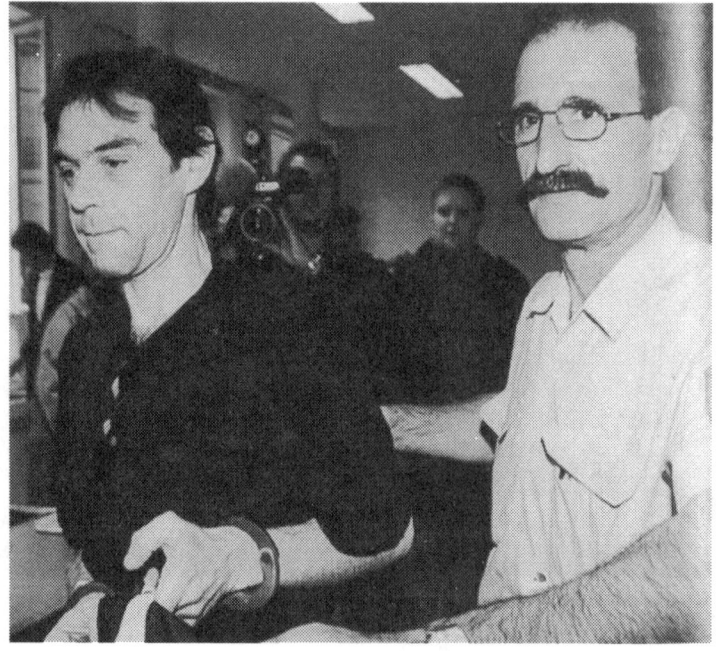

Fälscher Born in echten Handschellen vor Gericht

2. Umtopfungskommando
Getürkter Beitrag über den Diebstahl der Urne mit der Asche des 1991 verstorbenen Neonazis Michael Kühnen; Born war als Kameramann dabei, sollte außerdem Kontakt zu dem »autonomen Umtopfungskommando« herstellen. Kaufte eine Urne, füllte sie mit Asche und ließ sie anschließend in einem Waldstück vergraben. Kurz darauf ließen sich verschiedene von Borns Bekannten beim Ausgraben der Urne filmen.

3. Militante Jagdgegner
Im Mai 1993 an eine Produktionsgesellschaft verkauft: militante Jagdgegner – in Wahrheit Born selbst mit Freunden – sägen einen Hochsitz an.

4. Drogenkurier
An das Schweizer Fernsehen DRS verkauft: Drogentransport von Venezuela nach Frankfurt. Der angebliche Drogenkurier ist ein Bekannter Borns.

5. PKK-Terroristen
An »S-Zet« und »stern TV« verkauft: angeblich aus einem Lager der PKK stammende Aufnahmen von Bombenbauern, plus Interview mit PKK-Terroristen. Die Aufnahmen waren aber in Griechenland mit albanischen Komparsen abgedreht, der Bombenbau in einem Asylbewerberheim in Koblenz nachgestellt.

6. Okkultismus
Im Oktober 1994 an RTL verkauft: ein bereits 1992 gedrehter Film über Okkultismus und Satanismus; bei dem angeblichen Wühlen nach okkulten Gegenständen wurde u. a. ein vorher versteckter Plastikschädel ausgegraben.

7. Ku-Klux-Klan
1994 an »stern TV« verkauft: Abbrennen eines Kreuzes durch Angehörige des Ku-Klux-Klan in einer Felsenhöhle bei Mendig/Eifel. Bei den angeblichen Ku-Klux-Klan-Mitgliedern handelte es sich um sechs Bekannte Borns.

8. Colorado-Kröte
1994 an »stern TV« verkauft: ein angeblich Drogensüchtiger leckt das Sekret der sogenannten Colorado-Kröte ab (das Sekret soll einen Rausch erzeugen). Das Lekkermaul ist ein Bekannter Borns, das Sekret ein zuvor im Drüsenbereich einer im Zoogeschäft gekauften Kröte angebrachte Dosenmilch.

9. Kinderarbeit in Indien
1995 an »stern TV« verkauft: die beim Teppichknüpfen gezeigten Kinder sind bezahlte Statisten (die Kinder des Fabrikbesitzers).

10. Katzenjagd
1995 an »stern TV« verkauft: Film über Katzenjagd; soll zeigen, daß deutsche Jäger streunende Katzen abschießen. Born besorgt sich Katze und Gewehr und übernimmt die Sache selbst.

Quelle: »... und alle fielen sie drauf rein«, *Hörzu* 26/1996.

DIE ZEHN INTERNATIONAL ERFOLGREICHSTEN DEUTSCHEN FERNSEHSERIEN

	Exportiert in:
1. Derrick (ZDF)	über 100 Länder
1. Der Alte (ZDF)	über 100 Länder
3. Tatort (ARD)	50 Länder
3. Schwarzwaldklinik (ZDF)	50 Länder
5. Praxis Bülowbogen (ARD)	43 Länder
6. Ein Fall für Zwei (ZDF)	40 Länder
7. Die glückliche Familie (ARD)	31 Länder
8. Die Guldenburgs (ZDF)	30 Länder
8. Wildbach (ARD)	30 Länder
10. Aus heiterem Himmel (ARD)	29 Länder

Quelle: »Ein Eisbär in Äthiopien«, TV Spielfilm, Heft 15, 1996.

Ein Deutscher als internationaler Fernsehstar: alle lieben Horst Tappert alias Derrick

DIE ZEHN SEIT 1992 ERFOLGREICHSTEN FERSEHSENDUNGEN DER ARD

	Zuschauer
1. Fußball-EM Dänemark-Deutschland 26.6.1992	24,2 Mio.
2. Fußball-EM Schweden-Deutschland 21.6.1992	23,8 Mio.
3. Die Rudi Carrell Show 18.1.1992	19,8 Mio.
4. Die Rudi Carrell Show 14.3.1992	19,5 Mio.
4. ARD Sport-Extra: Reportagen/Interviews zur Fußball-EM 26.6.1992	19,5 Mio.
6. Fußball-WM Deutschland-Bolivien 17.6.1994	19,4 Mio.
7. Pretty Woman 4.4.1993	17,8 Mio.
8. ARD Sport-Extra: Fußball-EM 21.6.1992	17,6 Mio.
8. ARD Sport-Extra zur Fußball-WM 17.6.1994	17,6 Mio.
10. ARD Sport-Extra: Reportagen/Interviews und Spielausschnitte zur Fußball-EM 21.6.1992	17,5 Mio.

Quelle: ARD Programmdirektion, Medienreferat, persönliches Schreiben vom 12. Juni 1996.

DIE ZEHN IN DEN LETZTEN ZEHN JAHREN ERFOLGREICHSTEN FERNSEHSENDUNGEN DES ZDF

	Zuschauer
1. EM-Finale Deutschland-Tschechien (EM 1996) 30.6.1996	32,9 Mio.
2. Die Schwarzwaldklinik Folge 7 17.11.1985	28,0 Mio.
3. Die Schwarzwaldklinik Folge 5 3.11.1985	27,4 Mio.
4. Die Schwarzwaldklinik Folge 16 12.1.1986	27,2 Mio.
5. Diese Drombuschs Folge 9 17.11.1985	27,0 Mio.
6. Fußball-WM Argentinien-Deutschland 29.1.1986	26,9 Mio.
7. Die Schwarzwaldklinik Folge 15 5.1.1986	26,7 Mio.
8. Die Schwarzwaldklinik Folge 22 23.1.1986	26,6 Mio.
9. Die Schwarzwaldklinik Folge 13 2.1.1986	26,5 Mio.
10. Die Schwarzwaldklinik Folge 4 27.10.1985	26,3 Mio.

Quelle: ZDF-Medienforschung, Faxmitteilung vom 25. Juni 1996.

DIE ZEHN SEIT 1991 ERFOLGREICHSTEN FERNSEHSENDUNGEN VON RTL

Zuschauer

1. Boxen Extra: Kampf Schulz-Botha 9.12.1995   18,0 Mio.
2. Boxen Extra: Kampf Maske-Hill 23.11.1996   17,5 Mio.
3. Boxen Extra: Der Kampf Maske-Rocchigiani 14.10.1995   17,6 Mio.
4. Boxen Extra: Vor dem Kampf 14.10.1995   16,7 Mio.
5. Boxen Extra: Der Kampf Maske-Williams 17.2.1996   15,0 Mio.
6. Boxen Extra: Vor dem Kampf 9.12.1995   14,6 Mio.
7. Boxen Extra: Der Kampf Maske-Rocchigiani 27.5.1995   12,9 Mio.
8. Kindergarten Cop 4.4.1994   12,4 Mio.
9. Boxen Extra: Der Kampf Maske-Scully 25.5.1996   12,3 Mio.
10. Boxen Extra: Der Kampf Maske-Marcus 11.2.1995   11,8 Mio.

Quellen: RTL Medienforschung, persönliche Mitteilung vom 10. Juni 1996; »Boxen bei RTL«, *Süddeutsche Zeitung* vom 28. November 1996.

DIE ZEHN SEIT 1992 ERFOLGREICHSTEN FERSEHSENDUNGEN VON SAT.1

Zuschauer

1. Kevin allein zu Hause 10.12.1993   12,7 Mio.
2. Live-Ran: Niederlande-Deutschland 24.4.1996   12,1 Mio.
3. Live-Ran: Bayern München-1. FC Nürnberg 3.5.1994   11,9 Mio.
4. Anna Maria – Eine Frau geht ihren Weg 9.1.1995   10,5 Mio.
4. Anna Maria – Eine Frau geht ihren Weg 21.11.1994   10,5 Mio.
6. Anna Maria – Eine Frau geht ihren Weg 28.11.1994   10,4 Mio.
6. Der Bergdoktor 21.2.1994   10,4 Mio.
8. Anna Maria – Eine Frau geht ihren Weg 31.10.1994   10,2 Mio.
9. Live-Ran: 1. FC Kaiserslautern-Bayern München 14.4.1994   10,0 Mio.
10. Live-Ran: Eintracht Frankfurt-Bayern München 27.10.1992   9,6 Mio.

Quelle: SAT.1 Sekretariat Marktforschung Sales & Services, persönliche Mitteilung vom 13. Juni 1996.

DIE ZDF-SERIEN MIT DEN MEISTEN GESENDETEN FOLGEN

1. Derrick
Krimiserie mit 259 Folgen von Oktober 1974 bis Mai 1996.

2. Jede Menge Leben
Familienserie mit 238 Folgen von März 1995 bis Mai 1996.

3. Der Alte
Krimiserie mit 215 Folgen von Januar 1983 bis April 1996.

4. SOKO 5113
Krimiserie mit 146 Folgen von Januar 1978 bis Mai 1996.

5. Ein Fall für Zwei
Krimiserie mit 134 Folgen von September 1984 bis April 1996.

6. Die Schwarzwaldklinik
Familienserie mit 122 Folgen von Oktober 1985 bis Dezember 1990.

7. Der Kommissar
Krimiserie mit 97 Folgen von Januar 1969 bis Januar 1976.

8. Der Landarzt
Familienserie mit 87 Folgen von Februar 1987 bis Mai 1996.

9. Ein Heim für Tiere
Familienserie mit 80 Folgen von Januar 1985 bis März 1992.

10. Forsthaus Falkenau
Familienserie mit 76 Folgen von April 1989 bis November 1995.

Diese Liste enthält nur in Deutschland produzierte Serien; läßt man auch ausländische Produktionen zu, schieben sich »Die fliegenden Ärzte« mit 238 Folgen auf Platz 2 und »Bonanza« mit 234 Folgen auf Platz 4.

Quelle für diese und die nächste Liste: ZDF Medienforschung, Juni 1996 (exklusiv für uns hier).

DIE ZDF-SERIEN MIT DEN HÖCHSTEN EINSCHALTQUOTEN

		Zuschauer
1.	Fackeln im Sturm	18,12 Mio.
2.	Palast der Winde	17,87 Mio.
3.	Das Traumschiff	17,38 Mio.
4.	Diese Drombuschs	16,40 Mio.
5.	Der schwarze Bumerang	16,15 Mio.
6.	Ich heirate eine Familie	14,75 Mio.
7.	Alles was Recht ist	14,50 Mio.
8.	Erben will gelernt sein	14,11 Mio.
9.	Die Schwarzwaldklinik	13,39 Mio.
10.	Der Feuersturm	13,26 Mio.

DIE BEKANNTESTEN PROGRAMMSPONSOREN DES DEUTSCHEN FERNSEHEN

Auf die Frage »Welche Sponsoren kennen Sie?« antworteten Bundesbürger wie folgt:

		Anteil der Befragten, die diesen Sponsor kennen
1.	Beck's	31 %
2.	Krombacher	29 %
3.	Bitburger	20 %
4.	TV-Spielfilm	13 %
4.	Obi	13 %
6.	Warsteiner	12 %
7.	Licher	10 %
8.	Hasseröder	6 %
8.	Nike	6 %
8.	Adidas	6 %

Quelle: »Die bekanntesten Programmsponsoren«, *Frankfurter Allgemeine Zeitung* vom 16. Januar 1996.

FRANK ELSTNERS LIEBLINGSWETTEN AUS SECHS JAHREN »WETTEN DASS ...?«

1. LKW auf Biergläsern, Hagen, 12. 12. 1981.
»Mike Krüger wettet, daß Rudolf Künzler einen LKW auf vier Biergläser stellen kann.« Das ist bis heute Frank Elstners Lieblingswette: Zusammen mit vier Helfern schaffte es der Schweizer Rudolf Künzler, einen schweren LKW auf vier Biergläsern abzustellen; er mußte diese Tat danach auch im holländischen, japanischen und amerikanischen Fernsehen wiederholen.

2. Unbekannten Text von den Augen ablesen, Hagen, 13. 12. 1986.
»Gunilla von Bismarck wettet, daß Gertrud und Maria Auer einen unbekannten Text von den Augen der Schwester ablesen können.«

3. Kronen der Welt, Innsbruck, 30. 3. 1985.
»Franz Beckenbauer wettet, daß Alice Wichser alle Kronen der Welt kennt.«

4. Mit Hubschrauber Flasche entkorken, Basel, 21. 9. 1985.
»Boris Becker wettet, daß Bernd von Doornik mit dem Hubschrauber eine Flasche entkorken und den Inhalt in vier Gläser schenken kann.«

5. Autotüren, Böblingen, 26. 10. 1995.
»Lothar Späth wettet, daß Uwe List und Dirk Eubel 50 Autotypen am Zuschlagen der Tür erkennen können.«

Quelle: Frank Elstner, persönliche Mitteilung 1996.

Rudolf Künzler bei der Arbeit: Wie kommt der LKW auf die Biergläser?

DIE ZEHN HÄUFIGSTEN WETTPATEN AUS 14 JAHREN »WETTEN DASS ...?«

1. Harald Juhnke (5mal)
2. Senta Berger (4mal)
3. Karl Dall (4mal)
4. Alfred Biolek (3mal)
5. Franz Beckenbauer (3mal)
6. Karlheinz Böhm (3mal)
7. Didi Hallervorden (3mal)
8. Mike Krüger (3mal)
9. Willi Millowitsch (3mal)
10. Carolin Reiber (3mal)

Quelle: *Das offizielle Wetten dass ...? Buch*, Frankfurt am Main 1996.

DIE ZEHN BESTEN WORTBEITRÄGE PROMINENTER WETTPATEN AUS »WETTEN DASS ...?«

1. »Die weiblichen Außerirdischen hatten hinten drei Brüste«
   (Erich von Däniken).
2. »Ein richtiger Mann muß einen Schatten werfen« (Günter Strack).
3. »Man kann ruhig dick sein, man muß sich dabei nur bewegen« (Fritz Eckhart).
4. »Kaviar gibt es auf der Welt – und jemand muß ihn essen« (Peter Ustinov).
5. »Ich habe in meinem Leben keinen Tropfen Alkohol getrunken«
   (Josef Meinrad).
6. »Ich bin keine Dame, ich bin einfach ein Mensch« (Ruth Maria Kubitschek).
7. »Ich bin 47, sehe aber jünger aus« (Otto Rehhagel).
8. »Ich glaube, daß ich nicht dumm bin« (Lothar Matthäus).
9. »Ich habe letzte Woche noch als Sascha Hehn gearbeitet« (Karl Dall).
10. »Mein Sohn ist jetzt 2,7« (Nicki Lauda).

Quelle: *Das offizielle Wetten dass ...? Buch*, Frankfurt am Main 1996.

ZEHN ABGELEHNTE WETTEN
AUS 14 JAHREN »WETTEN DASS ...?«

1. »Ich wette, daß ich einen Luftballon mit meinem Hintern so aufblasen kann, daß er in die Lüfte steigt.« (Der Kandidat litt unter schweren Blähungen; ein anderer wollte einen Luftballon mit dem Ohr aufblasen.)
2. »Ich wette, daß ich 6 von 20 Zigarettenmarken durch Knutschen mit der betreffenden Raucherin erkenne.«
3. »Ich wette, daß ich mir ohne Blut zu verlieren einen großen Schinkenhaken durch die Nase ziehen kann.« (Der Kandidat bot dann als nächstes an, einen Kleiderbügel mit Mantel oder ersatzweise die Stiefel des Moderators an diesem Schinkenhaken aufzuhängen).
4. »Ich wette, daß ich am Gesicht eines Toten erkennen kann, woran er gestorben ist.«
5. »Ich wette, daß ich mit einem Gabelstapler eine Zahnfüllung einsetzen kann.«
6. »Ich wette, daß ich während der nächsten Sendung zum Bundeskanzlerkandidaten vorgeschlagen werde.«
7. »Wir wetten, daß wir innerhalb von zwei Stunden mit 24 Spitzhacken unser Schulgebäude einreißen können.«
8. »Ich wette, daß ich mit meinem Motorrad zwischen den Schienen schneller fahre als ein Eilzug.«
9. »Ich wette, daß ich eine 4 kg schwere Einkaufstüte mit meinem Penis tragen kann.«
10. »Ich wette, daß mein Partner mit einem zehn Kilo schweren Vorschlaghammer, ohne daß ich einen Kratzer kriege, zehn Dachpfannen auf meinem Kopf zerschlagen kann.«

Quelle: *Das offizielle Wetten dass ...? Buch*, Frankfurt am Main 1996.

12. KAPITEL:
IRREN IST MENSCHLICH

ZEHN IRRTÜMER GROSSER GELEHRTER

1. Schwere Gegenstände fallen schneller als leichte (Aristoteles).

2. Die Fallgeschwindigkeit eines Gegenstandes steigt proportional zur zurückgelegten Strecke (Leonardo da Vinci; richtig ist: Die Geschwindigkeit steigt proportional zur Fallzeit).

3. Wanzen entstehen durch Sonnenlicht (Immanuel Kant).

4. Die Wahrscheinlichkeit für »Zweimal Kopf« beim zweimaligen Münzwurf beträgt 1/3 (Jean d'Alembert; die Wahrscheinlichkeit beträgt 1/4).

Für viele der größte Gelehrte aller Zeiten: Er lehrte, daß schwere Dinge

5. Die Erde ist hohl (Edmund Halley).

6. Die Erde ist seit höchstens 20 Millionen Jahren belebt (Lord Kelvin; nach heutiger Mehrheitsmeinung begann das Leben vor rund 600 Millionen Jahren).

schneller fallen als leichte, daß Insekten spontan aus Schlamm entstehen, daß Wein in einem Faß mit Wasser selbst zu Wasser wird, und daß Leute mit großen Köpfen länger schlafen

7. Atome existieren nicht (Ernst Mach).

8. Atome lassen sich nicht spalten (Ernest Rutherford).

9. Atomenergie läßt sich weder zivil noch militärisch nutzen (Nikola Tesla).

10. Das Universum dehnt sich nicht aus (Albert Einstein).

Quelle: Walter Krämer und Götz Trenkler: *Lexikon der populären Irrtümer*, Frankfurt am Main 1996.

ZEHN ERFINDUNGEN, DIE DEN FALSCHEN ERFINDERN ZUGESPROCHEN WERDEN

1. Spaghetti
Kommen aus China, nicht aus Italien.

2. Kaugummi
Wurde schon in Griechenland gekaut.

3. Dampfmaschine
War schon mehrere Jahrzehnte vor der Geburt ihres Erfinders Watt in Betrieb.

4. Dampfschiff
Schon lange vor dem Amerikaner Fulton hatten andere mit dampfgetriebenen Schiffen experimentiert. Fulton war nur der erste, der damit auch Geld verdiente.

5. Morse-Telegraph
Wurde von dem amerikanischen Literaturprofessor Samuel Morse bei den Ingenieuren Henry und Vail in Auftrag gegeben (Morse sagte ihnen nur, sie sollten einen mittels Strom funktionierenden Fernschreiber entwickeln).

6. Morse-Alphabet
Dito.

7. Lenkbares Luftschiff
Luftschiffe sind in diversen Ausprägungen schon lange vor Zeppelins Z1 geflogen.

8. Flugzeug
Dito. Schon mehrere Jahre vor den Brüdern Wright hatten sich andere Erfinder mit motorgetriebenen Flugzeugen in die Luft erhoben.

9. Fließband
Geht nicht auf Henry Ford, sondern auf dessen Konkurrenten Ransom E. Olds zurück.

10. Teflon
Ist kein Produkt der Raumfahrtindustrie; war schon 1950 käuflich zu erwerben.

Quellen: Valerie-Anne Giscard d'Estaing (Hrsg.): *Le livre mondial des inventions*, Paris 1982; MS Microsoft Enzyklopädie *Encarta*, 1994.

DIE ELF HÄUFIGSTEN IRRTÜMER ZU ESSEN UND TRINKEN

1. Das Frühstück ist die wichtigste Mahlzeit des Tages.

2. Essen am Abend schlägt mehr an als Essen mittags oder morgens.

3. Bionahrung ist gesünder als normale Kost.

4. Brauner Reis enthält alle Nährstoffe, die der Körper braucht.

5. Alkohol ist grundsätzlich ungesund.

6. Alkohol wärmt.

7. Spinat ist besonders eisenhaltig.

8. Karotten sind gut für die Augen.

9. Leberkäse enthält Leber.

10. Schafskäse wird aus Schafsmilch hergestellt.

11. Von Schokolade bekommt man Pickel.

Quellen: R. M. Deutsch: *Realities of nutrition*, Palo Alto 1976; Westdeutscher Rundfunk: »Kostprobe – Test und Tips für Ernährung und Haushalt«, verschiedene Sendungen 1995 und 1996.

14 IRRTÜMER ZUR HERKUNFT VON WÖRTERN

1. Affenschande
Kommt nicht von den Affen, sondern von »Dat ist eine apenbare (offenbare) Schande«.

2. Amtsschimmel
Hat mit Schimmelpferden nichts zu tun; kommt von »Simile« = Musterformular.

3. Bockbier
Kommt von »Ainpöckhisch Bier« (= Bier aus Einbeck).

4. Bratwurst
Kommt nicht von gebratener Wurst, sondern von »brat« = kleingehacktes Fleisch.

5. Bulle
Dieses Schimpfwort für einen Polizisten hat mit dem Horntier gleichen Namens nichts zu tun; es kommt von dem rotwelchen »Puhler« = Polizist.

6. Duckmäuser
... sind keine Menschen, die sich ducken. Der Name kommt von »tocken« = verbergen und »musen« = betrügen.

7. Eichhörnchen
... haben ihren Namen von »aig« = schwingen.

8. Felleisen
Kommt weder von Fell noch Eisen, sondern von »valise« = Koffer.

9. Friedhof
Hat mit dem »ewigen Frieden« nichts zu tun; kommt von »Frithof« = eingefriedeter, beschützter Platz.

10. Geheimrat
Kommt von »Heim und Herd«: der Ratgeber für häusliche Angelegenheiten.

11. Hängematte
Kommt nicht von »hängender Matte«, sondern vom indianischen »hamaca«.

12. Kohldampf
Kommt nicht von dampfendem Kohl, sondern von »Kohler« = Hunger.

13. Schattenmorellen
Haben ihren Namen nicht vom Schatten, sondern von »Château« (konkret: vom französischen Château Moreille).

14. Spanferkel
... haben ihren Namen nicht von den Holzspänen, über denen sie gebraten werden. Der Name kommt von »spänen« = säugen.

Quelle: *Etymologisches Wörterbuch des Deutschen*, 2. Auflage, Berlin 1993.

ELF VERBREITETE IRRTÜMER AUS DER GEOGRAPHIE

1. Äquator
Ist nicht, wie viele glauben, die heißeste Region der Erde; die Orte, an denen die bisher höchsten Temperaturen im Schatten gemessen wurden (Death Valley in Kalifornien und die Stadt Azizia in Libyen) liegen mehrere Tausend Kilometer nördlich des Äquators.

2. Atlantis
Eine Insel dieses Namens hat niemals existiert; sie wurde von dem griechischen Philosophen Plato frei erfunden.

3. Freiheitsstatue
Steht weder in der Stadt noch im Bundesstaat New York, sondern im Bundesstaat New Jersey.

4. Gletscher in Afrika
Gibt es tatsächlich, und zwar auf dem Kilimandscharo.

5. Kalkutta
Liegt 100 Kilometer vom Ganges entfernt.

6. Kanada
Liegt mit seinem Bevölkerungsschwerpunkt südlicher als die Bundesrepublik (die meisten Kanadier leben auf der Höhe von Mailand).

7. Kap der Guten Hoffnung
Ist nicht der südlichste Punkt Afrikas (diesen Rekord hält das 50 Kilometer südlichere Nadelkap).

8. Nordpol
Ist nicht das Ziel der Kompaßnadel: Der geographische und der magnetische Nordpol liegen mehr als tausend Kilometer auseinander.

9. Panama-Kanal
Führt uns bei einer Reise in den Pazifik nicht in Richtung West, sondern in Richtung Ost.

10. Pyramiden
Gibt es in ihren größten Ausprägungen (volumenmäßig) nicht in Ägypten, sondern in Mexiko.

11. Regen in England
Fällt nicht so reichlich wie Regen in Italien: 900 Millimeter pro Jahr, verglichen mit 950 Millimeter in Italien.

Quelle: Walter Krämer und Götz Trenkler: *Lexikon der populären Irrtümer*, Frankfurt am Main 1996.

ZWÖLF POPULÄRE GROSSSTADTMYTHEN

Großstadtmythen sind von Mund zu Mund verbreitete Geschichten, auch auf den
»Aus aller Welt«-Seiten seriöser Zeitungen zu finden, die ohne realen Hintergrund
als Blitzableiter für verborgene Ängste, uneingestandene Aggressionen oder heimliche Neidgefühle dienen. Die folgenden Großstadtmythen wurden an deutschen
Stammtischen und Kaffeekränzchen der letzten 20 Jahre gern erzählt:

1. Die entführte Oma-Leiche
Der Klassiker. Der Freund eines Freundes ist mit Familie und Oma auf Urlaub in
Spanien unterwegs. Fürchterliche Hitze im Auto, und dann – Hitzschlag – stirbt
auch noch die Großmutter. Totenschein schwer zu besorgen, also wird die Oma in
einen Teppich gewickelt auf das Dach gepackt, zwecks Heimtransport. Dann auf
einer Raststätte, bei einer Pinkelpause: Man kommt zum Auto zurück, und die
Oma ist verschwunden!

Diese wahre Begebenheit war so oder ähnlich in ungezählten Zeitungen dieser
Welt zu lesen: Einmal muß ein Perserteppich, einmal eine Mahagonikiste, einmal
der Kofferraum zum Aufbewahren der toten Oma dienen, oder es liegt die Schwie-
ger- statt der Großmutter darin, oder wird diese mitsamt Auto vor der Polizeiwache, bei der Grenzkontrolle oder auf dem Parkplatz vor dem Dom gestohlen.

2. Der spottbillige Porsche
Ein Freund eines Freundes hat einen spottbilligen Porsche zu verkaufen. Kaum
gefahren, wenig Kilometer. Nur – der Vorbesitzer hat sich darin erschossen, hat
wochenlang darin gelegen, jetzt geht der Geruch nach Leiche nicht mehr aus dem
Leder ...

3. Der Mistwagen und das Ferrari-Cabriolet
Ein Ferrari-Cabriolet versperrt einen Feldweg; ein erboster Bauer, der nicht vorbei-
kommt, kippt seine Mistfuhre hinein.

4. Die vergessene Mikrowelle
Die Freundin einer Freundin (dieses Erlebnis widerfährt vorwiegend Frauen) sieht
beim Sperrmüll eine nagelneue Mikrowelle. Kurz entschlossen in den Kofferraum
geladen, bis tatü-tata die Polizei erscheint. Weil es nämlich keine Mikrowelle, sondern eine Radarfalle gewesen ist ...

5. Die geheimnisvolle Anhalterin
Ein Autofahrer fährt nachts im Regen eine Anhalterin nach Hause; sie hat ganz in der Nähe mit ihrem Freund einen Unfall gehabt, will Hilfe holen. An ihrem Haus angekommen, dreht sich der Autofahrer um – sein Fahrgast ist verschwunden. Er klingelt trotzdem an der Tür, man zeigt ihm das Bild des Mädchens, sie ist vor Jahren bei einem Unfall ganz in der Nähe umgekommen.

6. Die beißende Banane
Ein Kleinkind wird beim Bananenessen von einer darin befindlichen Schlange totgebissen.

7. Die antiautoritäre Erzieherin
Ein kleiner Junge tritt einem alten Mann gegen das Bein. Seine Mutter greift nicht ein, der Kleine werde antiautoritär erzogen. Darauf stülpt ihr eine vorbeigehende Passantin mit den Worten »ich bin auch antiautoritär erzogen« eine Mülltüte über den Kopf.

8. Die Ratte in der Pizza
Jemand verschluckt sich beim Pizza-Essen an einem Rattenzahn. Bei der Durchsuchung der Pizzeria stellt sich heraus, daß in einem Kühlraum hunderte von geschlachteten Ratten als Belag für Pizza hängen (analog Chappi in China-Restaurants etc.).

9. Die kartoffelpflanzende Aussiedlerfamilie
Eine Aussiedlerfamilie aus der ehemaligen Sowjetunion bricht den teuren Parkettboden der ihr zugewiesenen Wohnung auf und pflanzt Kartoffeln darin.

10. Die Spinne in der linken Backe
Ein Mädchen kommt mit einem Geschwür auf der Backe aus einem Urlaub in Afrika zurück. Zwei Wochen später bricht das Geschwür auf und es krabbeln Dutzende von kleinen Spinnen heraus.

11. Der Eisenhaken an der Autotür
Ein Liebespärchen biegt auf eine Nebenstraße ab; da wird im Radio gemeldet, aus einer nahegelegenen Heilanstalt sei ein verrückter Massenmörder ausgebrochen, Kennzeichen: linke Hand fehlt, stattdessen eine Eisenkralle. Voller Panik geben die beiden Vollgas; als sie an der nächsten Tankstelle halten, hängt am Türgriff hinten eine Eisenkralle.

12. Die Würmer in der Dauerwelle
Ein junges Mädchen klagt über Kopfschmerzen. In ihrer Dauerwelle entdeckt man ein mehrere Wochen altes Brötchen voller Würmer, diese waren in die Kopfhaut eingedrungen.

Quellen: Linda Degh: »The runaway grandmother«, *Indiana Folklore* 1968, S. 46-77; Bengt af Klingberg: *Die Ratte in der Pizza*, Kiel 1990; Rolf Wilhelm Brednich: *Die Spinne in der Yuccapalme*, München 1990; Achim Schwarze: *Das Krokodil auf dem Rastplatz*, Frankfurt am Main 1993.

DIE ACHT POPULÄRSTEN EURO-MYTHEN

Über kaum eine menschliche Institution kursieren so viele, zum Teil mit Absicht von einer feindseligen Presse in die Welt gesetzte, zum Teil aus Mißverständnissen geborene Mythen wie über die EU (Verbot gekrümmter Bananen, das europäische Einheitspräservativ etc.). Hier sind acht der populärsten dieser Zeitungsenten:

1. Die EU-Kommission verlangt, daß Hochseefischer auf ihren Schiffen Haarnetze tragen müssen.
Vermutlich geboren aus einer Direktive der Kommission betreffend die Hygiene in fischverarbeitenden Betrieben, die aber die Fischer auf ihren Booten nicht betrifft.

2. Die EU-Kommission verlangt, daß auf jedem Fischkutter 200 Präservative mitzuführen sind.
Eine dieser Forderung noch am nächsten kommende Direktive der EU verlangt, daß Schiffe für Notfälle eine der Größe der Besatzung entsprechende Menge an Medikamenten mitzuführen haben; von Kondomen ist darin keine Rede.

3. Die EU-Kommission fordert symmetrische, regelmäßig mit Nadeln bestückte Weihnachtsbäume.
Es gibt keine EU-Regeln zu Weihnachtsbäumen. Es gibt allerdings eine private »Christmas Tree Growers Association of Western Europe«, und wie allen Anbieter-Zusammenschlüssen, die ja immer zur Abwehr von Billig-Konkurrenten gegründet werden, wäre auch dieser eine solche Forderung durchaus zuzutrauen.

4. Hausgemachte Marmeladen und Gelees dürfen auf Weihnachtsbasaren und ähnlichen Veranstaltungen nicht mehr angeboten werden.
Die EU-Kommission hat nichtkommerzielle Hersteller von Lebensmitteln ausdrücklich von den EU-weiten Kennzeichnungs- und Hygieneregeln ausgenommen. Jedermann und jede Frau kann also auch weiter ganz legal seinen oder ihren Quittensaft auf Flohmärkten verhökern wie bisher.

5. **Nach EU-Definition sind Schnecken »landgebundene Fische«.**
Dieser Mythos entstand aus einem erfolglosen Versuch der Franzosen, durch Einbeziehung von Schnecken und Fröschen in den Fischereisektor an noch mehr Subventionen für ihre Bauern heranzukommen.

6. **Die EU-Kommission plant aus Hygienegründen das Verbot von Bierdeckeln.**
Frei erfunden.

7. **Die EU-Kommission verbietet den Verkauf von einzelnen Pfefferschoten in Supermärkten.**
Nach englischem Recht dürfen Lebensmittelläden extrem leichte Dinge wie Pfefferschoten wegen fehlender Akuratesse der Waagen nicht einzeln verkaufen (der Kunde könnte zuviel bezahlen). Wie so viele wohlmeinende, aber heute nicht mehr zeitgemäße Regeln wurde auch diese den völlig unschuldigen EU-Bürokraten in Brüssel angelastet.

8. **Die EU-Kommission plant eine europäische Standardpizza.**
Frei erfunden.

Diese Euro-Mythen werden von der EU-Kommission gesammelt und über das Internet bereitgestellt; obige Liste ist zusammengestellt aus den Dokumenten http://www.cec.lu/eu/comm/dglo/eu/euromyth.html und http://www.fco.gov.uk/europe/factsandfairytales/euromyths.html.

ZEHN BEKANNTE INTELLEKTUELLE, DIE JOSEF STALIN ANGEBETET HABEN

»A ta santé!« Von Picasso für Stalin mit den besten Grüßen.

1. **Johannes R. Becher**
»Wenn sich vor Freude rot die Wangen färben, dankt man Dir, Stalin, und sagt nichts als: ›Du!‹ Ein Armer flüstert ›Stalin‹ noch im Sterben, und Stalins Hand drückt ihm die Augen zu.«

2. **Lion Feuchtwanger**
»Stalin redet ... laut und deutlich, und jedermann versteht seine Worte, jedermann hat Freude an ihnen, und seine Reden stellen ein Gefühl der Verbundenheit her zwischen dem Volk, das sie hört, und dem Mann, der sie hält.«

3. André Gide
»Ich lese mit lebhaftestem Interesse die neue Rede Stalins ... ich schließe mich von ganzem Herzen an.«

4. Pablo Neruda
»Stalin ist der hohe Mittag –
der Menschen und der Völker Reife.«

5. Pablo Picasso
Widmete dem 8millionenfachen Massenmörder zum 70. Geburtstag 1949 eine Glückwunschkarte.

6. Romain Rolland
»Seit langem bin ich fasziniert von der granitenen Festigkeit seines Denkens, die sich mit praktischer Menschenkenntnis verbindet ... Er ist ein wahrhaft großer Staatsmann. Ich wäre glücklich, ihn eines Tages kennenzulernen.«

7. Anna Seghers
»Als Stalins Herz zu schlagen aufhörte, fühlten sich Millionen Menschen verwaist.«

8. George Bernard Shaw
»Ich ziehe meinen Hut vor Stalin.«

9. H. G. Wells
»Ich habe niemals einen so lauteren, fairen und ehrlichen Mann getroffen.«

10. Arnold Zweig
»Stalin, der Vormann der Völker, Perikles gleich, dem Lenker Athens, an Wort und Gewaffen.«

Quellen: Lion Feuchtwanger: *Moskau 1937*, Berlin 1993; Gerd Koenen: *Die großen Gesänge*, Frankfurt am Main 1987.

13. KAPITEL:
PLEITEN, PECH UND PANNEN

DEUTSCHLANDS DÜMMSTE KRIMINELLE

»In keiner anderen Branche tummeln sich mehr Schwachköpfe, Pechvögel und Dilettanten als unter Kriminellen«, schreibt der *stern*, dem wir die folgende Liste verdanken (um diese Dilettanten nicht noch mehr zu strafen, sind die Namen pietätvoll weggelassen).

1. In Frankfurt verkeilt sich ein Einbrecher im Fenster einer Discothek; die Feuerwehr muß ihn mit Schneidbrennern befreien, dann übergibt sie ihn der Polizei.

2. Noch einfacher macht es den Ordnungskräften ein gewisser Rudolf R.: Er klettert in einen Panzerwagen, um Geldkoffer zu stehlen, einer der Sicherheitsmänner schlägt die Tür hinter ihm zu, sperrt ihn ein und fährt ihn geradewegs in eine Polizeikaserne.

3. Andere Einbrecher setzen mit einem gestohlenen Lastwagen rückwärts durch die Glastür einer Bank, schlingen ein dickes Tau um Anhängerkupplung und Geldautomaten, geben Gas und reißen das Gerät aus der Verankerung – es ist der Kontoauszugsdrucker.

4. Kollegen von diesen fotografieren sich bei einem Einbruch selbst; da auf den Polaroidbildern zunächst nichts zu sehen ist, lassen sie diese am Tatort im Papierkorb liegen ...

5. Ein Bundeswehrsoldat beraubt maskiert, aber in Uniform eine Bank; auf der Brust prangt stolz sein Namensschild.

6. Ein anderer Bankräuber schiebt dem Kassierer einen Zettel mit der Aufschrift zu »Das ist ein Überfall«. Der Kassierer dreht den Zettel um – es ist ein Briefbogen des Räubers selbst, mit Name, Telefonnummer, Adresse.

7. Nach einem anderen Bankraub verläßt die Täterin mit mehr als 40.000 Mark die Schalterhalle, vergißt aber, ihre Karnevalsmaske abzunehmen. Das fällt einigen Passanten auf, sie übergeben die Räuberin der Polizei.

8. Dito Mike Z., der in Chemnitz mit 5.000 geraubten Mark die Sparkasse verläßt – er findet sein Fluchtfahrzeug nicht, gerät in Panik und wird völlig verstört von der Polizei kassiert.

9. Ein anderer Bankräuber, diesmal in Magdeburg, findet zwar sein Fluchtfahrzeug, aber das Auto startet nicht – kein Benzin im Tank.

10. Ebenfalls in Magdeburg: Zwei Anfänger erbeuten 5.000 Mark, verjubeln alles in Hamburg auf der Reeperbahn, lassen währenddessen ihre Maschinenpistolen offen auf dem Rücksitz ihres Fluchtfahrzeuges liegen. Dieses wird von der Polizei sichergestellt. Als das Gaunerduo, im Glauben, ihr Auto wäre nur wegen Falschparkens umgestellt worden, auf der Wache reklamiert, wird es auf der Stelle festgenommen.

Quelle: »Deutschlands dümmste Gauner«, stern 18/1996 (dort auch weitere Pannen aus dem deutschen Gaunerleben).

DIE ZEHN DÜMMSTEN KRIMINELLEN AUS »NIETEN OHNE ENDE«

1. Ein Septembermorgen 1981: Zwei Männer aus dem kanadischen Edmonton überfallen eine Tankstelle in Vancouver, fesseln den Tankwart in der Toilette, flüchten mit hundert Dollar, verfahren sich und fragen bei einer Tankstelle nach dem Weg – der gleichen, die sie vorher überfallen hatten. Der inzwischen von seinen Fesseln befreite Tankwart läßt sie von der Polizei verhaften.

2. Ein anderer Räuber überfällt mit den Worten »Her mit der Kasse oder ich schieße« einen Lebensmittelladen im englischen Wandsworth. Als der Ladenbesitzer ihn höflich fragt, wo er denn seinen Revolver habe, verläßt der Räuber fluchtartig den Laden – den Revolver hatte er vergessen.

3. Ein weiterer Ladenräuber aus West Croydon schreibt auf einen Zettel »Ich habe einen Revolver in der Tasche und knalle Sie ab, oder Sie rücken sofort das Geld heraus« und schiebt diesen der Kassiererin entgegen. Aus Angst, es handle sich um etwas Obszönes, weigert sich die Kassiererin, den Zettel anzusehen. Daraufhin wechselt der Räuber in den nächsten Laden, aber der Besitzer kann kein Englisch. Im dritten und letzten Laden schließlich sagt der Besitzer, er müsse erst seine Brille holen, und ruft derweil die Polizei.

4. Im dänischen Munkebo sprengen drei Einbrecher den Safe einer Bank. Dabei stürzt das Bankgebäude ein, der Safe bleibt heil.

5. Ebenfalls in Dänemark flüchtet ein Bankräuber in ein Taxi und ruft dem Fahrer seine Adresse zu. Das vermeintliche Taxi entpuppt sich als ein Streifenwagen ...

6. Im amerikanischen Bel Air bricht ein Dieb in eine Millionärsvilla ein; er findet sich in den zahlreichen Räumen des Gebäudes nicht zurecht, gerät in Panik, landet im Schlafzimmer des anwesenden Besitzers und bittet diesen, ihn doch irgendwo herauszulassen. Aber da hatte der schon längst die Polizei gerufen ...

7. Zwei Engländer stehlen in Stoke-on-Trent einen Wassertank. Dieser ist halb voll und zieht eine Wasserspur direkt zum Haus der Diebe ... (ähnlich faßte die Polizei in Dortmund auch zwei Diebe, die in einen Kiosk eingebrochen waren: Außer Geld und Zigaretten hatten die Einbrecher auch Eier mitgenommen, die sie nach und nach auf ihrer Flucht verloren ...).

8. Ein Bankräuber in Malta flüchtet mitsamt Beute in einem Bus. Jedoch hat der Bus Verspätung, und ein zufällig vorbeikommender Streifenpolizist, dem die aus den Manteltaschen des Räubers ragenden Geldscheine auffallen, nimmt den Räuber fest.

9. Ein Ausbrecher aus dem Gefängnis der amerikanischen Hafenstadt Madonna del Freddo klopft nach geglückter Flucht nachts an einer einsamen Hütte. Es öffnet der gleiche Polizist, der den Ausbrecher verhaftet hatte – er hatte die Hütte als Urlaubsdomizil gemietet.

10. Ein anderer Ausbrecher versteckt sich im englischen Northeye-Gefängnis in einem Lieferwagen voll Gemüse. Als der Lieferwagen nach einer längeren Fahrt anhält und der Ausbrecher sich aus dem Fahrzeug schleicht, mußte er feststellen, daß er sich nunmehr in der Haftanstalt von Lewes befand.

Quelle: Stephen Pile: *Nieten ohne Ende*, München 1993.

SECHS PEINLICHE VERSPRECHER

1. »This is a great day for France!«
   (Präsident Nixon 1974 beim Begräbnis von Georges Pompidou.)

2. »Sehr geehrte Damen und Herren, liebe Neger.«
   (Präsident Lübke 1962 in Liberia.)

3. »Now would you join me in a toast to President Figueiredo and all the people
   of Bolivia!«
   (Präsident Reagan 1982 in Brasilien.)

4. »Die Warschauer Führung ist ein Haufen gottverlassener Landstreicher.«
   (Ronald Reagan in einer Rede über Polen 1982.)

5. »We begin bombing [of Russia] in five minutes.«
   (Präsident Reagan bei der Mikrophonprobe für eine Rundfunkrede 1984.)

6. »Who are these guys?«
   (Vizepräsident Gore vor den Statuen der amerikanischen Präsidenten Jefferson
   und Washington.)

Quellen: E. Hawes und J. Flowerfoot: *World famous Mistakes*, London 1994; *Chronik des 20. Jahrhunderts*,
Dortmund 1992.

Deutscher Meister im Versprechen: Bundespräsident Heinrich Lübke

SECHS MÖGLICHE VERSPRECHER HUMPHREY BOGARTS BEI DEN DREHARBEITEN ZU »CASABLANCA«

1. Ich schau dir in die Augen, Großes.
2. Ich schau dir in die Ohren, Kleines.
3. Ich schau dir in die Augen, Ingrid.
4. Ich ruf dich an. Blödsinn!
5. Ich schau dir Ingrid Ausschnitt, Klei – Mist!
6. Ich klau mir was vom Aufschnitt, Rainer.

Das ist die Lieblingsliste des *Zeit*-Autors Franz Schuh aus seiner Rezension von Metes/Rubinowitz: *Die sexuellen Phantasien der Kohlmeisen – Listen, die die Welt erklären* (Köln 1966).

»Ja, was sag ich ihr nur bloß …«

VIER PANNEN BEIM SPORT

1. Bei einem Sportfest in England trifft ein Hammerwerfer sein eigenes am Rand des Platzes geparktes Auto. Von dort fliegt der Hammer weiter durch ein Fenster und schlägt den gerade mit seiner Frau telefonierenden Präsidenten des Sportvereins k. o. (Der gleiche Werfer hatte bei anderen Wettkämpfen schon eine Esso-Tankstelle, einen Polizeiwagen und ein Toilettenhäuschen für Männer getroffen.)

2. Bei den olympischen Spielen in Rom 1960 fallen sämtliche Reiter der tunesischen Fünfkampfmannschaft vom Pferd. Beim nachfolgenden Schwimmen wäre einer der Tunesier beinahe ertrunken, beim nächsten Wettbewerb, dem Schießen, wurde die Mannschaft des Platzes verwiesen, weil sie das Leben der Schiedsrichter gefährde, und beim Fechten wurde festgestellt, daß sich immer derselbe Kämpfer hinter der Fechtmaske verbarg – den anderen tunesischen Fünfkämpfern war diese Sportart unbekannt.

3. Bei den olympischen Spielen 1932 in Los Angeles vergißt ein Rundenzähler, beim 3.000-Meter-Hindernis-Endlauf die letzte Runde einzuläuten; die Athleten laufen eine Runde zuviel, und der Sieger, der Finne Iso Hollo, verpaßt seinen anvisierten Weltrekord.

4. American Football, Minnesota Vikings gegen San Francisco 49ers: Der Minnesota-Spieler Jim Marshall fängt den Ball, sprintet über das ganze Feld und erzielt einen »Touchdown« – in der falschen Hälfte, in der Aufregung über den unerwarteten Fang hatte er die Laufrichtung verwechselt.

ZEHN MISSGLÜCKTE SCHLAGZEILEN

1. Irrer Betrieb in der neuen Nervenklinik (Bild).

2. Polizei sucht Frauen zum Abtasten (Bild).

3. Gemeiner Hund vergiftet Haustiere (Der Neue Tag).

4. Beim Sonnenbaden ertrunken (Frankfurter Rundschau).

5. Mehrheit für schönes Wetter (ap).

6. Vier Tote starben am Wochenende (Wimpfener Heimatblatt).

7. Jeder fünfte Verkehrstote ging zu Fuß (Kieler Rundschau).

8. Die Zukunft gehört dem Mittagschlaf (Rheinischer Merkur).

9. Unnötige Gerüchelawine um Paul Breitner (Kicker).

10. Nonnen ohne Nachwuchs (Kölner Stadt-Anzeiger).

Quellen: Eigene Beobachtungen sowie Dieter Boßmann: *Die Zukunft gehört dem Mittagschlaf*, München 1986.

ELF MISSGLÜCKTE ARGUMENTE MIT STATISTIK

1. Jede dritte Ehe in Deutschland wird geschieden, in Großstädten sogar jede vierte (Wochenpost).

2. 38 Prozent aller Studentinnen sind weiblich (Bild).

3. Heute fallen in Westdeutschland jährlich gut 12 kg Margarine auf den Kopf der Bevölkerung (Wochenpost).

4. Statistisch erwiesen: Aus parkenden Autos, in denen keine Fotoapparate liegen, werden auch keine Fotoapparate geklaut (Hessische Allgemeine).

5. Wenn sich die Sterbefälle von 54 auf 65 erhöhten, so ist diese Tatsache nicht etwa auf eine höhere Sterblichkeit zurückzuführen, sondern auf die Erweiterung des Brunsbüttelkooger Krankenhausbetriebes (Dithmarsche Landeszeitung).

6. Die Kreishandwerkerschaft Uelzen ist mit dem Ausbildungsstand bei den Innungen sehr zufrieden. Von den 363 Lehrlingen, die zu den Gesellenprüfungen angemeldet wurden, bestanden 338 die Prüfung. Das sind mehr als 90 (Winsener Anzeiger).

7. Die Zahl der Geburten nimmt deshalb ab, weil so wenig Kinder auf die Welt kommen.

8. Frauen leben im Durchschnitt länger – das gilt besonders für Witwen (Handelsblatt).

9. Die Lebenserwartung hat sich in der Bundesrepublik in den letzten zwanzig Jahren kaum verändert (Frauen sterben dagegen weniger häufig), trotz ständig steigender Gesundheitskosten (Die Zeit).

10. Der höchste Anteil findet sich indes bei den Jüngeren und vor allem in den älteren Altersgruppen (Hannoversche Nachrichten).

11. Zehn von hundert Menschen haben Ahnung vom Prozentrechnen. Das sind über 17 %.

Quellen: Götz Trenkler: unveröffentlichte Aphorismensammlung zur Statistik; H. Lobentanzer: *Heizbare Frauenzimmer*, Frankfurt am Main 1990.

ELF NICHT ALLTÄGLICHE ALLTAGSPANNEN

1. Ein Diplomat der britischen Botschaft in Wien besucht als Hamlet einen Faschingsball. Bei der Heimfahrt klebt er, im Bemühen, das vereiste Türschloß seines Autos durch Beatmen aufzutauen, durch die Kälte mit dem Mund am Türschloß fest; gut eine Stunde belustigt er als nächtlicher Hamlet die Passanten ...

2. Amerikanische Konsumentenschützer lassen zu Weihnachten Tausende von Anstecknadeln mit dem Text »Den Kindern zuliebe: Kinderfreundliches Spielzeug« produzieren. Sämtliche Nadeln müssen sofort aus dem Verkehr gezogen werden, sie hatten scharfe Kanten, waren mit giftiger Bleifarbe bedruckt und leicht von Kleinkindern zu verschlucken.

3. Ein 35jähriger Berliner sägt den Ast eines Baumes ab, auf dem er selber sitzt. Er stürzt aus fünf Metern Höhe zur Erde und kommt schwerverletzt ins Krankenhaus.

4. »Ich wollte Fensterputzen. Damit ich von außen an das Fenster herankommen konnte, legte ich ein Bügelbrett auf die Fensterbank. Mein Mann, der schwerer als ich ist, setzte sich innen auf das Bügelbrett, und ich putzte auf dem Brett stehend das Fenster von außen. Plötzlich klingelte es an der Haustür. Als mein Mann unten öffnete, fand er mich vor dem Eingang liegend. Wir wissen bis heute nicht, wer geklingelt hat.« (Aus einer Schadensmeldung an eine Versicherung.)

5. Die englische Gemeinde Solihull beauftragt eine Abrißfirma, einen Kuhstall abzureißen. Am Morgen des vereinbarten Tages sehen Nachbarn einen Abriß-bagger anrollen, am Kuhstall vorbeifahren und auf Monkspath Hall, einen denkmalgeschützten Gutshof aus dem 18. Jahrhundert zuhalten. Nach einer Stunde sind von dem Denkmal nur noch Trümmer übrig ...

6. Der Bürgermeister von Leningrad feiert im Hermitage-Museum die Hochzeit seiner Tochter. Als einer der Gäste eine Teetasse zu Boden fallen läßt, fassen die anderen das als Zeichen auf und werfen zur Bekräftigung des Brautglücks auch ihre Teetassen – aus dem einmaligen Teeservice Katharinas der Großen – zu Boden (der Bürgermeister war nicht mehr lange Bürgermeister).

7. Ein Dr. John Fellows aus England will seine Tocher in New York besuchen. Dort angekommen, findet er den Zettel mit ihrer Adresse nicht. Auch den Namen seiner Tochter hatte er vergessen. Nach mehreren Stunden Nachden-kens auf dem Flugplatz fliegt er unverrichteter Dinge nach England zurück.

8. Das Iroqois-Theater in Chicago eröffnet 1903 als erstes hundertprozentig feu-ersicheres Theater der Welt. Einen Monat später verursacht eine Glühbirne einen Kurzschluß, das Theater brennt bis auf die Grundmauern nieder.

9. Frankfurter Buchmesse 1980: Ein holländischer Verleger reicht einem Taxifah-rer einen Zettel mit der Adresse des Hotels; dann schläft er – müde von den vielen Dienstbesprechungen und Parties – ein und findet sich fünf Stunden später vor seinem Haus in Amsterdam. Er hatte dem Taxifahrer die eigene Adresse angegeben ...

10. Ein Fahrgast des französischen Hochgeschwindigkeitszuges TGV verliert in der Toilette sein Portemonnaie, langt in die Schüssel, um es herauszufischen, und bleibt stecken. In letzter Verzweiflung zieht er die Notbremse und wird schließ-lich von der Feuerwehr, die ihn mitsamt Toilette auf den Bahnsteig hievt, mit Schneidbrennern befreit.

11. Ein amerikanischer Waschmittelhersteller erlitt Mitte der 80er Jahre mit einer teuren Werbekampagne in Saudi-Arabien einen großen Mißerfolg: Die Anzei-gen zeigten links die schmutzige, rechts die saubere Wäsche, und das Wasch-pulver dazwischen. In arabischen Ländern liest man von rechts nach links ...

Quellen: Verschiedene Ausgaben der *Hannoverschen Allgemeinen Zeitung*; R. Geyer: *Bruchlandungen*, Hannover 1988; Stephen Pile: *Nieten ohne Ende*, München 1993.

FÜNF MISSGLÜCKTE SELBSTMORDE

1. 1979: Eine Mrs. Evita Adams stürzt sich vom 86. Stock des New Yorker Empire State Buildings, wird aber von einem plötzlichen Windstoß in ein offenes Fenster des 85. Stocks gewirbelt, wo sie ohne größere Verletzung landet.

2. 1885: Aus Liebeskummer springt die Engländerin Sarah Henley von der berühmten, mehr als 70 Meter hohen Clifden-Brücke bei Bristol in die Tiefe. Jedoch wirkt ihr Petticoat wie ein Fallschirm, sie segelt sanft nach unten, landet weich im Schlamm und stirbt mit 85 Jahren.

3. 1992: Ein Mann will sich aus dem dritten Stock eines Hauses auf die Straße stürzen; er nimmt Anlauf, bricht durch ein Fenster und landet leicht verletzt auf einem Auto, das unter dem Fenster parkt. In Rage versetzt rennt der Mann wieder in den dritten Stock und stürzt sich erneut aus dem Fenster; er landet wieder auf dem Autodach – er hatte dasselbe Fenster genommen.

4. 1992: Ein Chinese springt in die Fluten des Gelben Flusses; er verheddert sich in einer Angelschnur und wird von deren Besitzer bewußtlos aus dem Fluß gezogen.

5. 1994: Ein Mann stürzt sich vom 10. Stockwerk eines Hauses in die Tiefe; beim Passieren des 9. Stocks wird er von einer dort während eine Ehestreites abgefeuerten Kugel getroffen und sofort getötet.

Quellen: Reiseführer England, Abschnitt »Bristol«; »1994's most bizarre suicide«, http://www.cs.cornell.edu; T. Resca, P. Stefanato: *Das explodierte Schwein*, München 1996.

ZEHN ÄRZTLICHE KUNSTFEHLER

In New York gebärt eine weiße Frau ein schwarzes Baby – bei der künstlichen Befruchtung war der Samen ihres Mannes mit dem eines fremden Spenders verwechselt worden. Daß ähnliches auch bei uns passieren kann, wird durch die nächste Liste klar (bitte diese nicht mißverstehen: »Wer arbeitet, macht Fehler«, sagte schon der alte Krupp, »wer viel arbeitet, macht viele Fehler, und nur wer überhaupt nichts tut, braucht auch keine Fehler zu machen«. In diesem Sinn ist daher das folgende Panoptikum mehr ein Zeichen für den medizinischen Fortschritt seit Hippokrates und weniger als Anklage zu sehen; wer wie Hippokrates keine Bauchhöhlen zum Operieren öffnet, kann auch keine Scheren darin liegen lassen).

1. 1975: Eine Frau läßt sich in der (inzwischen umbenannten) Birkenwald-Klinik in Nürnberg die Gallenblase entfernen. Dreizehn Jahre später zeigt sich bei der Nachbehandlung einer Narbe eine seinerzeit im Bauch der Frau vergessene Schere auf dem Röntgenschirm (100.000 Mark Entschädigung).

2. 1976: In Karlsruhe wird ein Mädchen nach einem Sportunfall mit Verdacht auf Milzverletzung in ein Krankenhaus gebracht; ein Arzt stellt nach Öffnen der Bauchhöhle Verletzungen an der linken Niere fest und entfernt diese. Er übersieht dabei, daß das Mädchen seit Geburt nur diese eine Niere hat.

3. 1979: Ein 44jähriger Gastwirt, in der Uni-Klinik Göttingen wegen Magen-durchbruchs operiert, lebt acht Jahre unter großen Schmerzen mit einem 15 cm langen Schlauch im Bauch, den die Ärzte nach der Operation vergessen hatten.

4. 1983: Im Marienhospital im westfälischen Hamm bringt eine Frau einen gesunden Jungen zur Welt; der Stationsarzt betrachtet die Geburt damit als erledigt und leitet die Nachgeburt ein. Er übersieht, daß sich noch ein sechs Pfund schwerer Zwilling des Neugeborenen im Mutterleib befindet (kam eine halbe Stunde später körperlich und geistig behindert zur Welt).

5. 1985: Ein 53jähriger Maurer läßt sich in der Medizinischen Hochschule Hannover wegen Nasenblutens behandeln. Danach leidet er zwei Jahre unter starken Atembeschwerden, bis man ihm ein Stück des seinerzeit benötigten, dann vergessenen Beatmungsschlauchs entfernt.

6. 1986: Eine 32jährige Hannoveranerin läßt sich wegen eines Meniskusschadens am linken Knie operieren. Aus der Narkose aufgewacht, sieht sie einen dicken Verband am rechten Knie ...

7. 1987: Und noch ein analoger Fall: In der Medizinischen Hochschule Hannover wird einer wegen Krebsgeschwür im rechten Schilddrüsenlappen eingelieferten Patientin die linke Schilddrüse entfernt; die Frau kann seitdem nicht mehr richtig sprechen.

8. 1989: Fünf Wochen nach einer Dünndarmoperation scheidet ein Patient eines Münchener Krankenhauses zwei meterlange Mullbinden aus. Wie sofort vorgenommene Röntgenaufnahmen zeigten, befanden sich noch weitere »massive« Materialien in seinem Darm.

9. 1992: Zwei Braunschweiger Ärzte verwechseln beim ambulanten Operieren
    zwei namensgleiche Patienten: Ein fünfjähriger Junge, der eigentlich wegen
    eines Nabelbruchs operiert werden sollte, wird an der Vorhaut operiert, sein
    wegen einer Vorhautverengung (Phimose) eingelieferter Namensvetter wird
    einer Bruchoperation unterzogen.

10. 1994: Auf der Intensivstation des Nürnberger Südklinikums verwechselt man
    die Infusionslösungen zweier frisch operierter Männer; beide Patienten sterben.

Quellen: *Hannoversche Allgemeine Zeitung*, diverse Jahre, und andere deutsche Tageszeitungen.

18 PEINLICHE PANNEN BEI KONFERENZEN

1. Zeitgleich tagen im selben Hotel die Fischer-Chöre.

2. Die Konferenzräume sind zu klein.

3. Die Konferenzräume sind zu groß.

4. Die Konferenzteilnehmer haben die zur Vorbereitung nötigen Materialien
    nicht erhalten.

5. Die Seiten 4 und 5 der wichtigsten Informationsbroschüre fehlen.

6. Die am Vorabend sorgfältig vorbereiteten Namensschilder sind verschwunden.

7. Auf 5 Minuten angesetzte Besprechungsphasen dehnen sich auf Stunden aus.

8. Die auf dem Konferenzprogramm in der Hotelhalle ausgehängten Zeiten stim-
    men nicht.

9. Wegen zeitgleicher anderer Konferenzen verirrt sich die Hälfte der Teilnehmer
    zur Konkurrenz; umgekehrt gehört die Hälfte der Anwesenden nicht hierher.

10. Referenten, die vom Thema her an den Schluß gehören, wollen ihren Vortrag
    schon am Anfang halten; dafür kommen die Eröffnungsredner erst zum Schluß.

11. Referenten werden zum falschen Hotel geschickt.

12. Der wichtigste Referent schickt eine Ersatzperson, die die Hälfte der Redezeit mit Entschuldigungen verbringt.

13. Die Referenten haben ihre Notizen vergessen.

14. Erfrischungen und Drinks werden mitten in der Diskussion hereingebracht.

15. Aus religiösen oder diätischen Gründen kann die Hälfte der Konferenzteilnehmer das angebotene Menü nicht essen.

16. Bei Beginn des abendlichen Unterhaltungsprogramms sind die meisten Konferenzteilnehmer noch beim Essen.

17. Der Strom fällt aus.

18. Es sind keine Ersatzbirnen für den Overhead-Projektor da.

PS: Und hier noch eine Panne, bei der die Autoren dieses Buches kürzlich selber Zeugen waren: Kaum hat der Redner sein mit Spannung erwartetes Referat begonnen, beginnt auch ein Bauarbeiter vor dem Fenster sein Tagwerk mit dem Preßlufthammer.

Quelle: Donald L. Kirkpatrick: *Konferenz mit Effizienz*, München 1994.

22 NIETEN IN NADELSTREIFEN

»Die Suche nach den schlechtesten deutschen Managern ist nicht leicht«, schreibt Günter Ogger in seinem Bestseller *Nieten in Nadelstreifen* (München 1992). Aber bei den folgenden 22 Managern gibt es »bei der Zuordnung offensichtlicher Fehlleistungen« aus der Sicht von Ogger »kein Problem«:

1. Carl H. Hahn, VW
»Im zehnten und letzten Jahr seines Wirkens an der Spitze des VW-Konzerns vollbrachte der einstige Käfer-Verkäufer das Kunststück, während des größten Autobooms aller Zeiten einen Verlust von 770 Millionen Mark einzufahren.«

2. Horst Urban, Conti-Gummi
»Versäumte es, rechtzeitig strategische Allianzen mit anderen Reifenherstellern zu knüpfen und so zu besseren Preisen im hart umkämpften Erstausrüstergeschäft mit der Automobilindustrie zu kommen.« (Verlust im Geschäftsjahr 1991: 400 Millionen Mark.)

3. Peter Tamm, Axel Springer Verlag
»Führte den größten Zeitungsverlag des Kontinents in die Flaute.«

4. Heinz Dürr, AEG
»Verstand es nicht, den maroden Elektrokonzern zu sanieren, geschweige denn fit zu machen für den Wettbewerb der Zukunft.«

5. Gert Becker, Degussa
»Der Kauf des High-Tech-Unternehmens Leybold im Jahr 1987 erwies sich als milliardenteurer Flop.«

6. René C. Jäggi, Adidas
»Anstatt das marode Unternehmen gründlich zu sanieren, ließ er sich vom dubiosen Großaktionär Tapie aus Frankreich den Schneid abkaufen.«

7. Karl-Josef Neukirchen, Hoesch
»Der Sanierer des Dieselmotorherstellers KHD in Köln galt als einer der härtesten und besten Manager Deutschlands, ehe er beim Dortmunder Stahlkonzern Hoesch sein Waterloo erlebte.«

8. Otto Wolff
»Während Wolff in den Beiräten von Konzernen wie Exxon rhetorisch brillierte, geriet seine eigene Firmengruppe immer tiefer in die roten Zahlen.«

9. Arno Bohn, Porsche
»Benimmt sich am Steuer der Stuttgarter Sportwagenschmiede Porsche wie ein Fahrschüler.«

10. Jens Odewald, Kaufhof
Der »begabte Selbstdarsteller« leistete sich beim Kauf von 60 Prozent der Aktien der Firma Oppermann »eine böse Schlappe«.

11. Herbert Zapp, Deutsche Bank
»Kaum jemals hat sich das größte deutsche Geldinstitut so blamiert wie dort, wo Zapp das Sagen hat.«

12. Albrecht Graf Matuschka
Einst erfolgreicher Finanzdienstleister, aber »weder sein Sachverstand noch seine Kapitalkraft waren dem stürmischen Expansionsdrang gewachsen«.

13. Helmuth Guthard, DG Bank
Konnte nur durch den Verkauf firmeneigener Immobilien »noch ein ausgeglichenes Ergebnis vorweisen, während Konkurrenten wie die Commerzbank oder die Dresdner Bank Milliardengewinne scheffelten«.

14. Hans Joachim Langmann, Merck
Ein »starrsinniger Patriarch«.

15. Horst Münzer, VW
Hat »eines der größten Desaster« der Firmengeschichte – den Ankauf von Triumph Adler – zu verantworten.

16. Klaus Luft, Nixdorf
»Steuerte ... Deutschlands erfolgreichsten Computerhersteller in den Abgrund.«

17. Leif C. Lundkvist, Friedrich Deckel AG
»Mißachtete die Wünsche der Kundschaft und verzettelte sich in tausenderlei Projekten.«

18. Jürgen Schrempp, Daimler-Benz
Hat es als DASA-Chef nicht verstanden, »die Animositäten zwischen Luft- und Raumfahrtspezialisten zu beseitigen und die Rüstungslastigkeit der DASA auszutarieren«.

19. Hans Kompernas, Hako AG
»Kaum zwei Jahre nach der Börseneinführung der Hako-Aktien war das Unternehmen sanierungsreif.«

20. Cornelis van der Klugt, Philips
Wußte nicht, was in seinem eigenen Konzern geschah.

21. Hans-Dieter Wiedig, Siemens
Bekam die Fusion Siemens-Nixdorf nicht auf die Reihe.

22. Heinz Ruhnau, Lufthansa
»Ließ die Lufthansa abstürzen.«

DIE TRAURIGE GESCHICHTE DER
U-BOOTE DER K-KLASSE

Die U-Boote der sogenannten K-Klasse wurden gegen Ende des Ersten Weltkrieges in England entwickelt. Hier ist ihre traurige Geschichte:

K1: Sank vor der dänischen Küste nach Kollison mit K4.

K2: Brannte auf der ersten Testfahrt aus.

K3: Wurde von K6 gerammt und sank (für immer).

K5: Im Golf von Biskaya ohne Feindeinwirkung gesunken.

K6: Kollidiert ebenfalls mit K4.

K14: Kollidiert mit K22 (eigentlich K13: umbenannt, nachdem es bei See-tüchtigkeitstests gekentert war) und sinkt.

K15: Sinkt vor der ersten Fahrt im Hafen von Portsmouth.

K18-21: Werden niemals fertiggestellt (warum nur?).

K22: Nach Kollision mit Kreuzer HMS Inflexible nicht mehr zu gebrauchen.

Quelle: Stephen Pile: *Nieten ohne Ende*, München 1993.

14. KAPITEL:
ALTIUS, CITIUS, FORTIUS

ACHT WENIGER BEKANNTE SPORTARTEN

1. Milchkannen-Weitwurf
Norddeutsche Spezialität; wird bei Rasenkraftsportmeisterschaften ausgetragen und wurde einmal von unserem Studenten Clemens Tilke mit einer Weite von 29,72 Metern gewonnen: »Auch der Ehrenpreis war standesgemäß; Tilke erhielt ein Kilogramm Käse.«

2. Bettenrennen
Wird seit 1966 jährlich im englischen Knaresborough ausgetragen: ein Bett ist über einen 3 km langen Kurs zu tragen (aktueller Rekord: 12 Minuten, 9 Sekunden).

3. Wassergehen
Vom 1. September bis 15. Oktober 1983 marschierte Fritz Weber von Bayreuth nach Mainz zu Fuß auf Schwimmschuhen den Main hinab (575 Kilometer).

4. Büffelfladen-Weitwurf
Wird jährlich im amerikanischen Athol im Bundesstaat Maryland ausgetragen. Mangels Büffeldung wird dabei ersatzweise mit Kuhfladen geworfen.

5. 12-Stunden-Rasenmäherrennen
Wird regelmäßig in England unter Aufsicht des englischen Rasenmäher-Rennverbandes ausgetragen. Im August 1992 schaffte John Gill mit Kopiloten in 12 Stunden 468 Kilometer auf einem Rasenmäher.

6. Tennisball-Weitschlagen
Offizieller deutscher Rekordhalter: R. Lipphardt von der LGA Rotenburg-Bebra mit 104,56 Metern (der Ball wird mit dem Schläger wie beim Aufschlag aus dem Stand geschlagen).

7. Frauentragen
Aktueller Weltmeister: Der Finne Jouni Jussila. Er hatte seine Frau Tiina als schnellster von 30 Konkurrenten über einen 235 Meter langen Hindernis-Parcours getragen ...

8. Melonenkern-Weitspucken
Die besten dieses Sports, die »Cracheurs des Graines de Melon«, treffen sich jedes
Jahr in der französischen Gemeinde Le Frechou zwischen Toulouse und Bordeaux.
Der aktuelle Weltmeister heißt Phillippe Cailleau, der aktuelle Weltrekord steht
bei 10,29 Metern.

Quellen: *Das neue Guiness Buch der Spaß-Rekorde*, Berlin 1994; »Spuckte am weitesten«, *Hannoversche
Allgemeine Zeitung* vom 19. August 1996.

ACHT UNGEWÖHNLICHE LEICHTATHLETIKREKORDE

1. Hundert Meter rückwärts
Weltrekord: 14,4 Sekunden, aufgestellt von dem Neuseeländer Paul Wilson am 22.
September 1979 in Tokyo.

2. Zweisprung aus dem Stand
Deutscher Rekordhalter: R. Stark, LGA Rotenburg-Bebra, mit 6,38 Metern.

3. Dezimarathonlauf (4,2195 km)
Deutscher Rekordhalter: P. Scholz, FC Passau, 16:34 Minuten.

4. Historisches Gewichtwerfen
Bei dieser einst olympischen Disziplin wird ein 25 kg schweres Wurfgewicht ähnlich wie beim Hammerwurf möglichst weit geschleudert. Rekordhalter: C. Deth-
loff, LG Frankfurt, 14,54 Meter.

5. Diskuswerfen griechisch
Diskuswerfen aus dem Stand mit 5-kg-Hantelscheibe; Deutscher Rekordhalter: A.
Wagner, MT Melsungen, 30,08 Meter.

6. Eisenschleuderwerfen
Deutscher Rekordhalter: A. Wagner, MT Melsungen, 70,84 Meter.

7. Purzelbaumschlagen
Weltrekord: Mike Braun aus Bergen im Rems-Murr-Kreis (Baden-Württemberg).
Er purzelte am 23. Juli 1985 im Stadion Waiblingen in 7 Stunden 16 Kilometer.

8. Keulenwerfen
Deutscher Rekordhalter: A. Stracke, TV Jahn Delwig, 89,60 Meter.

Quelle: *Das neue Guiness Buch der Spaß-Rekorde*, Berlin 1994; *Laufen-Springen-Werfen*, Sonderausgabe
Nr. 4/1996.

FÜNF DEUTSCHE OLYMPIA-BEWERBUNGEN

1. 1908 Berlin (Vergabe an London)
2. 1912 Berlin (Vergabe an Stockholm)
3. 1936 Berlin, Frankfurt am Main, Köln, Nürnberg (Vergabe an Berlin)
4. 1972 München (Vergabe an München)
5. 2000 Berlin (Vergabe an Sydney)

Für die olympischen Spiele 2000 hatte sich auch das Ruhrgebiet beworben, die Bewerbung aber zugunsten Berlins zurückgezogen. Das Ruhrgebiet plant nun unter Vorsitz des Dortmunder Oberbürgermeisters Günther Samtlebe (SPD) eine gemeinsame Bewerbung mit der Rheinregion für die olympischen Spiele 2008 oder 2012.

Quelle: Nationales Olympisches Komitee für Deutschland, persönliche Mitteilung 1996.

PREISE FÜR DIE FERNSEHRECHTE BEI OLYMPIA

	Soviel verlangte das IOC für die Fernsehrechte
Rom 1960:	380.000 Dollar
Tokyo 1964:	380.000 Dollar
Mexiko 1968:	1,0 Mio. Dollar
München 1972:	1,7 Mio. Dollar
Montreal 1976:	4,5 Mio. Dollar
Moskau 1980:	5,9 Mio. Dollar
Los Angeles 1984:	19,8 Mio. Dollar
Seoul 1988:	28,0 Mio. Dollar
Barcelona 1992:	75,0 Mio. Dollar
Atlanta 1996:	240,0 Mio. Dollar

Apropos Rundfunk- und Fernsehrechte: das erste im Rundfunk übertragene deutsche Fußball-Länderspiel war am 18. April 1926 in Düsseldorf (4:2 gegen die Niederlande); für die Ehre dieser Übertragung *bezahlte* der DFB dem Sender 100 Mark...

Quelle: »Milliarden-Spektakel in Atlanta«, *Informationsdienst des Instituts der Deutschen Wirtschaft*, 25. Juli 1996.

DIE ACHT ERFOLGREICHSTEN OLYMPIA-NATIONEN

	Olympische Medaillen 1896-1996
1. USA	2.011
2. Rußland	1.199
3. Deutschland	1.125
4. Großbritanien	634
5. Frankreich	564
6. Schweden	461
7. Italien	445
8. Ungarn	425

Bei Rußland haben wir auch Medaillen aus der früheren Sowjetunion, bei Deutschland auch Medaillen aus der früheren DDR gezählt.

Quellen: »Das war Atlanta 1996«, *Hannoversche Allgemeine Zeitung* vom 6. August 1996; und Russell Ash: *The Top Ten of Everything*, London 1995.

DIE ZEHN ERFOLGREICHSTEN OLYMPIA-ATHLETEN

	Gold	Silber	Bronze
1. Ray Ewry (USA), Leichtathletik	10	0	0
2. Larissa Latynina (URS), Turnen	9	5	4
3. Paavo Nurmi (FIN), Leichtathletik	9	3	0
4. Mark Spitz (USA), Schwimmen	9	1	1
5. Carl Lewis (USA), Leichtathletik	9	1	0
6. Sawao Kato (JPN), Turnen	8	3	1
7. Matt Biondi (USA), Schwimmen	8	2	1
8. Nikolai Andrianov (URS), Turnen	7	5	3
9. Boris Shakhlin (URS), Turnen	7	4	2
10. Vera Caslavska (TCH), Turnen	7	4	0

Quellen: K. A. Scherer: *100 Jahre olympische Spiele*, Dortmund 1995; eigene Beobachtungen, Atlanta 1996.

Der Super-Finne Paavo Nurmi, das Laufwunder der 20er und 30er Jahre

DIE ZEHN ERFOLGREICHSTEN DEUTSCHEN OLYMPIATEILNEHMER

	Gold	Silber	Bronze
1. Reiner Klimke (Reiten)	6	0	2
2. Kristin Otto (Schwimmen)	6	0	0
2. Nicole Uphoff (Reiten)	6	0	0
4. Birgit Fischer-Schmidt (Kanu)	5	3	0
5. Hans Günter Winkler (Reiten)	5	1	1
6. Kornelia Ender (Schwimmen)	4	4	0
7. Roland Matthes (Schwimmen)	4	2	2
8. Carl Schuhmann (Ringen/Turnen)	4	0	1
9. Bärbel Eckert (Leichtathletik)	4	0	0
10. Andrea Pollock (Schwimmen)	3	3	0

Bei den letzten beiden Listen folgen wir der Tradition und werten zuerst die Goldmedaillen, dann Silber und dann Bronze.

Quellen: K. A. Scherer: *100 Jahre olympische Spiele*, Dortmund 1995; eigene Beobachtungen, Atlanta 1996.

Nicole Uphoff, eine von vielen erfolgreichen deutschen Olympiateilnehmerinnen

DIE ZEHN JÜNGSTEN OLYMPIASIEGER 1896-1996

1. Unbekannter Junge (F), Rudern (Steuermann, 1900)   7 Jahre
2. Klaus Zerta (D), Rudern (Steuermann, 1960)   13 Jahre
3. Marjorie Gestring (USA), Wasserspringen (1936)   13 Jahre
4. Mingxia Fu (CHN), Wasserspringen (1992)   13 Jahre
5. Giorgio Cesana (I), Rudern (Steuermann,1906)   14 Jahre
6. Bernard Malivoire (F), Rudern (Steuermann, 1952)   14 Jahre
7. Kyoko Iwasaki (JPN), Schwimmen (1992)   14 Jahre
8. Franciscus Hin (NL), Segeln (1920)   14 Jahre
9. Krisztina Egerszegi (HUN), Schwimmen (1988)   14 Jahre
10. Pokey Watson (USA), Schwimmen (1964)   14 Jahre

Den Namen des jüngsten Olympiasiegers aller Zeiten kennt man nicht; der kleine Junge hatte in einem holländischen Ruderboot als Steuermann ausgeholfen. Es hatten zwei holländische Boote das Finale erreicht, aber es gab nur einen Steuermann ...

Quelle: K. A. Scherer: *100 Jahre olympische Spiele*, Dortmund 1995.

DIE ZEHN ÄLTESTEN OLYMPIASIEGER 1896-1996

1. Oscar Swahn (SWE), Sportschießen (1912)   64 Jahre
2. Galen Spencer (USA), Bogenschießen (1904)   64 Jahre
3. Robert Williams (USA), Bogenschießen (1904)   63 Jahre
4. Everard Endt (USA), Segeln (1952)   59 Jahre
5. William Northam (AUS), Segeln (1964)   59 Jahre
6. Jerry Milner (GB), Sportschießen (1912)   58 Jahre
7. Allen Whittey (GB), Sportschießen (1924)   57 Jahre
8. Johan Anker (NOR), Segeln (1928)   57 Jahre
9. Paul Smart (USA), Segeln (1948)   56 Jahre
10. William Thompson (USA), Bogenschießen (1904)   56 Jahre

Die älteste Frau auf dem olympischen Siegertreppchen war die Engländerin Sybil Newail, sie gewann 1908 mit 53 Jahren das Bogenschießen der Frauen.

Quelle: K. A. Scherer: *100 Jahre olympische Spiele*, Dortmund 1995.

ZEHN SPORTARTEN, DIE NUR EINMAL BEI OLYMPIA VERTRETEN WAREN

1. 200 Meter Hindernisschwimmen, 1900
2. Tauchen (Männer), 1900
3. Pferdehochsprung, 1900
4. Schießen auf lebende Tauben, 1900
5. Jonglieren, 1904
6. Steinstoßen der Männer, 1906
7. Rudern Marinekutter (17 Männer), 1906
8. Schwellstaffel (200, 200, 400, 800m), 1908
9. Beidhändiges Kugelstoßen (Männer), 1912
10. Beidhändiges Speerwerfen, 1912

Quelle: K. A. Scherer: *100 Jahre olympische Spiele*, Dortmund 1995.

ZEHN WEITERE WENIGER BEKANNTE OLYMPISCHE DISZIPLINEN

1. Kopfweitsprung
2. Tonnenspringen
3. Keulenschwingen
4. Antikes Diskuswerfen
5. Hochsprung aus dem Stand
6. Einhand-Heben
7. Tauklettern
8. Tauziehen
9. Gewichtwerfen
10. Dreisprung aus dem Stand

Quelle: K. A. Scherer: *100 Jahre olympische Spiele*, Dortmund 1995.

Heute nicht mehr olympisch: Seilzieher in Aktion

ZEHN SPEKTAKULÄRE OLYMPISCHE DISQUALIFIKATIONEN

1. Fred Lorz
St. Louis 1904: der Amerikaner Fred Lorz, Sieger im Marathonlauf, war zehn Meilen mit dem Auto gefahren ...

2. Dorando Pietri
London 1908: Beim Marathonlauf bricht der Italiener Dorando Pietri, in Führung liegend, kurz vor dem Ziel zusammen. Freundliche Helfer greifen ihm unter die Arme – Disqualifikation.

Diese hilfreichen Hände kosteten Dorando Pietri die Goldmedaille

3. Jim Thorpe
Stockholm 1912: Der Indianer Jim Thorpe gewinnt den Fünf- und den Zehnkampf, wird zehn Monate später disqualifiziert, weil er gegen Geld gestartet ist (1983 bekommt er seine Goldmedaillen zurück).

4. Schwedische Reiterequipe
London 1948: Die schwedischen Dressurreiter werden wegen Teilnahme eines Unteroffiziers disqualifiziert (nach der olympischen Regel durften damals in der Dressurmannschaft nur Offiziere reiten).

5. Amerikanische 4x100-Meter-Staffel
London 1948: Der amerikanischen Sprintstaffel wird die Goldmedaille verweigert, sie soll die Wechselmarke übertreten haben. Ein Amateurfilm belegt aber den korrekten Wechsel, die Goldmedaille wird gerettet.

6. Dong-Kih Choh
Tokyo 1964: Der koreanische Boxer Dong-Kih Choh wird wegen Kopfschlages disqualifiziert; sein nachfolgender 51 Minuten langer Sitzstreik in der Ringmitte macht ihn weltberühmt.

7. H. G. Liljenwall
Mexiko City 1968: Der schwedische Fünfkämpfer Hans-Gunnar Liljenwall wird beim Schießen disqualifiziert – er war besoffen.

8. Boris Onischenko
Montreal 1976: Der russische Fünfkämpfer Boris Onischenko wird mit einem Degen erwischt, der bei Bedarf durch den Druck der Hand den Trefferkontakt auslöst.

9. Jürgen Hingsen
Seoul 1988: Der Mitfavorit auf das Olympiagold im Zehnkampf verschuldet gleich bei der ersten Disziplin, den 100 Metern, vier Fehlstarts hintereinander (in der Antike wurden Fehlstarter ausgepeitscht).

10. Ben Johnson
Seoul 1988: Der 100-Meter-Olympiasieger wird drei Tage später des Dopings überführt.

Quelle: »100 Jahre olympische Spiele«, *Frankfurter Allgemeine Zeitung*, mehrere Ausgaben 1996.

DIE ZEHN GRÖSSTEN DEUTSCHEN SPORTLER DES 20. JAHRHUNDERTS

1. Franz Beckenbauer
Geb. 1945 in München. Erster deutscher Fußballer mit mehr als 100 Länderspielen. Weltmeister als Spieler 1974, als Trainer 1990. Gilt als bester deutscher Fußballspieler aller Zeiten.

2. Boris Becker
Geb. 1967 in Leimen. Der Beckenbauer des deutschen Tennis. Mehrfacher Wimbledonsieger (erstmals 1985 mit 17 Jahren; damit ist Becker immer noch der jüngste Einzel-Sieger eines Grand-Slam-Turniers). Weltranglistenerster 1990.

Michael Stich und Boris Becker bei der Verleihung der Goldmedaille im Tennisdoppel, Barcelona 1992

3. Rudolf Caracciola
Geb. 1901 in Remagen, gestorben 1959 in Kassel. Neben Michael Schumacher der erfolgreichste deutsche Automobilrennfahrer aller Zeiten. Bis 1939 15 Grand-Prix-Titel und dreifacher Europameister, mehr als zwei Dutzend Geschwindigkeitsweltrekorde.

4. Michael Groß
Geb. 1964 in Frankfurt am Main. Bester deutscher Schwimmer, mehrfacher Weltrekordler (erstmals 1983) und Olympiasieger (Los Angeles 1984 und Seoul 1988).

5. Armin Hary

Geb. 1937 in Quierschied. Deutscher Wundersprinter, Europameister über 100
Meter und Weltrekordler 1958 (der erste Mensch, der die 100 Meter in 10 Sekunden läuft), Olympiasieger 1960.

6. Reiner Klimke

Geb. 1936 in Münster. Sechs olympische Goldmedaillen im Dressurreiten, die erste
(mit der Mannschaft) in Tokyo 1964, die letzte in Seoul 1988.

7. Max Schmeling

Geb. 1905 in Klein-Luckow. Deutsches Box-Idol, Halbschwergewichts-Europamei-
ster 1927 (gegen Fernand Delarge aus Belgien), Deutscher Meister im Schwerge-
wicht 1928 (gegen Max Diener), Weltmeister 1930 (gegen Jack Sharkey, der wegen
Tiefschlag disqualifiziert wird). Verteidigt seinen Titel 1931 gegen William Stribb-
ling durch k. o., verliert die Revanche gegen Sharkey umstritten nach Punkten.
Schlägt 1936 in einem Ausscheidungskampf um den Titel den bis dato ungeschla-
genen Joe Louis.

8. Fritz Walter

Geb. 1920 in Kaiserslautern. Kapitän der legendären Fußball-Weltmeistermann-
schaft 1954. Erstes Länderspiel 1940 gegen Rumänien, letztes Länderspiel (als 37-
jähriger) 1958 gegen Schweden (das skandalöse Halbfinale der damaligen WM, in
dem die deutsche Mannschaft wie so oft vom Schiedsrichter verschaukelt wurde).

9. Jens Weißflog

Geb. 1964 in Eslabrunn. Erfolgreichster deutscher Skisportler aller Zeiten (Ski-
springen). Von 1983 bis 1994 mehrfacher Weltmeister und Olympiasieger. Gewann die Vierschanzentournee 1984, 1985, 1989 und 1996.

10. Hans Günter Winkler

Geb. 1926 in Wuppertal. Erfolgreichster deutscher Springreiter aller Zeiten, mehrfacher Welt- und Europameister (erstmals 1954) und Olympiasieger (nahm von
1956 bis 1976 aktiv an sechs olympischen Spielen teil). Bis heute unvergessen:
Winklers Ritt zur Mannschaftsgoldmedaille bei der Olympiade 1956, als die Wun-
derstute Halla den verletzten Reiter quasi von allein zur Goldmedaille trägt.

Diese Liste enthält in alphabetischer Reihenfolge alle deutschen Männer, die in
dem Buch von F. Clemens, u. a.: *Die 100 des Jahrhunderts: Sportler*, Reinbek 1994,
vertreten sind (aus Österreich stammt dabei nur Toni Sailer – die Autoren sind
Deutsche).

DIE ACHT GRÖSSTEN DEUTSCHEN SPORTLERINNEN DES 20. JAHRHUNDERTS

1. Christl Cranz

Geb. 1914 in Brüssel. Gewinnt zwischen 1934 und 1939 zwölf Weltmeistertitel und drei Silbermedaillen bei alpinen Ski-Weltmeisterschaften; Goldmedaille 1936 bei den olympischen Winterspielen.

2. Heike Drechsler

Geb. 1964 in Gera. Zweifache Weltmeisterin im Weitsprung, dreifache Europacup-Siegerin, dreifache Europameisterin, Goldmedaille 1992. Eine der erfolgreichsten Leichtathletinnen der 80er und 90er Jahre.

3. Anja Fichtel-Mauritz

Geb. 1968 in Tauberbischofsheim. Die erfolgreichste deutsche Fechterin (zwei olympische Goldmedaillen und fünf Weltmeistertitel). Gewinnt sieben Wochen nach der Geburt ihres Sohnes bei den olympischen Spielen in Barcelona 1992 nochmals Silber im Florett.

4. Steffi Graf

Geb. 1969 in Brühl. Gewinnt bis Ende 1996 18 Grand-Slam-Turniere, darunter fünfmal Wimbledon. Führt 187 Wochen (August 1987 bis März 1991) und seit Juni 1995 die Weltrangliste an – so lange wie noch keine Frau zuvor.

5. Marita Koch

Geb. 1957 in Wismar. Stellt zwischen 1978 und 1985 16 Leichtathletik-Weltrekorde auf (200 Meter und 400 Meter). Goldmedaille über 400 Meter in Moskau 1980.

6. Ulrike Meyfarth

Geb. 1956 in Frankfurt am Main. Gewinnt 1972 als jüngste Leichtathletin die Goldmedaille im Hochsprung; stellt insgesamt drei Hochsprung-Weltrekorde auf.

7. Kristin Otto

Geb. 1966 in Leipzig. Eine der erfolgreichsten Schwimmerinnen in der Sportgeschichte: Sechs Olympiasiege, sieben Weltmeistertitel, acht Europameisterschaften. Vom Internationalen Olympischen Komitee als beste Sportlerin der Spiele 1988 ausgezeichnet.

Ulrike Meyfarth freut sich über ihre erste Goldmedaille

8. Katharina Witt
Geb. 1965 in Staaken. Die populärste Sportlerin der ehemaligen DDR; zweifache
Olympiasiegerin im Eiskunstlauf, viermal Weltmeisterin und sechsmal hinterein-
ander Europameisterin.

Quelle: F. Clemens, u. a.: *Die 100 des Jahrhunderts: Sportler,* Reinbek 1994. Wie schon bei den Männern
haben wir alle in dieser Quelle vertretenen deutschen Frauen alphabetisch aufgelistet (aus Österreich
finden wir auf dieser Liste Annemarie Moser-Pröll, aus der Schweiz Vreni Schneider).

ELF BEKANNTE SPORTLER, DIE SICH ALS
SCHAUSPIELER VERSUCHTEN

1. Kareem Abdul-Jabbar
Amerikanisches Basketball-Idol; spielte den Kopiloten in »Die unglaubliche Reise
in einem verrückten Flugzeug«.

2. Muhammed Ali
Spielte einen Sklaven in »Freedom Road« (1979). Der Film wurde ein Flop und
Ali kehrte in den Ring zurück.

3. Franz Beckenbauer
Spielte einen Fußballer in »Der Libero« (1977).

4. Uwe Beyer
Olympische Bronzemedaille im Hammerwerfen 1964; spielte den Titelhelden in Harald Reindls Wagner-Verfilmung »Siegfried«.

5. Sonja Henie
Dreifache Olympiasiegerin im Eiskunstlauf; drehte für die Twentieth Century Fox mehrere Musikfilme, darunter »Second Fiddle« (1939).

6. Pelé
Spielte einen Gefangenen in John Hustons »Victory«, der ein Fußballspiel zur Flucht aus deutscher Kriegsgefangenschaft benutzt.

7. Toni Sailer
Dreifacher Ski-Olympiasieger 1956; brachte seinen alpinen Charme in mehr als 20 Filme ein.

8. Max Schmeling
Hatte mehrere Rollen in den 30er Jahren. Weil er nicht singen konnte, wurde für »Das Herz eines Boxers« ein Sprechgesang improvisiert.

9. Uwe Seeler
Spielte an der Seite von Heinz Ehrhardt in »Willi wird das Kind schon schaukeln« den Präsidenten eines Fußballclubs (1971).

10. O. J. Simpson
Der inzwischen auch aus anderen Gründen notorische amerikanische Footballspieler wirkte in zahlreichen Kinofilmen mit, u. a. »Roots« (1978), »Unternehmen Capricorn« (1978) und »Die nackte Kanone« (1988).

11. Johnny Weissmueller
Schwimmer, besser bekannt als Tarzan; trat von 1932 bis 1948 insgesamt dreizehnmal in dieser Rolle auf.

Quelle: »Kleines ABC sportlicher Filmkunst«, *Frankfurter Allgemeine Zeitung* vom 28. Dezember 1995.

Tarzan in seiner Lieblingsrolle

DIE ZEHN ERFOLGREICHSTEN FORMEL-1-MOTOREN

Motorenhersteller	Grand-Prix-Siege 1950-1996
1. Ford	174
2. Ferrari	106
3. Renault	83
4. Honda	72
5. Climax	40
6. Porsche	26
7. BRM	18
8. Alfa Romeo	12
9. Maserati	11
10. BMW und Mercedes	9

Quelle: »The art of pit-stop management«, *The Economist*, 10. August 1996.

DIE ZEHN ERFOLGREICHSTEN FORMEL-1-PILOTEN

	Grand-Prix-Siege (inklusive Saison 1996)
1. Alain Prost (Frankreich)	51
2. Ayrton Senna (Brasilien)	41
3. Nigel Mansell (England)	31
4. Jackie Steward (England)	27
5. Jim Clark (England)	25
5. Nicki Lauda (Österreich)	25
7. Juan Manuel Fangio (Argentinien)	24
8. Nelson Piquet (Brasilien)	23
9. Michael Schumacher (Deutschland)	22
10. Damon Hill (England)	21

Die Liste zählt nur die Siege; sie ist insofern nicht ganz gerecht. Zählt man statt dessen die Endplazierungen bei den Weltmeisterschaften (mit den üblichen Punkten 10-6-4-3-2-1), bleibt Alain Prost zwar erster (mit vier Weltmeistertiteln und vier zweiten Plätzen), aber zweiter ist jetzt der fünffache Weltmeister Juan Manuel Fangio, den viele für den besten Fahrer aller Zeiten halten.

Quellen: student-www.eng.hawai.edu; jpc@titan.inesc.pt.

DIE ZEHN GRÖSSTEN DEUTSCHEN SPORTVERBÄNDE

	Mitglieder 1994
1. Deutscher Fußball-Bund	4,94 Mio.
2. Deutscher Turner Bund	1,39 Mio.
3. Deutscher Tennis Bund	1,39 Mio.
4. Deutscher Schützenbund	1,19 Mio.
5. Verband deutscher Sportfischer	593.300
6. Deutscher Tischtennisbund	583.400
7. Deutscher Handball Bund	541.100
8. Deutscher Leichtathletik Verband	458.700
9. Deutscher Skiverband	389.800
10. Deutscher Schwimmverband	321.800

Quelle: *Statistisches Jahrbuch für die Bundesrepublik Deutschland 1995.*

DIE EXKLUSIVSTEN DEUTSCHEN SPORTVEREINE

»Es genügt ... nicht, gewisse sportliche Talente und das nötige Kleingeld zu haben, will man in den richtigen Klub auch passen«, lesen wir in *Capital*. »Es kommt darauf an, welchen Sport man treibt, und nicht unbedingt, wie gut.« Und zwar am besten hier (für Beitrittswillige gleich auch die Adressen):

Bayerischer Yachtclub e.V.,
Nepomukweg 4-6,
82319 Starnberg

Berliner Golf- und Country-Club,
Motzener See e.V., Am Golfplatz 1,
15741 Motzen

Berliner Polo Club e.V.,
Hauptstraße 20,
14624 Dallgow

Club zur Vahr,
Bürgermeister-Spitta-Allee 34,
28329 Bremen
(»Hat einen der schönsten
Golfplätze der Welt.«)

Der Club an der Alster e.V.,
Hallerstraße 91,
20149 Hamburg
(Tennis und Hockey)

Düsseldorfer Yacht Club,
Rotterdamer Straße 30,
40474 Düsseldorf

Frankfurter Golf Club e.V.,
Golfstraße 41,
60528 Frankfurt am Main

Golf Club Baden-Baden,
Fremersbergstraße 127,
76350 Baden-Baden

Golf Club Hubbelrath e.V.,
Bergische Landstraße 700,
40629 Düsseldorf

Golf-Club Sylt,
25996 Wenningstedt

Golf- und Landclub Kronberg e.V.,
Schloß Friedrichshof,
61476 Kronberg

Hamburger Golf-Club
Falkenstein e.V.,
In den Bargen 59,
22587 Hamburg

Hamburger Polo-Club e.V.,
Jenischstraße 26,
22609 Hamburg

Hamburger Segel-Club e.V.,
An der Alster 47a,
20099 Hamburg

Kieler Yachtclub e.V.,
Hindenburgufer 70,
24105 Kiel

Lawn Tennis Turnier-Club
»Rot-Weiß«,
Gottfried von Cramm-Weg 47-55,
14193 Berlin

Lübecker Yacht-Club e.V.,
Roeckstraße 54,
23566 Lübeck

Lübeck-Travemünder Golf-Klub,
Kowitzberg 41,
23570 Lübeck

Münchener Golfclub e.V.,
Tölzer Straße,
82064 Straßlach

Münchener Tennis- und
Turnier Club Iphitos e.V.,
Aumeisterweg 10,
80805 München

Nippenburg Golfclub GmbH,
Nippenburg 21,
71701 Schwieberdingen

Norddeutscher Regattaverein (NRV),
Schöne Aussicht 37,
22085 Hamburg
(»Die vornehmste Adresse
des deutschen Segelsports.«)

Rochusclub e.V.,
Rolander Weg 15,
40629 Düsseldorf
(Einer der traditionsreichsten
deutschen Tennisclubs.)

St. Eurach Land-
und Golfclub e.V.,
Eurach 8,
82393 Iffeldorf

TC Blau-Weiss Neuss e.V.,
Stadion Jahnstraße,
41464 Neuss
(Tennis)

Verein Seglerhaus
am Wannsee von 1867,
Am großen Wannsee 24-26,
14109 Berlin

Quelle: Jörg Bass und Hasan Cobanli: »Vornehme Sportvereine«, *Capital* 12/1996.

DIE LÄNDER MIT DEN MEISTEN GOLFSPORTLERN IN EUROPA

Registrierte Golfer 1991

1.	Großbritannien	879.000
2.	Schweden	289.000
3.	Irland	226.000
4.	Frankreich	181.000
5.	Deutschland	139.000
6.	Spanien	59.000
7.	Niederlande	52.000
8.	Dänemark	40.000
9.	Italien	35.000
10.	Finnland	31.000

Quelle: *aktuell '95 – Das Lexikon der Gegenwart*, Dortmund 1994.

DIE SPORTARTEN MIT DEN MEISTEN TODESFÄLLEN

Männer		Frauen	
1. Fußball	445	1. Reiten	15
2. Tennis	125	2. Schwimmen	7
3. Radsport	99	3. Turnen	5
4. Turnen	85	4. Radsport	4
5. Tischtennis	70	5. Trimmaktionen	3
6. Kegeln	65	6. Kanu	3
7. Handball	65	7. Luftsport	3
8. Leichtathletik	55	8. Fußball	3

Angegeben sind die der Sportversicherung von Januar 1981 bis Dezember 1993 gemeldeten Todesfälle (insgesamt 1.569, davon 1.502 Männer und 67 Frauen). Drei von vier Todesopfern sterben durch plötzliches Herzversagen.

PS: Die gefährlichste Sportart überhaupt ist Golf: dabei sterben weltweit jährlich mehr als 1.000 Menschen ...

15. KAPITEL:
GESUCHT – GEFUNDEN

DIE ZEHN HÄUFIGSTEN FUNDSACHEN
BEI DER DEUTSCHEN BAHN

Jedes Jahr werden mehr als 100.000 Fundsachen bei den Bahnbehörden abgegeben und vom Zentralen Fundbüro der Deutschen Bahn in Wuppertal erfaßt (wieviele verlorene Gegenstände *nicht* abgegeben werden, ist leider unbekannt). Die folgenden Dinge werden am häufigsten verloren:

1. Regenschirme
2. Schlüssel
3. Brillen
4. Kleidungsstücke (Mäntel, Jacken, Hüte, Mützen, Schals und Handschuhe)
5. Plastiktüten mit Inhalt
6. Taschen mit Inhalt
7. Rucksäcke mit Inhalt
8. Geldbörsen
9. Brieftaschen
10. Scheckkarten und Fahrausweise

Quelle: Deutsche Bahn AG, persönliche Mitteilung, April 1996.

DIE ZEHN HÄUFIGSTEN FUNDSACHEN
IN DEN U-BAHNEN UND BUSSEN LONDONS

	Anzahl 1993/94
1. Bücher	18.000
2. Handtaschen und Geldbörsen	17.000
3. Textilien	15.000
4. Regenschirme	13.000
5. Taschen und Koffer	8.400
6. Schlüssel	6.900
7. Brillen	5.500
8. Kameras	5.400
9. Handschuhe (paarweise)	3.300
10. Handschuhe (einzeln)	700

Seltenere Fundstücke waren: Ein ausgestopfter Gorilla, ein Paar Silikonbrüste, ein Außenbordmotor und eine Urne mit menschlicher Asche (letztere wurde, als sich kein Besitzer meldete, im Regents Park verstreut).

Quelle: Russell Ash: *The Top Ten of Everything*, London 1995.

DIE ELF EHRLICHSTEN FINDER-STÄDTE IN EUROPA

Die Zeitschrift *Reader's Digest* hat 1996 die Ehrlichkeit von Findern europaweit geprüft: In insgesamt 20 Städten wurden je zehn Portemonnaies mit etwas Geld (150 Mark), Familienfotos und den Adressen der Besitzer »verloren«. Rund 60 % der Geldbörsen wurden retourniert, aber mit großen regionalen Unterschieden. Hier sind die zehn ehrlichsten Städte:

	Soviele von zehn verlorenen Geldbörsen wurden retourniert
1. Oslo	10
2. Odense (Dänemark)	10
3. Lahti (Finnland)	8
4. Burgos (Spanien)	7
5. Leeuwarden (Niederlande)	7
6. London	7
7. Stockholm	7
8. Stuttgart	7
9. Wien	7
10. Liverpool	6
11. Paris	6

DIE NEUN UNEHRLICHSTEN FINDER-STÄDTE IN EUROPA

	Soviele von zehn verlorenen Geldbörsen wurden retourniert
1. Ravenna (Italien)	2
2. Weimar	2
3. Lausanne (Schweiz)	2
4. Viseu (Portugal)	4
5. Mailand	4
6. St. Gallen (Schweiz)	5
7. Lissabon	5
8. Den Haag	5
9. Brüssel	5

Warnung: Diese Listen kommen vielleicht dem einen oder anderen Vorurteil entgegen, aber eine Stichprobe von 10 ist viel zu klein, um über die Ehrlichkeit einer Gemeinde zuverlässig aufzuklären.

Quelle: »So whom can you trust?«, *The Economist*, 22. Juni 1996.

DIE DEUTSCHEN STÄDTE
MIT DEN MEISTEN AUTODIEBEN

Diebstähle 1994

1.	Berlin	10.934
2.	Hamburg	3.998
3.	Leipzig	3.196
4.	Dresden	1.646
5.	München	1.299
6.	Frankfurt	1.272
7.	Köln	1.199
8.	Bremen	1.099
9.	Halle	1.012
10.	Dortmund	925

Quelle: Verband der Schadenversicherer e.V., Abteilung Statistik: Kraftfahrzeugversicherung, Sonderuntersuchung Pkw-Diebstähle 1994, Frankfurt am Main 1995.

AUTODIEBSTÄHLE IM EUROPÄISCHEN VERGLEICH

Diebstähle 1994

1.	Großbritannien	597.519
2.	Frankreich	303.356
3.	Italien	240.776
4.	Deutschland	142.113
5.	Spanien	85.000
6.	Niederlande	43.000
7.	Norwegen	20.826
8.	Schweiz	9.706

Quelle: Verband der Schadenversicherer e.V., Abteilung Statistik: Kraftfahrzeugversicherung, Sonderuntersuchung Pkw-Diebstähle 1994, Frankfurt am Main 1995.

DIE ZEHN LIEBLINGE DER AUTODIEBE

Pro 1.000 Fahrzeuge dieser Marke
wurden 1995 in
Deutschland gestohlen:

1. VW Golf GTI 16 V	34
2. BMW M3	29
3. Opel Kadett GSI	26
4. BMW M5	22
5. VW Polo G 40	21
5. Mercedes 600 SE, SEL	21
5. Toyota Landcruiser D	21
8. Mercedes 400 E	16
8. VW Golf III VR6	16
10. Fiat Uno Turbo i.e.	15

Der Durchschnitt der pro Jahr gestohlenen Pkw pro Tausend lag 1995 bei 3; am seltensten gestohlen wurden die Marken Daihatsu, Renault, Skoda, Peugeot, Volvo und Subaru.

Quelle: »Die aktuellen Klauzahlen«, *ADAC Motorwelt*, September 1996.

WO WERDEN DEUTSCHE PKW GESTOHLEN?

1995 wurden 129.662 deutsche Pkw gestohlen. Die folgende Liste gibt an, in welchem Land die Autodiebe bei Fahrzeugen mit elektronischer Wegfahrsperre zugeschlagen haben:

1. Deutschland (56,0 %)
2. Polen (12,6 %)
3. Ungarn (8,1 %)
4. Italien (7,4 %)
5. Tschechien (6,6 %)
6. Belgien, Niederlande (3,2 %)
7. Frankreich (2,2 %)

Schlußlichter in der obigen Länderliste sind Albanien, Estland, Israel, Algerien und Marokko.

Quellen: Dr. G. Küppersbusch: »Autodiebstahl und Probleme der Rückführung«, Redetext, München, März 1996; Dr. D. Anselm: »Voller Erfolg der elektronischen Wegfahrsperre«, Redetext, München, März 1996.

DIE ZEHN AUTOS, DIE AM SCHNELLSTEN GEKNACKT WERDEN KÖNNEN

Viele Autoschlösser haben nur einen symbolischen Wert: Sie sind von routinierten Fachleuten mit einfachsten Hilfsmitteln zu öffnen. Eine schwedische Verbraucherschutzorganisation führt jährlich mit einem österreichischen Automobilclub eine Testreihe durch, um Autoschlösser zu testen.

	So lange dauert das Aufknacken
1. Mazda 626, Mitsubishi Galant, Mitsubishi Carisma	4 Sekunden
2. Renault 19, Seat Toledo, Toyota Corolla	5 Sekunden
3. VW Golf	7 Sekunden
4. Saab 9000, Volvo S4	10 Sekunden
5. Renault Mégane	12 Sekunden
6. Citroën Xantia, Volvo 940	15 Sekunden
7. Peugeot 406	20 Sekunden
8. Ford Escort	21 Sekunden
9. Toyota RAV 4, VW Sharan	25 Sekunden
10. Mercedes C 180, Volvo 850	30 Sekunden

Quelle: »Leichtes Spiel für Langfinger am Auto«, *Frankfurter Allgemeine Zeitung* vom 20. August 1996.

DIE SECHS MEISTGESUCHTEN DEUTSCHEN TERRORISTEN

1. Sabine Elke Callsen
2. Daniela Klette
3. Andrea Martina Klump
4. Barbara Meyer
5. Horst Ludwig Meyer
6. Ernst-Volker Staub

Diese Terroristen zählen zur sogenannten »Kommando-Ebene« der RAF; auf ihr Konto gehen u. a. die Mordanschläge auf Herrhausen (1989), von Braunmühl (1986), Beckurts (1986), Zimmermann (1985) und Karry (1981). Der bis vor kurzem siebte dieser Liste, Christoph Eduard Seidler, hat sich am 22. November 1996 der Polizei gestellt.

Quellen: Bundeskriminalamt, aushängende Plakate in allen Polizeiwachen, 1996; »Seidler stellt sich: Bin unschuldig«, *Ruhrnachrichten* vom 23. November 1996.

16. KAPITEL:
FLEISCHESLUST

WO DEUTSCHE MÄNNER UND FRAUEN
AM LIEBSTEN LIEBEN

1. Auf dem Fußboden	71 %
2. Im Bett	63 %
3. Unter der Dusche	44 %
4. Im Auto	35 %
5. Im Fahrstuhl	22 %
6. Auf dem Küchentisch	17 %
7. Im Kino	11 %

So eine Umfrage der Frauenzeitschrift *Petra*, Heft 2/1994; wegen möglicher Mehr-fachnennungen summieren sich die Prozente auf über 100.

DIE FÜNF EROGENSTEN ZONEN DEUTSCHER MÄNNER

1. Geschlechtsteile	95 %
2. Lenden	50 %
3. Lippen	39 %
4. Brust	32 %
5. Nacken	31 %

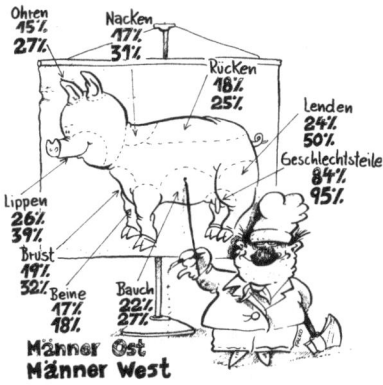

Karikatur von Falko Honnen.

DIE FÜNF EROGENSTEN ZONEN DEUTSCHER FRAUEN

1. Geschlechtsteile	88 %
2. Brust	74 %
3. Nacken	52 %
4. Lippen	44 %
5. Lenden	40 %

WAS DEUTSCHE MÄNNER BEI FRAUEN »ANMACHT«

1. Der Busen	82%
2. Der Po	78%
3. Die Geschlechtsteile	68%
4. Die Gesamterscheinung	60%
5. Die Beine	52%

WAS DEUTSCHE FRAUEN BEI MÄNNERN »ANMACHT«

1. Die Gesamterscheinung	71 %
2. Die Geschlechtsteile	63 %
3. Der Po	61 %
4. Die Augen	45 %
5. Die Lippen	40 %

Quelle: Die letzten vier Listen sind aus N. Golluch, Susanne Lück, Matthias Rüdiger: *Deutschland Erotisch*, Frankfurt am Main 1995. Wegen Mehrfachnennungen summieren sich die Prozente auch hier auf über 100.

ZEHN AUFREISSERTIPS AUS DER BIBEL

1. Warten bis der Bruder stirbt, dann dessen Frau heiraten (an mehreren Stellen).

2. Eine Kriegsgefangene vergewaltigen: »Wenn du zum Kampf gegen deine Feinde ausziehst und der Herr, dein Gott, sie alle in deine Gewalt gibt, und wenn du dabei Gefangene machst und unter den Gefangenen eine Frau von schöner Gestalt erblickst, wenn sie dein Herz gewinnt und du sie heiraten möchtest, dann sollst du sie in dein Haus bringen, und sie soll sich den Kopf scheren, ihre Nägel kürzen und die Gefangenenkleidung ablegen. Sie soll in deinem Haus wohnen und einen Monat lang ihren Vater und ihre Mutter beweinen. Danach darfst du mit ihr Verkehr haben.« (Deuteronomium 21: 10-13)

3. Eine Prostituierte heiraten: »Der Herr begann durch Hosea zu reden: Der Herr sagte durch Hosea: Geh, nimm dir eine Kultdirne zur Frau, und zeuge Dirnenkinder.« (Hosea 1: 2)

4. Zu den Haustieren des Vaters freundlich sein: »Der Priester von Midian hatte sieben Töchter. Sie kamen zum Wasserschöpfen und wollten die Tröge füllen, um die Schafe ihres Vaters zu tränken. Doch die Hirten kamen und wollten sie verdrängen. Da stand Mose auf, kam ihnen zu Hilfe und tränkte ihre Schafe und Ziegen.« (Exodus 1: 15-17) Zum Dank wird Moses nach Hause eingeladen und darf sich eine der Töchter zur Frau erwählen.

5. Grundstück mit Frau erwerben: »Boas fuhr fort: Wenn du den Acker aus der Hand der Noomi erwirbst, dann erwirbst zu zugleich auch die Moabiterin Rut, die Frau des Verstorbenen, um den Namen des Toten auf seinem Erbe wiedererstehen zu lassen.« (Rut 4: 5)

6. Eine Party überfallen: »Sie sagten also: Da ist doch Jahr für Jahr ein Fest des Herrn in Schilo, nordöstlich von Bel-El, östlich der Straße, die von Bel-El nach Sichem führt, südlich von Lebona. Und sie forderten die Benjameniter auf: Geht hin und legt euch in den Weinbergen dort auf die Lauer! Wenn ihr dann seht, wie die Töcher Schilos herauskommen, um im Reigen zu tanzen, dann kommt aus den Weinbergen hervor, und jeder von euch soll sich von den Töchtern Schilos eine Frau rauben.« (Richter 21: 19-21)

7. Den Brautvater durch Niedermetzeln seiner Feinde überzeugen: »Er erschlug zweihundert von den Philistern, brachte ihre Vorhäute zum König und legte sie vollzählig vor ihn hin, um sein Schwiegersohn zu werden. Und Saul gab ihm seine Tochter Michal zur Frau.« (I. Samuel 18: 27)

8. König werden, einen Schönheitswettbewerb veranstalten, das schönste Mädchen mit nach Hause nehmen: »Der König soll in jeder Provinz seines Reiches Männer beauftragen, alle schönen jungen Mädchen in den Frauenpalast auf der Burg Susa zu bringen und dem königlichen Kämmerer Hegai, dem Aufseher der Frauen, zu übergeben. Dort sollen sie der nötigen Schönheitspflege unterzogen werden. Und das Mädchen, das dem König gefällt, soll anstelle Waschtis Königin werden.« (Ester 2: 3-4)

9. Papa machen lassen: »Als Simson eines Tages nach Timna hinabging, fiel sein Blick auf eine der jungen Philisterinnen aus Timna. Als er wieder heraufkam, teilte er es seinem Vater und seiner Mutter mit und sagte: Ich habe in Timna eine junge Philisterin gesehen. Gebt sie mir doch zur Frau!« (Richter 14: 1-2)

10. Keine Skrupel kennen: »Als David einmal zur Abendzeit von seinem Lager aufstand und auf dem Flachdach des Königspalastes hin- und herging, sah er von dort aus eine Frau, die badete. Die Frau war sehr schön anzusehen. David schickte jemand hin und erkundigte sich nach ihr. Man sagte ihm: Das ist Batseba, die Tochter Ammiels, die Frau des Hetiters Urija. Darauf schickte David Boten zu ihr und ließ sie holen, und er schlief mit ihr.« (II. Samuel 11: 2-4)

Quelle: *Die Bibel – Einheitsübersetzung*, Stuttgart 1980.

16 ANGEBLICHE LIEBES-LEBENSMITTEL

1. Alkohol

2. Austern

3. Rohe Eier

4. Ginsengwurzel

5. Hirschpenis
»Man koche es in Kerbelwasser, ohne es zu waschen, und lasse es kochen, bis es sich auflöst. Dann siebe man warm die Brühe durch und lasse es dann kalt werden.« (Geheimnisse der Venus)

6. Hundefleisch
Das Geheimrezept des legendären Chinesen Chang Chung-Chang (»Dreibein-Chang«), der alleine im alten Shanghai ganze Freudenhäuser beschäftigt haben soll (siehe S. 277).

7. Kaviar

8. Kleingeriebene Nashornhörner

9. Schlangenblut
Taiwanesisches Rezept: Wird mit Gift und Galle der Schlange zu einem Gebräu vermischt, danach von Männern getrunken, »die sich allerhand Wundersames davon erwarten«.

10. Sellerie

11. Spanische Fliege
Ein berühmtes Liebesmittel zu Zeiten Casanovas: Ein kleiner, unscheinbarer Käfer wird zermalmt. Problem: »Da die wirksame Dosis von der schädlichen, meist tödlichen Wirkung kaum auseinanderzuhalten war, kamen etliche Liebhaber ... in den Armen ihrer Geliebten kläglich zum Erliegen.«

12. Spatzenhirn
»Man nehme gut dreißig Spatzenhirne ... und hacke sie in einer geeigneten Schüssel klein. Dann nehme man Talg von einem gerade geschlachteten Ziegenbock, der um die Lenden herum ist, und mische ihn gut mit den Gehirnen; brutzle dann beides zusammen in einer Pfanne.« (Geheimnisse der Venus)

13. Surnag-Wurzel
Eine auf der Westseite des Atlas-Gebirges heimische Pflanze. »Man erzählt auch, der Penis versteife sich sogleich, wenn einer zufälligerweise Harn auf die Wurzel gelassen habe.« (Geheimnisse der Venus)

14. Trüffel

15. Yohimbin

16. Ein liebliches Mischgericht
»Man nehme Brühe von Hähnchen- und Taubenköpfen und mache daraus ein Mischgericht mit Eidottern, etwas Weizenmehl, Butter und Öl von süßen Mandeln... davon nehme man jeden Abend einen Schluck.«

Alle diese Aphrodisiaka (von griechisch »zum Liebesgenuß gehörend«) wirken nur in unserer Phantasie. Bei einigen (Bananen, Ginsengwurzel, Nashornhörner) beruht die vermutete Wirkung wohl auf der gleichen Illusion, wegen der manche Sportler gerne Fleisch und Kannibalen ihre Nachbarn essen: weil man glaubt, die Eigenschaften des Essens gingen auf den Esser über; andere, wie etwa Alkohol, wirken enthemmend und können so vielleicht indirekt ein sexuelles Abenteuer fördern, und wieder andere, wie Austern, Kaviar und rohe Eier, beziehen ihre vermeintliche Wirkung aus den sexuellen Heldentaten von Personen wie dem Grafen Casanova, die gerne solche Dinge aßen, ohne daß hier aber ein Zusammenhang besteht (genauso könnte man behaupten, daß, um Bundeskanzler zu werden, der häufige Verzehr von Pfälzer Saumagen sehr hilfreich sei). Allenfalls die Extrakte des Yohimbebaumes und der spanischen Fliege können durch örtliche Gefäßerweiterungen auf den Fortgang der Dinge einen gewissen unmittelbaren Einfluß nehmen. Jedoch ist insbesondere die spanische Fliege so giftig, schmerzhaft und wegen der Entzündung der Harnwege auch gefährlich, daß ein so erzwungener Liebesgenuß dann doch wieder keine reine Freude und oft auch der letzte auf dieser schönen Erde ist.

Quellen: Friedrich Robert Lehmann: *Rezepte der Liebesmittel. Eine Kulturgeschichte der Liebe*, Heidenheim 1966; Stichwort »Aphrodisiaka«, in: *Lexikon der populären Irrtümer*, Frankfurt am Main 1996; P. Camporesi: *Geheimnisse der Venus*, Frankfurt am Main 1991; Internet: http://www.ernst.ch/9620aktuell.1.html#Apotheken.

DIE ACHT EHEMÄNNER VON ELISABETH TAYLOR

1. Conrad Nicholas Hilton: Scheidung 1950.
2. Michael Wilding: Scheidung 1952.
3. Mike Todd: Heirat 1957; Todd stirbt ein Jahr später.
4. Eddie Fisher: Scheidung 1959.
5. Richard Burton: Rekordehe: 10 Jahre. Scheidung 1974.
6. Richard Burton: Zweiter Versuch, Hochzeit 1975, Scheidung 1976.
7. John Warner: Scheidung 1982.
8. Larry Fortensky: Heirat nach fast neun ehelosen Jahren 1991.

Quelle: *The International Who's Who of Women*, London 1992.

DIE SECHS FRAUEN HEINRICHS VIII.

1. Katharina von Aragon
»Die anfänglich harmonische Ehe mit Katharina von Aragon wurde durch die für den König enttäuschende Geburt der Tocher Maria zerstört.« Nach einer Fehlgeburt ein Jahr später ließ sich Heinrich scheiden (was damals alles andere als einfach war – diese Scheidung läutete die Abspaltung der englischen Kirche von Rom ein).

2. Anne Boleyn
Gebiert ebenfalls nur eine Tochter; wird wenig später der Kollaboration mit den verfolgten Katholiken bezichtigt und hingerichtet.

3. Jane Seymour
Eiligst in den Ehestand geführt, zur Zerstreuung von Gerüchten, der König »sei unfähig, eine Frau zu lieben, und habe weder die Manneskraft noch die Fertigkeit dafür«. Starb kurz nach der Geburt des langersehnten Sohnes.

4. Anna von Kleve
Von ihr läßt sich Heinrich VIII. bereits nach wenigen Monaten wieder scheiden; sie ist ihm zu häßlich, wird nach Deutschland heimgeschickt.

Heinrich VIII. und Ehefrau Nr. 2

5. Catherine Howard

Sympathisiert wie Anne Boleyn heimlich mit den verfolgten Katholiken, wird wegen Kritik am König hingerichtet.

6. Catherine Parr

Scheinehefrau, von Heinrich in hohem Alter zum Altar geführt; die einzige seiner Frauen, die ihn überlebte.

Quelle: U. Westphal: »Tödlicher Zeitvertrag mit sechs Frauen«, in: *Große Prozesse*, München 1996.

DREIZEHN GROSSE LIEBHABER

1. König Salomo (9. Jahrhundert vor Christus)

»König Salomo liebte neben der Tocher des Pharao noch viele andere ausländische Frauen: Moabiterinnen, Ammoniterinnen, Edomiterinnen, Sidonierinnen, Hetiterinnen. Es waren Frauen aus den Völkern, von denen der Herr den Israeliten gesagt hatte: Ihr dürft nicht zu ihnen gehen, und sie dürfen nicht zu euch kommen, denn sie würden euer Herz ihren Göttern zuwenden. An diesen hing Salomon mit Liebe. Er hatte siebenhundert fürstliche Frauen und dreihundert Nebenfrauen.« (I. Könige 11: 1-3)

2. August der Starke von Sachsen (1670-1733)

Soll 354 Kinder gezeugt haben; die Elbbrücke vor seinem Dresdner Schloß hieß »Dimitroff-Brücke«: Wenn August von dieser Brücke seine Untertanen und besonders Untertaninnen überblickte, soll er seine Gefolgschaft angewiesen haben: »Die mit roff ..., dic mit roff ...«

3. Giovanni Giacomo Casanova (1725-1798)

»Frauen-Frauen überall. Für sie hatte er alles hingeworfen... für edle wie für gemeine, für die leidenschaftlichen wie für die kalten; für Jungfrauen wie für Dirnen; – für eine Nacht auf einem neuen Liebeslager waren ihm alle Ehren dieser und alle Seligkeit jener Welt immer feil gewesen.«

4. König Lapetamaka von Tonga (18. Jahrhundert)

Hat dem englischen Weltumsegler James Cook berichtet, als dieser bei seiner dritten Expedition 1777 die Insel besuchte, daß es seine vornehme Pflicht sei, sämtliche Insulanerinnen zu entjungfern. Das beschäftige ihn seit mehreren Jahrzehnten im Durchschnitt achtmal täglich.

5. König Georg IV. von England (1762-1830)

Soll sich von allen Frauen, die er beglückte, eine Haarlocke erbeten haben; nach seinem Tod fand man in seinem Schlafzimmer 7.100 Briefumschläge mit Locken...

6. **Guy de Maupassant (1850-1893)**
Ließ sich einmal, als jemand seine ungewöhnliche Manneskraft bezweifelte, von einem Notar in ein Bordell begleiten; der Notar bezeugte amtlich, daß es Monsieur gelungen sei, binnen einer Stunde sechsmal »der Venus zu opfern«, wie man damals so schön sagte.

7. **Rasputin (1871-1916)**
Der Liebling der russischen Frauen; sein Trick: Liebesdienste für Rasputin sind ein religiöses Sakrament.

8. **König Ibn-Saud (1880-1953)**
Hatte angeblich seit seinem elften Lebensjahr bis zu seinem Tod mit 72 jede Nacht Geschlechtsverkehr mit mindestens drei Frauen.

9. **General Chang Chung-Chang (1880-1935)**
Auch bekannt als »Dreibein-Chang«. Soll im alten Shanghai allein ganze Bordelle beschäftigt haben.

10. **König Karl II. von Rumänien   (1893-1953)**
Mehrere seiner Geliebten sollen ob Karls Ungestüm beim Geschlechtsverkehr gestorben sein.

11. **Charlie Chaplin (1889-1977)**
Keine Schauspielerin in Hollywood war vor ihm sicher; sexuell aktiv bis in das hohe Alter.

12. **Georges Simenon (1903-1989)**
Hat nach eigenen Schätzungen mit mehr als 5.000 Frauen Geschlechtsverkehr gehabt.

13. **Klaus Kinski (1926-1991)**
Konnte mehrere Dutzend Frauen in einer Nacht »beglücken«, so jedenfalls seine Behauptung.

Zur Vermeidung unnötigen Streits beschränken wir uns auf inzwischen abgelebte Herren, die nicht mehr zur Verfügung stehen.

Quellen: *Die Bibel – Einheitsübersetzung*, Stuttgart 1980; Casanova: *Die Geschichte meines Lebens*, Dortmund 1984; *Brockhaus – Wie es nicht im Lexikon steht*, Mannheim 1986; Geoff Tiballs: *The Guiness Book of Oddities*, London 1995.

Monsieur Simenon mit einer seiner 5.000 Frauen (keine geringere als Josephine Baker)
in einem Pariser Restraurant

SECHS PROMINENTE ALTE EHEMÄNNER
JUNGER FRAUEN

1. Willy Brandt
1913-1992. Heiratet 1983 seine langjährige Assistentin Brigitte Seebacher; sie ist 33 Jahre jünger.

2. Charlie Chaplin
1889-1977. Heiratet 1943 mit 54 Jahren die 17jährige Oona O'Neill.

3. Johannes Heesters
1903. Heiratet 1992 die 46 Jahre jüngere Schauspielerin Simone Rethel.

4. Klaus Kinski
1926-1991. Heiratet 1987 die 17jährige Deborah Caprioglio.

5. Aristoteles Onassis
1906-1975. Heiratet 1968 die 23 Jahre jüngere Jacqueline Kennedy.

6. Johannes Fürst von Thurn und Taxis
1926-1990. Heiratet 1980 die 20jährige Mariae Gloria Gräfin von Schönburg-Glauchau (die berühmte Gloria von Thurn und Taxis).

Quelle: *Internationales Biographisches Archiv*, Ravensburg, ohne Jahr.

DIE BELIEBTESTEN SEXUELLEN »PERVERSIONEN«

	Frauen	Männer
Analverkehr	22 %	18 %
Gruppensex	14 %	7 %
Partnertausch	18 %	16 %
Verwendung von Vibratoren o. ä.	33 %	17 %

Quelle: K. Eichner, W. Habermehl: *Der RALF-Report*, Hamburg 1978.

ELF KLASSIKER DER EROTISCHEN LITERATUR

1. *Angst vorm Fliegen* (Erica Jong)
Erstausgabe 1973; schildert die Suche einer Frau nach Selbsterkenntnis und Selbst-
behauptung in einer Männerwelt.

2. *Das Dekameron* (Giovanni Bocaccio)
Entstanden 1350-1355; »eine Gruppe von sieben jungen Damen und drei jungen
Herren ... kehrt der Stadt den Rücken, um sich auf einem abgelegenen Landgut in
schöner Umgebung ein paar Tage lang von dem allgemeinen Elend zu erholen«.
Dabei tragen sie sich 100 meist erotische Erzählungen vor.

3. *Fanny Hill* (John Cleland)
Erstausgabe 1749; erzählt in zwei Briefen die Geschichte der Fanny Hill: Verschlep-
pung ins Bordell, Liebesnest, Ausgehaltenwerden und die Zeit der Ehe; eingehende
Darstellung nahezu aller sexuellen Verhaltensweisen.

4. *Ein Freund der Wollust* (Ihara Saikaku)
Erstausgabe 1682; erzählt die Geschichte des reichen Kaufmannssohnes Yonosuke,
der in den Freudenvierteln der Stadt zu Hause ist; er verläßt die Stadt mit seinem
Schiff »Wollust«, um nach der sagenhaften Insel der Frauen zu suchen (nachdem er
mit 3.742 Frauen und 725 Knaben die Liebe genossen hat).

5. *Geschichte meines Lebens* (Giacomo Casanova)
Entstanden 1789-1798; skandalumwitterte Lebenserinnerungen des veneziani-
schen Schauspielersohnes und Abenteurers; Casanova verzichtet in den erotischen
Szenen auf jede Technik der raffinierten Verhüllung.

6. *Die 120 Tage von Sodom* (de Sade)
Entstanden 1785; in einem Schloß im Schwarzwald versammeln sich 36 Personen
zu vier Monate währenden Ausschweifungen; sie durchleben 600 sexuelle Perver-
sionen (fünf jeden Abend), »die in immer scheußlicheren Lustmorden enden: nur
zwölf Personen kehren nach Paris zurück«.

7. *Kamasutra* (Mallanaga Vatsyayana)
Entstanden im 3. Jahrhundert; 1897 ins Deutsche übersetzt; ältestes erhaltenes und
berühmtestes Lehrbuch der Liebeswissenschaft; lehrt »den richtigen Liebesgenuß
auf der Ebene sexueller Trieberfüllung«.

8. *Lolita* (Vladimir Nabokov)
Erstausgabe 1955; Roman von der verhängnisvollen Leidenschaft eines reifen Mannes zu einem kleinen Mädchen.

9. *Der Reigen* (Arthur Schnitzler)
Entstanden 1896/97; »in zehn frech-frivolen Dialogen ... läßt Schnitzler seine Figuren das aussprechen, was sie vor und nach dem ... Sexualakt bewegt: geheuchelte und anempfundene Gefühle, triebhafte Gier, Banalitäten, Sentimentalitäten und Brutalitäten«.

10. *Tausendundeine Nacht* (Anonym)
Arabische Erzählung aus dem 8. bis 16. Jahrhundert; die Rahmenerzählung handelt von der Untreue der Frauen; »die vielen Liebesgeschichten schwanken zwischen skizzenhafter Kürze und romanhafter Länge«.

11. *Wendekreis des Krebses* (Henry Miller)
Erstausgabe 1934; teilweise autobiographisch; interessante physiologische Details.

Quellen: *Lexikon der Weltliteratur*, 2. Auflage, Stuttgart 1980; *Harenbergs Lexikon der Weltliteratur*, 5 Bände, Dortmund 1989.

ZEHN UNGEWÖHNLICHE HOCHZEITEN

Mehrere deutsche Reisebüros bieten heute »Hochzeitspakete« an – etwa das Heiraten an den folgenden Orten:

1. Im Hubschrauber über den Niagara-Fällen kreisend.
2. Auf einem Gletscher in Alaska.
3. Während eines Bungee-Sprungs im Darian Lake Theme Park (New York, USA).
4. In einem Hotel auf einer Karibikinsel.
5. Unter einem blumengeschmückten Torbogen am Strand auf Rarotogan Island.
6. In einem Heißluftballon über dem Ayers Rock (Australien).
7. In einer Flußpferdherde (Botswana).
8. Unter Wasser auf Cebu (Philippinen).
9. In der Hochzeitsmühle »Amanda« in Kappeln an der Schlei.
10. Per Computer via CompuServe.

Quelle: »Warum eigentlich nicht Mururoa?«, *Frankfurter Allgemeine Zeitung* vom 18. Mai 1996.

Mal was anderes: Hochzeit unter Wasser

ZEHN DEFINITIONEN DER EHE

1. Eine obszöne Einrichtung zur Ausbeutung der Männer (Esther Vilar).
2. Der vergebliche Versuch, die Kosten zu halbieren, indem man sie verdoppelt (George Mikes).
3. Allmählicher Wärmeverlust, der durch gegenseitige Reibung entsteht (Peter Sellers).
4. Eine lange Malzeit, die mit dem Dessert beginnt (Henri Toulouse-Lautrec).
5. Gegenseitige Freiheitsberaubung in beiderseitigem Einvernehmen (Oscar Wilde).
6. Lebenslange Doppelhaft ohne Bewährung (Jean-Paul Sartre).
7. Staatlich anerkannte Freundschaft (R. L. Stevenson).
8. Institution zum besseren Ertragen von Kümmernissen, die man nicht hätte, wenn man nicht verheiratet wäre (Sacha Guitry).
9. Mißglückter Versuch, die Anpassungsfähigkeit des Menschen zu beweisen (Anonymus).
10. Staatlich sanktionierte Geiselnahme (H. Bells).

Quelle: Ernst Günter Tange: *Sag's mit Biß*, Frankfurt am Main 1985.

NEUN HOCHZEITSKLEIDER FÜR NEUN TYPEN BRÄUTE

1. Die flippige Braut: Minibrautkleid.
2. Die konservative Braut: bodenlanges, strahlendweißes Kleid.
3. Die ältere Braut: in gebrochenem Weiß oder in leicht gedeckten Farben (bei guter Figur im Etuikleid oder im Kostüm mit Schößchenblazer).
4. Die ländliche Braut: im Trachtenbrautkleid.
5. Die reiche Braut: Chanel-Kleid mit bodenlangem Schleier.
6. Die topmoderne Braut: im knallroten Mini mit abnehmbarer Schleppe.
7. Die schwangere Braut: im Empire-Kleid mit vorn angeglichener Länge.
8. Die Business-Braut: im Etuikleid.
9. Die XXL-Braut: im Kleid mit breiten Schultern, schlichtem Oberteil, nicht zu weitem Rock, möglichst nicht in reinem Weiß.

Quelle: »Viele Frauen halten am Schleier fest«, Interview mit Susan Lippe (verantwortliche Redakteurin der Zeitschrift »Braut & Bräutigam«), *Ruhrnachrichten* vom 18. Mai 1996.

SIEBEN ALARMSIGNALE FÜR EINE GEFÄHRDETE EHE

1. Sie lachen nicht mehr miteinander oder bereiten dem anderen keine Überraschungen mehr.
2. Ihr Sexualleben ist langweilig geworden.
3. Sie vertrauen sich anderen an und träumen von einer Affäre.
4. Ihr Partner weckt Ihre schlechten Eigenschaften.
5. Sie reden nie von früher oder diskutieren Ihre Ansichten.
6. Sie hören auf, gemeinsame Interessen zu pflegen.
7. Sie weichen dem Partner aus.

Quelle: A. L. McGinnis: »Ehe in Gefahr?«, *Reader's Digest* Nr. 10/1990.

SIEBEN SÄUGETIERE MIT EINER LÄNGEREN SCHWANGERSCHAFT ALS DER MENSCH

	Dauer der Schwangerschaft
1. Afrikanischer Elefant	640 Tage
2. Rhinozeros	560 Tage
3. Giraffe	450 Tage
4. Delphin	360 Tage
5. Pferd	337 Tage
6. Kuh	280 Tage
7. Orang-Utan	275 Tage

DEUTSCHLANDS EROTISCHSTE TV-FRAUEN

Die folgenden Hitlisten ergaben sich aus einer Umfrage von *TV Spielfilm;* die Befragten durften die bekannten Schulnoten von 1 bis 6 für Sex-Appeal vergeben, und entschieden sich wie folgt (jeweils die Durchschnittsnote angegeben):

14- bis 29jährige		30- bis 39jährige	
1. Esther Schweins	2,1	1. Veronica Ferres	2,5
2. Nicolette Krebitz	2,5	1. Barbara Auer	2,6
3. Jennifer Nitsch	2,6	3. Esther Schweins	2,6
3. Katja Riemann	2,6	4. Iris Berben	2,6
3. Sonja Kirchberger	2,6	4. Barbara Rudnik	2,7

40- bis 49jährige		über 50jährige	
1. Iris Berben	2,4	1. Iris Berben	2,2
1. Sonja Kirchberger	2,4	2. Uschi Glas	2,3
3. Esther Schweins	2,6	3. Veronica Ferres	2,4
4. Hannelore Elsner	2,7	4. Maja Maranow	2,5
4. Veronica Ferres	2,7	4. Hannelore Elsner	2,5

Quelle: »TV Spielfilm-Umfrage: Deutschlands erotischste TV-Frauen«, *TV Spielfilm,* Heft 14/1996.

DIE SECHS TRAUMMÄNNER DEUTSCHER FRAUEN

Im Sommer 1996 sagten 1.200 deutsche Frauen zwischen 20 und 35 Jahren, befragt, bei welchem Filmstar sie schwach werden könnten, bei den folgenden Herren ja (Mehrfachnennungen möglich, daher addieren sich die Prozente nicht zu 100):

1. Tom Cruise	48 %
2. Richard Gere	44 %
3. Kevin Costner	43 %
4. Johnny Depp	26 %
5. Alain Delon	21 %
6. Til Schweiger	16 %

Quellen: »Tom Cruise ist der Traummann der deutschen Frauen«, *Ruhrnachrichten* vom 30. Juli 1996; »Frauentyp Nummer 1«, *freundin,* Heft 17/1996.

VIER POPULÄRE IRRTÜMER ZU KEUSCHHEITSGÜRTELN

1. Der Keuschheitsgürtel ist eine Erfindung des Mittelalters.
Der mittelalterliche Keuschheitsgürtel ist »ein reines Phantasieprodukt des letzten Jahrhunderts«. Im Mittelalter gab es diese Dinge nicht, die bekannten Berichte über Kreuzritter, die ihre Frauen derart vor Verführungen geschützt zu Hause ließen, sind von späteren Historikern und Dichtern frei erfunden worden.

Die meisten einschlägigen Museumsstücke stammen, wie man mit chemischen Tests des Eisens zeigen kann, aus dem frühen 19. Jahrhundert; viele Museen, wie das Musée Cluny in Paris, das Germanische Nationalmuseum in Nürnberg oder das British Museum in London haben diese Stücke inzwischen aus ihren Auslagen entfernt.

Angefertigt in Liverpool 1823.

2. Mit Keuschheitsgürteln wollten Männer die Treue ihrer Frau erzwingen.
Viele der im viktorianischen England des 19. Jahrhunderts verkauften Keuschheitsgürtel wurden von den Frauen selbst gekauft und freiwillig getragen – von weiblichen Hausangestellten, die sich vor zudringlichen Dienstherren beschützen wollten.

3. Keuschheitsgürtel sollten in erster Linie Sexualverkehr verhindern.
Die meisten Opfer von Keuschheitsgürteln waren Jugendliche, die man vor Selbstbefriedigung bewahren wollte (denn wie jeder weiß, schwächt Selbstbefriedigung das Rückgrat, und die Haare fallen aus).

4. Keuschheitsgürtel sollten sexuelle Lust erschweren.
Je nach Ausführung waren Keuschheitsgürtel eher zum Stimulieren denn zum Abtöten von sexueller Lust gedacht: »mit Anus- und Vaginastöpsel und allerlei Nägeln und Nieten versehen – als luststeigerndes Werkzeug für sadomasochistische Praktiken«.

Quelle: Walter de Gregorio: »Die rostende Mär von der frommen Unterwäsche«, *Sonntagszeitung* vom 1. September 1996.

17. KAPITEL:
VON MÄUSEN UND MENSCHEN

NEUN IMAGINÄRE FABELWESEN

1. Das Einhorn
Weißes Pferd mit einem Horn in der Mitte der Stirn; Wappentier der Schotten, Symbol der Keuschheit, kann durch Berühren mit seinem Horn das von einer Schlange vergiftete Wasser einer Quelle reinigen, findet nur im Schoß einer Jungfrau seine Ruhe.

2. Der Basilisk
Mischung aus Hühnerkopf, Drachenflügeln und Schlangenschwanz; Verkörperung des Bösen und des Todes; tötet durch seinen Blick.

3. Der Djinn
Geflügelter Naturgeist der Araber; steigt auch aus Flaschen auf.

Das arme Tier kann nur im Schoß einer Jungfrau Ruhe finden.

4. Der Greif
Kopf und Flügel eines Adlers auf dem Körper eines Löwen; Hüter des heiligen Feuers und des Lebenswassers; Symbol für Stärke und Wachsamkeit.

5. Die Chimäre
Feuerspeiendes Ungeheuer mit drei Köpfen: dem eines Löwen vorne, dem eines Hundes in der Mitte, und dem einer Schlange hinten.

6. Der Phönix
Der aus der Asche steigt: römischer Wundervogel, der sich alle 500 Jahre selbst verbrennt und verjüngt aus der Asche wieder aufsteigt; Sinnbild des durch den Tod erneuerten Lebens.

7. Der Schrat
Slawischer Dämon und Hauskobold, erscheint als Drache, Schlange oder Vogel.

8. Der Simurg
Persisches Mischwesen; fliegt wie ein Vogel, hat Zähne wie ein Hund und lebt in Löchern wie die Moschusratte; Symbol der Vereinigung von Erde, Wasser, Luft.

9. Der Zerberus
Blutgieriger Hund und Höllenwächter. Läßt jeden gerne in den Hades rein, aber niemanden hinaus.

Quelle: Gerhard Bellinger: *Knaurs Lexikon der Mythologie*, München 1989.

DREI NICHT GANZ UNUMSTRITTENE UNGEHEUER

1. Der Yeti
Erstmals 1897 von einem Oberst W. A. Wedell in seinem Buch *Adventures in the Himalaya* erwähnt: Wedell behauptet, in 5.000 Meter Höhe die Fußspuren eines ungewöhnlich großen Lebewesens gesehen zu haben. Der Name »Yeti« für diesen Menschenaffen wurde 15 Jahre später von einem Reporter der *Calcutta Times* geprägt, der über ein unidentifizierbares Lebewesen, wahrscheinlich einen Bär, berichten sollte, der einer anderen Expedition begegnet war. Obwohl Dutzende von Himalaya-Reisenden seitdem den Yeti gesehen haben wollen, steht ein Beweis der Existenz noch aus.

2. Das Ungeheuer von Loch Ness
Wurde seit 1933 von Hunderten von Menschen gesichtet, aber ohne einen einzigen Beweis (das bisherige Hauptindiz, ein verschwommenes Photo einer See-schlange, wurde 1993 und nach dem Tod der Übeltäter als ein Ulk entlarvt: der Schauspieler Marmaduke Wetherill hatte zusammen mit seinen beiden Söhnen eine Seeschlange aus Pappe über ein Spielzeugunterseeboot gestülpt und das Photo an die Medien verkauft).

3. Die Riesenkrake
Soll angeblich Schwimmer, sogar ganze Boote in die Tiefe reißen und verschlingen. Das bisher wichtigste Indiz der Existenz, ein 20 Tonnen schweres unidentifizierbares Gewebestück, das vor 100 Jahren an der amerikanischen Küste bei Saint Augustine in Florida gefunden wurde, hat sich aber inzwischen als Rest eines toten Wals entpuppt.

Quellen: »Nessie photo was a fake«, *Sydney Morning Herald* vom 12. November 1993; Egon Jameson: *So macht man Wunder oder die Welt zum Narren gehalten*, München 1967; »Legende vom Monster«, *Der Spiegel* 8/1995.

SECHS ZWITTERWESEN AUS MENSCH UND TIER

1. Die Meerjungfrau
Am Meeresstrand in Kopenhagen als Denkmal zu bewundern.

2. Der Minotaurus
Menschenfressendes Ungeheuer aus Menschenleib und Stierkopf. Ließ sich alle sieben Jahre sieben Jünglinge und Jungfrauen servieren; wurde schließlich von Theseus erschlagen.

3. Der Moloch
Der phönizische Vetter des Minotaurus; fraß auch kleine Kinder.

Ein Moloch, wie er leibt und lebt.

4. Der Satyr
Mischung aus Mensch und Ziegenbock; griechischer Fruchtbarkeitsdämon.

5. Die Sphinx
Menschenkopf auf Löwenleib. Die Sphinx von Theben soll jedem, der an ihr vorüberging, ein Rätsel aufgegeben und die, die es nicht lösen konnten, verschlungen haben.

6. Der Zentaur
Ein Waldbewohner, halb Mensch, halb Pferd.

Quelle: Gerhard Bellinger: *Knaurs Lexikon der Mythologie*, München 1989.

DIE ZEHN AM HÄUFIGSTEN ERWÄHNTEN TIERE IN DER BIBEL

Kommen in soviel
Bibelstellen vor:

1.	Schafe	200
2.	Lämmer	188
3.	Löwen	176
4.	Rinder	166
5.	Ziegenböcke	165
6.	Pferde	164
7.	Ochsen	152
8.	Esel	150
9.	Ziegen	138
10.	Kamele	62

Quellen: *Die Bibel – Einheitsübersetzung*, Freiburg 1980; Russell Ash: *The Top Ten of Everything*, London 1995.

DIE ZEHN WICHTIGSTEN NUTZTIERARTEN AUF DER ERDE

Weltweiter Bestand 1993

1.	Hühner	12 Mrd.
2.	Rinder	1,3 Mrd.
3.	Schafe	1,1 Mrd.
4.	Schweine	870 Mio.
5.	Enten	660 Mio.
6.	Gänse	590 Mio.
7.	Truthähne	250 Mio.
8.	Büffel	150 Mio.
9.	Pferde	60 Mio.
10.	Esel	44 Mio.

Quelle: United Nations: *Statistical Yearbook*, 40. Ausgabe, New York 1995.

DIE NEUN SCHNELLSTEN SÄUGETIERE

	Maximale je gemessene Geschwindigkeit
1. Gepard	105 km/h
2. Gabelhornantilope	89 km/h
3. Mongolische Gazelle	51 km/h
4. Springbock	50 km/h
5. Grantgazelle	47 km/h
6. Thomsongazelle	47 km/h
7. Hase	43 km/h
8. Windhund	42 km/h
9. Reh	40 km/h

Zum Vergleich: Der 200-Meter-Weltrekordler Michael Johnson erreichte bei seinem Olympiasieg 1996 als bisher schnellster Mensch eine Geschwindigkeit von 37,3 km/h.

Quellen: Russell Ash: *The Top Ten of Everything*, London 1995; *Holles Tier-Enzyklopädie*, 6 Bände, Baden-Baden 1973.

DIE ZEHN INTELLIGENTESTEN SÄUGETIERE

Diese Liste geht auf den Harvard-Zoologen E. O. Wilson zurück; er definiert Intelligenz als die Geschwindigkeit, mit der Tiere lernen, und stellt die folgende Hitliste auf (in der übrigens des Menschen bester Freund erst recht weit unten auftaucht, noch hinter dem auf 11 plazierten Schwein):

1. Homo sapiens (mit Abstand)
2. Schimpanse
3. Gorilla
4. Orang-Utan
5. Pavian
6. Gibbon
7. Mangabe (eine Affenart)
8. Furchenzahndelphin
9. Delphin
10. Elefant

Quelle: Russell Ash: *The Top Ten of Everything*, London 1995.

DIE ZEHN LANGLEBIGSTEN SÄUGETIERE

Von allen Säugetieren lebt der Mensch am längsten. Diese maximale Lebensspanne einer Spezies ist genetisch programmiert und nach Meinung moderner Biologen durch natürliche Auslese entstanden: Arten, die nach der produktiven Phase nicht bald Platz für Nachwuchs machen, sterben aus. Für den Homo sapiens beträgt diese Lebensspanne rund 115 Jahre; sie hat sich seit Tausenden von Jahren kaum geändert (daß dennoch unsere Lebenserwartung so dramatisch zugenommen hat, liegt vor allem an der reduzierten Sterblichkeit bei Kindern).

	Maximales Alter in Jahren:
1. Homo sapiens	115
2. Blauwal	90
3. Elefant	78
4. Orang-Utan	59
5. Nilpferd	51
6. Pferd	46
7. Schimpanse	45
8. Rhinozeros	40
9. Gorilla	39
10. Eisbär	35

Quellen: *Guiness Book of Records*; Stichwort »Life span« in MS Microsoft Enzyklopädie *Encarta*, 1994.

DIE ZEHN LANGLEBIGSTEN TIERE ÜBERHAUPT

	Maximales Alter in Jahren:
1. Salzwassermuschel	200
2. Schildkröte	150
3. Homo sapiens	115
4. Stör	100
5. Blauwal	90
6. Aal	88
7. Adler	80
8. Elefant	78
9. Süßwassermuschel	75
10. Rabe	69

Quellen: *Guiness Book of Records*; Stichwort »Life span« in MS Microsoft Enzyklopädie *Encarta*, 1994.

DIE ZEHN KLÜGSTEN UND DÜMMSTEN HUNDERASSEN

Wie weiter oben schon bemerkt: ein Hund ist dümmer als ein Schwein. Aber innerhalb der Hunde gibt es Unterschiede: Wie schnell bemerkt das gute Tier, daß Herrchen oder Frauchen mit ihm Gassi gehen will, wie lange braucht er, um verstecktes Futter aufzufinden, fällt ihm auf, wenn in der Wohnung Möbel anders stehen, kann er sich merken, wo Herrchen oder Frauchen einen Leckerbissen liegenlassen usw. In diesen Dingen zeigen sich von Rasse zu Rasse große Unterschiede – manche Hunde erfassen die Situation sofort, andere nur langsam und andere nie. Hier sind die nach diesen Kriterien zehn klügsten Hunde (von 133 untersuchten Rassen insgesamt):

1. Border Collie
2. Pudel
3. Deutscher Schäferhund
4. Golden Retriever
5. Dobermann
6. Sheltie
7. Labrador Retriever
8. Papillon
9. Rottweiler
10. Australischer Treibhund

Und hier sind die nach diesen Kriterien dümmsten Hunde (die dümmeren zuerst):

1. Afghane
2. Basenji
3. Englische Bulldogge
4. Chow-Chow
5. Barsoi
6. St. Hubertushund
7. Pekinese
8. Mastiff
9. Beagle
10. Basset Hound

Quellen: Stanley Coren: *The Intelligence of Dogs*, New York 1994; »Intelligenzbestien im Härtetest«, *Focus* 16/1994.

Schön, aber dumm: der Afghane.

ZEHN LÄRMENDE FISCHE

Der Spruch »Stumm wie ein Fisch« war eigentlich nie berechtigt; zwar haben Fische kein typisches Lautorgan wie Kehlkopf oder Syrinx (bei Vögeln), aber schon Aristoteles kannte sechs Fischarten des Mittelmeeres, die hörbare Laute von sich gaben.

1. Süßlippen
Geben durch Aneinanderreiben der oberen und unteren Schlundzähne deutliche Töne von sich.

2. Seenadel
Reiben vermutlich das Kopfskelett gegen die Wirbelsäule – das sog. Stridulieren kann man hören.

3. Grauer Knurrhahn
Die Schwimmblase, obwohl recht klein, kann Klopflaute erzeugen.

4. Schwarzgrundel
Zur Laichzeit grunzen die Männchen; sie locken damit die Weibchen aus ihren Höhlen heraus.

5. Seepferdchen
Reibt das Kopfskelett gegen die Wirbelsäule; erzeugt dadurch ein dem Fingerschnippen ähnliches Geräusch.

6. Seeskorpion
Verteidigt sein Revier gegen aufdringliche Artgenossen durch Brummlaute, die wahrscheinlich durch Reiben des Schultergürtels gegen das Kopfskelett entstehen.

7. Knurrhahn
Besitzt mit der Schwimmblase verwachsene Trommelmuskeln; erzeugt damit Serien von Klopfern (hat mit Knurren kaum etwas zu tun, klingt auch anders).

8. Schellfisch
Hat seine Schwimmblase direkt unter der Wirbelsäule. Die Männchen verfügen über kräftige Trommelmuskeln. Damit kann der Schellfisch Klopflaute von sich geben.

9. Umberfische
Sind die bekanntesten Trommler unter den Fischen. Die meisten der 150 Arten gehören zu diesen Krachmachern.

10. Krötenfisch

Die Laute der Krötenfische klingen wie Nebelhörner. Sie sind so laut, daß man sie auch über Wasser hören kann. Der Schalldruck in 60 Zentimeter Entfernung beträgt 110 db – das entspricht dem Lärm einer fahrenden U-Bahn.

Quelle: »Gesprächig wie ein Fisch«, *Kosmos – Das Magazin für die Natur*, Heft 6/1996.

ZEHN AUSGESTORBENE, FRÜHER IN DEUTSCHLAND HEIMISCHE SÄUGETIERE

1. Ziesel (Nagetier, das in Erdhöhlen lebt, 1985)
2. Langflügelfledermaus (etwa 1960)
3. Europäischer Nerz (vor 1930)
4. Weißbrustigel (etwa zu Beginn des 20. Jahrhunderts)
5. Wolf (Ende des 19. Jahrhunderts)
6. Braunbär (etwa 1835)
7. Elch (im Laufe des 18. Jahrhunderts)
8. Wisent (17. Jahrhundert)
9. Auerochse (Mittelalter)
10. Wildpferd (Mittelalter)

ZEHN AUSGESTORBENE, FRÜHER IN DEUTSCHLAND HEIMISCHE VÖGEL

1. Steinhuhn (1979)
2. Doppelschnepfe (1931)
3. Zwergschnepfe (1928)
4. Zwergtrappe (vor 1907)
5. Rosenseeschwalbe (1904)
6. Schlangenadler (1896)
7. Mornellregenpfeifer (1829)
8. Rothuhn (17. Jahrhundert)
9. Gänsegeier (vor dem 17. Jahrhundert)
10. Waldrapp (vor dem 17. Jahrhundert)

ZEHN VOM AUSSTERBEN BEDROHTE SÄUGETIERE

Eine Tierart ist vom Aussterben bedroht, wenn das Überleben dieser Art in der Bundesrepublik Deutschland ohne Schutzmaßnahmen unwahrscheinlich ist. Es sind dies auch Arten, die nur einzeln vorkommen oder in wenigen, isolierten und kleinen Populationen auftreten, deren Bestände aufgrund absehbarer Eingriffe ernsthaft bedroht sind.

1. Große Hufeisennase (Fledermaus mit hufeisenförmigem Nasenaufsatz)
2. Kleine Hufeisennase (Fledermaus)
3. Wimperfledermaus
4. Zweifarbfledermaus
5. Mopsfledermaus (Fledermaus mit scharf abgestutzter Nase)
6. Großer Tümmler (Delphin in Nord- und Ostsee)
7. Schweinswal (bewohnen Küstengewässer und steigen manchmal Flüsse hinauf)
8. Fischotter (Raubtier mit kurzem, dichtem Fell, lebt in einem Uferbau)
9. Luchs (Gattung einer Katze mit Ohrpinsel und Stummelschwanz)
10. Kegelrobbe (gefleckter Seehund, lebt an der Küste)

ZEHN VOM AUSSTERBEN BEDROHTE VÖGEL

1. Zwergdommel
2. Nachtreiher (Schreitvogel, erbeutet seine Nahrung durch plötzliches Zustoßen aus dem Wasser)
3. Purpurreiher (Schreitvogel)
4. Schwarzstorch (schwarzer, metallisch glänzender Storch, etwas kleiner als der Weißstorch)
5. Moorente (kurzbeiniger Gänsevogel, Tauchente)
6. Kornweihe (mittelgroßer Greifvogel, lebt in sumpfigen Wiesen und Feldern, jagt Insekten und kleine Wirbeltiere)
7. Wiesenweihe (mittelgroßer Greifvogel)
8. Schreiadler (oft am Wasser und in Wäldern, nistet auf Bäumen)
9. Haselhuhn (kleines Huhn, das in Bergwäldern lebt)
10. Birkhuhn (sucht seine Nahrung in Sümpfen, Mooren oder oberhalb der Waldgrenze)

Bedroht: Schwarzstorch.

ZEHN VOM AUSSTERBEN BEDROHTE FISCHE

1. Augenfleck-Lippfisch
2. Huchen (Lachsfisch in der Donau)
3. Lachs
4. Maifisch (Süßwasser-Heringsfisch, der in
   größeren Schwärmen besonders im Mai auftritt)
5. Perlfisch
6. Steingreßling
7. Streber
8. Strömer
9. Ziege
10. Zingel

Quelle der letzten fünf Listen: E. Nowak et al. (Hrsg.): *Rote Liste der gefährdeten Wirbeltiere in Deutschland*, Bonn 1994.

ZEHN BISHER UNBEKANNTE TIERE

Bei all der Aussterberei tut es gut zu wissen, daß daneben auch ständig neue Tierarten entdeckt werden, die man bis dato noch nicht kannte (Zoologen glauben, daß auf der Erde insgesamt rund 30 Millionen Tierarten (Spezies) existieren; davon sind nicht einmal die Hälfte bekannt, geschweige wissenschaftlich einsortiert). Hier sind zehn bis vor kurzem unbekannte Spezies (in Klammern das Jahr ihrer Entdeckung):

1. Großmaulhai (1976)
Sieht aus wie eine Kreuzung zwischen Hai und Wal; wurde erstmals entdeckt, als sich ein Exemplar vor Hawaii in das Ankertau eines Schiffes verbissen hatte. 1983 wurde die Art wissenschaftlich beschrieben. Der vier bis fünf Meter lange Großmaulhai scheint mit anderen Hai-Arten nur weitläufig verwandt zu sein; er lebt vor allem von Plankton in den tiefen Zonen des Pazifik.

2. Goldener Bambuslemur (1986)
Wurde von dem Biologen Bernhard Meier auf der Suche nach den vermeintlich ausgestorbenen Großen Bambuslemuren in einem Regenwald bei Ranomafana auf Madagaskar entdeckt.

3. Riesenbaumkänguruh (1988)
Lebt in den abgelegenen Torricelli-Bergen Melanesiens.

4. Sonnenschwanz-Meerkatze (1988)
Lebt in einem 100 Quadratkilometer großen Wald im afrikanischen Gabun.

5. Goldkronen-Sifaka (1989)
Sehr auffällig großer und gefärbter Halbaffe; wurde nur drei Jahre nach dem Goldenen Bambuslemuren auf Madagaskar, in der Provinz Antsiranana gefunden.

6. Schwarzkopflöwenäffchen (1990)
Lebt nur 200 Kilometer von São Paulo auf einer kleinen Insel in einer der am dichtesten besiedelten Gegenden Brasiliens.

7. Vu Quang-Rind (1992)
Lebt im Vu-Quang-Naturschutzgebiet in Zentralvietnam; auffallende weiße Kopfzeichnung.

8. Linh-Duong (1993)
Hat noch keinen deutschen Namen, wurde bisher auch noch nicht gesichtet, ist nur durch seine Hörner nachgewiesen, die man zuweilen im vietnamesischen Urwald findet (Linh-Duong heißt »mysteriöse, heilige Ziege«). Untersuchungen der gefundenen Hörner ergaben, daß es sich tatsächlich um eine neue Spezies von der Größe eines kleinen Rindes handelt.

9. Riesenmuntjak (1994)
Hat etwa das doppelte Gewicht eines gewöhnlichen Muntjaks (ein in Südostasien lebender Hirsch, aus dem alle übrigen Hirschformen hervorgegangen sind). Wurde zufällig in einer laotischen Privatmenagerie entdeckt.

10. Panda-Baumkänguruh (1994)
Kommt nur im Pegunungan Maoke, dem zentralen Gebirgszug von Indonesisch Neuguinea, vor und hat sowohl Merkmale von baum- als auch von bodenlebenden Känguruhs. Seine wenig ausgeprägte Fluchtbereitschaft macht es zu einer leichten Beute für Jäger.

Quelle: »Die Jagd nach dem unbekannten Tier«, *Kosmos – Das Magazin für die Natur*, Heft 5/1996.

18. KAPITEL:
UND WO BLEIBT DIE POLITIK ...

KARL POPPERS GRUNDSÄTZE DES LIBERALISMUS

1. Der Staat ist ein notwendiges Übel. Seine Machtbefugnisse sollten nicht über das notwendige Maß hinaus vermehrt werden.
2. Der Unterschied zwischen einer Demokratie und einer Despotie besteht darin, daß man in einer Demokratie seine Regierung ohne Blutvergießen loswerden kann, in einer Despotie aber nicht.
3. Die Demokratie kann (und soll) den Bürgern keinerlei Wohltaten erweisen.
4. Nicht weil die Majorität immer recht hat, sind wir Demokraten, sondern weil demokratische Institutionen bei weitem die unschädlichsten sind, die wir kennen.
5. Bloße Institutionen genügen nie, wenn sie nicht in Traditionen wurzeln.
6. Ein liberales Utopia ist eine Unmöglichkeit.
7. Die Grundsätze des Liberalismus können als Grundsätze beschrieben werden, mit deren Hilfe die bestehenden Institutionen beurteilt und wenn nötig geändert werden können.

Quelle: Karl R. Popper: *Auf der Suche nach einer besseren Welt*, München 1984.

ZEHN BEKANNTE DEUTSCHE POLITIKER
OHNE ABITUR

Rund 76 % aller Mitglieder des Deutschen Bundestages haben Abitur, 63 % haben ein Universitätsdiplom. Die folgenden gehören nicht dazu:

1. Rudolf Dreßler (SPD)
Geboren 1940, Ausbildung zum Schriftsetzer, MdB seit 1980, Parlamentarischer Staatssekretär beim Bundesministerium für Arbeit und Sozialordnung a. D., stellvertretender Vorsitzender der SPD-Fraktion.

2. Ludwig Eich (SPD)
Geboren 1942, gelernter Gesenkschmied, umgeschult zum Datenverarbeitungskaufmann, MdB seit 1990, MdL in Rheinland-Pfalz von 1983-1990.

3. Klaus Francke (CDU)
Geboren 1936, kaufmännischer Angestellter, Mitglied der Mittelstandsvereinigung der CDU, MdB seit 1976, Vorsitzender der christlich-demokratischen Gruppe in der Nordatlantischen Versammlung.

4. Michael Glos (CSU)
Geboren 1944, Müllermeister, Inhaber eines Landwirtschaftsbetriebes, MdB seit 1976, Vorsitzender der CSU-Landesgruppe, 1. Stellvertretender Vorsitzender der CDU/CSU-Fraktion.

5. Horst Günther (CDU)
Geboren 1939, Ausbildung zum Industriekaufmann, MdB seit 1980, Parlamentarischer Staatssekretär beim Bundesministerium für Arbeit und Sozialordnung.

6. Dieter Heistermann (SPD)
Geboren 1936, gelernter Werkzeugmacher, Vorsitzender der SPD-Landesgruppe NRW, MdB seit 1980, Stellvertretender Vorsitzender des Verteidigungsausschusses, Mitglied der Parlamentarischen Versammlung der OSZE.

7. Irmgard Karwatzki (FDP)
Geboren 1940, kaufmännische Lehre, Besuch der Höheren Fachschule für Sozialarbeit, 1979-1983 Bürgermeisterin der Stadt Duisburg, seit 1976 Parlamentarische Staatssekretärin beim Bundesministerium der Finanzen.

8. Jürgen Koppelin (FDP)
Geboren 1945, Banklehre, Zeitsoldat bei der Luftwaffe, MdB seit 1990, Mitglied des FDP-Bundesvorstands.

9. Hannelore Rönsch (CSU)
Geboren 1942, Höhere Handelsschule, Angestellte beim Bundeskriminalamt, MdB seit 1983, 1991-1994 Bundesministerin für Familie und Senioren, stellvertretende Vorsitzende der CDU/CSU-Fraktion.

10. Hans-Otto Wilhelm (CDU)
Geboren 1940, Verwaltungsausbildung bei einem Sozialversicherungsträger, 1987/88 Minister für Umwelt und Gesundheit in Rheinland-Pfalz, MdB seit 1994.

Quelle: *Kürschners Volkshandbuch Deutscher Bundestag*, 77. Auflage, Rheinbreitbach 1996.

DIE 18 AUSLÄNDISCHEN STAATSMÄNNER UNTER DEN »MÄNNERN DES JAHRES« DER ZEITSCHRIFT TIME

Seit 1927 kürt die Redaktion von *Time* den Mann (oder die Frau) des Jahres; diese Person hat laut *Time* dem Weltgeschehen des jeweiligen Jahres den stärksten Stempel aufgetragen. In der Regel sind bzw. waren dies Politiker, vorzugsweise amerikanische (nur ein einziger Präsident, Herbert Hoover, war *nicht* zumindest einmal Mann des Jahres), aber auch Industrielle (Walter Chrysler 1928), Abenteurer (Charles Lindbergh 1927, der erste Mann des Jahres überhaupt) oder Figuren der Gesellschaft wie Wallis Simpson 1936. Von ausländischen Staatsmännern und -frauen schafften die folgenden 18 den Sprung auf das begehrte Titelblatt (ohne Izhak Rabin, Nelson Mandela, F. W. de Klerk und Yassir Arafat, die 1993 als Quartett berufen wurden):

1. Mahatma Gandhi 1930
2. Pierre Laval 1931
3. Heile Selassie 1935
4. Chiang Kai-shek 1937
5. Adolf Hitler 1938
6. Josef Stalin 1939, 1942
7. Winston Churchill 1940, 1949
8. Mohammad Mossadegh 1951
9. Elisabeth II. 1952
10. Konrad Adenauer 1953
11. Nikita Chruschtschow 1957
12. Charles de Gaulle 1958
13. Willy Brandt 1970
14. König Faisal 1974
15. Anwar el Sadat 1977
16. Deng Xiao Ping 1978, 1985
17. Ayatollah Khomeini 1979
18. Lech Walesa 1981
19. Corazon Aquino 1986
20. Michail Gorbatschow 1987

Der Mann des Jahres 1953

Quelle: Internet-Seite der Zeitschrift *Time*. Die letzten Männer des Jahres waren Papst Johannes Paul II. (1994) und Newt Gingrich (1995).

ZEHN WÜRDENTRÄGER, UND WIE SIE FÖRMLICH ANGEREDET WERDEN

1. Der Papst: Eure Heiligkeit
2. Ein Kardinal: Eure Eminenz
3. Ein katholischer Bischof: Eure Exzellenz
4. Der König/die Königin von England: Eure Majestät
5. Der Bundespräsident: Herr Bundespräsident
6. Der Rektor einer Universität: Magnifizenz
7. Der Dekan einer Fakultät: Spektabilität
8. Gewöhnliche Fürsten und Prinzen: Durchlaucht
9. Fürsten und Prinzen aus ehemals regierenden Häusern: Königliche Hoheit
10. Karnevalsprinzen und -prinzessinen: Seine Tollität bzw. Ihre Lieblichkeit

Quellen: Helga Pfeil-Braun und Inge Sollwedel: *Das große Anredenbuch*, München 1966; Franziska von Au: *Knigge 2000*, München 1996.

DIE ZEHN AM HÄUFIGSTEN KARIKIERTEN DEUTSCHEN POLITIKER

	Karikaturen in der deutschen Tages- und Wochenpresse 1995
1. Helmut Kohl	532
2. Theo Waigel	319
3. Norbert Blüm	161
4. Oskar Lafontaine	143
5. Wolfgang Gerhardt	87
6. Gerhard Schröder	42
6. Rudolf Scharping	42
8. Johannes Rau	35
9. Edmund Stoiber	30
10. Joschka Fischer	29

Bundesaußenminister Klaus Kinkel schaffte den Sprung unter die Top Ten nicht mehr – im Jahr zuvor hatte er noch Platz 2 belegt.

Quelle: »Namen: Helmut Kohl«, *Westfälische Rundschau* vom 10. Juli 1996.

Er wird am meisten karikiert ...

ZEHN DEUTSCHE WIRTSCHAFTS- UND POLITSKANDALE

1. Hauptstadtfrage
Der erste Skandal der frisch gegründeten Republik: Für den Beschluß des Bundestages, Bonn zum Sitz der wichtigsten Bundesorgane zu machen, wurden mit hoher Wahrscheinlichkeit verschiedene Abgeordnete bestochen.

2. Starfighter
Beginnend 1962 wurden 749 Maschinen in Dienst gestellt, davon sind bis 1981 insgesamt 220 abgestürzt oder am Boden zu Bruch gegangen. Eine mögliche Ursache ist wohl darin zu sehen, daß jedes entwickelte Bauteil auf Druck des Verteidigungsministeriums ohne Erprobung gleich in die Serienfertigung ging.

3. Contergan
Ab 1957 als das »Schlafmittel des Jahrhunderts« von der Chemie Grünenthal GmbH vermarktet; als Beruhigungs- und Schlafmittel angeboten. Trotz zahlreicher Berichte über teilweise schwerwiegende Nebenwirkungen streitet die Firma zunächst alle Schuld an Mißbildungen bei Babys ab.

4. Spiegelaffäre
Wegen eines Artikels über die Ausrüstungspolitik der Bundeswehr wird 1962 gegen den *Spiegel* eine Strafanzeige wegen Landesverrats angestrengt, die Redaktion wird besetzt, namhafte Redakteure werden verhaftet.

5. Bundesliga
Nach dem letzten Spieltag der Saison 1970/71 enthüllt G. Canellas, der Präsident der Offenbacher Kickers, mit Hilfe von Tonbandaufzeichnungen den bisher größten deutschen Sportskandal: Nach Ermittlungen des DFB-Kontrollausschusses wurden 18 Bundesligaspieler manipuliert und rund eine Million Mark an Schmiergeldern gezahlt.

6. Herstatt-Bank
Geht 1974 an Devisenspekulationen bankrott.

7. Neue Heimat
Durch Miß- und Vetternwirtschaft wird die größte gemeinnützige Wohnungsbaugesellschaft der Republik 1986 zahlungsunfähig gemacht.

8. Flick
Die Affäre beginnt 1982 mit dem Vorwurf, Karl Flick habe über seinen Bevollmächtigten Eberhard von Brauchitsch Bonner Politiker geschmiert, um einen Gewinn von 1,8 Milliarden Mark aus dem Verkauf von Daimler-Benz-Aktien nicht versteuern zu müssen. Den ehemaligen Wirtschaftsministern Hans Friedrichs und Otto Graf Lambsdorff, die als Minister über die Steuerbefreiung zu entscheiden hatten, konnte die Bestechlichkeit allerdings nicht nachgewiesen werden. Im Laufe des Prozesses stellte sich heraus, daß es weitgehend üblich war, Parteispenden unter aktiver Mithilfe der Empfänger an der Steuer vorbei zu zahlen.

9. Kießling
Der Vier-Sterne-General und Stellvertreter des Obersten Alliierten Befehlshabers in Europa wird von Verteidigungsminister Wörner wegen des Verdachts, er sei homosexuell, 1983 entlassen. Kießling bestreitet die Vorwürfe, Minister Wörner besteht auf der Entlassung, kann seine Vorwürfe aber nicht beweisen, und muß Kießling schließlich nach vier Wochen wieder einstellen. Zwei Monate später tritt Kießling in den Ruhestand und wird mit allen militärischen Ehren aus der Bundeswehr entlassen.

10. **Celler Loch**
Im Juli 1978 sprengt ein Kommando aus Beamten des Landes Niedersachsen und des Bundes ein Loch in die Mauer des Celler Gefängnisses, um Erfolge bei der Bekämpfung des Terrorismus vorzutäuschen.

Quelle: G. M. Hafner und E. Jacoby (Hrsg.): *Die Skandale der Republik*, Reinbek 1994.

DIE 24 HÖCHSTVERDIENENDEN DEUTSCHEN POLITIKER

	Grundgehalt pro Monat (ohne Zuschläge) 1996
1. Bundespräsident	DM 32.479,00
2. Bundeskanzler	DM 30.969,08
3. Ministerpräsident NRW	DM 27.005,93
4. Ministerpräsident Bayern	DM 28.029,14
5. – 19. Alle Bundesminister	DM 25.978,62
20. Ministerpräsident BW	DM 25.000,00
21. Ministerpräsident Niedersachsen	DM 24.623,98
22. Oberbürgermeister Hamburg	DM 23.873,98
23. Ministerpräsident Hessen	DM 22.902,27
24. Bundestagspräsident(in)	DM 22.600,00

Zu diesen Gehältern kommen kommen noch mehrere tausend Mark aus Abgeordnetenmandaten (Ministerpräsidenten der Länder), Ortszuschläge, Aufwandspauschalen (für den Bundespräsidenten etwa im Monat 11.000 Mark).

Quelle: Jürgen Hesse und Hans Christian Schrader: *VERDIENEN SIE SOVIEL, WIE SIE VERDIENEN?*, Frankfurt am Main 1996.

DIE NEUN SCHÖNSTEN ORDNUNGSRUFE
VON HERBERT WEHNER

Von allen deutschen Politikern gab Herbert Wehner die meisten Anlässe zu Ordnungsrufen (Rüge eines unparlamentarischen Ausdrucks). Der Präsident des Bundestages kann eine Sitzung anhalten, wenn er die Ordnung im Plenum gefährdet sieht; beim dritten Ordnungsruf kann er den Übeltäter von der Sitzung ausschließen.

1. »**Einstudierter Pharisäer**«
25. Sitzung des Deutschen Bundestages, 24. April 1958; Gegenstand der Debatte: Entwurf eines Gesetzes zur Volksbefragung wegen atomarer Ausrüstung der Bundeswehr.
Dr. Barzel (CDU/CSU): ... Wir lehnen also den Entwurf der SPD ab, weil er erstens verfassungswidrig, zweitens verfassungspolitisch höchst bedenklich und drittens in seiner Fragestellung unaufrichtig ist. Wir lehnen ihn aber vor allem ab, weil er nur ein Bestandteil Ihrer Pläne und Aktionen ist, die Bundesregierung außerparlamentarisch zu stürzen. Vielleicht erlauben Sie mir trotz dieser hitzigen Debatte, die die Materie mit sich bringt, Herr Kollege Dr. Menzel –
Zurufe von der SPD: Nein das ist Ihr Hochmut!
Dr. Barzel (CDU/CSU): Ich bin innerlich wirklich aufgerührt davon, daß ein solcher Vorschlag gemacht wird.
Schoettle (SPD): Sie sind gar nicht aufgerührt, das ist einfach nicht wahr!
Vizepräsident Dr. Jäger: Meine Damen und Herren, lassen Sie doch den Redner zu Ende kommen!
Wehner (SPD): Ein einstudierter Pharisäer!
Dr. Barzel (CDU/CSU): Haben Sie den Zwischenruf gehört? Herr Kollege Wehner, haben Sie eben gesagt »ein einstudierter Pharisäer«? Haben Sie das gesagt?
Metzger (SPD): Wie ein Staatsanwalt!
Herbert Wehner erhält für den Ausdruck »einstudierter Pharisäer« einen Ordnungsruf.

2. »**Nihilistischer Pöbelhaufen**«
8. Sitzung des Deutschen Bundestages, 30. November 1965, Entwurf eines Haushaltssicherungsgesetzes.
Dr. Möller (SPD): Das Verhalten der Berliner selbst gibt uns erst die Möglichkeit, politisch und wirtschaftlich das zu tun, was nur ein Geringes unserer wirklichen Verpflichtungen darstellt. Ich möchte hinsichtlich des Kollegen Schiller noch hinzufügen, daß der damalige Senat, und hier ganz besonders der Senator für wirtschaftliche Fragen, in einer neuen kritischen Situation ein dynamisches Konzept entwickelt hat ...
Zuruf von der CDU: Wo?

Dr. Möller (SPD): ... in Berlin, wo sonst? Ein wirklich dynamisches Konzept, und daß es den gemeinsamen Anstrengungen ...
Lebhafte Zurufe von der CDU/CSU. Gegenrufe von der SPD.
Wehner (SPD): Ein nihilistischer Pöbelhaufen ist das!
Große Unruhe bei der CDU/CSU.
Wehner (SPD): Das nehme ich auf mich, Herr Präsident! Das können Sie ruhig mit einem Ordnungsruf ahnden.
Windelen (CDU/CSU): Wer hat denn die meisten Ordnungsrufe in diesem Haus?
Haase (CDU/CSU): Sie halten doch den Rekord in Ordnungsrufen.
Große Unruhe.
Vizepräsident Dr. Dehler: Ich darf doch bitten, die Härte Ihrer Ausdrücke zu mäßigen ... Der Abgeordnete Wehner hat die CDU/CSU-Fraktion als nihilistischen Pöbelhaufen bezeichnet.
Pfui-Rufe von der CDU/CSU.
Wehner (SPD): Nein, ich habe diejenigen, die in dieser unmöglichen Weise über Berlin gepöbelt haben, als nihilistischen Pöbelhaufen bezeichnet, und das werde ich aufrechterhalten.
Lebhafter Beifall von der SPD. Zurufe von der Mitte.
Vizepräsident Dr. Dehler: Auch diese Art der Auseinandersetzung überschreitet das zulässige Maß. Herr Abgeordneter Wehner, ich rufe Sie zur Ordnung.
Beifall bei der CDU/CSU.

3. »Lümmel«
28. Sitzung des Deutschen Bundestages, 6. April 1973, Beratung eines Rentenanpassungsgesetzes.
Bundeskanzler Brandt (SPD): Da nehme ich einmal allein eine Bank – ich nehme an, Sie werden heute früh schon die Zeitungen gelesen haben –, nämlich die, die sich Deutsche nennt
Dr. Möller (SPD): Ist sie bloß nicht immer!
Bundeskanzler Brandt (SPD): Ich lasse einmal beiseite, was das in Hamburg erscheinende Pamphlet, das – wie Helmut Schmidt gestern sagte – in Form einer Tageszeitung erscheint, schreibt – insofern gar nicht einmal so abwegig: Bei der Deutschen Bank hat die Gewinnentwicklung mit der Expansion Schritt gehalten – sondern ich nehme die andre Zeitung, die ernster zu nehmende, in Frankfurt erscheinende
Reddemann (CDU/CSU): Ihr Freiheitsbegriff wird immer merkwürdiger, Herr Bundeskanzler!
Bundeskanzler Brandt (SPD): Da heißt es, daß man bei der 40 Milliarden übersteigenden Bilanzsumme um ...
Reddemann (CDU/CSU): Wenn man als ehemaliger Journalist eine Zeitung ein Pamphlet nennt, so macht man sich nachträglich selbst zum Pamphletisten!
Weitere Zurufe.

Bundeskanzler Brandt (SPD): Wissen Sie ...

Wehner (SPD): Lassen Sie sich doch von diesem Lümmel nicht aus der Ruhe bringen!
Heiterkeit und Beifall bei der SPD.

Vizepräsident Dr. Schmitt-Vockenhausen: Herr Abgeordneter Wehner, ich rüge das Wort
Lümmel.

Wehner (SPD): Schönen Dank, Herr Präsident, daß Sie erwacht sind.

van Delden (CDU/CSU): Das ist eine Unverschämtheit!

Vizepräsident Dr. Schmitt-Vockenhausen: Ich rüge diese Bemerkung ebenfalls.

4. »Waschen Sie sich erst einmal!«
159. Sitzung des Deutschen Bundestages, 20. März 1975, Haushaltsdebatte.

Möller (CDU/CSU): Zum anderen, Herr Dr. Möller, wäre es angebracht gewesen –
wenn Sie es überhaupt für richtig gehalten haben, dieses Thema des Sympathie-
kreises noch einmal anzuschneiden – selbst darauf einzugehen, ob es stimmt, daß
einige der Anarchisten wie Ensslin oder Pohle Sympathisanten der SPD-Wahlge-
meinschaften oder sogar SPD-Mitglieder waren.

Zuruf von der CDU/CSU: Sind!

Möller (CDU/CSU): Es wäre ebenfalls angebracht gewesen, hier eine klare Stellung-
nahme dazu abzugeben, ob es stimmt, daß es Berichte der Regierung über eine
gemeinsame Arbeit der Aktionsgemeinschaft gegen die Isolationshaft und SPD-
Mitglieder gibt.

Zuruf von der CDU/CSU: Sehr gut!

Möller (CDU/CSU): Aber, Herr Dr. Möller, ich habe das Gefühl ...

Wehner (SPD): Daß Sie überhaupt ein Gefühl haben, bezweifle ich!
Beifall bei der SPD. Lachen bei der CDU/CSU.

Möller (CDU/CSU): Ah, Herr Wehner, Ihre für den deutschen Parlamentarismus
beschämenden Ausbrüche kennt die deutsche Öffentlichkeit leider. Darüber können wir ruhig sein.
Beifall bei der CDU/CSU.

Wehner (SPD): Waschen Sie sich erst einmal! Sie sehen ungewaschen aus.

Möller (CDU/CSU): Meine Damen und Herren, ich glaube, daß diese SPD und diese
Regierung – wie überall in Europa, wo Sozialisten in der Regierung sitzen – über
das Jahr 2000 reden ...

Wehner (SPD): Das hat der Strauß gemacht, über 2000 zu reden! Gucken Sie einmal
nach!

Vizepräsident Dr. Jaeger rügt Wehners Zuruf: »Waschen Sie sich erst einmal!«

5. »Geschwätzführer«
*72. Sitzung des Deutschen Bundestages, 16. Februar 1978, Entwurf eines Gesetzes zur
Änderung der Strafprozeßordnung.*

Wehner (SPD): Aber es war wohl sehr unangenehm, und es ist Ihnen nachträglich
von einigen gesagt worden, daß das sehr unangenehm und auch politisch schädlich

war. Gehen Sie herunter von solchen Vorstellungen, die nicht in unsere Landschaft passen!
Beifall bei der SPD.
Dr. Jenninger (CDU/CSU): Das hat er doch nie gesagt! Sagen Sie doch die Wahrheit, Herr Wehner!
Wehner (SPD): Das müssen Sie mir sagen!
Dr. Jenninger (CDU/CSU): Jawohl.
Wehner (SPD): Ich sage die Wahrheit, und wenn ich mich irre, sage ich das auch. Aber Sie sind Leute ...
Dr. Jenninger (CDU/CSU): Sie sollen hier die Wahrheit sagen!
Wehner (SPD): ... die können nur andere mit Füßen treten.
Zurufe von der CDU/CSU.
Wehner (SPD): Das kriegen Sie nicht fertig!
Dr. Jenninger (CDU/CSU): Sie sagen die Wahrheit nicht!
Wehner (SPD): Mann, hampeln Sie doch nicht so herum, Sie sind doch Geschäftsführer und nicht Geschwätzführer!
Heiterkeit bei der SPD.
Vizepräsident Stücklen: Herr Abgeordneter Wehner, der Ausdruck Geschwätzführer ist nicht parlamentarisch.
Lachen bei der SPD.

6. »Professoraler Dummkopf«
138. Sitzung des Deutschen Bundestages, 15. Februar 1979, Debatte über Vertragsverletzungen der DDR.
Bundesminister für innerdeutsche Beziehungen, Franke (SPD): ... Sie, Herr Dr. Abelein, Sie waren ein Prototyp der Entstellung und der Verdrehung. Erinnern Sie sich an die Reden in allen Situationen dieser Deutschlandpolitik, in denen wir Ihnen gesagt haben: Und wenn wir nur das Schwarze unter den Fingernägeln an Ergebnissen herausholen können, wir geben uns diese Mühe, denn es geht um Menschen, die jetzt leben, und nicht um Ihre Thesen ...
Dr. Abelein (CDU/CSU): Leere Versprechungen haben Sie gemacht!
Franke (SPD): ... die Sie meinen, in den Vordergrund stellen zu müssen. Sie sind ja sicherlich auch bereit, darauf zu verzichten, die Möglichkeiten zu nutzen, Menschen, die dort drüben leben müssen, hier in unseren Bereich zu bringen. Sie brauchen wahrscheinlich Märtyrer, Sie brauchen wahrscheinlich Buhmänner, Sie brauchen all dies, um Ihr Versagen damit zuzudecken.
Jäger (CDU/CSU): Das sind doch törichte Unterstellungen.
Franke (SPD): Das sind gar keine Unterstellungen, das ist zu belegen.
Vizepräsident Stücklen: Herr Bundesminister Franke, einen Augenblick! Darf ich bitten, daß wir den Versuch unternehmen, diese Debatte in gemäßigter Form fortzuführen. Dies gilt für alle Teile.
Dr. Abelein (CDU/CSU): Ist denn Flegel ein parlamentarischer Ausdruck?

Franke (SPD): Andere können das in anderer Weise. Ich weiß nicht, wieweit es überhaupt zulässig ist, daß ich in dieser Weise hier beeinflußt werden soll.
Dr. Henning (CDU/CSU): Wie bitte? Wie meinen Sie das?
Zurufe von der CDU/CSU.
Franke (SPD): Ich möchte Ihnen einmal sagen ...
Dr. Abelein (CDU/CSU): Das war wohl an Herrn Wehner adressiert, was Sie gerade sagten?
Wehner (SPD): Halten Sie doch den Mund! Professoraler Dummkopf!
Franke (SPD): Ach, Menschenskind hören Sie doch bloß auf! Es ist doch unerträglich, Sie vor Augen zu haben. Da ist es doch fast unmöglich, ruhig zu bleiben.
Vizepräsident Stücklen: Herr Bundesminister Franke, ich muß Sie noch einmal unterbrechen; es tut mir leid. Herr Wehner, ich muß Sie wegen des Ausdrucks Dummkopf zur Ordnung rufen.

7. »Frühstücksverleumder«
188. Sitzung des Deutschen Bundestages, 28. November 1979, Debatte über Energieversorgung.
Dr. Zimmermann (CDU/CSU): ... Schließlich ist der Bundeskanzler auf die Lückenbüßertheorie eingeschwenkt: Kernenergie wird jetzt für erforderlich gehalten, um den Restbedarf, wie es heißt, von Energie zu decken, und später werde sie gleichsam von selber überflüssig. Diese ständigen Positionswechsel sind am wenigsten geeignet, die Diskussion um die friedliche Nutzung zu entmythologisieren. Hier fehlt es dem Bundeskanzler und der Bundesregierung an einem klaren und zukunftsorientierten Bekenntnis, an dem Mut, sich den Kernkraftgegnern in der eigenen Partei zu stellen und für klare Mehrheiten zu sorgen.
Beifall bei der CDU/CSU.
Wehner (SPD): Schämen Sie sich, Sie Frühstücksverleumder!
Dr. Mertes (CDU/CSU): Herr Präsident, da wurde von Verleumder gesprochen!
Dr. Barzel (CDU/CSU): Herr Präsident!
Präsident Stücklen: Einen Moment, Herr Abgeordneter Wehner, ich rufe Sie zur Ordnung!

8. »Abscheu-Bild eines Quasi-Parlamentariers«
208. Sitzung des Deutschen Bundestages, 20. März 1980, Bericht zur Lage der Nation.
Dr. Stark (CDU/CSU): Wenn Sie die Presse beschimpfen wollen, dann beschimpfen Sie nicht uns, Herr Wehner!
Wehner (SPD): Reden Sie doch keinen Stuß, reden Sie doch keinen Stuß, Sie weiser Herr.
Lachen bei der CDU/CSU.
Dr. Stark (CDU/CSU): Jetzt haben Sie doch die Presse beschimpft!
Wehner (SPD): Ja, ja. Nun gehen Sie hin und machen eine Anzeige gegen mich, Sie Knabe!

Lachen bei der CDU/CSU.

Kittelmann (CDU/CSU): Sie sind sehr liebenswürdig, Herr Wehner!

Wehner (SPD): Mann, Sie sind doch nicht ganz voll. Meine Damen und Herren, ich gebe Ihnen wortwörtlich, was ich in zahlreichen ...

Zurufe von der CDU/CSU.

Wehner (SPD): Ja, Sie können es nicht aushalten, daß jemand einmal feststellt, was er wirklich gesagt hat.

Beifall bei der SPD.

Wehner (SPD): Sie wollen ihn dann niederbrüllen, Sie wollen die Freiheit des Brüllers haben. Das ist Ihre Art von Parlamentsauffassung. Ich habe eine ganz andere. Da müssen ganz andere Leute kommen, als daß ich mich niederbrüllen lasse.

Zurufe von der CDU/CSU.

Wehner (SPD): Meine Damen und Herren, ich zitiere jetzt, was ich sowohl in St. Ingbert als auch anderswo gesagt habe. Sie werden sich wundern: Genau dasselbe, was ich dort gesagt habe, habe ich auch hier im Bundestag gesagt. Ich nenne Ihnen die Fundstelle jetzt schon: Sie finden Sie im Protokoll 8/191 auf Seite 15065. Sie werden das dort wortwörtlich wiederfinden. Warum? Damals habe ich auf eine Rede des Herrn Bayerischen Ministerpräsidenten geantwortet, der anzweifelte, daß wir in Fragen des Rüstungsgleichgewichts aufrichtig seien. Ich lese Ihnen jetzt vor, was ich tatsächlich in dem Beschluß mit verfaßt habe, den der Ordentliche Parteitag der Sozialdemokratischen Partei Deutschlands im Dezember in Berlin mit großer Mehrheit angenommen hat.

Dr. Stark (CDU/CSU): St. Ingbert!

Wehner (SPD): Muß ich Ihnen das sagen, daß ich dasselbe in St. Ingbert gesagt habe? Glauben Sie, Sie können mich irritieren? Sie können ganz etwas anderes mit mir, aber mich nicht irritieren.

Heiterkeit und Beifall bei der SPD.

Sauer (CDU/CSU): Was können wir denn mit Ihnen?

Zurufe der CDU/CSU.

Wehner (SPD): Weil Sie es sonst unmöglich machen. Sie sind nämlich nicht Parlamentarier, sondern Sie sind das Abscheu-Bild eines Quasi-Parlamentariers.

Sauer (CDU/CSU): Jetzt reicht es aber! Wir sind hier nicht im Sächsischen Landtag!

Wehner (SPD): Ich gehöre dem Bundestag seit über 30 Jahren an. Solche Mob-Szenen wie in diesem 8. Bundestag hat es selten gegeben.

Vizepräsident von Weizsäcker belegt Wehners »Abscheu-Bild eines Quasi-Parlamentariers« nachträglich mit einer Rüge.

9. »Flaschenkopf«

64. Sitzung des Deutschen Bundestages, 12. November 1981, Debatte über das 2. Haushaltsstrukturgesetz.

Dr. Riedl (CDU/CSU): ... Ach lesen ist kein großes Problem. Nur sich dran halten, Herr Wehner, das ist das Problem! Das ist das Problem!

Heiterkeit bei der CDU/CSU.

Wehner (SPD): Sie haben wohl zuviel Alkohol getrunken!

Dr. Riedl (CDU/CSU): Herr Wehner, machen Sie ruhig so weiter! Dann kriegen Sie heute Ihren 76. Ordnungsruf. Auf den würde ich mich schon freuen. Der Ruf der CDU/CSU nach einem Abbau der Staatsquote – weiter Originalton SPD – läuft im Ergebnis auf die Forderung hinaus, den Sozialstaat zu demontieren...

Wehner (SPD): Sie verwechseln wohl den Bundestag mit der Oktoberwiesn, Sie Flaschenkopf!

Der König der Ordnungsrufe in einer Ruhepause

Dr. Riedl (CDU/CSU): ... und die öffentlichen Leistungen, die zur hohen Lebensqualität entscheidend beitragen.

Haase (CDU/CSU): Herr Präsident, er hat Quatschkopf gesagt!

Präsident Stücklen: Herr Abgeordneter Dr. Riedl, darf ich Sie unterbrechen. Herr Abgeordneter Wehner, haben Sie Flaschenkopf gesagt?

Lachen bei der CDU/CSU.

Präsident Stücklen: Ich habe es akustisch nicht mitbekommen.

Der Präsident Dr. Stücklen erteilt Herbert Wehner nachträglich seinen 76. Ordnungsruf.

Wieviele Ordnungsrufe Wehner wirklich bekommen hat, läßt sich nur schwer sagen, nicht alle sind in dem Register der Parlamentsdebatten eingetragen. Offiziell verzeichnet sind 78, Wehner selbst hat aber in einem Interview von 95 Ordnungsrufen gesprochen.

Quelle: R. Floehr, K. Schmidt: »*Unglaublich, Herr Präsident!*« *Ordnungsrufe/Herbert Wehner*, Krefeld 1984.

19. KAPITEL:
KOMMUNIKATION IST ALLES

KURT TUCHOLSKYS TIPS FÜR EINE SCHLECHTE REDE

1. Fang nie mit dem Anfang an, sondern immer drei Meilen vor dem Anfang! Etwa so: »Meine Damen und meine Herren! Bevor ich zum Thema des heutigen Abends komme, lassen Sie mich Ihnen kurz ...«

2. Sprich nicht frei – das macht einen unruhigen Eindruck. Am besten ist es: Du liest deine Rede ab. Das ist sicher, zuverlässig, auch freut es jedermann, wenn der lesende Redner nach jedem viertel Satz mißtrauisch hochblickt, ob auch noch alle da sind.

3. Sprich mit langen, langen Sätzen.

4. Fang immer bei den alten Römern an und gib stets, wovon du auch sprichst, die geschichtlichen Hintergründe der Sache.

5. Kümmere dich nicht darum, ob die Wellen, die von dir ins Publikum laufen, auch zurückkommen – das sind Kinkerlitzchen.

6. Du mußt alles in die Nebensätze legen. Sag nie: »Die Steuern sind zu hoch.« Das ist zu einfach. Sag: »Ich möchte zu dem, was ich soeben gesagt habe, noch kurz bemerken, daß mir die Steuern bei weitem ...« So heißt das.

7. Trink den Leuten ab und zu ein Glas Wasser vor – man sieht das gern.

8. Wenn Du einen Witz machst, lach vorher, damit man weiß, wo die Pointe ist.

9. Beachte, daß viel Statistik eine Rede immer sehr hebt. Das beruhigt ungemein, und da jeder imstande ist, zehn verschiedene Zahlen mühelos zu behalten, macht das viel Spaß.

10. Sprich nie unter anderthalb Stunden.

Quelle: Kurt Tucholsky: *Sprache ist eine Waffe*, Hamburg 1990.

KURT TUCHOLSKYS TIPS FÜR EINE GUTE REDE

1. Hauptsätze.

2. Hauptsätze.

3. Hauptsätze.

4. Klare Disposition im Kopf – möglichst wenig auf dem Papier.

5. Tatsachen, oder Appell an das Gefühl. Schleuder oder Harfe. Ein Redner sei kein Lexikon. Das haben die Leute zu Hause.

6. Sprich nie länger als vierzig Minuten.

Quelle: Kurt Tucholsky: *Sprache ist eine Waffe*, Hamburg 1990.

NEUN FUNDAMENTE
EINER GUTEN NACHBARSCHAFT

Für eine gute Nachbarschaft halten Deutsche es besonders wichtig, daß die Nachbarn ...

1. ... auch mal die Blumen gießen oder den Briefkasten leeren, wenn man verreist ist (77 %)
2. ... ein waches Auge auf Fremde haben (76 %)
3. ... gerne ein Schwätzchen halten (67 %)
4. ... die Hausordnung einhalten (50 %)
5. ... Abstand wahren (49 %)
6. ... im Haushalt helfen oder beistehen, wenn man krank ist (48 %)
7. ... mit Vorräten aushelfen (44 %)
8. ... keinen Lärm machen (40 %)
9. ... zu Festen oder gemeinsamer Freizeit einladen (36 %)

Quelle: Forsa GmbH: »Die Deutschen und ihre Nachbarn«, Umfrage im Auftrag der *Woche*, Mai 1996, Faxmitteilung.

DIE 12 AUFLAGENSTÄRKSTEN
DEUTSCHEN TAGESZEITUNGEN

In der Bundesrepublik Deutschland erschienen 1995 insgesamt 417 Tageszeitungen (davon 135 sogenannte »selbständige publizistische Einheiten«) mit zusammen 30 Millionen verkauften Exemplaren. Davon entfielen auf:

1.	Bild (Hamburg)	4,5 Mio.
2.	Westdeutsche Allgemeine (Essen)	1,2 Mio.
3.	Hannoversche Allgemeine	560.000
4.	Stuttgarter Zeitung	550.000
5.	Thüringer Allgemeine (Erfurt)	540.000
6.	Freie Presse (Chemnitz)	480.000
7.	Mitteldeutsche Zeitung (Halle)	420.000
8.	Sächsische Zeitung (Dresden)	410.000
9.	Süddeutsche Zeitung (München)	400.000
9.	Frankfurter Allgemeine Zeitung	400.000
11.	Augsburger Allgemeine	370.000
12.	Leipziger Volkszeitung	360.000

Quelle: Hans Beier: »Der deutsche Pressemarkt«, *Buchhändler heute* 11/1996.

Papier, bevor es bedruckt wird

DIE ZEHN MEISTVERKAUFTEN
DEUTSCHEN ZEITSCHRIFTEN UND MAGAZINE

Neben Tageszeitungen tummeln sich auf dem deutschen Pressemarkt noch 30 Wochenzeitungen (Gesamtauflage 2,2 Millionen), 982 Fachzeitschriften (Gesamtauflage 17 Millionen) und 704 Publikumszeitschriften mit einer Gesamtauflage von 126 Millionen Exemplaren. Hier die Spitzenreiter (ohne Fernsehzeitschriften; hier führen *TV Movie* und *TV Spielfilm* mit jeweils über 2,5 Millionen Exemplaren):

		Durchschnittlicher Absatz pro Heft im ersten Quartal 1996
1.	Bild am Sonntag	2,58 Mio.
2.	Das Beste	1,57 Mio.
3.	Stern	1,24 Mio.
4.	Der Spiegel	1,07 Mio.
5.	Focus	0,78 Mio.
6.	Bunte	0,75 Mio.
7.	Super Illu	0,57 Mio.
8.	Neue Revue	0,52 Mio.
9.	Weltbild	0,25 Mio.
10.	Spiegel special	0,11 Mio.

PS: Die am meisten verbreitete deutsche Zeitschrift überhaupt ist die nur an Mitglieder verteilte ADAC Motorwelt mit 12 Millionen Exemplaren.

Quellen: Verband der Deutschen Zeitschriftenverleger: VDZ-Auflagendienst für Quartal I/96, 1996; Hans Beier: »Der deutsche Pressemarkt«, *Buchhändler heute* 11/1996.

DIE ZEHN MEISTVERKAUFTEN DEUTSCHEN
FRAUENZEITSCHRIFTEN

		Durchschnittlicher Absatz pro Heft im ersten Quartal 1996
1.	Bild der Frau	2,09 Mio.
2.	Neue Post	1,54 Mio.
3.	Tina	1,41 Mio.
4.	Freizeit Revue	1,23 Mio.
5.	Das Neue Blatt	1,09 Mio.
6.	Laura	0,78 Mio.

7. Frau im Spiegel	0,76 Mio.
8. Bella	0,64 Mio.
9. Lisa	0,61 Mio.
10. Die Aktuelle	0,58 Mio.

Quelle: Verband der Deutschen Zeitschriftenverleger: VDZ-Auflagendienst für Quartal I/96, 1996.

DIE ZEHN LÄNDER MIT DEN WELTWEIT MEISTEN TELEFONANSCHLÜSSEN

Anschlüsse 1994

1. USA	143 Mio.
2. Japan	59 Mio.
3. Deutschland	35 Mio.
4. Frankreich	30 Mio.
5. Großbritannien	27 Mio.
6. Italien	24 Mio.
7. Rußland	23 Mio.
8. Kanada	16 Mio.
9. Südkorea	16 Mio.
10. Spanien	14 Mio.

Quellen: Russell Ash: *The Top Ten of Everything*, London 1995; United Nations: *Statistical Yearbook*, New York 1996.

Kein Anschluß unter dieser Nummer

DIE ZEHN LÄNDER MIT DEN MEISTEN INTERNATIONALEN TELEFONGESPRÄCHEN

Anzahl Telefongespräche aus
dem Land heraus 1994

		insgesamt	pro Kopf
1.	USA	1,6 Mrd.	6,5
2.	Deutschland	1,0 Mrd.	12,6
3.	Großbritannien	480 Mio.	8,3
4.	Italien	400 Mio.	6,9
5.	Niederlande	330 Mio.	22,0
6.	Schweiz	305 Mio.	44,3
7.	Kanada	303 Mio.	11,1
8.	Japan	290 Mio.	2,3
9.	Belgien	244 Mio.	24,7
10.	Hongkong	241 Mio.	40,6

Quellen: Russell Ash: *The Top Ten of Everything*, London 1995; United Nations: *Statistical Yearbook*, New York 1996.

DIE 10 LÄNDER MIT DEN MEISTEN HANDYNUTZERN

Mitte 1996 besaßen rund 4 Millionen Deutsche ein Handy; im Jahr 2000 erwartet man 13 Millionen. Hier die zehn Länder mit den meisten Handynutzern 1996:

		Anteil an Gesamtbevölkerung
1.	Schweden	15,9 %
2.	Norwegen	13,7 %
3.	USA	13,0 %
4.	Finnland	12,8 %
5.	Dänemark	9,9 %
6.	Japan	9,5 %
7.	Großbritannien	6,1 %
8.	Schweiz	4,8 %
9.	Italien	3,9 %
10.	Österreich	3,5 %

Deutschland belegt in dieser Liste Platz 12.

Quelle: *Aktuell '97 – Lexikon der Gegenwart*, Dortmund 1996.

DIE ZEHN LÄNDER MIT DEM INTENSIVSTEN POSTVERKEHR

Beförderte Briefe, Pakete
Drucksachen etc. 1994

1.	USA	7,0 Mrd.
2.	Deutschland	2,5 Mrd.
3.	Großbritannien	2,3 Mrd.
4.	Frankreich	1,5 Mrd.
5.	Österreich	960 Mio.
6.	Italien	476 Mio.
7.	Rußland	326 Mio.
8.	Australien	294 Mio.
9.	Belgien	290 Mio.
10.	Indien	274 Mio.

Quellen: Russell Ash: *The Top Ten of Everything*, London 1995; United Nations: *Statistical Yearbook*, New York 1996.

DIE ZEHN LÄNDER MIT DEN ERSTEN BRIEFMARKEN

Früher wurden Briefe durch Boten befördert, die vom Empfänger einen Botenlohn erhielten. Erst ab dem 18. Jahrhundert gibt es Postsendungen, die durch den Absender bezahlt – »freigemacht« – wurden; Briefmarken zum Aufkleben gibt es seit 1840, zunächst nur in England. Die folgenden Länder waren die nächsten:

Einführung der Briefmarke

1.	Großbritannien	1840
2.	Schweiz	1843
3.	Bayern, Belgien, Frankreich	1849
4.	Sachsen, Preußen, Österreich	1850
5.	Baden, Württemberg	1851
6.	Braunschweig, Luxemburg, Oldenburg, Thurn und Taxis	1852
7.	Portugal	1853
8.	Bremen, Norwegen, Schweden	1855
9.	Mecklemburg-Schwerin	1856
10.	Rußland	1857

Quellen: *Wissenswertes von A bis Z*, Gütersloh 1983; *Knaurs Jugendlexikon*, München 1976.

Die älteste deutsche Briefmarke: Bayern 1 Kreuzer

DIE ZEHN TEUERSTEN BRIEFMARKEN
DER BUNDESREPUBLIK

1. Ziffer mit Posthorn 90 Pf	1.800 DM
2. Ziffer mit Posthorn 70 Pf	1.500 DM
3. Ziffer mit Posthorn 80 Pf	1.200 DM
4. Bundespräsident Theodor Heuß 50 Pf	700 DM
5. Ziffer mit Posthorn 50 Pf	500 DM
6. Heinrich Pestalozzi (Wohlfahrtsmarke) 30+10 Pf	380 DM
7. Ziffer mit Posthorn 40 Pf	400 DM
7. Ziffer mit Posthorn 60 Pf	400 DM
9. 700 Jahre Marienkirche Lübeck 20+5 Pf	340 DM
10. 700 Jahre Marienkirche Lübeck 10+5 Pf	320 DM

Die Preise gelten für postfrische Briefmarken. Die teuersten gestempelten Marken sind Heinrich Pestalozzi (Wohlfahrtsmarke, 30+10 Pf) mit 380 DM und Johann H. Wichern (Wohlfahrtsmarke, 30+15 Pf) mit 350 DM.

Quellen: Michel-Katalog *Deutschland 1996/97*, München 1996; Lutz Wille, Göttingen, persönliche Mitteilung, Oktober 1996.

*Die teuerste gestempelte Marke der Deutschen
Bundespost: Heinrich Pestalozzi*

DURCHSCHNITTLICHE POSTLAUFZEITEN VON DEUTSCHLAND IN ANDERE EUROPÄISCHE LÄNDER

1. Luxemburg, Niederlande	2,1 Tage
2. Belgien, Schweiz	2,2 Tage
3. Dänemark, Großbritannien, Schweden	2,3 Tage
4. Finnland	2,4 Tage
5. Norwegen, Portugal	2,5 Tage
6. Irland	2,9 Tage
7. Spanien, Island, Frankreich	3,0 Tage
8. Griechenland	4,3 Tage
9. Italien	5,6 Tage

DURCHSCHNITTLICHE POSTLAUFZEITEN AUS DEM EUROPÄISCHEN AUSLAND NACH DEUTSCHLAND

1.	Dänemark, Luxemburg	2,1 Tage
2.	Schweiz, Niederlande	2,2 Tage
3.	Belgien	2,3 Tage
4.	Irland, Norwegen	2,4 Tage
5.	Schweden	2,5 Tage
6.	Finnland, Island, Großbritannien	2,6 Tage
7.	Frankreich	2,7 Tage
8.	Portugal, Spanien	3,4 Tage
9.	Italien	4,4 Tage
10.	Griechenland	4,7 Tage

Quelle der letzten beiden Listen: »Brieflaufzeiten im europäischen Vergleich«, Pressemitteilung der Deutschen Post AG, Faxmitteilung der Post AG Dortmund, Juli 1996.

ZEHN URSACHEN EINER MISSRATENEN BESPRECHUNG

Der amerikanische Unternehmensberater Donald L. Kirkpatrick sieht die folgenden Faktoren als die wichtigsten Ursachen ineffizienter Besprechungen und Konferenzen:

1. Der Leiter/die Leiterin hat die Ziele nicht genügend klar umrissen.
2. Den Teilnehmern sind die Ziele der Besprechung nicht klar.
3. Die Besprechung findet zu einem für die Teilnehmer ungünstigen Zeitpunkt statt.
4. Im Besprechungsraum ist es zu heiß oder zu kalt.
5. Die Teilnehmer sind nicht vorbereitet.
6. Die Besprechung fängt nicht pünktlich an.
7. Die Besprechung hört nicht pünktlich auf.
8. Die Teilnehmer schweifen vom Thema ab.
9. Ein Teilnehmer dominiert zu sehr.
10. Die Konferenzteilnehmer führen Privatgespräche.

Quelle: Donald L. Kirkpatrick: *Konferenz mit Effizienz*, München 1994.

DIE ZEHN FÜHRENDEN INTERNET-NATIONEN

	An das Internet angeschlossene Computer je 1.000 Einwohner
1. Finnland	41
2. Island	33
3. USA	23
4. Norwegen	20
5. Australien	17
6. Schweden	17
7. Neuseeland	15
8. Kanada	13
9. Schweiz	12
10. Niederlande	11

Deutschland erreicht in dieser Liste mit 6 Computern pro 1.000 Einwohner nur einen Mittelplatz.

Quelle: »Internet-Muffel«, *Informationsdienst des Instituts der Deutschen Wirtschaft* 39/1996.

DIE ZEHN POPULÄRSTEN INTERNET-ADRESSEN

Wußten wir es doch: Das Internet ist der große Jahrmarkt immobiler Sextouristen. Hier sind die zehn am häufigsten angewählten Internet-Seiten des Jahres 1995 (»Homepages«, wie es so schön auf Computer-Neudeutsch heißt):

Homepage	Durchschnittliche Besuche pro Tag:
1. The cream of the adult crop network	73.000
2. Persian Kitty's adult links	72.000
3. Naughty lynx	23.300
4. Nikkita's outrageous fantasies	19.700
5. Lovey's place – free XXX pics	16.100
6. The best adult links	15.700
7. Amateur of the week	10.000
8. Kid Slick's hot adult pics	9.900
9. Janey's home page	7.400
10. AAAMRCR's top 220 erotic links	7.300

Quelle: Web-Counters Top 100 usage List.

20. KAPITEL:
SCHULD UND SÜHNE

ZEHN MERKMALE EINES VERSICHERUNGSBETRÜGERS

Jeder dritte Deutsche hat Freunde oder Bekannte, so das Ergebnis einer *Focus*-Umfrage, die schon einmal die Versicherung betrogen haben. Kein Wunder, daß die Versicherungen dagegenhalten, wie etwa mit der folgenden Liste von Merkmalen, die oft mit einem Betrug zusammengehen (und bei einer gewissen Häufung die Alarmglocken im Betrugsdezernat zum Läuten bringen):

1. Starke Verschuldung des Versicherten
2. Häufiger Wechsel der Versicherung
3. Überhöhte Versicherungssummen
4. Plötzliche Zahlung einer lange fälligen Prämie
5. Ungeklärte Vorschäden
6. Übermäßiges Drängen auf schnelle Regulierung
7. Außergewöhnliche Kenntnis versicherungstechnischer Einzelheiten
8. Außergewöhnliche Kompromißbereitschaft
9. Auffällig viele oder auffällig wenige Beweise
10. Schaden kurz nach Beginn oder kurz vor Ablauf des Vertrags

Quelle: »Verführung zum Betrug«, *Focus* 11/1994.

DIE NEUN HAUPTVERDÄCHTIGEN FÜR »JACK THE RIPPER«

Diese berühmte Kriminalaffäre ist bis heute ungeklärt; man vermutet aber, daß eine der folgenden Personen »Jack the Ripper« war:

1. John Pizer
Jüdischer Schuster, Vorstrafen wegen Messerstecherei, bekannt als Huren-Hasser. Mußte wegen Alibis entlassen werden.

2. Thomas Cream
Amerikanischer Arzt, wegen Ermordung einer Londoner Prostituierten 1892 hingerichtet; seine letzten Worte waren: »I am Jack the Ri ...«

3. Michael Ostrogg

Noch ein Arzt; ehemaliger Militärarzt in der russischen Armee, vielfach vorbestraft.

4. Alexander Pedachenko

Und noch ein Arzt, und noch ein Russe; nach seiner Rückkehr nach Rußland wegen Frauenmordes in ein Irrenhaus eingewiesen.

5. Prince Eddy, Enkel der Königin

Soll heimlich mit einem der Mordopfer verheiratet gewesen sein.

6. Sir William Gull

Leibarzt der Königin. Für viele der Hauptverdächtige; man vermutet, daß er die Eskapaden des Prinzen Eddy vertuschen wollte.

7. Der Herzog von Clarence

Bekannt für seltsame sexuelle Praktiken; galt als leicht verrückt, ihm war alles zuzutrauen.

8. Aaron Kosminski

Frisör und Frauenhasser, »clearly the most insane of all the suspects«.

9. Montague John Druitt

Ein Gentleman aus guter Familie, hatte vor seiner Karriere als Rechtsanwalt kurz Medizin studiert; hielt sich selbst für verrückt, nach seinem Selbstmord hörten auch die Morde Jack the Rippers auf.

Quellen: Stephen Knight: *Jack the Ripper: The final solution*, London 1976; »Who was Jack the Ripper?« über die folgende Internet-Seite zu beziehen: www.accomodata.co.uk.

DIE SIEBEN HÄUFIGSTEN DELIKTE DEUTSCHER KRIMINELLER

Im Jahr 1995 wurden in Deutschland rund 3 Millionen Kriminalfälle geklärt; es wurden mehr als 2 Millionen Tatverdächtige ermittelt; sie verteilen sich wie folgt auf die verschiedenen Delikte:

	Tatverdächtige 1995
1. Einfacher Diebstahl	664.000
2. Betrug	309.000
3. Straftaten gegen das Ausländergesetz und gegen das Asylgesetz	189.000
4. (vorsätzliche leichte) Körperverletzung	181.000
5. Diebstahl unter erschwerenden Umständen	176.000
6. Sachbeschädigung	148.000
7. Rauschgiftdelikte	124.000

Quellen: Presse- und Informationsamt der Bundesregierung: *Die Kriminalität in der Bundesrepublik Deutschland; Polizeiliche Kriminalstatistik für das Jahr 1995, Mai 1996.*

DIE ZEHN HÄUFIGSTEN GEWALTTATEN MIT LINKSEXTREMISTISCHEM HINTERGRUND

	Fälle 1995
1. Sachbeschädigung mit erheblicher Gewaltanwendung	220
2. Gewaltandrohung	137
3. Gefährliche Eingriffe in den Bahn-, Luft- oder Straßenverkehr	114
4. Brandanschläge	86
5. Landfriedensbruch	73
6. Körperverletzungen	35
7. Widerstand gegen die Staatsgewalt	23
8. Sprengstoffanschläge	8
9. Raubüberfall	5
10. Schußwaffenanschläge	1

DIE NEUN HÄUFIGSTEN GEWALTTATEN MIT RECHTSEXTREMISTISCHEM HINTERGRUND

	Fälle 1995
1. Verbreiten von Propagandamitteln	4.343
2. Volksverhetzung	2.212
3. Körperverletzung	509
4. Nötigung/Bedrohung	504
5. Sachbeschädigung mit Gewaltanwendung	225
6. Landfriedensbruch	48
7. Brandanschläge	45
8. Versuchte Tötung	10
9. Sprengstoffanschläge	0

In diesen Listen zählt eine Tat nur einmal, auch wenn sie aus mehreren Einzeltaten bestand oder von mehreren Tätern gemeinsam begangen wurde.

Quelle für beide Listen: Bundesministerium des Innern: *Verfassungsschutzbericht 1995*, Bonn 1996.

NEUN TERRORANSCHLÄGE DER AIZ

Die Antiimperialistische Zelle (AIZ), eine Abspaltung der Rote Armee Fraktion (RAF), hat bislang neun Brand- und Sprengstoffanschläge auf ihrem Konto:

1. November 1992, Hamburg: Brandanschlag auf die Universität Hamburg.
2. August 1993, Solingen: Brandanschlag auf das Haus eines ehemaligen GSG 9-Beamten.
3. November 1993, Köln: Beschuß der Zentrale des Arbeitgeberverbandes Gesamt-metall.
4. Juni 1994, Düsseldorf: Sprengstoffanschlag auf die CDU-Geschäftsstelle.
5. September 1994, Bremen: Sprengstoffanschlag auf die FDP-Landeszentrale.
6. Januar 1995, Wolfsburg: Rohrbombenattentat auf das Haus des CDU-Politikers Köhler.
7. April 1995, Erkrath: Sprengstoffanschlag auf das Haus des CDU-Politikers Blank.
8. September 1995, Siegen: Sprengstoffanschlag auf das Haus des CDU-Politikers Breuer.
9. Dezember 1995, Düsseldorf: Sprengstoffanschlag auf das Honorarkonsulat Perus.

Quelle: *Aktuell '97 – Lexikon der Gegenwart*, Dortmund 1996.

BOMBENTERROR IN ÖSTERREICH

Bei so vielen deutschen Terroristen lassen sich die Österreicher nicht lumpen: hier eine Serie von Briefbombenattentaten, vorzugsweise gegen Ausländer und Personen, die sich für nationale und soziale Minderheiten einsetzen:

1. Dezember 1993, Hartberg: ein Flüchtlingspfarrer wird schwer verletzt.
2. Dezember 1993, Wien: eine ORF-Moderatorin wird verletzt.
3. Dezember 1993, Wien: Wiens Bürgermeister Helmut Zilk wird erheblich verletzt; ein Anschlag auf die Fraktionschefin der Grünen scheitert.
4. Dezember 1993, Bad Radkersburg: ein Anschlag auf den Obmann des Slowenischen Kulturvereins scheitert.
5. Dezember 1993, Wien: in einer Rechtsanwaltskanzlei wird eine Sekretärin verletzt; Anschläge auf die Frauenministerin und einen Abgeordneten der Grünen scheitern.
6. Oktober 1994, Dornbirn: ein Anschlag auf die Ausländerberatungsstelle scheitert.
7. Oktober 1994, Hallein: ein Anschlag auf die Hallein Papier AG scheitert.
8. Juni 1995, Linz: eine Angestellte eines Partnervermittlungsinstituts wird schwer verletzt.
9. Oktober 1995, Stronsdorf: ein aus Syrien stammender Arzt wird schwer verletzt.
10. Oktober 1995, Poysdorf: eine Flüchtlingshelferin wird schwer verletzt.
11. Oktober 1995, Mistelbach: ein Anschlag auf einen Arzt scheitert.
12. Dezember 1995, Graz: in einem Briefkasten detoniert eine Briefbombe; eine Frau wird verletzt.

Quelle: *Aktuell '97 – Lexikon der Gegenwart*, Dortmund 1996.

DIE ZEHN GRÖSSTEN DEUTSCHEN GEFÄNGNISSE

	Sollbelegung
1. München	1.630
2. Berlin-Tegel	1.554
3. Berlin-Moabit	1.110
4. Nürnberg	1.017
5. St. Georgen (Bayreuth)	931
6. Köln	899
7. Werl	879
8. Straubing	848
9. Bernau	797
10. Aachen	683

DIE ZEHN KLEINSTEN DEUTSCHEN GEFÄNGNISSE

	Sollbelegung
1. Moritz-Liepmann-Haus (Hamburg)	45
2. Garmisch-Partenkirchen	43
3. Schweinfurt	40
3. Wriezen	40
5. Gera	39
5. Itzehoe	39
7. Potsdam	36
8. Sozialtherapeutische Anstalt Bergedorf	31
9. Oranienburg	30
10. Bad Gandersheim	16

Quelle: Bundesministerium der Justiz, persönliche Mitteilung, April 1996.

DIE ZEHN HÄUFIGSTEN GRÜNDE FÜR EINEN BESUCH IM KNAST

	Einsitzende in deutschen Gefängnissen 1991
1. Einbruchdiebstahl (§243 StGB)	6.086
2. Straftaten nach dem Betäubungsmittelgesetz (§29 BTMG)	4.282
3. Schwerer Raub (§250 StGB)	2.713
4. Betrug (§263 StGB)	2.529
5. Vollendeter Mord (§211 StGB)	1.736
6. Vergewaltigung (§177 StGB)	1.382
7. Räuberischer Diebstahl und räuberische Erpressung (§§252, 255 StGB)	1.334
8. Urkundenfälschung (§267 StGB)	1.199
9. Trunkenheit am Steuer (§316 StGB)	1.145
10. Gefährliche Körperverletzung (§223a StGB)	1.095

Quelle: Statistisches Bundesamt: *Rechtspflege*, Fachserie 10, Reihe 4.1, Strafvollzug – Demographische und kriminologische Merkmale der Strafgefangenen am 31. März 1991.

NEUN SPEKTAKULÄRE ENTFÜHRUNGEN

Entführungen für Lösegeld sind in Deutschland selten, sie treten in der Kriminalstatistik nicht eigens auf. Fachleute schätzen, daß es nach dem Krieg kaum 100 einschlägige Fälle gab; hier sind die neun spektakulärsten:

1. **Herten, 29. November 1971,** der Unternehmer Theodor Albrecht: wird vom Hof der Unternehmenszentrale entführt, gegen sieben Millionen Mark zwei Wochen später freigelassen. Die Täter, ein Tresorknacker und ein Rechtsanwalt, sind bald gefaßt.

2. **München, 13. November 1973,** die Tochter des Wienerwald-Besitzers Friedrich Jahn: verschleppt und gegen drei Millionen Mark Lösegeld zwei Tage später freigelassen. Die Täter werden in Bayreuth gefaßt.

3. **Homburg, 19. Oktober 1976,** der Millionärssohn Gernot Egolf: entführt und in einem Westwall-Bunker an Unterkühlung gestorben. Die Täter werden gefaßt, einer erhält lebenslänglich, ein zweiter erhängt sich in der Zelle.

4. **Münster, 3. November 1976,** der Springreiter und Unternehmer Hendrik Snoek: für 5 Millionen Mark Lösegeld entführt und nach 53 Stunden in einem Brückenkasten unter der Autobahn bei Herborn angekettet zufällig entdeckt. Die Täter werden gefaßt, einer wird zu dreizehn Jahren Haft verurteilt, ein anderer erhängt sich in der Untersuchungshaft.

5. **München, 16. Dezember 1976,** der Industriellensohn Richard Oetker· wird in Weihenstephan bei München entführt und schwerverletzt nach 48 Stunden gegen 21 Millionen Mark Lösegeld freigelassen. Der Entführer wird gefaßt – lebenslänglich.

6. **Weingarten, 3. November 1980,** die Industriellentochter (Klebe- und Lackstoffabrik) Cornelia Becker: wird auf dem Schulweg entführt, die Übergabe der geforderten 2 Millionen Mark Lösegeld scheitert, am 20. Dezember wird das Mädchen tot aufgefunden, der Entführer wird gefaßt.

7. **Ehingen, 23. Dezember 1987,** zwei Kinder des Drogerieunternehmers Anton Schlecker: werden aus ihrem Elternhaus entführt und gegen 9,6 Millionen Mark Lösegeld freigelassen. Die Täter wurden nicht gefaßt, trotz ausgesetzter Belohnung von 1 Mio. Mark.

8. **Hamburg, 6. März 1996,** der Millionär Jan Phillip Reemtsma: wird von seinem Grundstück in Hamburg entführt und nach 33 Tagen gegen das Rekord-Lösegeld von 30 Millionen Mark freigelassen. Zwei der Täter werden sieben Wochen später in Spanien gefaßt.

9. **Frankfurt, 1. Oktober 1996,** der Immobilienhändler Jakob Fiszman: wird vor seinem Frankfurter Büro entführt und ermordet; die Familie zahlt 4 Millionen Mark Lösegeld; der wahrscheinliche Täter hatte zuvor schon zwei Menschen entführt.

Quellen: »Entführer lassen Millionär Reemtsma nach 33 Tagen frei«, *Frankfurter Allgemeine Zeitung* vom 28. April 1996; »Entführer gefaßt – Lösegeld gefunden«, *Ruhrnachrichten* vom 17. Oktober 1996; »An zwei weiteren Entführungen beteiligt?«, *Frankfurter Allgemeine Zeitung* vom 7. November 1996.

NEUN SPEKTAKULÄRE GEISELNAHMEN

1. Gladbeck, 16. bis 18. August 1988
Nach einem mißglückten Banküberfall kapern die Räuber einen Bus, ziehen damit unter großer Anteilnahme der Medien über unsere Autobahnen. Sie ermorden eine Geisel, werden dann von der Polizei überwältigt, wobei sie eine weitere achtzehn Jahre alte deutsche Geisel töten.

2. Gefängnis Celle, 21. Oktober 1991
Vier Häftlinge überwältigen drei Vollzugsbeamte mit selbstgebastelten Waffen; sie fliehen mit zwei Geiseln und zwei Millionen Mark, lassen die Geiseln später frei und werden in Karlsruhe festgenommen.

3. Lüdenscheid, 8. und 9. November 1991
Ein Schwerverbrecher auf Hafturlaub nimmt mehrere Geiseln in einer Bankfiliale – wird von einem Scharfschützen der Polizei erschossen.

4. Kallental, 25. Januar 1994
Im westfälischen Kallental-Langenholzhausen bringt ein geistig verwirrter Mann 50 Kindergartenkinder und drei Erzieherinnen in seine Gewalt. Nach zweieinhalb Stunden beendet die Polizei die Geiselnahme ohne Blutvergießen.

5. Stuttgart, 2. November 1994
Zwei entflohene Häftlinge nehmen auf der Flucht in Stuttgart zwei Polizeibeamte als Geiseln; sie drohen, die Beamten mit Handgranaten in die Luft zu sprengen. Werden nach 40 Stunden Verfolgung von der Polizei gestellt.

6. Plauen, 6. Juni 1995
Im Gefängnis Plauen stechen fünf Häftlinge drei Wachmänner nieder und nehmen einen Wachmann als Geisel. An der sächsisch-bayerischen Grenze stoßen sie den Schwerverletzten aus dem Auto. Die Ausbrecher werden in Hof gefaßt.

7. Flensburg, 17. Juni 1995
Vier Männer nehmen nach einem Banküberfall in Dänemark zwei Grenzbeamte als Geiseln und flüchten in die Bundesrepublik. An einer Tankstelle bei Flensburg zwingen sie einen Lastwagenfahrer, sie nach Hamburg mitzunehmen; dort lassen sie ihre Geiseln frei, besteigen ein Taxi und verschwinden auf Nimmerwiedersehen.

8. Berlin, 27. Juni 1995
Vier Männer überfallen eine Bank in Zehlendorf; sie nehmen 16 Geiseln, flüchten durch einen selbstgegrabenen Tunnel. Drei Männer werden mitsamt Komplizen wenig später festgenommen.

9. Celle, 26. Februar 1996
Wieder im Gefängnis Celle: Ein Häftling bringt eine Sozialarbeiterin in seine Gewalt, vergewaltigt sie, dito die Anstaltsleiterin, die sich für die erste Geisel austauschen läßt. Nach vier Stunden gibt der Geiselnehmer auf.

Quelle: »Die spektakulärsten Geiselnahmen«, *Frankfurter Allgemeine Zeitung* vom 29. März 1996.

ZEHN BERÜHMTE ATTENTATE

Ein Attentat ist im weiteren Sinne ein aus eigenem Antrieb und ohne Auftrag von einem einzelnen oder einer kleinen Gruppe ausgeführter Mord an einer »staatstragenden« Person. Keine Attentate in diesem Sinne sind also die berühmten Morde an Trotzki, Thomas Morus oder Wallenstein, hier wurden die Mörder aus dem Hintergrund gelenkt. Die folgenden Personen aber wurden Opfer eines Attentats:

1. Gaius Julius Cäsar
Ermordet am 15. März des Jahres 44 vor Christus. Die Attentäter, teils wie Brutus überzeugte Republikaner, die mit Cäsar einen Tyrannen liquidieren wollten, teils enttäuschte Karrieristen oder auch nur ganz normale adelige Neider, hatten aber die Stimmung unter den normalen Römern falsch eingeschätzt; drei Jahre später waren sie selber alle tot.

2. Jean-Paul Marat
Einer der größten Wüteriche der an solchen Typen durchaus nicht armen Französischen Revolution wird am 13. Juli 1893 im Bad erdolcht. Seine Mörderin Charlotte de Corday hatte Marat schon länger nachgestellt, sie sah den Mord als eine gute Tat an ihrem Vaterland, wurde dafür guillotiniert.

3. August von Kotzebue
Nach den napoleonischen Kriegen der meistgespielte deutsche Dichter, beliebter als Goethe oder Schiller. Wird am 23. März 1819 in seiner Wohnung von dem Theologiestudenten Karl Ludwig Sand erdolcht.

4. Abraham Lincoln
Wird von dem Schauspieler John Wilkes Booth am 15. April 1865 während eines Theaterbesuchs erschossen.

5. Erzherzog Franz Ferdinand
Österreichischer Thronfolger, wird am 28. Juni 1914 während eines Staatsbesuchs in Sarajewo erschossen. Wenig später bricht deshalb der 1. Weltkrieg aus.

6. Walther Rathenau
Außenminister des Deutschen Reiches, wird am 24. Juni 1922 in seinem Wagen erschossen; zuvor hatte die gleiche Täterclique – ehemalige Reichswehroffiziere, die in Rathenau einen Erfüllungsgehilfen alliier-

Abraham Lincoln

ter Unterdrückung sahen – schon den Zentrumspolitiker Matthias Erzberger umgebracht.

7. Mahatma Gandhi
Wird am 30. Januar 1948 von einem religiösen Fanatiker erschossen (er warf Gandhi »kindisches und starrsinniges Eintreten für die Muslime« vor). Knapp vier Jahrzehnte später stirbt auch seine (mit ihm nicht verwandte) Namensvetterin Indira Gandhi durch ein Attentat.

8. John F. Kennedy
Wird an jenem berühmten 22. November 1961 auf der Fahrt durch Dallas erschossen; vermutlich die Tat eines Einzelgängers, auch wenn Hollywood darüber anders denkt. Sieben Jahre später wird auch der Bruder des Präsidenten Opfer eines Attentats.

9. Martin Luther King
Wird am 4. April 1968 auf dem Balkon seines Hotels, von wo er mit Freunden über eine am nächsten Tag geplante Kundgebung sprach, aus Rassenhaß erschossen.

10. Anwar el Sadat und Jitzhak Rabin
Zwei Opfer der arabisch-jüdischen Einigung, beide von Extremisten ihres eigenen Lagers umgebracht: Sadat am 6. Oktober 1981, Rabin am 4. November 1995.

Quelle: Jörg von Uthmann: *Attentat – Mord mit gutem Gewissen*, Berlin 1996.

ZEHN TÖDLICHE JUSTIZIRRTÜMER

Natürlich wurden und werden zu allen Zeiten unschuldige Menschen staatlich umgebracht; wir beschränken uns hier auf Fälle, denen ein »ordentliches« Gerichtsverfahren vorausgegangen ist.

1. Der Fall Lesurges
Das »Modell des Justizmordes überhaupt« (Hermann Mostar). Im April 1796 wird in einem Wald bei Paris eine Postkutsche beraubt, der Postillon erschlagen. Der unbescholtene Bürger Lesurges, der sich zufällig bei einer Gegenüberstellung von Zeugen und Verdächtigen in den Räumen der Staatsanwaltschaft aufhält, wird fälschlich mit einem der Täter verwechselt, auf der Stelle verhaftet und wenig später hingerichtet. Einzige Indizien; er hatte kein Alibi und sah dem wahren Täter ähnlich. Dieser wird wenige Jahre später gefaßt und gesteht.

2. Der Fall Berger
Im September 1834 wird in einer einsamen Gegend Pommerns ein Hirte ermordet aufgefunden. Motiv und Täter bleiben zunächst im dunkeln, bis eines Tages eine Tagelöhnerfrau laut weinend im Amtszimmer des Landrates erscheint: Ihr Mann habe sie geschlagen, sie habe Angst, er werde sie noch umbringen, so wie er damals den Hirten Meier umgebracht habe.

Der Tagelöhner Berger wird verhaftet und gesteht (um die lästigen Verhöre zu beenden). Als er widerruft, ist es zu spät, er wird im Juli 1844 hingerichtet, der wahre Täter, ein vagabundierender Matrose, der mit dem Hirten wegen eines Feuerschwamms in Streit geraten war, gesteht die Tat sechs Jahre später.

3. Der Fall Hartmann
Eldagsen bei Hannover, Februar 1854: Im Haus des Steuereinnehmers Hartmann werden dessen Frau und seine Magd mit durchgeschnittener Kehle und zertrümmerten Schädeln aufgefunden. Zwei Nachbarn werden aufgrund falscher Zeugen,

die auf die ausgesetze Belohnung hoffen, angeklagt und zum Tode verurteilt; einer erhängt sich in der Zelle. Der wahre Täter wird nach einem weiteren Raubmord wenig später überführt.

4. Der Fall Ziethen

Im Jahr 1884 wird der Wuppertaler Gastwirt Albert Ziethen wegen Mordes an seiner Frau zum Tode verurteilt, später zu lebenslanger Haft begnadigt. Der wahre Täter, ein Gehilfe Ziethens, gesteht ein paar Jahre später, aber man glaubt ihm nicht, Ziethen (der »Deutsche Dreyfus«) stirbt nach 20 Jahren Haft im Zuchthaus.

5. Der Fall Bonmartini

Bologna 1902: Ein Graf Bonmartini wird vom Bruder seiner Frau im Streit erstochen (der Bruder wollte die Mißhandlung seiner Schwester rächen). Die nichtsahnende Gräfin Bonmartini wird nach einer gehässigen Pressekampagne und auf Druck der Straße wegen Mittäterschaft zu vier Jahren Kerker verurteilt; erst die Recherchen eines deutschen Journalisten erweisen Jahre später ihre Unschuld.

6. Der Fall Bratuscha

Anfang des Jahrhunderts in einem kleinen Dorf in Österreich: der verarmte Winzer Franz Bratuscha gesteht, seine vermißte Tochter Johanna erwürgt, im Ofen verbrannt und aus Hunger teilweise aufgegessen zu haben. Der Fall erregt internationales Aufsehen, Bratuscha wird zum Tode verurteilt, zum Entsetzen der Öffentlichkeit aber von Kaiser Franz Josef zu lebenslanger Haft begnadigt. Drei Jahre später taucht die vermißte Tochter wieder auf – sie hatte im Garten gezündelt und war aus Angst vor Strafe von zu Hause weggelaufen.

7. Der Fall Bernwieser

Noch ein falsches Geständnis: Ein wegen Diebstahl einsitzender entlassener Soldat names Bernwieser gibt an, im Januar 1918 einen gewissen Sailer ermordet und beraubt zu haben. Da es tatsächlich einen einschlägigen unaufgeklärten Mordfall gibt, wird Bernwieser zahlreicher Widersprüche zwischen Fakten und Geständnis zum Trotz zu zwölf Jahren Haft verurteilt. Später stellt sich heraus, daß er nur vor den anderen Gefangenen angeben wollte ...

8. Der Fall Plank

Etwa um die gleiche Zeit wird an der deutsch-österreichischen Grenze bei Lindau der Zollbeamte Franz Sax erschossen. Verdächtigt und wegen Totschlags zu acht Jahren Zuchthaus verurteilt wird sein Kollege Plank, Jahre später wird ein Schmuggler als der wahre Täter festgenommen.

9. Der Fall Jakubowski
In der Ratzeburger Heide bei Lübeck wird im November 1924 ein kleiner Junge ermordet aufgefunden. Angeklagt, zum Tode verurteilt und aufgrund zweifelhafter Indizien hingerichtet wird sein unehelicher Vater, der polnische Knecht Josef Jakubowski. Einige Jahre später gibt ein Bruder der Mutter zu, das Kind erwürgt zu haben.

10. Der Fall Lang
Kurz nach dem 2. Weltkrieg wird nahe seinem Hof im Badischen der Bauer Ottmar Maag erschossen. Bevor er stirbt, bezichtigt er seinen Knecht Wilhelm Lang der Tat, der auch verurteilt wird. Obwohl der Fall niemals restlos aufgeklärt wurde, stellt sich bald heraus, daß Lang auf keinen Fall der Täter war. Das Urteil wird 1953 aufgehoben.

Quelle: Hermann Mostar: *Unschuldig verurteilt*, Berlin 1968.

ZEHN BELIEBTE ARTEN DER TODESSTRAFE IM EUROPÄISCHEN MITTELALTER UND IN DER FRÜHEN NEUZEIT

1. Enthaupten
Geschah bis zur Einführung der Guillotine vorzugsweise mit dem Schwert: »Der Verurteilte kniet auf dem Erdboden oder auf einem besonderen Gerüst, die Hände gefesselt oder zum Gebet gefaltet. Das Hemd ist weit vom Hals abgezogen, der Nakken entblößt.«

2. Erhängen
Galt als ehrlos, war die Standardstrafe für die Diebe. »Zum Aufhängen gebrauchte man ein Hanfseil, mitunter eine Kette. Am Galgen wurden zwei Leitern angelegt, der Henker befestigte die Schlinge am Galgenhaken, dann stiegen er und der Verurteilte die Leitern hinauf. Oben angekommen, legte der Henker dem Verurteilten die Schlinge um den Hals, stieg herab und stieß die Leiter, auf welcher der Todeskandidat stand, um, so daß dieser frei in der Luft hing.«

3. Rädern
Wurde von der germanischen Frühzeit bis weit in das 17. Jahrhundert vollzogen, vor allem bei Mord und Attentaten auf den König, und ausschließlich an Männern. »Der Verbrecher wurde mit ausgestreckten Armen und Beinen auf den Boden gelegt, Hände und Füße an Pflöcken festgebunden und unter die Glieder und den Körper kamen Hölzer, so daß er völlig hohl lag.« Dann wurden Glieder und Rückgrat nacheinander zerbrochen und durch das Rad geflochten.

4. Ertränken
Beliebte Strafe für Frauen. »Gewöhnlich band man den Verurteilten Hände und Füße zusammen und warf sie von einer Brücke in den Fluß.«

5. Verbrennen
»Die Hinrichtung durch Feuer wurde örtlich und auch nach dem Tatbestand verschieden ausgeführt. Zum einen wurde der Delinquent mit gebundenen Gliedern auf einen Scheiterhaufen gelegt, zum anderen an einen Pfahl festgebunden und das Feuer um ihn herum gelegt, zum dritten wurde er auf einer Leiter angebunden, hochgestellt und mit der Leiter in den voll auflodernden Scheiterhaufen gestoßen.«

6. Sieden
Beliebte Strafe für Fälscher; die Delinquenten wurden in großen Kesseln regelrecht gekocht.

7. Lebendiges Begraben
Beliebte Strafe bei Unzucht. »Der Täter wurde lebendig und gefesselt in ... eine Grube gelegt und diese über ihm zugeschüttet.«

8. Einmauern
Besonders bei Adeligen angewandt, um der Familie die Schande einer öffentlichen Hinrichtung zu ersparen.

9. Vierteilen
Die Arme und Beine des Delinquenten werden jeweils an den Schweif eines Pferdes angebunden, diese werden auseinandergetrieben, der Delinquent wird buchstäblich zerrissen. So endete noch 1757 der Königsattentäter Robert Daumiens in Paris.

10. Erwürgen
Geschah mit Hilfe der sogenannten Garotte: Der Delinquent sitzt auf einem Stuhl, ein Eisen wird um seinen Hals gelegt, der Henker dreht die Schraube zu. Vor allem in Spanien verbreitet.

Diese Strafen standen nicht nur auf dem Papier: nach diversen aus dem Mittelalter erhaltenen Statistiken wurden etwa in Breslau von 1456 bis 1525 insgesamt 454 Todesurteile vollstreckt, davon 251 durch Erhängen, 103 durch Enthaupten, 25 durch Rädern, 39 durch Verbrennen, 31 durch Ertränken, drei durch lebendiges Begraben und zwei durch Vierteilen. In Frankfurt am Main zählte man von 1366 bis 1400 zusammen 135, in Berlin von 1402 bis 1448 ebenfalls über 100 Hinrichtungen. Vergleichbare Zahlen liegen auch aus Nürnberg, Hamburg und vielen anderen Städten vor.

Quelle: Ch. Hinkeldey (Hrsg.): *Justiz in alter Zeit*, Rothenburg 1984.

ZEHN NACH DEN NÜRNBERGER PROZESSEN AUFGEHÄNGTE NAZI-KRIMINELLE

In der Reihenfolge, wie sie am 16. Oktober 1946 hingerichtet wurden:

1. Joachim von Ribbentrop
Ehemaliger Botschafter Hitlers in London, später Außenminister. Skrupelloser Vollzugsgehilfe der Nazi-Außenpolitik.

2. Wilhelm Keitel
Hitler-Marionette in der deutschen Wehrmacht, seit 1940 Generalfeldmarschall. Ließ alliierte Kriegsgefangene erschießen.

3. Ernst Kaltenbrunner
Einer von vielen Österreichern unter den Vasallen Hitlers. Chef des Reichssicherheitshauptamtes, einer der Hauptverantwortlichen für die Greueltaten der SS.

4. Alfred Rosenberg
Zuständig für die »weltanschauliche Erziehung« der Partei; seit 1941 Reichsminister für die besetzten Ostgebiete und einer der Urheber des Nazi-Rassenwahns.

5. Hans Frank
Der »nationalsozialistische Großinquisitor« in Polen; verantwortlich für Liquidation der polnischen Intelligenz und wirtschaftliche Ausbeutung: »Ich werde versuchen, aus dem Reservoir des Gebietes alles herauszuholen, was herausgeholt werden kann.«

6. Wilhelm Frick
Uralt-Nazi, war schon beim Bürgerbräu-Putsch 1923 dabei. Wird 1929 als erster Nazi zum Minister (Innenminister in Thüringen). Seit 1933 Innenminister des Deutschen Reiches.

7. Julius Streicher
Herausgeber des »Stürmer«, fanatischer Judenhasser, Gauleiter von Franken. Lief stets mit einer Peitsche durch die Gegend.

8. Artur von Seyss-Inquart
Organisierte den Anschluß Österreichs; später »Reichskommissar für die besetzten niederländischen Gebiete«. Ein weiterer Österreicher unter den wichtigsten Helfern Adolf Hitlers.

9. Fritz Sauckel

Der »Herr der Zwangsarbeiter«, verantwortlich für die Verschleppung von Millionen Menschen aus den besetzten Gebieten.

10. Alfred Jodl

Chef des Wehrmachtführungsstabes und Mitorganisator des Rußlandfeldzugs. Vermutlich vor allem deshalb von den Russen zur Hinrichtung ausersehen (im Gegensatz zu manch anderen Wehrmachtsgrößen, die das viel eher verdient hätten).

Quellen: *Das große Personenlexikon*, Dortmund 1984; W. L. Shira: *Aufstieg und Fall des Dritten Reiches*, Köln 1990.

21. KAPITEL:
RUNTER KOMMEN SIE IMMER

ZEHN ERFOLGLOSE FLUGPIONIERE

1. Ikarus
Baute sich aus Wachs und Federn Flügel, floh damit aus der Gefangenschaft des Königs Minos, wurde übermütig, kam der Sonne zu nahe, das Wachs schmolz, er stürzte ab.

2. Leonardo da Vinci
Hat über viele Dinge nachgedacht, auch über das Fliegen. Sein Entwurf eines mechanischen, über Rollen und Kabel mit Muskelkraft zu bedienenden Flügels, der den Menschen zum Vogel machen sollte, widersprach aber elementaren Gesetzen der Physik und konnte nie funktionieren.

3. G. B. Danti
Italienischer Gelehrter, versuchte 1503 mit selbstgebauten Flügeln in Perugia loszufliegen.

4. John Damian
Sprang vier Jahre später mit selbstgebauten Flügeln von den Mauern von Sterling Castle in Schottland, um nach Frankreich zu fliegen. Landete mit Oberschenkelbruch im Schloßgraben.

5. Oliver von Malmesbury
»Der fliegende Mönch« sprang mehrmals erfolglos mit Flügeln von englischen Türmen herunter.

6. Marquis de Bacqueville
Versuchte um 1740 vom Dach eines Pariser Stadtschlosses zum gegenüberliegenden Seineufer zu fliegen; fiel ins Wasser, brach sich ein Bein.

7. Ludwig Berblinger
»Der Schneider von Ulm«. Versuchte 1811, die Donau zu überfliegen, fiel unverletzt ins Wasser.

8. Titus Buratini
Italiener am Hof König Wladislaw IV. Soll sich im frühen 19. Jahrhundert mittels Schwingenflügeln mehrere Fuß vom Erdboden erhoben haben.

Der Schneider von Ulm vor …

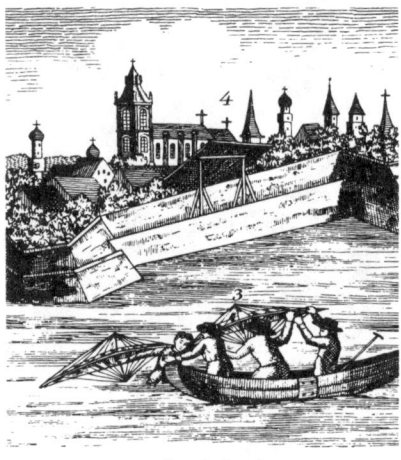

… und nach dem Start

9. Josef W. Kaufmann
Konstruierte 1867 eine »Riesen-Dampfflugmaschine«, die sich aber niemals in die Luft erhob.

10. William Samuel Henson
Englischer Erfinder; sein Patent eines dampfgetriebenen Fliegers von 1883 erhob sich wie Kaufmanns Flieger niemals in die Luft.

Quellen: Kurt W. Streit und John W. R. Taylor: *Geschichte der Luftfahrt*, Künzelsau 1988; W. Behringer und C. Koptschalijsk: *Der Traum vom Fliegen*, Frankfurt am Main 1991.

DIE ZEHN ERSTEN BALLONFLIEGER

1. Pilâtre de Rozier
Steigt mit dem Marquis d'Arlandes in einem von den Brüdern Montgolfier gebauten Heißluftballon auf 26 Meter (Paris, Bois de Boulogne, 21. November 1783).

2. Jacques César Charles
Überträgt das Heißluftprinzip noch im gleichen Jahr auf Wasserstoff; fliegt mit seinem Ballon höher und weiter als die Ballons der Montgolfiers.

3. Prince Charles de Ligne
Läßt sich mit mehreren Freunden von Pilâtre de Rozier in einem Heißluftballon chauffieren (Lyon, 19. Januar 1874).

4. Paolo Andreani mit Brüdern
Der erste Ballonflug außerhalb Frankreichs (Mailand, 25. Februar 1784).

5. Jean-Pierre Blanchard
Ein weiterer Versuch mit Wasserstoff (Paris, 2. März 1784).

Die erste Luftreise der Weltgeschichte: Pilâtre de Rozier und der Marquis d'Arlandes am 21. November 1783

6. Ein Mr. Rousseau mit Kind
Der erste Ballonflug in Großbritannien (Navan, Irland, 14. April 1784).

7. Guyton der Morveau
Ein furchtloser Apotheker mit einem Geistlichen an Bord (Dijon, 25. April 1784).

8. Zwei Herren namens Bremont und Maret
(Marseille, 8. Mai 1784).

9. Ein Herr Brun
(Chambery, 12. Mai 1784).

10. Ein Herr Adoren mit unbekanntem Passagier
(Straßburg, 15. Mai 1784; der Flug endete mit einer Bruchlandung).

Einige dieser Pioniere flogen mehrmals in diesem interessanten Jahr; dann ist jeweils nur der erste Flug vermerkt.

Quellen: Valerie-Anne Giscard d'Estaing (Hrsg.): *Le livre mondial des inventions*, Paris 1982; Kurt W. Streit und John W. R. Taylor: *Geschichte der Luftfahrt*, Künzelsau 1988; Russell Ash: *The Top Ten of Everything*, London 1995.

ZEHN FLUGPIONIERE, DIE FRÜHER GEFLOGEN SIND ALS DIE BRÜDER WRIGHT

Wie so viele Erfindungen wird auch die Fliegerei nicht ganz korrekt den richtigen Erfindern zugeschrieben. Mindestens die folgenden Personen sind vor den Brüdern Wright mit Flugapparaten schwerer als Luft geflogen:

1. Sir George Cayley
Soll schon 1843 mit einem Gleitflieger die Hügel Yorkshires hinabgeflogen sein.

2. J. M. Le Bris
Ließ schon 1857 »einen selbstkonstruierten Gleitflugapparat auf einen Wagen montieren, der eine Straße entlangrollte und ihn freigab, sobald die Abhebegeschwindigkeit erreicht war«. Stürzte aber mit dem Flieger ab und brach sich ein Bein.

3. Félix du Temple de la Croix
Französischer Marineoffizier; ein von ihm konstruierter Eindecker rollte 1874 mit einem Seemann an Bord »einen flachen Hang hinab, sprang ein kurzes Stück in die Luft und wurde so zum ersten motorbetriebenen und bemannten Flugzeug«.

4. Charles Renard
Startete 1871 »erfolgreich einen Modellgleiter mit mehreren übereinandergelagerten Tragflächen und kleinen Pendelflügeln zur Erhaltung der Stabilität«.

5. Clément Ader
Französischer Elektroingenieur; konstruierte im letzten Jahrzehnt des 19. Jahrhunderts mehrere bemannbare Flugapparate, die tatsächlich geflogen sein sollen. Gilt in Frankreich als der erste »echte« Motorflieger.

6. Sir Hiram Steven Maxim
Wie Ader Elektroingenieur (auch Erfinder eines nach ihm benannten Maschinengewehrs). Konstruierte zu Anfang des Jahrhunderts einen riesigen, von einem Eisenbahngleis aus startenden Doppeldecker. Dieser kam auch vom Boden frei, wurde aber nach einem kurzen Hopser beschädigt; Maxim gab das Projekt dann auf.

7. Otto Lilienthal
Konstruierte in den 90er Jahren des letzten Jahrhunderts mehrere flugfähige Eindecker-Gleiter und zwei Doppeldecker.

8. Samuel Langley
Baute 1901 das erste flugfähige, mit Benzinmotor getriebene Flugzeugmodell.

9. Gustav Weiskopf
Geboren in Leuterhausen, Mittelfranken, später nach Amerika ausgewandert, »der erste Mensch, der mit einem motorgetriebenen Flugzeug einen wirklichen Flug durchführte« (vor mehreren Dutzend Zeugen am Morgen des 14. August 1901).

10. William Pearse
Neuseeländischer Farmer und Hobby-Ingenieur; soll ebenfalls schon vor den Wrights mit einem motorgetriebenen Eindecker geflogen sein; wird aber von der neueren Forschung bestritten.

Quellen: Valerie-Anne Giscard d'Estaing (Hrsg.): *Le livre mondial des inventions*, Paris 1982; Kurt W. Streit und John W. R. Taylor: *Geschichte der Luftfahrt*, Künzelsau 1988; Stichwort »Aviation« in MS Microsoft Enzyklopädie *Encarta*, 1994.

DIE ZEHN ERSTEN ATLANTIKÜBERFLIEGER

Anders als viele glauben, hat Charles Lindbergh nicht als erster den Atlantik überflogen; zumindest die folgenden zehn Flüge, einige mit Luftschiffen, die meisten aber mit Motorflugzeugen, fanden schon vor Lindberghs Abenteuer 1927 statt:

1. Albert C. Read
Amerikanischer Marineoffizier; flog 1919 mit fünf Männern von Neufundland nach Lissabon (mit Stop auf den Azoren).

2. John Alcock und Arthur Brown
Die ersten Nonstop-Atlantiküberquerer, 1919 von Neufundland nach Galway in Irland.

3. Luftschiff R-34
Flog 1919 mit 31 Mann von Schottland nach New York.

4. Dito zurück.

5. Cago Coutinho und Sacadura Cabral
Portugiesen, flogen 1922 von Lissabon nach Brasilien.

6. Lowell Smith und Leslie Arnold
Flogen 1924 von den schottischen Orkney-Inseln über Island und Grönland nach Kanada.

7. Erik Nelson und John Harding
Flogen ein zweites Wasserflugzeug zusammen mit Arnold und Smith.

8. LZ 3
Flog 1924 unter dem Kommando von Hugo Eckener mit 31 Passagieren von Friedrichshafen nach Lakehurst, USA.

9. Ramon Franco und Besatzung
Spanier, flogen 1926 ein Wasserflugzeug von Spanien nach Brasilien.

10. Francesco Marquis Pinedo und Besatzung
Italiener, flogen 1927 mit Zwischenstops von Sardinien nach Brasilien.

Quellen: Kurt W. Streit und John W. R. Taylor: *Geschichte der Luftfahrt*, Künzelsau 1988; Stichwort »Aviation« in MS Microsoft Enzyklopädie *Encarta*, 1994.

ELF DEUTSCHE WELTRAUMFAHRER

Auch ohne eigenständiges Raumfahrtprogramm haben die Deutschen die folgenden Astronauten in den Weltraum geschickt:

	Raumschiff
1. Sigmund Jahn (1978)	Saljut 6
2. Ulf Merbold (1983)	Columbia
3. Reinard Furrer (1985)	Challenger (D1-Mission)
4. Ernst Messerschmidt (1985)	Challenger (D1-Mission)
5. Klaus-Dietrich Flade (1992)	Mir
6. Ulf Merbold (1992)	Discovery
7. Hans-Wilhelm Schlegel (1993)	Columbia (D2-Mission)
8. Ulrich Walter (1993)	Columbia (D2-Mission)
9. Ulf Merbold (1994)	Mir (Euromir-Mission 94)
10. Thomas Reiter (1995)	Mir (Euromir-Mission 95)
11. Reinhold Ewald (1995)	Mir

Quelle: *aktuell '97 – Lexikon der Gegenwart*, Dortmund 1996.

DIE ZEHN ERSTEN WELTRAUMFLIEGER

1. Juri Gagarin, 12. April 1961, einmal um die Erde, 108 Minuten.
2. Alan B. Shepard, 5. Mai 1961, ein kleiner ballistischer Hopser von 15 Minuten.
3. Virgil Grissom, 21. Juli 1961, auch nur ein kleiner Hopser (ebenfalls 15 Minuten).
4. German Titow, 6. bis 7. August 1961, 17mal um die Erde, 25 Stunden.
5. John Glenn, 20. Februar 1962, dreimal um die Erde, 5 Stunden.
6. Scott Carpenter, 24. Mai 1962, dreimal um die Erde, 5 Stunden.
7. Adrian Nikolajew, 11. bis 15. August 1962, 64mal um die Erde, 94 Stunden.
8. Pavel Popowitsch, 12. bis 15. August 1962, 48mal um die Erde, 70 Stunden.
9. Walter Schirra, 3. Oktober 1962, 6mal um die Erde, 6 Stunden.
10. Gordon Cooper, 15. bis 16. Mai 1963, 22mal um die Erde, 34 Stunden.

Quellen: Valerie-Anne Giscard d'Estaing (Hrsg.): *Le livre mondial des inventions*, Paris 1982; Stichwort »Space Exploration« in MS Microsoft Enzyklopädie *Encarta*, 1994.

DIE ZEHN ERSTEN MENSCHEN AUF DEM MOND

1. Neil Armstrong, Apollo 11, Juli 1969.
2. Edwin Aldrin, Apollo 11, Juli 1969.
3. Charles Conrad, Apollo 12, November 1969.
4. Alan Bean, Apollo 12, November 1969.
5. Alan Shepard, Apollo 14, Februar 1971.
6. Edgar Mitchell, Apollo 14, Februar 1971.
7. David Scott, Apollo 15, August 1971.
8. James Irwin, Apollo 15, August 1971.
9. John Young, Apollo 16, April 1972.
10. Charles Duke, Apollo 16, April 1972.

Außer diesen zehn gibt es nur zwei weitere Menschen, deren Füße jemals Mondboden betreten haben (die Astronauten Eugene Cernan und Harrison Schmidt mit Apollo 17 im Dezember 1972; danach war das Programm Apollo programmgemäß zu Ende).

Quellen: Valerie-Anne Giscard d'Estaing (Hrsg.): *Le livre mondial des inventions*, Paris 1982; Stichwort »Space Exploration« in MS Microsoft Enzyklopädie *Encarta*, 1994.

Runter kommen sie immer

DIE VIER ERSTEN WELTRAUMKATASTROPHEN

1. Apollo 1, 27. Januar 1967: Bei einem Test-Countdown bricht in der Astronauten-Kapsel Feuer aus; die drei Männer der Besatzung verbrennen.
2. Soyuz 1, 24. April 1967: bei der Landung öffnet sich der Fallschirm nicht, der Astronaut Komarov stirbt beim Aufprall.
3. Soyuz 9, 29. Juni 1971: Beim Wiedereintritt in die Erdatmosphäre fällt der Luftdruck in der Kapsel, beim Öffnen findet man die drei Astronauten tot.
4. Challenger, 28. Januar 1986: Die bisher größte Weltraumkatastrophe: Die Antriebsrakete explodiert kurz nach dem Start, fünf Astronauten sterben.

Quelle: Stichwort »Space Exploration« in MS Microsoft Enzyklopädie *Encarta*, 1994.

DIE ZEHN GRÖSSTEN FLUGZEUGKATASTROPHEN

1. März 1977, Teneriffa
Auf dem Flughafen von Santa Cruz de Tenerife stoßen eine 747 der KLM und eine 747 der PanAm zusammen. 583 Menschen sterben.

2. August 1985, Mount Ogura, Japan
Eine 747 der Japan Airlines stürzt auf einem Inlandsflug auf der Hauptinsel Honshu in ein unzugängliches Gebirgsgelände. Nur vier von 520 Insassen überleben.

3. November 1996, Neu-Delhi
Eine 747 der Saudi Arabian Airlines und eine Iljuschin-76 der Kazakh Airways kollidieren südwestlich von Neu-Delhi in der Luft; 351 Menschen sterben.

4. März 1974, Paris
Eine DC-10 der Turkish Airlines auf dem Flug nach London verunglückt kurz nach dem Start in Paris; 346 Tote.

5. Juni 1985
Eine 747 der Air India bricht über dem Atlantik auseinander (vermutlich Bombenexplosion) und stürzt ab. Alle 329 Menschen an Bord kommen ums Leben.

6. August 1980, Riyadh
Eine Lockheed Tristar der Saudi Airlines gerät nach einer Notlandung in Brand; 301 Tote.

7. Juli 1988
Ein Airbus A300 der Iran Air wird versehentlich von einem amerikanischen Kriegsschiff vor der persischen Küste abgeschossen; 290 Tote.

8. Mai 1979, Chicago
Eine DC-10 verliert kurz nach dem Start ein Triebwerk und stürzt ab. Alle 277 Menschen an Bord und 2 Spaziergänger am Boden sterben.

9. Dezember 1988
Eine 747 der PanAm stürzt nach einer Bombenexplosion auf den Ort Lockerbie. Alle 259 Menschen an Bord und elf Menschen am Boden sterben.

10. September 1983
Eine 747 der Korean Airlines verläßt auf der Polarroute den Kurs, überfliegt die russische Insel Sachalin, wird von Mig-Abfangjägern der russischen Armee beschossen und stürzt ab. Alle 269 Insassen sterben.

Quellen: R. Ash: *The Top Ten of Everything*, London 1995; »Brennend ins Meer vor Long Island gestürzt«, *Frankfurter Allgemeine Zeitung* vom 19. August 1996; »Südwestlich von Neu-Delhi eines der schwersten Unglücke in der zivilen Luftfahrt«, *Ruhrnachrichten* vom 13. November 1996.

DIE ZEHN GRÖSSTEN LUFTSCHIFF-KATASTROPHEN

Anders als in der Legende waren auch Luftschiffe und Zeppeline nie besonders sicher. Hier die zehn größten Katastrophen:

1. April 1933
Das Luftschiff »Akron« der US-Armee stürzt während eines Sturms ins Meer; 73 Tote.

2. Dezember 1923
Das französische Luftschiff »Dixmude« (ex LZ114) gerät über dem Mittelmeer in ein Gewitter und stürzt brennend ab. Von dem Luftschiff bleiben nur ein paar Wrackteile und zwei identifizierbare Leichen übrig; 52 Tote.

3. Oktober 1930, bei Beauvai, Frankreich
Das englische Luftschiff R101 kollidiert mit einem Berg; 50 Tote.

4. August 1921, Nordseeküste bei Hull, England
Das englische Luftschiff R38 bricht während eines Testflugs auseinander; 44 Tote.

5. Mai 1937, Lakehurst, USA
Das deutsche Luftschiff »Hindenburg« fängt bei der Landung Feuer; 36 Tote.

6. Februar 1922, Hampton Roads, USA
Das italienische Luftschiff »Roma«, von der US-Armee gekauft, stürzt ab; 34 Tote.

7. Oktober 1913, Berlin
LZ18 stürzt nach Maschinenschaden ab; 28 Tote.

8. März 1917, über der Ostsee
Das deutsche Luftschiff L10 wird vom Blitz getroffen und stürzt ab; 23 Tote.

9. September 1913, vor Helgoland
Das deutsche Luftschiff L1 stürzt ins Meer; 14 Tote.

10. September 1913, Caldwell, USA
Das amerikanische Luftschiff »Shenadoah«, das erste amerikanische Luftschiff überhaupt, bricht während eines Sturms im Flug auseinander; 14 Tote.

Quellen: D. Botting: *Die Geschichte der Luftfahrt – Die Luftschiffe*, Eltville 1993; R. Ash: *The Top Ten of Everything*, London 1995.

ZEHN WEITERE UNFÄLLE MIT ZEPPELINEN

1. LZ1
Startet im Juli 1900 als erster Zeppelin vom Bodensee aus zu seiner Jungfernfahrt, setzt wenige Minuten später auf dem Wasser auf.

2. LZ2
Wird – gerade fertig – wegen Motorschaden zur Notlandung getrieben und durch einen Sturm zerstört.

3. LZ4
Das Nachfolgemodell des LZ3 (der nur einige Probefahrten machte), am 4. August 1908 vom Bodensee gestartet, wird auf der Rückfahrt von Straßburg durch Gasverlust und Motorschäden bei Echterdingen zur Notlandung gezwungen. Der Zeppelin verbrennt in einem Gewitter.

4. LZ6
Verbrennt, als Maschinisten eine Gondel mit Benzin zu säubern versuchen.

Das Prachtstück unter den Luftschiff-Modellen:
die »Hindenburg«, Zeppelin-Museum in Zeppelinheim

5. LZ7
Muß auf seiner zweiten Fahrt im Teutoburger Wald notlanden und ist danach
nicht mehr zu nutzen.

6. LZ8
Wird beim Aushallen von starkem Seitenwind erfaßt, strandet an der Hallen-
wand, wird abgewrackt.

7. LZ10
Verbrennt nach dem ersten Betriebsjahr vor der Halle.

8. LZ11 bis LZ126
Werden an die Marine-Luftschiffer-Abteilung bzw. an die Heeresluftschiffer ausge-
liefert; 80 werden durch Feindbeschuß oder Unfälle, 7 am Ende des Krieges durch
die eigenen Besatzungen zerstört.

9. LZ114
Das als Reparation an die Franzosen ausgelieferte Luftschiff gerät am 21. Dezember
1923 über dem Mittelmeer in ein Gewitter und stürzt brennend ab. Von dem Luftschiff blieben nur ein paar Wrackteile und zwei identifizierbare Leichen übrig
(siehe oben).

10. LZ129
Die berühmte »Hindenburg«. Wird auf ihrer Jungfernfahrt beim Landemanöver
auf der Marine-Luftschiffstation Lakehurst vollständig zerstört. Die beiden Nach-
folgemodelle LZ130 und LZ131 werden auf Befehl von Hermann Göring abgewrackt, die Teile zum Bau einer Funkantenne in die Niederlande transportiert.

Quelle: D. Botting: *Die Geschichte der Luftfahrt – Die Luftschiffe*, Eltville 1993.

22. KAPITEL:
WENN EINER EINE REISE TUT ...

VIER WENIGER GEGLÜCKTE REISEABENTEUER

1. Ein kanadischer Pazifist will aus Angst vor Krieg sein Heimatland gegen einen friedlichen Flecken Erde tauschen – im März 1882, fünf Tage vor der Invasion der Argentinier, übersiedelt er auf die Falklandinseln.
2. »Und für Touristen, die mal möglichst weit weg vom Alltag sein wollen, empfehlen wir eine Safari in Vietnam« (das amerikanische Nachrichtenmagazin Newsweek Anfang der 60er Jahre).
3. Ein Ehepaar bucht eine Karibik-Kreuzfahrt, bekommt aber statt der erwarteten lateinamerikanischen Musik des Abends fast nur Schweizer Volksmusik zu hören (500 der 600 Passagiere gehörten dem Schweizer Verein der Volksmusikfreunde an). Das Amtsgericht Frankfurt verurteilte den Reiseveranstalter zu Schadenersatz in Höhe von einem Drittel der Reisekosten, da Schweizer Volksmusik nicht zu den Risiken gehöre, die ein Urlauber hinzunehmen habe.
4. Besucher des »West County Hotels« im Norden Englands sahen sich 1993 mit der folgenden Notiz vor den Toiletten konfrontiert: »Due to alterations these toilets will be closed tomorrow. Please do as much as you can do today.«

ZEHN MISSGLÜCKTE HOTEL-VERHALTENSREGELN

Leicht daneben ist auch vorbei – wie die folgenden Hinweise, Warnungen und Tips von eifrigen Hotelmanagern für ihre internationalen Gäste:

1. **Ermahnung in Tokyo:**
»It is forbidden to steal hotel towels please. If you are not a person to do such thing please do not read notis.«

2. **Ebenfalls aus Tokyo:**
»You are invited to take advantage of the chambermaid.«

3. **Willkommensgruß in Moskau:**
»If this is your first visit to the USSR, you are welcome to it.«

4. **Aus der Empfangshalle eines norwegischen Hotels:**
»Ladies are requested not to have children at the bar.«

5. In einem Hotelaufzug in Leipzig:
»Do not enter lift backwards, and only when lit up.«

6. Hotelaufzug in Paris:
»Please leave your values at the front desk.«

7. Athen:
»Visitors are expected to complain at the office between the hours of 9 and 11 A.M. daily.«

8. Aus den Verhaltensregeln eines deutschen Campingplatzes im Schwarzwald:
»It is strictly forbidden in our black forest camping site that people of different sex, for instance, men and women, live together in one tent unless they are married with each other for that purpose.«

9. Aber die Schweizer können das genauso gut; aus einem Hotel in Zürich:
»Because of the inpropriety of entertaining guests of the opposite sex in the bedroom, it is suggested that the lobby be used for this purpose.«

10. Zur Beruhigung der Gäste in einem Hotel in Acapulco:
»The manager has passed all the water served here.«

Quelle: Die Internet-Seite pubweb.acns.nwu.edu.

DIE ZEHN GRÖSSTEN DEUTSCHEN BAHNHÖFE

Fahrgäste 1996

1. Frankfurt/Main Hbf	380.000
2. München Hbf	350.000
3. Hamburg Hbf	250.000
4. Berlin Zoo	200.000
4. Hannover	200.000
4. Stuttgart Hbf	200.000
7. Köln Hbf	190.000
8. Düsseldorf	150.000
9. Essen	140.000
10. Dortmund	125.000

Nur für 16 Bahnhöfe hat die Deutsche Bahn AG Daten zur Verfügung; es ist also nicht auszuschließen, daß andere, hier nicht genannte Städte (Leipzig? Dresden?) das untere Ende dieser Liste noch durcheinanderwirbeln könnten.

Quellen: Deutsche Bahn AG, persönliche Mitteilung, Oktober 1996; *aktuell '97 – Lexikon der Gegenwart*, Dortmund 1996.

DIE ZEHN ÄLTESTEN DEUTSCHEN EISENBAHNSTRECKEN

Am 31. Dezember 1995 maß das Streckennetz der Deutschen Bahn AG genau 41.718 Kilometer (inklusive 145 Kilometer Schmalspurgleise), mehr als einmal um den Globus. Und so hat alles angefangen:

		Eröffnet	Länge
1.	Nürnberg – Fürth	7. 12. 1835	6,0 km
2.	Leipzig – Althen	24. 4. 1837	10,6 km
3.	Althen – Gerichshain	12. 11. 1837	4,3 km
4.	Gerichshain – Machern	11. 5. 1838	2,9 km
5.	Dresden – Weintraube	19. 7. 1838	8,2 km
6.	Machern –Wurzen	31. 7. 1938	8,0 km
7.	Wurzen – Dahlen	16. 9. 1838	17,5 km
8.	Weintraube – Oberau	16. 9. 1838	13,4 km
9.	Zehlendorf – Potsdam	22. 9. 1838	14,1 km
10.	Berlin/Potsdamer Bahnhof – Zehlendorf	29. 10. 1838	12,1 km

Quelle: *Handbuch der deutschen Eisenbahnstrecken*, Mainz 1984; Deutsche Bahn AG: *Daten und Fakten 1995/96*, Broschüre, Berlin 1996.

Die Fahrkarten bitte …

SIEBEN BERÜHMTE ZÜGE

1. Der Blue Train
Verkehrt von Pretoria nach Kapstadt. Die Wagen des Zuges »bilden den Höhepunkt an Luxus ... Der Komfort in den modernen Waggons erinnert mehr an Salons ... als an das Innere eines Zuges«. Für die rund 1.600 km lange Strecke benötigt der Zug etwa 24 Stunden.

2. Der Canadian
Fährt mehr als 4.000 km »durch überwältigende Landschaften« von Ost nach West in Kanada. Führt sieben Arten von Waggons, u. a. einen Aussichtswagen mit Panoramadach. Jeder Schlafwagen hat Platz für 60 Passagiere.

3. Der Champagner-Express
Fährt nicht, wie man vielleicht jetzt denkt, von Paris nach Reims, sondern durch die Weinanbaugebiete der Kap-Provinz Südafrikas. Wird auch heute noch von Dampfloks gezogen.

4. Der Darjeeling-Express
Gebirgseisenbahn zu Füßen des Himalayas. Überwindet auf einer nur 80 km langen Strecke einen Höhenunterschied von 2.555 Metern. Muß wegen der vielen engen Kurven auf Schmalspurgleisen fahren.

5. Der Glacier-Express
Fährt von Brig nach Chur durch eine atemberaubende Gebirgslandschaft der Schweiz.

6. Der Orient-Express
Die Mutter aller Nostalgie-Expresse. Geboren am 4. Oktober 1883; fuhr zunächst von Paris über München, Wien und Budapest, dann durch Rumänien bis zur bulgarischen Grenze an das rechte Donauufer. Dort setzten die Passagiere mit einer Fähre über und fuhren mit einem anderen Zug bis nach Warna an das Schwarze Meer. Der Rest der Reise nach Konstantinopel wurde mit dem Dampfer absolviert.

7. Der Rajdhani-Express
Nachtzug von Neu-Delhi nach Bombay, hält nur zweimal auf der rund 1.400 km langen Strecke. Das Essen während der Fahrt ist im Fahrpreis enthalten; es wird, wie im Flugzeug, auf Tabletts vor jedem Sitz serviert.

Quelle: O. S. Nock: *Der große Atlas der Eisenbahnen*, München 1988.

ZEHN SKURRILE STÄDTENAMEN IN DEN USA

Die ersten Siedler im Wilden Westen benannten ihre Städte oft recht seltsam. Hier sind zehn skurrile Namen:

1. **Slaughter, Washington**
So benannt nach einem Gemetzel an und mit den Indianern. Das erste Hotel hieß »The Slaughter House« (inzwischen ist die Stadt in »Auburn« umbenannt).

2. **88, Kentucky**
Soviel Cents hatte ein Postbeamter in der Tasche, den die Farmer eines neuen Dorfes fragten, wie sie dieses nennen sollten.

3. **Snowflake, Arizona**
Wohl ein Zeichen der Sehnsucht.

4. **Peculiar, Kansas**
Nachdem verschiedene Namen für seine neue Siedlung vom Postministerium abgelehnt worden waren, schrieb der örtliche Postvorsteher voller Verzweiflung »Just give me a peculiar name« nach Washington. Und genau diesen Namen bekam er dann ...

5. **Normal, Illinois**

6. **Oblong, Illinois**
»Normal man weds oblong woman« war einmal in der lokalen Zeitung nachzulesen.

7. **Boring, Oregon**

8. **Mole Hill, West Virginia**
Benannte sich um in »Mountain«, als die Siedlung größer wurde.

9. **Santa Claus, Indiana**
War eine Notlösung; die Bürger wollten »Santa Fe«, aber da es eine Stadt dieses Namens auch in Indiana bereits gab, lehnte das Postministerium den ersten Namen ab.

10. **Zap, North Dakota**

Quelle: »A town called cucumber«, *Reader's Digest*, Januar 1995.

DIE ZEHN GRÖSSTEN GLETSCHER IN DER SCHWEIZ

	Fläche
1. Grosser Aletsch (Berner Alpen)	86,8 km^2
2. Gorner (Walliser Alpen)	68,9 km^2
3. Fiescher (Berner Alpen)	33,1 km^2
4. Unteraar (Berner Alpen)	28,4 km^2
5. Oberaletsch (Berner Alpen)	21,7 km^2
5. Unterer Grindelwald (Berner Alpen)	21,7 km^2
7. Findelen (Walliser Alpen)	19,1 km^2
8. Rhône (Berner/Urner Alpen)	17,4 km^2
8. Corbassière (Walliser Alpen)	17,4 km^2
10. Zmutt (Walliser Alpen)	17,2 km^2

Quelle: *Statistisches Jahrbuch der Schweiz 1996.*

DIE HÖCHSTEN ALPENÜBERGÄNGE IN ÖSTERREICH

	Höhe über Meeresspiegel
1. Großglocknerstraße, Hochtor	2.504 m
2. Timmelsjoch	2.474 m
3. Flexenpaß	1.773 m
4. Turracher Höhe	1.720 m
5. Hochtannbergpaß	1.676 m
6. Felbertauern (Tunnel)	1.632 m
7. Stubalpe	1.547 m
8. Gerlospaß	1.531 m
9. Reschen-Scheideck	1.504 m
10. Brenner	1.374 m

Quelle: *Statistisches Jahrbuch der Republik Österreich 1996.*

DIE ZEHN WICHTIGSTEN LÄNDER MIT LINKSVERKEHR

Immer noch fahren in rund 40 Ländern auf der Erde die Autofahrer links. Hier sind die gemessen an der Zahl der Autos wichtigsten:

		Registrierte Kraftfahrzeuge 1994
1.	Japan	69 Mio.
2.	Großbritannien	27 Mio.
3.	Australien	10 Mio.
4.	Südafrika	5 Mio.
4.	Indien	5 Mio.
6.	Indonesien	3 Mio.
6.	Thailand	3 Mio.
6.	Malaysia	3 Mio.
9.	Neuseeland	2 Mio.
10.	Nigeria	1,4 Mio.

Quelle: Russell Ash: *The Top Ten of Everything*, London 1995.

DORIS UND WALTER KRÄMERS LISTE DER ELF SCHÖNSTEN ÖFFENTLICHEN PLÄTZE IN EUROPA

»Gelungene Plätze sind Mikrokosmen städtischen Lebens. Sie bieten Anregung und Entspannung; hier finden Märkte und öffentliche Veranstaltungen statt, man trifft Freunde und läßt die Welt an sich vorüberziehen.«

Die folgenden Plätze sind uns auf unseren Reisen und in dieser Reihenfolge als die in diesem Sinne schönsten aufgefallen (nur in Städten außerhalb Deutschlands, aber innerhalb Europas, und nur Plätze, die wir selbst gesehen haben; der vielgerühmte Rote Platz in Moskau, die Place Stanislas in Nancy oder die Plaza Major von Salamanca, die wir nicht gesehen haben, bleiben also außen vor, um nur einige unserer zahlreichen Bildungslücken aufzuzählen):

1. Paris, Place des Vosges

Ein Wunder im Zentrum einer Fünfmillionenstadt. »Der Platz erinnert an eine vom Raufen mitgenommene Promenadenmischung, der ein Ohr fehlt und die eine Pfote verbunden hat, sonst aber voller Leben steckt und Charakter hat«, schreibt semi-respektierlich Michael Webb. Aber uns gefällt er trotzdem besser als die Place Vendôme, der »nobelste« Platz der Republik (hier steht das Ritz).

2. Siena, Piazza del Campo

Raffael und Leonardo biegen augenblicklich um die Ecke. »Alle Plätze sind Büh-
nen für das Drama des menschlichen Lebens, aber nur wenige sind so vollkommen
und haben eine so ereignisreiche Geschichte wie die Piazza del Campo in Siena.«

Die Piazza del Campo in Siena: einer der drei schönsten Plätze dieser Erde

3. Brüssel, Grand' Place

Selbst bei Regen ein Erlebnis. Nach Victor Hugo »der schönste Platz der Welt«.

4. Bath, Royal Crescent

Englische Wohnkultur in Perfektion. »Gleichgewicht zwischen Mensch und
Natur.«

5. Madrid, Plaza Major

Spanien in einem Prismenglas. »Friedlicher Rückzugsort im Herzen der Altstadt.«

6. Pisa, Piazza del Duomo

Unvergeßlich in einer lauen Julinacht ...

7. Prag, Altstädter Ring

Wo ist Wallenstein? »An einem schönen Wochenende im Sommer kann er einer
der heitersten Orte der Welt sein: sinnenfroh und weit, ein Wechselspiel von
nadelspitzen gotischen Türmen und üppigen Barock- und Rokokogiebeln, ein Wir-
bel von Farben und Ornamenten.«

8. **Rom, Petersplatz**

9. **Mailand, Piazza del Duomo**

10. **Venedig, Piazza San Marco**
»Schmuckstück der Renaissance.«

11. **Salzburg, Plätze um den Dom**
»Alle Plätze Salzburgs bringen den kühnen Bau des barocken Doms zur Geltung und lenken den Blick auf die dahinterliegenden Räume. Man kann sie als eine einheitliche, dreidimensionale Komposition von Materie und Raum betrachten: Die Festung auf ihrem Felsen, die grünen Hügel über dem Fluß und eine Reihe untergeordneter Plätze bilden ein harmonisches Ganzes.«

Quellen: Eigene Beobachtungen und Michael Webb: *Die Mitte der Stadt*, Frankfurt am Main 1990.

DIE ZEHN LÄNGSTEN REISEN DER GORCH FOCK

Das nach Johann Kienau (1880-1916) alias »Gorch Fock« benannte Segelschulschiff der Bundesmarine, 1958 von der Hamburger Werft Blohm und Voss gebaut, mit über 40 Meter hohen Masten und einer Segelfläche von 2.000 qm, ist »nach wie vor weit davon entfernt, ein bequemer Kreuzfahrer für den seemännischen Nachwuchs... in der Deutschen Marine zu werden«. Am 18. April 1996 ist sie von ihrem Heimathafen Kiel zu ihrer bisher längsten Ausbildungsfahrt aufgebrochen (Kiel – Ponta Delgada – Hamilton – Bridgetown – Recife – Kapstadt – Durban – Port Louis – Colombo – Port Kelang – Djakarta – Manila – Bangkok – Singapur – Cochin – Djibouti – Suezkanal – Haifa – Palermo – Lissabon – Kiel). Die zehn bis dato längsten Fahrten waren:

1. 1987/1988 Kiel – Las Palmas – Fort de France – Panama City – Acapulco – San Diego – Honolulu – Apia – Wellington – Sydney – Melbourne – Fremántle – Colombo – Maskat – Djibouti – Haifa – Palma de Mallorca – Porto – Kiel (3.3478 Seemeilen)
2. 1983 Kiel – Las Palmas – San Juan – Norfolk – Philadelphia – Portsmouth/ N.H. – Ponta Delgada – Hamburg – Kiel (13.762 Seemeilen)

Der Stolz der Bundesmarine

3. 1984 Kiel – Santa Cruz de Tenerife – St. John's/Antigua – Boston – Québec – Sydney – Liverpool – Kiel (13.436 Seemeilen)
4. 1992 Kiel – Lissabon – Cadiz – Santa Cruz de Tenerife – San Juan – Philadelphia – New York – Boston – Hamilton – Fort de France – Baltimore – Kiel (12.954 Seemeilen)
5. 1964 Kiel – Emden – Vigo – Lissabon – Bermudas – New York – New London – Hafnajoedur/Island – Dublin – Bergen – Kiel (12.705 Seemeilen)
6. 1962 Kiel – Santa Cruz de Tenerife – New York – Ponta Delgada – Kiel (11.520 Seemeilen)
7. 1976 Kiel – Santa Cruz de Tenerife – Bermuda – Newport/Rhode Island – New York – Baltimore – Godthaab – Oslo – Hamburg – Kiel (10.775 Seemeilen)
8. 1963 Kiel – Las Palmas – St. Thomas – San Juan – Kiel (10.284 Seemeilen)
9. 1974 Kiel – Casablanca – Dakar – Freetown – Dakar – Nantes – Kopenhagen – Gdingen – Kiel (10.277 Seemeilen)
10. 1980 Kiel – Funchal – Hamilton/Bermuda – Boston – Kiel (9.833 Seemeilen)

Die »Gorch Fock« ist ein Nachbau ihrer drei älteren Schwestern »Gorch Fock I« (1945 von der eigenen Besatzung versenkt, später von den Russen gehoben, heißt jetzt »Towarischtsch«), »Horst Wessel« (Reparationsleistung an die USA; heißt jetzt »Eagle«) und »Albert Leo Schlageter« (von den Amerikanern beschlagnahmt und nach Brasilien verkauft; jetzt in Portugal als »Sagres«).

Quellen: Bundesministerium der Verteidigung, Informations-Zentrum-Marine: »Gorch Fock«, Broschüre, Wilhelmshaven 1993; Bundesministerium der Verteidigung, persönliche Mitteilung, 1996.

ZEHN PROMINENTE SCHIFFSUNGLÜCKE, DIE DEM BERMUDA-DREIECK ZUGESCHRIEBEN WERDEN

Im Bermuda-Dreieck zwischen Atlantik und Karibik ereignen sich unerhörte Dinge. Die folgenden zehn Unglücksfälle sind bis heute nicht geklärt (was nicht heißen muß, daß sich dahinter wirklich Unheimliches verbirgt – auch im Sauerland geschehen ungeklärte Unglücksfälle):

1. USS Pickering
Verschwindet auf der Fahrt von New Castle (Delaware) nach Guadeloupe (Westindische Inseln) mitsamt ihrer neunzigköpfigen Besatzung (1800).

2. USS Warp
Wird zuletzt in der karibischen See gesichtet – mit 140 Mann Besatzung spurlos verschwunden (1814).

3. USS Wildcat
Verschwindet auf der Fahrt von Kuba nach Thompson's Island (USA) mit 14 Mann Besatzung (1824).

4. Rosalie
Französischer Segler nach Havanna unterwegs; wird in seetüchtigem Zustand, aber menschenleer im Bermuda-Dreieck aufgefunden (1840).

5. USS Grampus
Wird zuletzt vor Saint Augustin (Florida) gesichtet, verschwindet spurlos (1843).

6. Bella
Ein Schoner, der in einwandfreiem Zustand, aber von der Mannschaft verlassen bei den Westindischen Inseln aufgefunden wird (1854).

7. James B. Chester
Wird sechshundert Meilen südwestlich der Azoren ohne Besatzung auf See treibend aufgefunden. Alle Rettungsboote hängen in den Davits, Vorräte und Ladung des Schiffes sind völlig intakt (1855).

8. HMS Atalanta
Britische Fregatte, ein Schulschiff mit über 250 Kadetten und Matrosen an Bord, segelt von den Bermudas nach England und wird nicht mehr gesehen (1880).

9. Freya
Deutsche Bark, läuft von Kuba nach Chile aus, wird 20 Tage später teilweise entmastet und menschenleer aufgefunden. In der Gegend gibt es während dieser Zeit nur leichten Wind (1902).

10. Spray
Jolle, mit der Joshua Slocum als erster 1895-1898 in Alleinfahrt die Erde umsegelt hat. Segelt von Miami zu einer Alleinfahrt durch die Westindischen Inseln ab, wird nie wieder gesehen (1909).

Quelle: M. Ebon: *Das Rätsel des Bermuda-Dreiecks*, München 1977.

DIE ZEHN VERKEHRSREICHSTEN EUROPÄISCHEN FLUGHÄFEN

Passagiere 1993/1994

1. London, Heathrow   55 Mio.
2. Frankfurt am Main   38 Mio.
3. Paris, Charles de Gaulle   28 Mio.
4. Paris, Orly   25 Mio.
5. Amsterdam, Schiphol   21 Mio.
6. London, Gatwick   20 Mio.
7. Rom, Fiumicino   19 Mio.
8. Madrid   17 Mio.
9. Zürich   13 Mio.
9. Düsseldorf   13 Mio.

Quellen: Russell Ash: *The Top Ten of Everything*, London 1995; »Delays can be expected«, *The Economist*, 27. Juli 1996.

DIE ZEHN VERKEHRSREICHSTEN FLUGHÄFEN DEUTSCHLANDS

Passagiere 1993

1. Frankfurt am Main   31,7 Mio.
2. Düsseldorf   12,9 Mio.
3. München   12,5 Mio.
4. Hamburg   7,2 Mio.
5. Berlin-Tegel   6,9 Mio.
6. Stuttgart   5,0 Mio.
7. Köln/Bonn   3,8 Mio.
8. Hannover   3,3 Mio.
9. Nürnberg   1,8 Mio.
10. Berlin-Schönefeld   1,5 Mio.

Quelle: *Statistisches Jahrbuch für Deutschland 1995*.

DIE ZEHN VERKEHRSREICHSTEN FLUGHÄFEN 2005

		Abgefertigte Passagiere (in Millionen) aktuell	Prognose 2005
1.	Hong Kong International	82,0	unbekannt
2.	Dallas/Ford Worth	81,3	56,5
3.	O'Hare International (Chicago)	78,6	67,3
4.	Heathrow (London)	68,1	54,5
5.	Los Angeles International	60,2	53,9
6.	Frankfurt am Main	47,9	38,2
7.	Kimpo International (Seoul)	43,4	30,9
8.	Logan International (Boston)	42,0	24,4
9.	San Francisco International	40,5	36,2
10.	Charles de Gaulle (Paris)	39,5	28,4

Quelle: »Delays can be expected«, *The Economist*, 27. Juli 1996.

DIE ZEHN GRÖSSTEN FLUGGESELLSCHAFTEN

	Passagier- kilometer 1994		Passagiere im internatio- nalen Liniendienst 1994
1. United Airlines	162 Mrd.	1. British Airways	23,9 Mio.
2. American Airlines	156 Mrd.	2. Lufthansa	17,5 Mio.
3. Delta Airlines	133 Mrd.	3. American Airlines	14,9 Mio.
4. Northwest Airlines	93 Mrd.	4. Air France	13,8 Mio.
5. British Airways	79 Mrd.	5. KLM	11,6 Mio.
6. Aeroflot	76 Mrd.	6. United Airlines	11,3 Mio.
7. USAir	57 Mrd.	7. Singapore Airlines	9,9 Mio.
8. Japan Airlines (JAL)	55 Mrd.	8. SAS	9,8 Mio.
9. Lufthansa	53 Mrd.	9. Cathay Pacific	9,7 Mio.
10. Air France	44 Mrd.	10. JAL	9,4 Mio.

Die amerikanischen Gesellschaften schneiden in der linken Liste so gut ab, weil sie viele Passagiere auf kurzen Inlandsstrecken transportieren; im internationalen Linienverkehr sieht die Welt schon anders aus.

Quelle: Russell Ash: *The Top Ten of Everything*, London 1995; *aktuell '97 – Lexikon der Gegenwart*, Dortmund 1996.

DIE ZEHN BELIEBTESTEN FLUGGESELLSCHAFTEN

Nach der letzten Umfrage von *Capital* zur Beliebtheit von Fluggesellschaften (mit
Schulnoten für Sicherheitsgefühl, Service, Pünktlichkeit, Sitzkomfort, Verpfle-
gung, Check-In und Sauberkeit) führen die folgenden Anbieter die Skala an:

Europa		Interkontinental	
1. Swissair	1,9	1. Singapore Airlines	1,7
2. Lauda Air	2,1	2. Swissair	1,9
3. Austrian	2,3	2. Cathay Pacific	1,9
3. SAS	2,3	2. Air New Zealand	1,9
5. Lufthansa	2,4	5. Lufthansa	2,1
5. British Airways	2,4	6. Qantas	2,2
5. KLM	2,4	6. Thai	2,2
8. Delta Airlines	2,5	6. British Airways	2,2
9. Air France	2,7	9. Malaysia Airlines	2,3
10. Sabena	3,0	9. KLM	2,3

Bemerkenswert das gute Abschneiden der österreichischen und Schweizer Linien;
das vergleichsweise schlechte Abschneiden der Lufthansa (trotz Bestnoten bei
Sicherheit) liegt vor allem am miserablen Service (dazu können wir aus eigener
leidgeprüfter Erfahrung nur Amen sagen).

Quelle: »Die beliebtesten Airlines«, *Capital* 6/1996.

DIE ZEHN BELIEBTESTEN REISELÄNDER
DER DEUTSCHEN

	Anteil deutscher Auslandsurlauber 1992
1. Österreich	20 %
2. Spanien	13 %
3. Italien	12 %
4. Frankreich	8 %
5. Niederlande	7 %
6. Schweiz	5 %
7. Dänemark	4 %
7. Griechenland	4 %
9. Tschechien	3 %
9. Türkei	3 %

Quelle: Statistisches Bundesamt (Hrsg.): *Datenreport 1994*, Bonn 1994.

DIE ZEHN BELIEBTESTEN INTERNATIONALEN REISELÄNDER

Touristen aus dem
Ausland 1993

1. Frankreich	60,1 Mio.
2. USA	45,8 Mio.
3. Spanien	40,1 Mio.
4. Italien	26,4 Mio.
5. Ungarn	22,8 Mio.
6. Großbritannien	19,2 Mio.
7. VR China	19,0 Mio.
8. Österreich	18,3 Mio.
9. Polen	17,0 Mio.
10. Mexiko	16,5 Mio.

Deutschland folgt mit 14,3 Millionen ausländischen Gästen auf Platz 11 (immerhin noch mehr als Ägypten, Marokko, Tunesien und Südafrika zusammen), die Schweiz mit 12,8 Mio. ausländischen Gästen auf Platz 12.

Quelle: *Statistisches Jahrbuch der Vereinten Nationen*, 40. Ausgabe, New York 1995.

DIE ZEHN BELIEBTESTEN DEUTSCHEN INSELN

Übernachtungen

1. Sylt	6,3 Mio.
2. Usedom	4,2 Mio.
3. Rügen	3,9 Mio.
4. Fehmarn	3,8 Mio.
5. Norderney	2,8 Mio.
6. Föhr	2,3 Mio.
7. Borkum	2,2 Mio.
8. Langeoog	1,5 Mio.
9. Amrum	1,4 Mio.
10. Wangerooge	0,9 Mio.

Quelle: »Wetter gut, alles gut«, *Focus* 25/1996.

DIE ZEHN GRÖSSTEN IN DEUTSCHLAND OPERIERENDEN HOTELKETTEN

Im Jahr 1995 gab es mehr als 300 Millionen offiziell registrierte Übernachtungen in den insgesamt 38.226 deutschen Gasthöfen, Pensionen und Hotels. Hier die zehn größten:

		Zimmer
1.	Accor Deutschland	18.655
2.	Best Western Hotels Deutschland GmbH	11.595
3.	Maritim Hotelgesellschaft mbH	10.970
4.	Holiday Inn Worldwide	9.776
5.	Treff Hotels AG	8.009
6.	Steigenberger Hotels AG	7.659
7.	Dorint AG	6.203
8.	Queens Gruppe Deutschland	5.905
9.	Hotel Property Investments Germany GmbH (Renaissance/Ramada)	5.137
10.	Inter-Continental Hotelbetriebs GmbH	4.250

Quelle: »Jedes dritte Bett in deutschen Hotels steht leer«, *Frankfurter Allgemeine Zeitung* vom 2. Juli 1996.

WAS FRAUEN AN HOTELS BESONDERS SCHÄTZEN

Diese Liste ist das Ergebnis einer Repräsentativ-Umfrage der Fachhochschule Köln (Mehrfachnennungen möglich, daher summieren sich die Prozente auf über 100):

1.	24-Stunden-Empfang	86 %
2.	ausgeleuchtete Tiefgarage	85 %
3.	Fön auf dem Zimmer	85 %
4.	ausgeleuchtete Flure	77 %
5.	Frauenparkplätze	73 %
6.	Verschließbare Zimmer	72 %
7.	Bügeleisen	52 %
8.	Blümchentapete	28 %
9.	eigenen Restauranttisch	20 %
10.	eigene Frauenbar	13 %

Quelle: »Frauen und Hotels«, *Frankfurter Allgemeine Magazin*, Heft 847, Mai 1996.

UND NOCH ZEHN TIPS FÜR
INTERNATIONALE REISENDE

1. Werbung für Eselsritte in Thailand:
   »Would you like to ride on your own ass?«

2. Aus der Speisekarte eines Schweizer Restaurants:
   »Our wines leave you nothing to hope for.«

3. Vor einer Maßschneiderei in Hongkong:
   »Ladies may have a fit upstairs.«

4. Dito in Paris:
   »Dresses for street walking.«

5. Dito auf Rhodos:
   »Order your summer suits. Because is big rush we will execute customers in strict rotation.«

6. Werbung einer chemischen Reinigung in Bangkok:
   »Drop your trousers here for best results.«

7. In einer Bar in Tokyo:
   »Special cocktails for ladies with nuts.«

8. Im Budapester Zoo:
   »Please do not feed animals. If you have any suitable food, give it to the guard on duty.«

9. Ein niedergelassener Arzt in Rom:
   »Specialist in women and other deseases.«

10. Hinweis an einer russischen Friedhofsmauer:
    »You are welcome to visit the cemetery where famous Russian and Soviet composers, artists, and writers are buried daily except thursday.«

Quelle: www.pubweb.acns.nwu.edu

23. KAPITEL:
GUTER RAT, UND GAR NICHT TEUER

TONY LAKOMYS ZEHN GEBOTE
DES GUTEN GASTGEBERS

Diese Ratschläge sind für einen Mann gedacht, der eine Frau zum Essen einlädt »und seine geheimen Absichten mit Hilfe kulinarischer Genüsse« fördern möchte.

1. Nicht mit überschüssigem Aufräumen aufhalten. Eine intellektuelle Unordnung verbreitet meist eine besondere Atmosphäre.

2. Die Einladung erfolgt natürlich zum Abendessen.

3. Keine Experimente.

4. Die letzte Phase der Zubereitung – etwa 30 Minuten– erfolgt in Anwesenheit des Gastes.

5. Aber trotzdem bei Ankunft schon eine kleine Vorspeise servieren.

6. Die Lieblingsmusik des Gastes in Erfahrung bringen und auflegen.

7. Kerzen nicht vergessen.

8. Telefon abstellen und Türklingel aushängen.

9. Langsam essen; Vielfraße sollten schon vorher ihren gröbsten Hunger stillen. Dann den Dingen ihren (hoffentlich angenehmen) Lauf nehmen lassen.

10. »Sollte die Dame allerdings im Essen herumstochern, die Nase rümpfen, fragen, was da alles drin sei, so langsam essen, daß alles kalt wird, und schließlich erklären, sie könne überhaupt nicht verstehen, daß sich jemand wegen des Essens zwei oder drei Stunden in die Küche stellt usw., dann gibt es zwei Wege, diese Situation zu meistern:

a) den Gast sofort nach dem Essen höflich und unauffällig zum Gehen bewegen

oder

b) durch erhöhten Alkoholkonsum doch noch zum Ziel kommen.«

Von der Variante b) rät Lakomy aber ab, weil Frauen, die für einen so gut vorbereiteten Abend kein Gefühl zeigten, meistens »leer, unverträglich und nichtssagend« seien.

TONY LAKOMYS ZEHN GEBOTE
DER GUTEN GASTGEBERIN

Spiegelbildlich gedacht für eine Frau, die einen Mann beeindrucken (verführen, von sich überzeugen ...) möchte. Wir geben diese Ratschläge nur wieder und übernehmen wie auch weiter oben keine Verantwortung für politische Korrektheit etc.

1. Vorher aufräumen. »Im Unterschied zum Mann wirkt eine intellektuelle Unordnung bei einer Frau unnatürlich.«

2. Bei einer ersten Einladung immer zum Mittagessen laden.

3. Keine Experimente.

4. Keine Kerzen.

5. Alles pünktlich vorbereiten.

6. Gleich zum Essen bitten.

7. Den Gast den Wein bestimmen lassen.

8. Die Lieblingsmusik des Gastes in Erfahrung bringen und auflegen.

9. Telefon und Türklingel nicht abstellen.

10. An der Art des Essens die inneren und äußeren Werte des Gastes abschätzen (»ein essender Mann gleicht einem aufgeschlagenen Buch«).

Quelle: Johannes Thiele (Hrsg.): *Man gönnt sich ja sonst nichts*, Zürich 1993.

So sollte frau auf keinen Fall ihre Gäste empfangen

MARIO PUZOS TIPS FÜR EINEN BESTSELLERAUTOR

1. Schreibe nie in der ersten Person.
2. Sprich mit niemandem über deine Arbeit, bevor sie fertig ist.
3. Verkaufe das Buch nicht an eine Filmproduktion, bevor es fertig ist.
4. Umschreiben ist das ganze Geheimnis des Schreibens.
5. Führe ein geruhsames Leben.
6. Lies viel und geh ins Kino.
7. Traue niemandem außer dir selbst.

Quelle: *Brockhaus – Wie es nicht im Lexikon steht*, Mannheim 1996.

ZEHN REGELN GEGEN DEN KREBS

1. Nicht rauchen.
2. Nicht trinken.
3. Mehr frisches Obst und Gemüse essen.
4. Fettärmer essen und viel bewegen.
5. Vor der Sonne schützen.
6. Hygiene- und Sicherheitsvorschriften befolgen.
7. Bei körperlichen Veränderungen einen Arzt aufsuchen.
8. Bei andauernden Beschwerden einen Arzt aufsuchen.
9. Einmal im Jahr zur Krebsvorsorge gehen.
10. Bei Frauen: regelmäßig die Brust untersuchen.

Diese Tips der Deutschen Krebshilfe sollen uns den Sensenmann vom Leibe halten – wer sie befolgt, kann damit rechnen, im Durchschnitt ein Jahr länger auf dieser schönen Erde zu verweilen (um dann an Alzheimer oder Herzinfarkt zu sterben).

Quelle: Deutsche Krebshilfe, *Europäischer Kodex zur Krebsbekämpfung*, Broschüre, Bonn, ohne Jahr.

SECHS RATSCHLÄGE ZU ALLEN LEBENSLAGEN
VON BERÜHMTEN LEUTEN

1. Trumans Gesetz: »Wenn man nicht überzeugen kann, sollte man wenigstens Verwirrung stiften.«

2. Die Onassis-Regel: »Geld darf man nicht nachlaufen – man muß ihm entgegenkommen.«

3. Herder: »Schätze den Hund nicht nach den Haaren, sondern nach den Zähnen.«

4. Nietzsche: »Wenn du zu den Frauen gehst, vergiß die Peitsche nicht.«

5. B. Franklin: »Um den Wert des Geldes zu erkennen, mußt du versuchen, dir welches zu borgen.«

6. B. Franklin: »Liebe deine Feinde, denn sie sagen dir deine Fehler.«

DIE ZEHN HÄUFIGSTEN ERMAHNUNGEN
AN DEUTSCHE KINDER

Bei einer Umfrage unter 1.700 Bundesbürgern nach typischen Ermahnungen aus Kindertagen hat der Journalist Volker Hummel die folgenden zehn als die häufigsten ermittelt:

1. Sitz gerade!

2. Nimm die Arme vom Tisch!

3. Es wird gegessen, was auf den Tisch kommt!

4. Solange du die Füße unter unseren Tisch ...

5. Laß das!

6. Räum endlich dein Zimmer auf!

7. Reiß dich zusammen!

8. Räum deinen Dreck selbst weg!

9. Red nicht dauernd dazwischen!

10. Geh nicht mit fremden Männern mit!

Quelle: Volker Hummel: *Das Buch der deutschen Ermahnungen*, Frankfurt am Main 1997.

DALE CARNEGIES REGELN, SICH BELIEBT ZU MACHEN

1. Interessiere dich für andere Leute!

2. Mach ein freundliches Gesicht!

3. Nicht vergessen: jemandes Name ist für seinen Träger einer der angenehmsten Klänge, und zwar in jeder Sprache.

4. Höre gut zu!

5. Rede über Dinge, die die anderen interessieren.

6. Gebe deinem Gegenüber auf ehrliche Weise das Gefühl, er oder sie sei wichtig.

DALE CARNEGIES REGELN, ANDERE LEUTE VON IHREN FEHLERN ABZUBRINGEN

1. Beginne mit Lob und Anerkennung.

2. Benenne die Fehler der anderen auf indirekte Weise.

3. Erzähle zuerst von deinen eigenen Fehlern.

4. Frage lieber statt zu befehlen.

5. Erlaube den Kritisierten, ihr Gesicht zu wahren.

6. Bemerke und anerkenne auch minimale Besserungen.

7. Verteile Vorschußlorbeeren.

8. Lasse die Korrektur der Fehler als ein Kinderspiel erscheinen.

Quelle: Dale Carnegie: *How to win friends and influence people*, New York 1940.

ROBERT TOWNSENDS TIPS
FÜR EINE MISSRATENE BETRIEBSFEIER

1. Beginne nicht mittags, sondern 5 Uhr nachmittags; so geht keine Arbeitszeit verloren.

2. Lade auch die Ehefrauen ein; so können die Chefs nicht mit den Sekretärinnen tanzen.

3. Die großen Tiere dürfen nur kurz oder gar nicht kommen, so wird der Unterschied zum Fußvolk besser deutlich.

4. Lade Kunden sowie Lieferanten ein; so können sie sich alle schlechten Vorurteile über deine Firma bestätigen.

5. Sei sparsam bei der Auswahl des Lokals.

6. Spare dito auch am Essen und Trinken.

7. Gleiches für Musik; ein Akkordeonspieler tut es auch.

8. Lege die Betriebsfeier mit der alljährlichen Feier für die Angestellten mit 25-jähriger Betriebszugehörigkeit zusammen; so schlägt man gleich zwei Fliegen mit einer Klappe.

9. Noch besser: Übergebe die ganze Durchführung dem Chef der Personalabteilung und überlasse alles seinem freien Ermessen.

Quelle: Robert Townsend: *Hoch lebe die Organisation*, München 1970.

KARL POPPERS LISTE DER RECHTE UND PFLICHTEN DERER, DIE VON IHREN MITMENSCHEN LERNEN WOLLEN

1. Jeder Mensch hat das Recht auf die wohlwollendste Auslegung seiner Worte.

2. Wer andere zu verstehen sucht, dem soll niemand unterstellen, er billige schon deshalb deren Verhalten.

3. Zum Recht, ausreden zu dürfen, gehört die Pflicht, sich kurz zu fassen.

4. Jeder soll im voraus sagen, unter welchen Umständen er bereit wäre, sich überzeugen zu lassen.

5. Wie immer man die Worte wählt, ist nicht sehr wichtig; es kommt darauf an, verstanden zu werden.

6. Man soll niemanden beim Wort nehmen, wohl aber ernst nehmen, was er gesagt hat.

7. Es soll nie um Worte gestritten werden, allenfalls um Probleme, die dahinter stehen.

8. Kritik muß immer konkret sein.

9. Niemand ist ernst zu nehmen, der sich gegen Kritik unangreifbar gemacht, also »immunisiert« hat.

10. Man soll einen Unterschied machen zwischen Polemik, die das Gesagte umdeutet, und Kritik, die den anderen zu verstehen sucht.

11. Kritik soll man nicht ablehnen, auch nicht nur ertragen, sondern man soll sie suchen.

12. Jede Kritik ist ernst zu nehmen, selbst die in böser Absicht vorgebrachte; denn die Entdeckung eines Fehlers kann uns nur nützlich sein.

Quelle: Karl Popper: *Aufklärung und Kritik*, März 1994.

DONALD KIRKPATRICKS RATSCHLÄGE AN EINEN KONFERENZLEITER ZUR ERÖFFNUNG EINER KONFERENZ

1. Sich vorstellen.

2. Teilnehmer über die Gründe der Besprechung informieren.

3. Richtlinien für die Diskussion festlegen.

4. Tagesordnung verteilen.

5. Falls noch nicht geschehen, alle für eine konstruktive Diskussion nötigen Informationen liefern.

6. Klarmachen, daß die Konferenz eine Gemeinschaftsveranstaltung ist; niemand auch nicht der Leiter/die Leiterin, soll dominieren.

DONALD KIRKPATRICKS RATSCHLÄGE AN EINEN KONFERENZLEITER ZUM UMGANG MIT FRAGEN

1. Die Fragen vorher vorbereiten. Sicherstellen, daß mindestens einer der Besprechungsteilnehmer auch eine Antwort weiß.

2. Die Fragen wenn immer möglich an die ganze Gruppe richten.

3. Bei gezielten Fragen an einzelne Teilnehmer: immer erst den Namen nennen, dann die Frage stellen.

4. Suggestivfragen vermeiden.

5. Zeit zum Nachdenken lassen (damit die nötige Pause nicht zu peinlich wird, irgend etwas Sinnvolles tun, etwa die Frage auf eine Tafel schreiben).

6. Vollständige und klare Antworten verlangen.

7. Aufrichtiges Interesse an den Antworten zeigen (etwa durch Notieren auf Flipchart oder Tafel).

8. Darauf achten, daß nicht immer dieselben Konferenzteilnehmer antworten.

9. Fragen vermeiden, die sich mit ja oder nein beantworten lassen.

10. Statt dessen mit Wörtern beginnen wie: Was schlagen Sie vor? Warum sind Sie dieser Ansicht? etc.

Quelle: Donald L. Kirkpatrick: *Konferenz mit Effizienz*, München 1994.

ACHT NETTE WEGE, NEIN ZU SAGEN

Nein zu sagen ist nicht leicht. Hier sind acht Arten, wie Experten dies ohne weh zu tun schaffen:

1. »Ich bewundere Sie ja so ...«
Immer erst den Fragesteller loben. »Wollen Sie nächstes Jahr bei uns den Festvortrag halten?« »Nirgendwo lieber als bei Ihnen. Aber ...«

2. »Das ist ein reizvolles Angebot.«
Nur zu dumm, daß wir im Moment schon anders angefangen haben ...

3. »Lassen Sie mich darüber nachdenken.«
Wenn man dann nach einer Stunde anruft, wird das nein nicht ganz so schroff empfunden. Denn schließlich hat man sich die Antwort ja nicht leicht gemacht ...

4. »Ich bin halt ein notorischer Neinsager.«
Wird oft als eine Art Humor empfunden; wirkt besonders bei Kindern. Hören oft auf zu nörgeln, wenn man sie mit einer Absage zum Lachen bringen kann.

5. »Es paßt im Augenblick gerade nicht.«
Leerformel, stellt aber trotzdem viele Fragesteller zufrieden. Sollten diese dennoch insistieren, eine weitere Leerformel draufsetzen wie: »Ich fürchte, das kann ich jetzt nicht sagen.«

6. »Sowas mache ich normalerweise nicht.«
Bevorzugte Antwort des Schauspielers Paul Newman, wenn jemand ein Autogramm von ihm wollte: »That's not something I do.«

7. »Das tut mir aber leid für Sie.«
Die beste Absage bei indirekten Anfragen: »Wir würden ja so gern mit der ganzen Familie kommen, aber leider sind die Hotels so teuer ...«

8. »Nein«
Die beste Antwort in Fällen, wo es wirklich wichtig ist. Vermeidet Mißverständnisse.

Quelle: »Nice ways to say no«, *Reader's Digest*, Januar 1993.

24. KAPITEL:
SCHULE, STUDIUM, BERUF

DREIZEHN EHEMALS VERFEHMTE BERUFE

1. Büttel
Der Fronbote der Landgerichte; er mußte Botendienste leisten und zuweilen auch die Todesurteile des Gerichts vollstrecken.

2. Totengräber
Obwohl Bedienstete der Kirche, standen Totengräber in dem Ruf, mit Geistern und Gespenstern zu verkehren.

3. Nachtwächter
Sie sollten vor allem lichtscheues Gesindel vertreiben, wurden aber oft mit diesem in einen Topf geworfen (in Thüringen bekamen die Nachtwächter einen »Quäcksgroschen«, wenn sie gezwungen waren, die Klagerufe einer Braut in ihrer Brautnacht anzuhören).

4. Bartscherer und Barbier
Kamen in Verruf, weil sie dem Scharfrichter chirurgische Dienste für die von der Folter Betroffenen zu leisten hatten.

5. Bader
Hatten, außer Bädern zu bereiten, Köpfe zu waschen, Wunden zu verbinden und gebrochene Glieder zu schienen auch für die Aussätzigen zu sorgen.

6. Leinweber
Mußten mancherorts auch die Galgen bauen und die Galgenleitern stellen.

7. Müller
Standen in dem Ruf, das Mehl zu verschlechtern und Mehl zu stehlen. Kindern von Müllern wurde (wie auch anderen Unehrlichen) die Unehrlichkeit in die Taufbescheinigung eingetragen. Bei Hinrichtungen hatten die Müller oft die Galgenleitern zu stellen.

Der Schäfer in Dichtung und Wahrheit

8. Freie Töchter

Freie Töchter (Prostituierte) wurden in fahrende und seßhafte Dirnen unterteilt. Die offenen Häuser der letzteren (auch Jungfernhöfe genannt) standen häufig außerhalb der Stadtmauern am Stadtgraben. Prostituierte konnten keine Bürgerrechte erwerben.

9. Schäfer und Hirten

Standen, ganz anders als uns idyllische Nostalgiepostkarten weismachen wollen, in einem eher schlechten Ruf, wurden für Hehler, Diebe und Tiervertauscher gehalten. Das Töten kranker oder altersschwacher Tiere war nach Volksmeinung ein Eingriff in das unreine Gewerbe des verachteten Abdeckers.

10. Abdecker

Kamen gleich nach dem Scharfrichter, wurden oft auch als Gassenkehrer eingesetzt. Wer einem Abdecker die Hand bot, mit ihm aß oder trank, wer seine Geräte, seinen Karren oder sein Pferd berührte, war sogleich unehrlich und seines Handwerks nicht mehr fähig.

11. Sauschneider

Die meist wandernden Sauschneider entfernten den Säuen die Eierstöcke und den Ebern die Hoden. Tierbeschneidung war ursprünglich ein sakraler Ritus, ging aber im Laufe des Mittelalters zu einer normalen Handlung mit der damit verbundenen Anrüchigkeit über.

12. Gassenkehrer

Da sie gelegentlich auch Tierkadaver fortzuschaffen hatten, gerieten sie in die gesellschaftliche Nähe des Abdeckers.

13. Schornsteinfeger

In vielen Städten war der Bader gleichzeitig als Schornsteinfeger tätig. Dies beruhte auf der germanischen Verbindung von Wasser- und Feuerfesten. In Büchern ist der Schornsteinfeger ein immer wiederkehrender Insasse der Hölle.

Quelle: W. Danckert: *Unehrliche Leute*, Bern 1963.

DIE ZEHN HÄUFIGSTEN DEUTSCHEN BERUFE 1995

1995 gab es in Deutschland rund 34 Millionen Erwerbstätige, davon:

1. Bürofachkräfte, kaufmännische Angestellte	1.943.000
2. Hilfsarbeiter	999.000
3. Berufskraftfahrer	963.000
4. Verwaltungsfachleute im mittleren Dienst	895.000
5. Kaufmännische Sachbearbeiter	821.000
6. Krankenschwestern, Hebammen	704.000
7. Sekretärinnen	640.000
8. Gebäudereiniger, Raumpfleger	622.000
9. Unternehmer, Geschäftsführer	601.000
10. Nahrungs- und Genußmittelverkäufer	574.000

Quelle: »In welchen Berufen arbeiten die meisten Deutschen?«, *Hörzu* 32/1996.

DIE ZEHN BERUFE MIT DEN MEISTEN SELBSTÄNDIGEN

Mehr als drei Millionen Menschen arbeiten in Deutschland auf eigene Rechnung; das ist fast jeder zehnte Erwerbstätige in der Bundesrepublik. In den folgenden Berufen sind die Selbständigen am häufigsten vertreten:

	Soviele von 100 sind selbständig 1995
1. Hoteliers und Gastwirte	80
2. Landwirte	76
3. Handelsvertreter	71
4. Rechtsvertreter, -berater	51
5. Ärzte, Apotheker	48
6. Wirtschaftsprüfer, Steuerberater	48
7. Architekten, Raumplaner	47
8. Künstler	40
9. Groß- und Einzelhandelskaufleute	36
10. Publizisten	34

Quelle: *Hannoversche Allgemeine Zeitung* vom 12. Oktober 1996.

ZEHN BERUFE MIT ZUKUNFT 1996

Der *Spiegel* empfiehlt Abiturienten die folgenden »Berufe mit Zukunft«:

1. Anwendungstrainer
   (bringt Büroangestellten neue Computerprogramme bei)
2. Chip-Designer
3. Informationsbroker
   (sucht für Klienten elektronisch nach Daten aller Art)
4. Key-Account-Manager
   (begeistert als Vertriebsbeauftragter potentielle Kunden)
5. Netzwerk-Manager
6. Pilot
7. Steuerberater
8. Systemberater
   (entwickelt EDV-Konzepte)
9. Umwelt-Auditor
   (installiert Umwelt-Management-Systeme in Betrieben)
10. Wirtschaftsprüfer

Für Realschüler empfiehlt der *Spiegel*: Bürokommunikationskaufmann, Chemikant, Ergotherapeut, Hotelfachmann, Informationstechniker, Mediengestalter, Multimedia-Designer, Physiotherapeut, Reiseverkehrskaufmann und Steuerfachangestellter. Bei Hauptschülern sieht der *Spiegel* Chancen für Altenpfleger, Dachdecker, Gebäudereiniger, Rohrleitungsbauer oder Zweiradmechaniker.

Quelle: »Karriere durch Bildung?«, in: *Spiegel special*, Nr. 11/1996.

DIE ACHT DEUTSCHEN TRAUMBERUFE

Jungen	Mädchen
1. Handwerker (98)	1. Künstlerin (176)
2. Sportler (96)	2. Sozial- oder Heilberuf (144)
3. Ingenieur, Architekt (94)	3. Ärztin (71)
4. Künstler (90)	4. Lehrerin (66)
5. Pilot, Astronaut (69)	5. Büroberuf (65)
6. Techniker (63)	6. Journalistin (59)
7. EDV-Spezialist (45)	7. Psychologin (41)
8. Büroberuf (40)	8. Tourismusberuf (36)

Diese Listen entstammen einer Umfrage des Instituts für Empirische Psychologie unter mehr als 2.000 Jugendlichen zwischen 14 und 24 Jahren; die Zahlen hinter den Berufen geben an, wieviele von 1.000 Befragten den jeweiligen Beruf als Ziel betrachten. Bemerkenswerterweise werden die in der Liste der angesehenen Berufe weit oben stehenden Pfarrer und Apotheker kaum genannt, sie stehen abgeschlagen ganz unten auf dieser Liste.

Quelle: »Zukunft im Handwerk«, *Informationsdienst des Instituts der Deutschen Wirtschaft* 48/1995.

DIE HÄUFIGSTEN LEHRBERUFE DEUTSCHER MÄNNER

	Auszubildende 1995
1. Kfz-Mechaniker	76.428
2. Elektroinstallateur	55.578
3. Maurer	51.752
4. Tischler	39.194
5. Gas- und Wasserinstallateur	38.101
6. Maler und Lackierer	36.523

7. Groß- und Außenhandelskaufmann	28.849
8. Zentralheizungs- und Lüftungsbauer	28.198
9. Einzelhandelskaufmann	26.292
10. Bankkaufmann	24.598

DIE HÄUFIGSTEN LEHRBERUFE DEUTSCHER FRAUEN

Auszubildende 1995

1. Arzthelferin	51.672
2. Bürokauffrau	49.441
3. Einzelhandelskauffrau	41.676
4. Zahnarzthelferin	41.099
5. Friseurin	37.570
6. Industriekauffrau	30.587
7. Bankkauffrau	29.183
8. Nahrungsmittelfachverkäuferin	22.898
9. Steuerberatergehilfin	20.757
10. Hotelfachfrau	20.427

Quelle: Statistisches Bundesamt, persönliche Mitteilung, Oktober 1996.

WO DIE HANDWERKER ARBEITEN

Es gibt in Deutschland 127 »offizielle« Handwerksberufe; einige, wie die Glocken-
gießer, sind fast ausgestorben (noch neun Unternehmen gibt es in der Bundesrepublik), andere, wie die folgenden, wachsen, blühen und gedeihen:

	Anzahl Unternehmen 1995
1. Friseure	54.100
2. Elektroinstallateure	42.300
3. Kfz-Mechaniker	40.200
4. Tischler	39.100
5. Maler und Lackierer	36.100
6. Metallbauer	26.600
7. Gas- und Wasserinstallateure	22.800
8. Bäcker	22.800
9. Fleischer	22.100
10. Zentralheizungs- und Lüftungsbauer	17.600

11. Dachdecker	11.000
12. Zimmerer	10.800
13. Fliesenleger	9.400
14. Radio- und Fernsehtechniker	9.200
15. Maschinenbaumechaniker	8.200

Quelle: *Mainzer Allgemeine Zeitung* vom 29. Oktober 1996.

DIE ZEHN DEUTSCHEN STÄDTE MIT DER HÖCHSTEN JUGENDARBEITSLOSIGKEIT

	Arbeitslosenquote unter Jugendlichen im März 1996
1. Bremerhaven	21,0 %
2. Wilhelmshaven	20,8 %
3. Kaiserslautern	20,1 %
4. Pirmasens	19,5 %
5. Kassel	19,3 %
6. Flensburg	18,9 %
7. Duisburg	18,1 %
8. Aachen	17,8 %
9. Göttingen	17,7 %
10. Dortmund	17,4 %

Quelle: Bundesanstalt für Arbeit, persönliche Mitteilung, Juni 1996.

WO GEHEN KINDER AM WENIGSTEN ZUR SCHULE

Laut UNESCO kann jede dritte Frau und jeder fünfte Mann auf dieser Welt nicht lesen und schreiben, trotz zahlreicher Alphabetisierungsprogramme besuchen viele Kinder noch immer keine Schule, vor allem in:

	Durchschnittliche Dauer des Schulbesuchs:
1. Burkina Faso	3 Monate
2. Niger	3 Monate
3. Bhutan	3 Monate
4. Somalia	4 Monate

5. Tschad	4 Monate
6. Guinea-Bissau	5 Monate
7. Mali	5 Monate
8. Mauretanien	5 Monate
9. Burundi	5 Monate
10. Gambia	6 Monate

Quelle: *aktuell '97 – Lexikon der Gegenwart*, Dortmund 1996.

DIE LIEBLINGSFÄCHER DEUTSCHER SCHÜLER

Das Deutsche Jugendinstitut in München hat einmal 1.078 Schüler und Schülerinnen von repräsentativen Haupt-, Real- und Gesamtschulen sowie Gymnasien nach ihren Lieblingsfächern gefragt, mit folgendem Ergebnis:

	Prozentsatz
1. Mathematik, Informatik	24,4 %
2. Sprachen	19,3 %
3. Naturwissenschaften	16,3 %
4. Sozial- und Geisteswissenschaften	14,2 %
5. Sport	13,0 %
6. Kunst	4,2 %

Mit Sozial- und Geisteswissenschaften sind Geschichte, Erdkunde, Arbeitslehre, Sozialkunde, Recht, Pädagogik, Ethik, Religion und Wirtschaft gemeint. Weit abgeschlagen bei dieser Liste landen Musik und Religion.

PS: Mathematik als Lieblingsfach kommt am häufigsten an den Gesamtschulen vor – dort erklären sich 31 % der Schüler und Schülerinnen zu »Mathe-Fans«, an den Realschulen sind es 27 %, an den Hauptschulen 26 % und an den Gymnasien 16 %.

Quelle: »Das Lieblingsfach Nr.1 ist Mathematik«, *Kurzberichte des Deutschen Jugendinstituts e.V.*, München 1996.

DIE ZEHN GRÖSSTEN DEUTSCHEN UNIVERSITÄTEN

Studierende 1994

1. Ludwig-Maximilian Universität München	59.739
2. FU Berlin	54.538
3. Köln	52.681
4. Hamburg	44.203
5. Münster	43.652
6. TU Berlin	36.702
7. Frankfurt am Main	36.464
8. Bochum	35.879
9. Bonn	35.552
10. Technische Hochschule Aachen	35.197

DIE ZEHN KLEINSTEN DEUTSCHEN UNIVERSITÄTEN

Studierende 1994

1. Private Hochschule Bierbronnen	18
2. Internationales Hochschulinstitut Zittau	60
3. Europäische Wirtschaftshochschule Berlin	135
4. Private Hochschule für Unternehmensführung Vallendar	228
5. Hochschule für Verwaltungswissenschaft Speyer	511
6. Witten-Herdecke	604
7. Hochschule für Politik München	770
8. European Business School Oestrich-Winkel	779
9. Frankfurt/Oder	1.443
10. Medizinische Universität Lübeck	1.529

Diese Listen basieren auf den eingeschriebenen Studierenden im Wintersemester 1994/95; sie können sich, vor allem bei den kleinen Universitäten, natürlich sehr schnell ändern.

Quelle: *Statistisches Jahrbuch für die Bundesrepublik Deutschland 1995*.

DIE ZEHN GRÖSSTEN UNIVERSITÄTEN ÖSTERREICHS

	Eingeschriebene Studierende im Wintersemester 1994/95
1. Universität Wien	75.043
2. Universität Graz	38.416
3. Universität Innsbruck	26.706
4. Technische Universität Wien	23.206
5. Wirtschaftsuniversität Wien	22.138
6. Universität Linz	14.400
7. Universität Salzburg	12.336
8. Technische Universität Graz	11.655
9. Universität für Bodenkultur Wien	7.091
10. Universität für Bildungswissenschaften Klagenfurt	4.981

Quelle: *Statistisches Jahrbuch für die Republik Österreich 1996.*

DIE ZEHN ÄLTESTEN UND ZEHN JÜNGSTEN DEUTSCHEN UNIVERSITÄTEN

Die zehn ältesten		Die zehn jüngsten	
1. Heidelberg	1386	1. Hagen	1974
2. Köln	1388	2. Oldenburg	1974
3. Erfurt	1392	3. Bamberg	1972
4. Leipzig	1409	4. Bayreuth	1972
5. Greifswald	1456	5. Duisburg	1972
6. Freiburg	1457	6. Eichstätt	1972
7. München	1472	7. Paderborn	1972
8. Mainz	1476	8. Siegen	1972
9. Tübingen	1477	9. Wuppertal	1972
10. Halle/Saale	1502	10. Bremen	1970

Bei gleichem Gründungsjahr haben wir nach Alphabet sortiert.

PS: Die ältesten deutschsprachigen Universitäten befinden sich in Prag (1348) und Wien (1365).

Quellen: *Wissenswertes von A bis Z,* Gütersloh 1983; *Das Neue Taschenlexikon,* 20 Bände, Gütersloh 1992.

DIE ZEHN BELIEBTESTEN STUDIENFÄCHER
AN DEUTSCHEN UNIVERSITÄTEN

	Eingeschriebene Studierende im Wintersemester 1992/93
1. Wirtschaftswissenschaften	246.900
2. Maschinenbau/Verfahrenstechnik	157.092
3. Humanmedizin	108.334
4. Elektrotechnik	104.748
5. Rechtswissenschaften	100.200
6. Germanistik	79.908
7. Informatik	64.609
8. Architektur	49.100
9. Bauingenieurwesen	48.198
10. Erziehungswissenschaften	47.738

Diese Liste gibt die eingeschriebenen Studierenden im Wintersemester 1992/93 wieder; auch die ändert sich im Laufe der Zeit (während diese Zeilen geschrieben werden, wenden sich viele Anfänger von den Ingenieur- und Bauberufen ab und den Erziehungswissenschaften zu, um dann wie gehabt vier Jahre später arbeitslos zu werden).

Quelle: *Statistisches Jahrbuch für die Bundesrepublik Deutschland 1995.*

DIE ZEHN AUS SICHT DER PRAXIS BESTEN
DEUTSCHSPRACHIGEN WIRTSCHAFTS-FAKULTÄTEN

Anders als in den USA, wo Ranglisten von Fachbereichen, Fakultäten und ganzen Universitäten seit jeher sowohl gang und gäbe sind als auch von den Betroffenen und der Öffentlichkeit als nützlich und sinnvoll akzeptiert werden, haben Hitlisten von akademischen Ausbildungsstätten in Deutschland, wo man in guter teutonischer 08/15 Tradition immer noch an der offiziellen Illusion einer gleichmäßig optimalen Hochschullandschaft festhält, keine lange Tradition. Hier ist eine Hitliste von Wirtschaftsfachbereichen, die aus einer Umfrage unter mehr als tausend deutschen, österreichischen und Schweizer Personalmanagern hervorgegangen ist:

1. Fachhochschule Reutlingen
2. Hochschule St. Gallen
3. WHU Koblenz
4. Universität Witten-Herdecke
5. TH Aachen
6. Fachhochschule Münster
7. European Business School Oestrich-Winkel
8. Katholische Universität Eichstätt
9. Universität Karlsruhe
10. Universität Bayreuth

Quelle: Angelika und Axel Westerwelle: *Die besten Universitäten und Fachhochschulen für Wirtschaftswissenschaftler*, Wien 1995.

WALTER KRÄMERS LIEBSTE KLO- UND GRAFFITISPRÜCHE AUS DEUTSCHEN UNIVERSITÄTSGEBÄUDEN

1. Drink wet cement and get stoned
2. Ob Sonne oder Regen – wir sind dagegen.
3. Freiheit für Grönland – weg mit dem Packeis!
4. Der Student geht solange zur Mensa, bis er bricht.
5. Ein Taucher, der nicht taucht, taucht nix.
6. Liegt der Bauer tot im Zimmer
   lebt er nimmer.
7. Gott ist tot (Nietzsche)
   Nietzsche ist tot (Gott)
8. An Jesus kommt keiner vorbei
   (Kommentar: außer Grabowski)
9. To be or NATO be
10. To do is to be (Rousseau)
    To be is to do (Sartre)
    Dobedobedo (Sinatra)

DIE BESTEN DEUTSCHEN MENSAESSEN

Anfang 1996 testeten zwei Reporter-Teams von *Focus* die Qualität des Mensaessens in den 20 größten deutschen Universitäten. Hier die aus den Öffnungszeiten, Preisen, Auswahl, Geschmack, Übersichtlichkeit, Sauberkeit, Wartezeit und Freundlichkeit ermittelten Durchschnittsnoten (in fünf der neun Kategorien bekam Münster eine eins. Das hier nicht genannte Schlußlicht in der *Focus*-Liste ist Aachen: »Die Mensa verbreitet den Charme einer Knastkantine: Besteck liegt im ausgedienten Mayonnaise-Eimer, grelles Neonlicht und mit Graffiti verschmierte Wände.« – Durchschnittsnote 4,7):

1. Uni Münster (1,7)
2. Uni Köln (2,2)
3. Uni/Gesamthochschule Essen (2,5)
3. Uni Bochum (2,5)
5. FU Berlin (2,6)
5. Uni Mainz (2,6)
7. Uni Dortmund (2,7)
7. Uni Hannover (2,7)
9. Uni Göttingen (2,8)
10. Uni München (3,0)

Quelle: »Und es schmeckt trotzdem ...«, Focus 3/1996 vom 15. Januar 1996.

DIE ZEHN EUROPÄISCHEN LÄNDER MIT DEM HÖCHSTEN STUDENTENANTEIL AN DER GESAMTBEVÖLKERUNG

	Studentenanteil
1. Dänemark	3,6 %
2. Spanien	3,5 %
3. Frankreich	3,4 %
4. Niederlande	3,0 %
4. Schweden	3,0 %
4. Irland	3,0 %
7. Belgien	2,8 %
7. Italien	2,8 %
9. Österreich	2,7 %
10. Finnland	2,4 %

Quelle: »Studierfreudige Dänen«, Uni Magazin, 3/1996.

DIE ZEHN OECD-LÄNDER MIT DEN MEISTEN HOCHSCHULABSOLVENTEN

1. Kanada (41%)	6. Schweiz (21%)
2. USA (31%)	6. Niederlande (21%)
3. Norwegen (25%)	8. Großbritannien (19%)
4. Schweden (24%)	9. Dänemark (19%)
5. Deutschland (22%)	10. Finnland (18%)

Die Zahlen in Klammern zeigen den Anteil der Wohnbevölkerung zwischen 25 und 64 Jahren, die einen wie auch immer definierten »Hochschulabschluß« haben. Da dies in verschiedenen Ländern verschiedenes bedeutet, sollte man diese Statistik aber nicht zu wichtig nehmen (in Kanada z. B., das die obige Hitliste anführt und wo einer der Autoren dieses Buches ein Jahr als Professor tätig war, vermittelt der erste Hochschulabschluß, der sogenannte »Bachelor«, kaum mehr Wissen als ein deutsches Abitur).

Quelle: »Kulturgut Uni-Diplom«, *Informationsdienst des Instituts der Deutschen Wirtschaft*, 19. Oktober 1995.

ZEHN DEFINITIONEN EINES PROFESSORS

1. Ein Professor ist einer, der Namen erfunden hat und er hat Autos erfunden und er arbeitet in einem Laboratorium.
2. Manchmal bringt er Studenten was bei.
3. Er baut Maschinen.
4. Er erfindet Sachen, die es nicht gibt.
5. Er erfindet was gegen Insekten.
6. Er spricht durch ein Mikrophon, wenn er mit anderen spricht.
7. Er studiert und will schlau sein.
8. Er hat viele Bücher und weiß auch, was drin steht.
9. Ein schlauer Mann, der ganz viel weiß, abends weiß er aber nicht alles.
10. Ein hilfreicher Mensch.

Quelle: Grundschüler der Gustav-Liebig-Schule in Dortmund, abgedruckt in *Unizet* vom 8. November 1989.

NEUN WENIGER BEKANNTE THEOREME

1. Das erste Gesetz von Parkinson: »Work expands so as to fill the time available for its completion.«
2. Die Parkinsonsche Proportionalregel: »Bei Budgetdebatten ist die für die Diskussion eines Ausgabenposten aufgebrachte Zeit umgekehrt proportional zu dessen Höhe.«
3. Segals Gesetz: »Ein Mensch mit einer Uhr weiß, wie spät es ist. Ein Mensch mit zwei Uhren ist sich nie ganz sicher.«
4. Joffes Pisten-Theorem: »Man bricht sich das Bein immer bei der letzten Abfahrt.«
5. Murphys Gesetz: »Was schiefgehen kann, geht schief.«
   O'Tooles Kommentar zu Murphys Gesetz: »Murphy war ein Optimist.«
6. Das Peter-Prinzip: »Der Mensch steigt solange auf, bis er sein Niveau der Inkompetenz erreicht.«
7. Die Keynessche Prophezeiung: »In the long run, we are all dead.«
8. Finagles Gesetz: »Klappt ein Experiment, stimmt etwas nicht.«
9. Ettores Erkenntnis: »Wo immer man sich anstellt, in der anderen Schlange geht es schneller.«

Quellen: C. Northcote Parkinson: *The Law*, London 1979; *Brockhaus! Was so nicht im Lexikon steht*, Mannheim 1996.

FÜNF GESCHEITE EINSICHTEN GESCHEITER LEUTE

1. »In den verdorbensten Staaten gibt es die meisten Gesetze« (Tacitus).
2. »Diejenigen fürchten das Pulver am meisten, die es nicht erfunden haben« (Heinrich Heine).
3. »Wo die Sonne der Weisheit am tiefsten steht, werfen selbst Zwerge große Schatten« (Karl Kraus).
4. »Eine gescheite Frau hat Millionen geborener Feinde: alle dummen Männer« (Marie von Ebner-Eschenbach).
5. »Viele klagen über ihr schwaches Gedächtnis, aber nur wenige über ihren schwachen Verstand« (Anonymus).

PC-AUSSTATTUNG DER ARBEITSPLÄTZE IM INTERNATIONALEN VERGLEICH

Jeweils 100 Angestellte hatten 1994 soviele PCs an ihren Arbeitsplätzen zur Verfügung:

1. Norwegen	122
2. Schweiz	111
3. USA	104
4. Niederlande	80
5. Dänemark	79
6. Deutschland	76
7. Schweden	75
8. Großbritannien	74
9. Spanien	68
10. Belgien, Österreich	67

Quelle: »Handwerkszeug PC«, *Ruhrnachrichten* vom 21. Juni 1996.

DIE ZEHN BESTEN METHODEN, ALS LEITENDER BEAMTER AUSZUBRENNEN

1. Alles ernst nehmen, nicht zuviel Humor zeigen.
2. Versuchen, es allen recht zu machen.
3. Niemals ausspannen.
4. Alle Aktivitäten auf den Beruf konzentrieren.
5. Aufgaben so formulieren, daß sie unlösbar werden.
6. Alle Aufgaben nach vorgefaßten Standardmustern angehen.
7. Möglichst nicht über den Tellerrand des eigenen Aufgabenfeldes hinausblicken.
8. Keine persönlichen Freundschaften im Büro.
9. Familie und Freunde vernachlässigen.
10. Vor allem mit anderen frustrierten Bürokraten sprechen.

Quelle: J. Mazza: »Top ten ways to burn out as a bureaucrat«, *The public manager*, Frühjahr 1995, S. 46-48.

ACHT EINSICHTEN ZU THEORIE UND PRAXIS

1. »Ein wirtschaftswissenschaftlich besonders begabter Junge, dem nichts anderes als Wirtschaftswissenschaft beigebracht wird, wird kein Wirtschaftswissenschaftler, sondern ein Esel« (Robert W. Bunsen).

2. »Daß die Theorie Schlüsse zog, die grundverschieden waren von dem, was der gewöhnliche, ungebildete Mensch erwartet hatte, hat ihr intellektuelles Prestige offenbar nur gesteigert« (John Maynard Keynes).

3. »Es gibt keinen Gegensatz zwischen Theorie und Praxis« (Immanuel Kant).

4. »Die Praxis von heute ist die Theorie der Großväter« (Joseph Schumpeter).

5. »Die Tragödie der Wissenschaft – das Erschlagen einer schönen Hypothese durch eine häßliche Tatsache« (Thomas Henry Huxley).

6. »Die Theorie träumt, die Praxis belehrt« (Karl von Holtei).

7. »Die beste Praxis ist die Theorie« (Carl Fürstenberg).

8. »Die Praxis sollte das Ergebnis des Nachdenkens sein, nicht umgekehrt« (Hermann Hesse).

Quelle: A. Sölter: Ökonokomik, Bad Bentheim 1982.

25. KAPITEL:
KUNST UND KULTUR

ZEHN BEKANNTE THEATERSTÜCKE, DIE IN ENGLAND UND IN DEN USA VERBOTEN WAREN

1. **Shakespeare:** *King Lear*
Darf Anfang des 19. Jahrhunderts in England mit Rücksicht auf den geisteskranken König Georg III. nicht gegeben werden.

2. **Shakespeare:** *Der Kaufmann von Venedig*
Wird 1931 wegen vermeintlicher Aufforderung zur Intoleranz gegen Juden vom Lehrplan vieler Schulen in den USA gestrichen. Erneute Versuche in dieser Richtung 1953.

3. **George Bernard Shaw:** *Frau Warrens Gewerbe*
In England zunächst verboten. Vermutlich gerade deshalb wird die amerikanische Uraufführung 1905 ein riesiger Erfolg.

4. **Oscar Wilde:** *Salome*
Zunächst in England und den USA verboten (dort auch als Buch; quasi in Sippenhaft wird auch die gleichnamige Oper von Richard Strauß verboten).

5. **Gilbert und Sullivan:** *Der Mikado*
1885 uraufgeführt, zwanzig Jahre erfolgreich gespielt, dann wegen möglicher Verletzung der Gefühle der japanischen Alliierten vom englischen Außenministerium verboten.

6. **Henrik Ibsen:** *Gespenster*
Bis 1915 in England verboten; dito bis in die 30er Jahre auch in den USA.

7. **Maurice Maeterlinck:** *Monna Vanna*
1909 in England vom Lordkämmerer verboten.

8. **Arthur Schnitzler:** *Der Reigen*
In den 20er Jahren kommt es zu Prozessen gegen Buchhändler, die das Manuskript verkaufen; Verurteilung wegen »ausgiebiger Erörterung anstößiger Dinge«.

9. **Erskine Preston Caldwell: *Die Tabakstraße***
1935 wegen »Beleidigung der öffentlichen Moral« in Chicago und vielen anderen Städten verboten.

10. **Eugene O'Neill: *Seltsames Zwischenspiel***
1929 in Boston verboten; daraufhin spielt das Ensemble mit großem Erfolg an einem Ort knapp außerhalb der Stadt.

Quelle: A. L. Haight: *Verbotene Bücher*, Düsseldorf 1956.

ZEHN MISSRATENE MUSIKKRITIKEN

1. »Als Kunstwerk absolut nichtig« (die *New York Times* 1878 über Bizets *Carmen*).

2. »Die Kunst, ohne Idee zu komponieren, hat in Brahms entschieden ihren wertvollsten Vertreter gefunden« (Hugo Wolf 1886).

3. »Debussys Musik ist ödester Blödsinn« (die *New York Post* 1907).

4. »Liszt ist nichts weiter als eine banale Person mit wallender Haarmähne; außerdem schreibt er die geschmackloseste Musik aller Zeiten« (*Dramatical and Musical Review* 1843).

5. »Dumm und inkonsequent« (die *New York Times* über Puccinis *La Bohème*).

6. »Die unverschämteste Monstrosität, die je in der Geschichte der Musik Einzug gehalten hat« (*The American Mercury* über Ravels *Bolero*).

7. »Vulgär, hemmungslos, provinziell; spottet jeglicher Beschreibung« (die *New York Herald Tribune* 1940 über die Zweite Symphonie von Sibelius).

8. »Wenig Talent, dafür unverschämt« (Cesar Cui 1904 über Johann Strauß).

9. »Das schwächste Werk Verdis. Es fehlt die Melodie. Diese Oper wird es kaum schaffen, sich im Repertoire zu halten« (*Gazette Musicale de Paris* über Verdis *Rigoletto*).

10. »Der musikalische Wert dieser Partitur ist gleich Null« (die Berliner Zeitschrift *Echo* über Wagners *Rienzi*).

Quelle: Stephen Pile: *Nieten ohne Ende*, München 1993.

ZEHN BERLINER KOMPONISTEN IM EXIL

»Folgenschwerer als die Zerstörung der Häuser traf die Stadt im Innersten die Aus-
treibung geächteter Künstler, Wissenschaftler, Publizisten«, schreibt Ulrich Eck-
hardt in seinem Vorwort zu *Verdrängte Musik*. Nach 1933 kehren Dutzende von
Berliner Komponisten der Stadt ihren Rücken, darunter (in Klammern die Namen,
unter denen die Komponisten auch noch bekannt sind):

1. Lukas Fuchs (Lukas Foss)
Geboren 1922; emigriert 1937 in die USA, vervollständigt seine Studien in Philadelphia und an der Yale Universität bei Hindemith; frühe Anerkennung als Komponist; der jüngste Guggenheim-Stipendiat aller Zeiten.

2. Robert David Winterfeld (Robert Gilbert)
Geboren 1899; beginnt seine Karriere als Operettenkomponist, ab 1930 Startexter
bei der UFA, heute bekannt als Arrangeur amerikanischer Musicals; emigriert 1938
nach Frankreich, von dort 1940 in die USA; arbeitet in den USA für Musicals,
Filme und Emigranten-Kabaretts; seit 1954 in der Schweiz.

3. Bernhard Levi (Bernhard Heiden)
Geboren 1910; studiert von 1929-1933 bei Hindemith in Berlin; emigriert 1935 in
die USA; ab 1946 Professor für Komposition an der University of Bloomington;
Guggenheim-Stipendiat 1966/67.

4. Robert Franz Hirsch (R. F. Hernried)
Geboren 1883; studiert an der Musikakademie und Universität Wien; ab 1908
Dirigent zahlreicher Opernhäuser; ab 1919 Lehrtätigkeit für Musiktheorie und
Komposition an mehreren deutschen Universitäten; emigriert 1939 über Öster-
reich in die USA; wird dort 1946 Professor für Theorie und Komposition an der
Universität Detroit.

5. Paul Hindemith
Geboren 1895; macht sich Anfang der 20er Jahre einen Namen als Komponist und
Violinvirtuose; von 1927-1937 Professor für Komposition und Theorie an der Berliner Musikhochschule; baut im Auftrag des Reichsaußenministeriums in Ankara
ein Konservatorium nach deutschem Vorbild auf; kündigt seine Professur 1937 und
emigriert 1938 in die Schweiz, 1940 in die USA; lehrt bis 1953 an der Yale University; kehrt 1953 in die Schweiz zurück.

6. Victor Holländer

Geboren 1866; studierte in Berlin Klavier und Komposition; schreibt während des Studiums die ersten Operetten; ab 1886 Dirigent in mehreren europäischen Städten; neben Operetten schreibt er auch Jahresendrevues für das Metropoltheater; zieht 1934 in die USA.

7. Otto Klemperer

Geboren 1885; nach dem Studium in Frankfurt am Main und Berlin Dirigent in mehreren europäischen Städten; ab 1927 Leiter der Kroll-Oper in Berlin (1931 geschlossen); zwei Jahre später emigriert Klemperer in die USA; leitet dort von 1933-1940 das Los Angeles Philharmonic Orchestra; 1970 Umzug nach Jerusalem.

8. Lothar Perl

Geboren 1910; besucht das Sternsche Konservatorium in Berlin; Abschlußprüfung als Dirigent; emigriert 1933 nach Frankreich; von 1935-1939 arbeitet er als Komponist und Musikdirektor für Schoops Schweizer Ballett; emigriert 1939 in die USA; zwei Jahre Dienst bei der US-Luftwaffe als Komponist für wöchentliche Propaganda-Shows; schreibt viele Filmmusiken u. a. für Metro-Goldwyn-Mayer (MGM).

9. Bruno Walter Schlesinger (Bruno Walter)

Geboren 1876; studiert am Sternschen Konservatorium in Berlin; mehrere Jahre Dirigent in verschiedenen europäischen Städten (u. a. als Assistent von Mahler in Wien); von 1929-1933 Nachfolger Furtwänglers als Gewandhauskapellmeister in Leipzig; zieht nach Dirigierverbot 1933 nach Österreich, von dort über Frankreich in die USA (1939); dirigiert dort die führenden Symphonieorchester; berühmt für seine Mozart- und Mahlerinterpretationen.

10. Franz Wachsmann (Franz Waxman)

Geboren 1906; studiert am Berliner Konservatorium; verdient seinen Lebensunterhalt zunächst durch Kaffeehausmusik; emigriert 1933 über Frankreich in die USA; wird dort Filmmusikkomponist; gründet 1947 das Los Angeles Music Festival, um zeitgenössische europäische Komponisten bekannt zu machen.

Quelle: H. Traber und E. Weingarten (Hrsg.): *Verdrängte Musik*, Berlin 1987.

ZEHN KULTURFESTSPIELE IN ÖSTERREICH

1. Bad Ischgl (Operettenwochen)
Seit 1962 jährlich von Juli bis September; Ursprung: 1910-1935 trafen sich in Bad Ischgl die Komponisten, Librettisten, Theaterdirektoren und Musikverleger jährlich zur Operettenbörse.

2. Bregenz (Spiel auf dem See)
Seit 1946 jährlich im Juli und August; unmittelbar nach Kriegsende wurde in Bregenz ein Theater ins Leben gerufen – zum erstenmal seit Ende der Monarchie; die Festspiele waren eine Art Leistungsschau.

Die Bregenzer Spielstätte aus der Vogelperspektive

3. Burgenland (Burgenländische Festspiele)
Eigentlich zwei Festspiele: Seefestspiele in Mörbisch und die Burgfestspiele in Forchtenstein; seit 1957 bzw. 1959 jährlich im Sommer.

4. Graz (Steirischer Herbst)
Seit 1968 jährlich im Herbst; eine Leistungsschau der Moderne und Avantgarde.

5. Hohenems (Schubertiade)
Seit 1976 jährlich im Juni; Ziel ist die komplette, zyklische und chronologische Aufführung sämtlicher (tausend!) Werke Franz Schuberts.

6. Kärnten (Carinthischer Sommer)
Seit 1969 jährlich im Sommer; vorwiegend für selten gespielte Stücke und ungewöhnliche Gastkünstler.

7. Linz (Brucknerfest)
Jährlich im September; Linz ist eine der wichtigsten Städte im Leben Bruckners; hier liegt er auch unter der Orgel des Domes begraben.

8. Salzburg (Mozartwochen)
Seit 1956 jährlich in den letzten Januartagen; soll die Erinnerung an Mozart aufrechterhalten; das wohl vollständigste Mozartfest der Welt.

9. Salzburg (Osterfestspiele)
Seit 1967 jährlich im Frühjahr; gegründet von Karajan; »... kein anderer im weiten Bereich der Musik wäre so prädestiniert ... gewesen, sein eigenes Festspiel aufzuziehen«.

10. Wien (Festwochen)
Seit 1951 jährlich im Mai und Juni; »eine nicht abreißende Kette von Festakten aller Art«.

Quelle: *100.000 Tatsachen aus allen Wissensgebieten*, 12. Auflage, Mannheim 1982; K. Pahlen: *Erster Europäischer Festspielführer*, München 1978.

FÜNF KULTURFESTSPIELE IN DER SCHWEIZ

1. Gstaad (Menuhin-Festspiele)
Seit 1957 jährlich im August; gegründet von Yehudi Menuhin, weil ihm der Innenraum der Kirche als ideale Musizierstätte erschien.

2. Lausanne (Festival International)
Seit 1955 jährlich von Mai bis Juli; dreigeteilt in Musik – Oper – Ballett.

3. Luzern (Internationale Musikfestwochen)
Seit 1938 jährlich von August bis September; angeregt von E. Ansermet, um das Orchestre de la Suisse Romande im Sommer zu beschäftigen.

4. Montreux/Vevey (Festival de Musique)
Seit 1945 jährlich im Spätsommer; gegründet von der Stadt Montreux; ein Jahr
später schließt sich die Schwesterstadt Vevey an.

5. Zürich (Junifestwochen)
Seit 1909 jährlich im Juni (mit Unterbrechungen); gegründet von Alfred Reucker,
um das Ensemble des Stadttheaters im Sommer zu beschäftigen; die Festspiele
erlebten einige musikalisch wichtige Uraufführungen (Turandot, Arlecchino, Lulu,
Mathis der Maler); regelmäßige Meisterkurse für Musik.

Quelle: *100.000 Tatsachen aus allen Wissensgebieten*, 12. Auflage, Mannheim 1982; K. Pahlen: *Erster
Europäischer Festspielführer*, München 1978.

DIE ZEHN IN DEUTSCHLAND, ÖSTERREICH UND DER SCHWEIZ AM HÄUFIGSTEN AUFGEFÜHRTEN SCHAUSPIELE

	Aufführungen 1994/95
1. Szenen (Loriot)	802
2. Oleanna (Mamet)	660
3. Das Dschungelbuch (Kipling)	528
4. Der kleine Prinz (Saint-Exupéry)	405
5. Ein Sommernachtstraum (Shakespeare)	400
6. Romeo und Julia (Shakespeare)	383
7. Der Kontrabaß (Süskind)	373
8. Pippi Langstrumpf (Lindgren)	372
9. Mirad – Ein Junge aus Bosnien (Bont)	366
10. Der zerbrochene Krug (Kleist)	360

Quelle: Deutscher Bühnenverein: *Wer spielte was? Werkstatistik 1994/95*, Köln 1996.

DIE ZEHN IN DEUTSCHLAND, ÖSTERREICH UND DER SCHWEIZ AM HÄUFIGSTEN AUFGEFÜHRTEN OPERN UND OPERETTEN

	Aufführungen 1994/95
1. Die Zauberflöte (Mozart)	714
2. Hänsel und Gretel (Humperdinck)	386
3. La Traviata (Verdi)	324
4. Carmen (Bizet)	273
5. Der Freischütz (Weber)	272
6. Rigoletto (Verdi)	255
7. Tosca (Puccini)	248
8. Der Barbier von Sevilla (Rossini)	247
9. Don Giovanni (Mozart)	244
10. Madame Butterfly (Puccini)	223

Quelle: Deutscher Bühnenverein: *Wer spielte was? Werkstatistik 1994/95*, Köln 1996.

DIE ZEHN MEISTGESPIELTEN STÜCKE DER AUGSBURGER PUPPENKISTE

Die Augsburger Puppenkiste hat bislang 85 verschiedene Bühnenstücke herausgebracht, darunter:

	Aufführungen
1. Frau Holle	828
2. Der Räuber Hotzenplotz	623
3. Das tapfere Schneiderlein	609
4. Der gestiefelte Kater	588
5. Zwerg Nase	507
6. Der kleine Prinz	464
7. Doktor Faust	451
8. Der Wolf und die sieben Geislein	448
9. Die schwäbische Schöpfung	258
10. Eine kleine Zauberflöte	165

Quelle: Augsburger Puppenkiste, persönliche Mitteilung, Juni 1996; »Die Fäden der Marionetten reichen bis ins Herz«, *Frankfurter Allgemeine Zeitung* vom 23. Mai 1996.

DIE ZEHN GRÖSSTEN DEUTSCHEN THEATER

Plätze

1. Deutsche Staatsoper Berlin (Philharmonie)	2.360
2. Deutsche Oper Berlin (Philharmonie)	2.264
3. Nationaltheater München	2.229
4. Meistersingerhalle Nürnberg	2.121
5. Friedrichsstadtpalast Berlin	1.889
6. Liederhalle Stuttgart	1.814
7. Hamburgische Staatsoper	1.669
8. Großer Saal der Rudolf Oetker Halle Bielefeld	1.639
9. Leipziger Oper	1.426
10. Semperoper Dresden	1.309

Quelle: Deutscher Bühnenverein: *Theaterstatistik 1995*, Köln 1996.

DIE ZEHN BUNDESLÄNDER MIT DEN HÖCHSTEN ZUSCHÜSSEN FÜR ÖFFENTLICHE THEATER

Die öffentlichen Theater hängen am Tropf der Finanzminister; hier die zehn Bundesländer mit den höchsten Zuschüssen pro Einwohner in der Spielzeit 1990/91:

Zuschuß pro Einwohner

1. Bremen	80,20 DM
2. Hamburg	78,80 DM
3. Berlin-Ost	71,70 DM
4. Berlin-West	65,30 DM
5. Hessen	48,40 DM
6. Sachsen	42,20 DM
7. Nordrhein-Westfalen	37,10 DM
8. Baden-Württemberg	36,40 DM
9. Bayern	33,60 DM
10. Saarland	33,20 DM

Quelle: Statistisches Bundesamt: *Im Blickpunkt: Kultur in Deutschland*, Wiesbaden 1994.

ZEHN NICHT ALLTÄGLICHE DEUTSCHE MUSEEN

1. Deutsches Brotmuseum (Ulm)
Geschichte und Geschichten rund um das Brot aus allen Ländern dieser Erde; eindrucksvolle Dokumentation der Brotlosigkeit durch Raum und Zeit.

2. Deutsches Ledermuseum (Offenbach)
Der Nutzen des Leders von Adam und Eva bis zur Weltraumfahrt. Berühmt: die Sammlung von 5.000 asiatischen Schattenspiel-Figuren.

3. Pfälzisches Schuhmuseum (Pirmasens)
Die Geschichte der Schuhe, von der Damenstiefelette bis zum Stangenreiterstiefel.

4. Puppenstubenmuseum (Bodman am Bodensee)
Puppenstuben, -häuser, -läden, -küchen; Sammlung antiker Puppen-Vasen.

5. Deutsches Schloß- und Beschlägemuseum (Velbert)
4.000 Beispiele technischen Scharfsinns und handwerklicher Geschicklichkeit; die Besucher können Trickschlösser und Tresore zu knacken versuchen.

6. Tapetenmuseum (Kassel)
Geschichte der Wandbekleidung von der Goldlederbespannung bis zur Papiertapete.

7. Trachtenpuppenmuseum (Neustadt bei Coburg)
850 Puppen mit originalen Trachtennachbildungen aus aller Welt.

8. Deutsches Vogelbauer-Museum (Neheim-Hüsten)
Vogelkäfige aus vier Jahrhunderten aus Draht, Fayence und Porzellan; auch ein Vogelstimmenautomat ist zu bewundern.

9. Wella-Museum (Darmstadt)
Schönheitspflege von der Frühzeit bis zur Gegenwart; Besonderheit: Flohfallen aus dem Rokoko (wurden von Frauen unter dem Reifrock getragen).

10. Deutsches Zweiradmuseum (Neckarsulm)
Die Entwicklung des Fahrrades und des Motorrades; Sammlung von Hochrädern.

Quelle: P. Gnuca: *Museen in Europa*, Berlin 1977.

ZEHN NICHT ALLTÄGLICHE MUSEEN IN DER SCHWEIZ

In der Schweiz gibt es rund 400 Museen; eine Spezialität sind technische Museen zu Automaten, Post, Verkehr und Uhren, wie z. B.:

1. Bundesbriefarchiv (Schwyz)
Einziges erhaltenes Original des Bundesbriefes von 1291, der den Ewigen Bund der drei Schweizer Urkantone besiegelt; Sammlung von Fahnen des 13. bis 18. Jahrhunderts.

2. Gletschergarten und Gletschermuseum (Luzern)
Freilichtmuseum mit Gesteinsbrocken, die durch Gletscherwasser geformt wurden; Dokumentation der Schweizer Gletscher und Höhlenbärenfunde.

3. Internationales Burgenmuseum (Rapperswil)
Zahlreiche Modelle von Ritterburgen; große Sammlung von Waffen und Rüstungen der Ritterzeit.

4. Musée des Suisses au service étranger (Coppet)
Zeigt, wo im Ausland Schweizer tätig waren (am bekanntesten: die noch heute den Papst beschützende Schweizer Garde).

5. Musée du comité international olympique (Lausanne)
Zeigt vor allem Erinnerungsstücke an den Neubegründer der Olympischen Spiele, Baron de Coubertin.

6. Musée international d'Horlogerie (La Chaux-de-Fonds)
Mehr als 3.000 Beispiele alter und neuer Methoden der Zeitmessung; Höhepunkt: eine Reise in das Innere der Uhr.

7. Pharmazie-Historisches Museum (Basel)
Medikamente, Rekonstruktionen von pharmazeutischen Labors und Apotheken (etwa die Innsbrucker Hofapotheke von 1740). Die Adresse »Im Totengäßlein« wollen wir mal als Zufallstreffer durchgehen lassen.

8. Postmuseum (Bern)
Post- und Verkehrsgeschichte von der Römerzeit bis heute; lückenlose Sammlung Schweizer Briefmarken.

9. Schützenmuseum (Bern)

Materialien aus dem Umkreis der Schweizer Schützenvereine, die »noch heute ...
Träger des pflichtgemäßen außerdienstlichen Schießwesens« in diesem Lande sind.

10. Verkehrshaus der Schweiz (Luzern)

Entwicklung von Autos und Eisenbahn; Ausstellung von Alpenpostkutschen;
angeschlossen ist auch das einzige Schweizer Planetarium.

Quelle: P. Gnuca: *Museen in Europa*, Berlin 1977.

DIE ZEHN TEUERSTEN GEMÄLDE 1995

Die Auktionshäuser, Christie's (London) und Sotheby's (New York) haben 1995
Rekordumsätze erzielt; hier die zehn teuersten in diesem Jahr versteigerten Ge-
mälde:

	Preis in DM
1. Pablo Picasso: Portrait A. Fernandez	36,2 Mio.
2. Vincent van Gogh: Unterholz	34,7 Mio.
3. Pablo Picasso: Der Spiegel	25,7 Mio.
4. Henri Matisse: Hindupose	18,4 Mio.
5. Vincent van Gogh: Junger Mann mit Mütze	16,9 Mio.
6. Amedeo Modigliani: Akt mit einer Halskette	15,6 Mio.
7. Pablo Picasso: Junge mit weißem Kragen	15,4 Mio.
8. Pablo Picasso: Mutter und Kind	15,3 Mio.
9. Claude Monet: Die Kathedrale von Rouen	15,2 Mio.
10. Amedeo Modigliani: Portrait O. Miestchaninoff	12,0 Mio.

1995 kamen insgesamt 2.212 Werke von Picasso für 220 Millionen DM auf den
Markt.

Quelle: *aktuell '97 – Lexikon der Gegenwart*, Dortmund 1996.

DIE KULTURHAUPTSTÄDTE EUROPAS 1985-1999

Seit 1985 wählt die Europäische Union eine Stadt zur Kulturhauptstadt Europas, »in der mit kulturellen Veranstaltungen ... die kulturelle Einheit und Besonderheit Europas dokumentiert und gefördert werden soll«.

1985	Athen	1993	Antwerpen
1986	Florenz	1994	Lissabon
1987	Amsterdam	1995	Luxemburg
1988	West-Berlin	1996	Kopenhagen
1989	Paris	1997	Thessaloniki
1990	Glasgow	1998	Stockholm
1991	Dublin	1999	Weimar
1992	Madrid		

Wegen der Besonderheit des Jahres 2000 wurden dafür mehrere Städte benannt: Avignon, Bergen, Bologna, Brüssel, Helsinki, Krakau, Prag, Reykjavik und Santiago de Compostela.

Quelle: *aktuell '97 – Lexikon der Gegenwart*, Dortmund 1996.

Einer der schönsten Plätze in der Kulturhauptstadt von 1989:
Der Place des Vosges auf einem Stich aus dem 19. Jahrhundert

DIE 43 VON DER UNESCO ZUM UNIVERSELLEN KULTURERBE ERKLÄRTEN EUROPÄISCHEN STADTTEILE UND STÄDTE

Die berühmte UNESCO-Liste der Natur- und Kulturgüter der Menschheit (»World Heritage List«) wurde 1972 angelegt, um diese Stätten vor dem Verfall zu schützen und den Besitzern beim Bewahren finanziell zu helfen. Zur Zeit (Stand Anfang 1996) umfaßt sie 469 Objekte, in der Regel Kirchen, Schlösser und sonstige Baudenkmäler, aber auch Naturparks oder Stadtteile und ganze Städte (in Deutschland etwa die historischen Altstädte von Bamberg, Goslar und Lübeck). Hier sind die übrigen 41 Städte in Europa, die ganz oder zum Teil in diese Liste aufgenommen wurden:

1. Innenstadt von Angra do Heroísmo (Portugal)
Hauptstadt der Azoreninsel Terceira, im 17. und 18. Jahrhundert nach Schachbrettmuster neben dem Hafen aufgebaut.

2. Altstadt von Avignon (Frankreich)
Die alten Stadtmauern, die Brücke ... (»Sur le pont d'Avignon ...) und der Papstpalast sind einem der Autoren dieses Buches jeden Sommer eine Reise wert.

3. Altstadt von Avila (Spanien)
Die am höchsten gelegene Provinzhauptstadt Spaniens; berühmt durch ihre drei Kilometer lange und 900 Jahre alte Stadtmauer.

Die Stadtmauern von Avila in Spanien

Die Puleney Bridge in Bath

4. Banska Stiavnica (Slowakei)
Das alte Schemnitz im slowakischen Erzgebirge, lange die wichtigste Gold- und Silberquelle der Augsburger Fugger und der Könige von Ungarn.

5. Bath (Großbritannien)
Berühmtester und schönster Kurort Englands; wurde schon von den Römern als Badeort genutzt.

6. Altes Hanseviertel von Bergen (Norwegen)
Die heimliche Hauptstadt Norwegens konnte aller modernen Bevölkerungsvermehrung zum Trotz seine kleinstädtische Prägung in das 20. Jahrhundert retten.

7. Altstadt von Bern (Schweiz)
»Ein Kleinod städtischer Baukunst.«

8. Budapest (Ungarn)
Aus den Trümmern des Krieges eindrucksvoll wiederaufgebaut.

9. Historische Altstadt von Cesky Krumlov (Tschechien)
Das mittelalterliche Krumau, Heimat vieler böhmischer Adelsgeschlechter; ihre Schlösser schmücken noch heute das Städtchen an der Moldau.

10. Historische Altstadt von Córdoba (Spanien)
Ein Zentrum der maurischen Kultur in Spanien.

11. Crespi d'Adda (Italien)
Eine im 19. Jahrhundert auf Initiative eines sozial engagierten Textilfabrikanten gegründete Arbeitersiedlung in der Lombardei.

12. Altstadt von Dubrovnik (Kroatien)
Das antike Ragusa; erlebte im Mittelalter seine Blüte, heute durch den Bürgerkrieg in Jugoslawien schwer gezeichnet.

13. Edinburg (Großbritannien)
Die auf einem Hügel hingestreckte Altstadt ist einer der Höhepunkte jeder Großbritannien-Reise.

14. Altstadt von Evora (Portugal)
Von den Römern gegründet, in der frühen Neuzeit das Zentrum des portugiesischen Humanismus, zeitweise Königsresidenz.

15. Ferrara (Italien)
Im Mittelalter eine der glänzendsten und künstlerisch bedeutendsten Städte.

16. Historisches Stadtzentrum von Florenz (Italien)
Hier gingen Michelangelo, Leonardo da Vinci und Raffael spazieren.

17. Altstadt von Istanbul (Türkei)
Seit 393 Hauptstadt des Oströmischen Reiches, 1453 von den Türken überrannt, die einzige Stadt auf der Welt, die auf zwei Kontinenten angesiedelt ist.

18. Altstadt von Krakau (Polen)
»Von allen Städten Polens die prächtigste«, hieß es im Mittelalter.

Blick auf den Marktplatz von Krakau

19. Historischer Stadtkern von Kutna Hora (Tschechien)
Das frühere Kuttenberg; war dank seiner Silberminen lange die bedeutendste Stadt in Böhmen neben Prag.

20. La Valetta (Malta)
Festungsstadt im Mittelmeer, lange Zentrum des Johanniterordens (Malteserkreuz).

21. Luxemburg (Altstadt und Stadtmauern)
»Beispiel für eine architektonische Homogenität, die sich aus der Summe stilistischer Vielfalt ergibt.«

22. Historisches Zentrum von Neapel (Italien)
Neapel sehen und sterben.

23. Nesebar (Bulgarien)
Am Ende des 2. Jahrhunderts vor Christus von den Thrakern gegründete Hafenstadt am Schwarzen Meer. »Nesebars Reichtum an ungewöhnlichen Kirchen bekräftigt ... einen kulturhistorischen Anspruch, in dem sich diese Museumsstadt als ein bedeutendes Denkmal der europäischen Zivilisation ausweist.«

24. Viertel um das Seineufer von Paris (Frankreich)
Die wohl am dichtesten mit architektonischen Meisterwerken vollgestopften Quadratkilometer auf dem ganzen Globus.

25. Rhodos (Griechenland)
In der Antike berühmt für den »Koloß von Rhodos«, später Hochburg des Johanniterordens.

26. Vatikanstadt in Rom (Italien)
Lange Jahrhunderte das Zentrum des Universums.

27. Altstadt von Salamanca (Spanien)
Alte Universitäts- und Bischofsstadt mit einem der schönsten Plätze Spaniens (die Plaza Major).

28. San Gimignano (Italien)
Im 10. Jahrhundert als befestigte Zwischenstation auf dem Weg von Siena nach Lucca in Italien erbaut; heute eine durch seine Türme berühmte Touristenfalle (mittelalterliches Manhattan, wie ein Reiseführer schreibt).

29. Santiago de Compostela (Spanien)
Die »Stadt der 100 Türme«, seit dem 11. Jahrhundert Ziel von Millionen Pilgern, die den Apostel Jakob verehren (er soll hier die Christen zum Sieg über die Mauren verholfen haben). Neben Jerusalem und Rom eine der »heiligen Städte« der Christenheit.

30. Altstadt und Aquädukt von Segovia (Spanien)
Gehört zu den besterhaltenen mittelalterlichen Orten Europas. Die von den Römern gebaute Wasserleitung funktioniert noch heute.

31. Historisches Zentrum von Siena (Italien)
Ein Kunstwerk mittelalterlicher Architektur rund um die Piazza del Campo, einen der schönsten Pätze auf der Welt.

32. Spissky Hrad (Slowakei)
Die »Zipser Burg« ist eine der größten Wehranlagen der Slowakei.

33. Historische Altstadt von St. Petersburg (Rußland)
Auf zwölf Inseln von Peter dem Großen im 18. Jahrhundert als Vorbild und Hauptstadt aufgebaut.

34. Grand Ile von Straßburg (Frankreich)
»Ein Dörfchen inmitten der Europa-Stadt.« Früher wohnten hier die Handwerker.

35. Teltsch (Tschechien)
Mittelalterliche Marktstadt in Mähren; in einen »Dornröschenschlaf versunken« und vor der neuen Zeit geschützt.

36. Altstadt von Toledo (Spanien)
»Wuchtiger Fels, Ruhm Spaniens und Krone seiner Städte« (Cervantes). Im Mittelalter berühmt für seine religiöse Toleranz.

37. Kathedrale und Alcazar von Sevilla (Spanien)
Ein Irrgarten aus schmalen Straßen und verwinkelten Plätzen am Ufer des Guadalquivir.

38. Venedig (Italien)
Gesamtkunstwerk auf 118 Inseln. »Ob das einzigartige Labyrinth aus Gassen, Inseln und Kanälen ... gerettet werden kann, ist heute fraglicher denn je.«

39. Vlkolinec (Slowakei)
Mittelalterliche Blockhaussiedlung in der Hohen Tatra.

40. Altstadt von Warschau (Polen)
Im Zweiten Weltkrieg vollständig zerstört und danach mit großer Liebe wieder aufgebaut.

41. Historische Altstadt von Wilna (Litauen)
»Kathedralen und Kirchen, Universität, ehemalige Bischofsresidenz und ein Adelspalast setzen die Akzente dieser Altstadt-Architektur.«

42. Alte Hansestadt Wisby (Schweden)
Im 12. und 13. Jahrhundert eine der führenden Hansestädte an der Ostsee.

43. Zamosc (Polen)
Ein fast komplett erhaltenes kleines Renaissance-Städtchen.

Quellen: wh-info@unesco.org; *Schätze der Menschheit*, 3. Auflage, Stuttgart 1996.

26. KAPITEL:
KRIEG UND FRIEDEN

DIE VIER DEUTSCHEN FRIEDENSNOBELPREISTRÄGER

1. Gustav Stresemann (1926)
Bekommt den Preis 1926 gemeinsam mit Aristide Briand; Kernstück seiner Politik ist die Annäherung zwischen Deutschland und Frankreich. Die vorzeitige Rheinlandräumung kann er jedoch nicht erreichen.

2. Ludwig Quidde (1927)
Ein weiteres deutsch-französisches Gemeinschaftsprojekt: bekommt den Preis 1927 gemeinsam mit Ferdinand Buisson. Quidde war Herausgeber der Deutschen Reichstagsakten aus dem 15. Jahrhundert und leitete von 1920 bis 1929 die Deutsche Friedensgesellschaft.

3. Carl von Ossietzky (1935)
Überzeugter Pazifist und Warner vor Militarismus und Nationalismus; Konzentrationslager von 1933-1936; danach todkrank in Kliniken unter Gestapoaufsicht; durfte den 1935 verliehenen Nobelpreis nicht entgegennehmen.

4. Willy Brandt (1971)
Förderte als Außenminister die Beziehungen zu unseren östlichen Nachbarn; als Bundeskanzler wurde er zum Vater der »Ostverträge«.

Ein Mann des Friedens

Quellen: *Das neue Taschenlexikon*, 20 Bände, Gütersloh 1992; die Internet-Seiten des schwedischen Nobel-Institutes www.nobel.se.

DIE ZEHN ERSTEN TRÄGER DES POUR LE MÉRITE

Der Orden »Pour le Mérite« wurde im Jahr 1740 von Friedrich dem Großen gestiftet (bzw. mit einem anderen Etikett versehen: Friedrich hatte nur den von seinem Vater gestifteten »Ordre de la Générosité«, dessen Name leicht zu Mißverständnissen verlockte, umbenannt). Die folgenden zehn Personen, die meisten preußische Offiziere im ersten Schlesischen Krieg 1740-1742, waren seine ersten Träger:

1. Oberst Friedrich Asmus von Bandemer
2. Freiherr Karl Friedrich von Posadowski
3. Hauptmann Christof Anton von Wobeser
4. Heinrich von Podewils
5. Generalmajor Otto Friedrich von Leps
6. Hauptmann Joachim Friedrich von Roeseler
7. Generalmajor Karl Siegmund von Rautenkranz
8. Generalmajor Karl Wilhelm von Bredow
9. Generalmajor David Juergen von Graevenitz
10. Oberst Johann Georg von Lestwitz

Quelle für diese und die folgende Liste: W. Hamelman und D. Martin: *The History of the Prussian Pour le Mérite Order*, Band 1, 1740-1812, Hamburg 1982.

DIE ZEHN ERSTEN TRÄGER DES POUR LE MÉRITE IM ERSTEN WELTKRIEG

Der Orden Pour le Mérite wurde im Ersten Weltkrieg insgesamt 687mal vergeben (in 122 Fällen wurde noch ein zusätzliches Eichenlaub verliehen). Die folgenden zehn Personen waren die ersten dieser 687 (den nur aus politischen Gründen bedachten Kaiser Franz Josef von Österreich lassen wir dabei außer acht):

1. General der Infanterie Otto von Emmich, 7. August 1914
Für die Einnahme der Festung Lüttich (von Emmich erhielt im Mai 1915 noch das Eichenlaub für den Durchbruch bei Gorlice-Tarnow an der Ostfront).

2. Generalmajor Erich von Ludendorff, 8. August 1914
Für die Einnahme der Festung Lüttich (einige Monate später erhielt auch Ludendorff noch das Eichenlaub für die erfolgreiche Winterschlacht in den Masuren).

3. Generaloberst Paul von Hindenburg, 2. September 1914
Für die erfolgreiche Schlacht von Tannenberg (erhielt ebenfalls wie die meisten anderen hier aufgeführten Ordensträger später noch ein Eichenlaub).

4. General der Infanterie Hans von Zwehl, 18. September 1914
Für die Einnahme der französischen Festung Maubeuge.

5. Leutnant Otto von der Linde, 18. September 1914
Für die Einnahme (zusammen mit 5 Mann) des von mehr als 400 belgischen Soldaten verteidigten Forts Malonne bei Lüttich.

6. General der Infanterie Hans von Beseler, 10. Oktober 1914
Für die Einnahme von Antwerpen.

7. Oberleutnant zur See Otto Weddingen, 24. Oktober 1914
Für die Versenkung der drei englischen Schlachtkreuzer Aboukir, Cressy und Hogue.

8. General der Infanterie Remus von Woyrsch, 25. Oktober 1914
Für den erfolreichen Feldzug in Galizien.

9. General der Kavallerie August von Mackensen, 27. November 1914
Für den erfolgreichen Ausbruch aus dem Kessel bei Lodz und die nachfolgende Vernichtung der überlegenen russischen Belagerer.

10. Generalleutnant Karl Litzmann, 29. November 1914
Dito.

Deutsche U-Bootfahrer und ihr Kapitän Oberleutnant zur See Otto Weddingen,
der am 24. 10. 1914 drei englische Schlachtkreuzer versenkte.

DIE ZEHN ERFOLREICHSTEN DEUTSCHEN JAGDFLIEGER DES ERSTEN WELTKRIEGES

Luftsiege

1. Rittmeister Manfred Freiherr von Richthofen (Der rote Baron)   80
2. Oberleutnant Ernst Udet   62
3. Oberleutnant Erich Löwenhardt   53
4. Leutnant d. R. Werner Voß   48
5. Leutnant d. R. Fritz Rumey   45
6. Hauptmann Rudolf Berthold   44
6. Hauptmann Bruno Lörzer   44
8. Leutnant d. R. Paul Bäumer   43
9. Hauptmann Oswald Boelke   40
9. Leutnant Franz Büchner   40

Der rote Baron (links) vor dem Start

Von diesen zehn Jagdfliegern haben nur zwei den Ersten Weltkrieg überlebt (die anderen wurden selber abgeschossen oder starben in den Wirren unmittelbar nach dem Krieg). Einer der Überlebenden, Ernst Udet, beging 1941 Selbstmord, und nur Bruno Lörzer überlebte auch den Zweiten Weltkrieg; er wurde später Generaloberst der Bundeswehr.

Quelle: *Deutscher Soldatenkalender 1959.*

DIE ZEHN HÖCHSTDEKORIERTEN DEUTSCHEN FLIEGER DES ZWEITEN WELTKRIEGES

1. Oberst Hans-Ulrich Rudel
Erhielt als einziger deutscher Soldat das Goldene Eichenlaub mit Schwertern und Brillanten zum Ritterkreuz, ist damit der höchstdekorierte deutsche Soldat des Zweiten Weltkriegs überhaupt. Schoß mit seinem Stuka 519 russische Panzer ab und wurde mehr als 30mal selber abgeschossen; hat alle Abschüsse überlebt, den letzten schwerverletzt.

Die folgenden neun Flieger erhielten das Ritterkreuz mit Schwertern und Brillanten:

2. Oberst Werner Mölders
Erreichte als erster Jagdflieger der Welt 100 Luftsiege; 1941 bei Breslau abgestürzt.

3. Generalleutnant Adolf Galland
Erfolgreicher Jagdflieger und jüngster General der deutschen Wehrmacht.

4. Oberst Gordon Mac Gollub
Trotz seines schottischen Namens in Wien geboren; erreichte als erster Jagdflieger der Welt 150 Luftsiege.

5. Oberst Hermann Graf
Erreichte als erster Jagdflieger der Welt 200 Luftsiege.

6. Hauptmann Hans-Joachim Marseille
Jüngster Hauptmann der deutschen Wehrmacht; schoß an einem einzigen Tag in Nordafrika 17 englische Flugzeuge ab, wurde über El-Alamein selbst abgeschossen.

7. Major Walter Nowotny
Erreichte als erster Jagdflieger der Welt 250 Luftsiege; wurde als Führer des weltweit ersten Düsenjäger-Jagdgeschwaders am 8. November 1944 über Hannover selber abgeschossen.

8. Oberstleutnant Helmut Lent
Erfolgreicher Nachtjäger mit mehr als 100 Abschüssen.

9. Oberleutnant Erich Hartmann
Beendete den Krieg mit 352 bestätigten Abschüssen; ist damit der erfolgreichste Jagdflieger aller Zeiten.

10. Hauptmann Heinz Wolfgang Schnaufer
Erfolgreichster deutscher Nachtjäger mit 121 Abschüssen.

Quelle: Erwin Lenfeld und Franz Thomas: *Die Eichenlaubträger 1940-1945*, Wiener Neustadt 1993.

DIE FÜNF HÖCHSTDEKORIERTEN DEUTSCHEN U-BOOTFAHRER DES ZWEITEN WELTKRIEGES

Ritterkreuz mit Schwertern und Brillanten:

1. Korvettenkapitän Wolfgang Lüth
Versenkte auf insgesamt 14 Feindfahrten ein englisches U-Boot und 43 Handelsschiffe. War mit U-181 mehr als 200 Tage lang in See – die längste Feindfahrt aller deutschen U-Boote im Zweiten Weltkrieg überhaupt.

2. Korvettenkapitän Albrecht Brandi
Versenkte einen Minenleger, zwei Zerstörer und neun Frachter. Eine Reihe weiterer Versenkungen, die ihm seinen Orden in erster Linie eingebracht hatten, blieben unbestätigt.

Ritterkreuz mit Schwertern:

3. Korvettenkapitän Otto Kretschmer
Mit 266.000 versenkten Bruttoregistertonnen der erfolgreichste U-Bootfahrer des Zweiten Weltkrieges.

4. Korvettenkapitän Erich Topp
Versenkte einen Zerstörer und 37 Handelsschiffe.

5. Kapitänleutnant Reinhard Suhren
Versenkte zahlreiche Handelsschiffe.

Quelle: Erwin Lenfeld und Franz Thomas: *Die Eichenlaubträger 1940-1945*, Wiener Neustadt 1993; Erich Topp: *Fackeln über dem Atlantik*, 3. Auflage, Herford 1993.

Erich Topp am Sehrohr: Einer der erfolgreichsten U-Boot-Kommandanten des 2. Weltkrieges

DIE ZEHN ERSTEN UND DIE ZEHN LETZTEN LÄNDER, DIE DEN NAZIS DEN KRIEG ERKLÄRT HABEN

Die zehn ersten:		Die zehn letzten:	
1. Großbritannien	3. 9. 1939	1. Finnland	3. 3. 1945
1. Frankreich	3. 9. 1939	2. Saudi-Arabien	27. 2. 1945
3. Marokko	5. 9. 1939	3. Libanon	26. 2. 1945
3. Australien	5. 9. 1939	4. Syrien	25. 2. 1945
3. Neuseeland	5. 9. 1939	5. Ägypten	24. 2. 1945
6. Irak	6. 9. 1939	6. Türkei	23. 2. 1945
7. Südafrika	8. 9. 1939	7. Venezuela	16. 2. 1945
7. Indien	8. 9. 1939	8. Uruguay	15. 2. 1945
9. Kanada	10. 9. 1939	9. Chile	14. 2. 1945
10. Dänemark	9. 4. 1940	10. Peru	12. 2. 1945

Quellen: Chronik des 20. Jahrhunderts, Dortmund 1988; K. Dollinger: Weltgeschichte 1939-45, Freiburg 1989.

DIE ZEHN AM SCHLIMMSTEN BOMBARDIERTEN DEUTSCHEN STÄDTE

	Geschätzte Todesopfer
1. Dresden	100.000
2. Hamburg	55.000
3. Berlin	49.000
4. Köln	20.000
5. Magdeburg	15.000
6. Kassel	13.000
7. Darmstadt	12.300
8. Essen	7.500
9. Heilbronn	7.200
10. Dortmund	6.000

Quellen: Eric Taylor: 1000 Bomber auf Köln, Düsseldorf 1979; »Operation Gomorra«, Spiegel-Dokument (Beilage zur Abonnementauflage 29/1993); Russell Ash: The Top Ten of Everything, London 1995.

DIE ZEHN MÖRDERISCHSTEN KRIEGE

Nach einer Statistik des amerikanischen Historikers Quincey Wright soll es seit 1480 weltweit 288 Kriege gegeben haben; die folgenden zehn haben die meisten Opfer gefordert:

	Geschätzte Zahl der Opfer (Soldaten und Zivilisten)
1. Zweiter Weltkrieg (1939-1945)	40,0 Mio.
2. Erster Weltkrieg (1914-1918)	10,0 Mio.
3. 30jähriger Krieg (1618-1648)	5,0 Mio.
3. Koreakrieg (1950-1953)	5,0 Mio.
5. Chinesischer Bürgerkrieg (1946-1949)	4,0 Mio.
6. Napoleonische Kriege (1803-1815)	1,5 Mio.
7. Paraguayischer Krieg (1864-1870)	1,3 Mio.
8. Amerikanischer Bürgerkrieg (1861-1865)	620.000
9. Spanischer Bürgerkrieg (1936-1939)	600.000
9. Krimkrieg (1853-1856)	600.000

Der mörderischste Krieg auf deutschem Boden fand nicht von 1939 bis 1945, sondern von 1618 bis 1648 statt: Damals wurde die Hälfte der deutschen Wohnbevölkerung ausgerottet. Der unblutigste Krieg der Neuzeit war wohl der Feldzug der Spanier gegen die Rifkabylen 1895: er forderte ein einziges Todesopfer, den spanischen Befehlshaber, der von seinen eigenen Leuten wegen Verkaufs von Waffen an die Feinde erschossen werden mußte.

Quellen: Quincey Wright: A Study of War, Chicago 1942; Wolf Schneider: Das Buch vom Soldaten, Düsseldorf 1964.

DIE ZEHN KRIEGERISCHSTEN EUROPÄISCHEN STAATEN 1480-1940

Der amerikanische Historiker Quincey Wright zählt in Europa vom Ende des Mittelalters 1480 bis zum Beginn des 2. Weltkriegs insgesamt 2.659 »Schlachten« (»land engagements ... in which the total casualties were over 1.000«). Darin waren die folgenden Staaten am häufigsten beteiligt:

		An so vielen Landschlachten beteiligt
1.	Frankreich	1.136
2.	Österreich	807
3.	Preußen	616
4.	England	558
5.	Rußland	537
6.	Spanien	404
7.	Türkei	354
8.	Niederlande	181
9.	Schweden	101
10.	Dänemark	33

Aber Vorsicht: Wright unterscheidet nicht zwischen Angreifern und Verteidigern!

Quelle: Quincey Wright: A *Study of War*, Chicago 1942, Tabelle 22, S. 626.

DIE ZEHN LÄNGSTEN UNO-FRIEDENSMISSIONEN

Seit 1948 entsendet der UNO-Sicherheitsrat Militär zur Sicherung des Friedens. Mitte 1996 waren 26.000 Mann aus 70 Ländern bei den Friedenstruppen im Einsatz; die zehn längsten Missionen sind:

		Mission läuft seit:
1.	UNTSO (Israel)	1948
2.	UNMOGIP (Indien/Pakistan)	1949
3.	UNIFICYP (Zypern)	1964
4.	UNDOF (Syrien/Israel)	1974
5.	UNIFIL (Libanon)	1978
6.	UNIKOM (Kuwait/Irak)	1991
7.	MINURSO (Westsahara)	1991
8.	UNOMIG (Georgien)	1993
9.	UNOMIH (Haiti)	1993
10.	UNOMIL (Liberia)	1993

Quelle: *aktuell '97 – Lexikon der Gegenwart*, Dortmund 1996.

DIE SIEBEN AUSLANDSEINSÄTZE DER BUNDESWEHR

1. 1991, Irak:
Transport von UNO-Inspektoren.

2. Mai 1992-November 1993, Kambodscha:
120 Sanitäter im Rahmen der UNO-Friedensmission.

3. Juli 1992-Juni 1996, Adria:
Überwachung des UNO-Waffen- und Handelsembargos gegen Jugoslawien.

4. Seit 1992, Bosnien-Herzegowina:
Überwachung des militärischen Flugverbots; Hilfsgütertransporte und -abwürfe zur Versorgung der Zivilbevölkerung.

5. Mai 1993-März 1994, Somalia:
1.700 Soldaten im Rahmen des UNO-Einsatzes zur Einhaltung des Waffenstillstands im Bürgerkrieg; humanitäre Hilfe in Belet Uen.

6. Juli 1994-Dezember 1994, Zaire:
Beteiligung an der UNO-Luftbrücke für Flüchtlinge aus Ruanda.

7. Seit Juli 1995, Bosnien-Herzegowina/Kroatien:
4.000 Soldaten; Luftaufklärung; Schutz der NATO-Friedenstruppe gegen Raketenbeschuß; Sanitäts-, Pionier-, Transport- und Nachschubtruppen zur Unterstützung und Versorgung.

Quelle: *aktuell '97 – Lexikon der Gegenwart*, Dortmund 1996.

DIE WELTWEIT GRÖSSTEN RÜSTUNGSKONZERNE

	Land	Rüstungseinnahmen 1995 (Milliarden Dollar)
1. Lockheed Martin	USA	19,4
2. McDonald Douglas	USA	10,1
3. Boeing/Rockwell	USA	7,8
4. British Aerospace	Großbritannien	6,5
5. Hughes Electronics	USA	6,0
6. Northrop Grumman	USA	5,7
7. Thomson	Frankreich	4,7
8. GEC	Großbritannien	4,1

9. Raytheon   USA   4,0
10. United Technologies   USA   3,7

Erst an zwölfter Stelle dieser Liste folgt der größte deutsche Rüstungskonzern, die Daimler Benz Aerospace, mit Einnahmen aus Waffenverkäufen von 3,2 Milliarden Dollar.

Quelle: »Getting together«, *The Economist*, 10. August 1996.

SIEBEN BIOLOGISCHE KAMPFSTOFFE

Biologische Waffen sind »lebende Organismen oder von ihnen abstammende Gifte, die bei Lebewesen Krankheit oder Tod verursachen«. Die sog. B-Waffen-Konvention von 1972 verbietet Herstellung, Verbreitung und Lagerung von biologischen Kampfstoffen; die Erforschung solcher Waffen zum Schutz vor deren Einsatz ist erlaubt; hier eine Auswahl von Viren, die als biologische Waffen eingesetzt werden (könnten):

	Inkubationszeit
1. Dengue-Fieber	2-7 Tage (kein Impfstoff)
2. Ebola	2-21 Tage (kein Impfstoff)
3. Enzephalitis	2-21 Tage (kein Impfstoff)
4. Gelbfieber	3-6 Tage
5. Krim-Kongo	3-6 Tage (kein Impfstoff)
6. Kuhpocken	7-16 Tage
7. Lassafieber	5-21 Tage (kein Impfstoff)

Quelle: *aktuell '97 – Lexikon der Gegenwart*, Dortmund 1996.

SIEBEN UNFÄHIGE MILITÄRFÜHRER

Wenn es neben militärischen Orden auch militärische Zitronen gäbe, hätten die folgenden Generäle sicher gute Chancen:

1. Generalmajor A. Aitken
Führte zu Beginn des 1. Weltkrieges das britische Expeditionskorps gegen Deutsch-Ostafrika. Signalisiert seine Landung im Hafen Tanga lange vor der Ankunft, läßt seine Soldaten in einem Sumpfgebiet an Land, wird mit 8.000 Mann von Insekten und ein paar Deutschen ins Meer zurückgetrieben.

2. Sir Redvers Buller

Der Oberkommandierende der englischen Streitkräfte im Burenkrieg. Kam, ähnlich wie die Amerikaner im Vietnamkrieg 70 Jahre später, mit der Guerillataktik seiner Gegner nicht zurecht, verlor trotz großer militärischer Überlegenheit eine Schlacht nach der anderen.

3. George Armstrong Custer

Vermeintlicher Western-Held und amerikanischer Armeegeneral, der mit seinem Kavallerieregiment von überlegenen Indianern niedergemetzelt wird (die berühmte Schlacht am Little Big Horn). War in Wahrheit ein unfähiger Rüpel (der 34ste von 34 Offiziersanwärtern in seinem Jahrgang in West Point), bei den Indianern als »Squaw-Killer« bekannt, und in allem jedem echten Gegner unterlegen. Hat seinen Untergang und den seiner Männer durch katastrophale Fehler bei der Aufklärung der Feindlage und bei der Attacke selbst verschuldet (»Custer's generalship was so bad as to defy analysis«).

4. Maurice Gamelin

Französischer Oberbefehlshaber 1940 und Vater des deutschen Blitzsieges; konnte sich nur eine Wiederholung der deutschen Offensive des 1. Weltkrieges vorstellen und wurde durch die Attacke in den Ardennen völlig überrascht.

5. Robert Nivelle

Der Schlächter von der Westfront 1917. Ließ mehr als 100.000 französische Infanteristen in aussichtslosen Angriffen gegen deutsche Schützengräben sinnlos verbluten.

6. Visconti Prasca

Verantwortlich für das italienische Desaster beim (versuchten) Einmarsch in Griechenland 1940. Stach selbst in der an Inkompetenz nicht armen italienischen Armee durch Unfähigkeit hervor.

7. Publius Quintilius Varus

Führer einer römischen Strafexpedition gegen rebellische Germanen im Jahr 9 nach Christus. Kümmert sich mehr um seine Frauen und sein Essen als um seine Soldaten, gerät trotz zahlreicher Warnungen mit mehreren Legionen in einen Hinterhalt, begeht Selbstmord, als die Niederlage nicht mehr aufzuhalten ist. Von mehreren 10.000 Römern überleben nur wenige hundert (die berühmte »Schlacht im Teutoburger Wald«).

Quelle: Geoffrey Regan: *The Guiness Book of Military Blunders*, London 1996.

*Georg Armstrong Custer, einer der unfähigsten Militärführer
der Geschichte, in seiner letzten Stunde*

27. KAPITEL:
ZAHL UND ZUFALL

DIE ZEHN POPULÄRSTEN DEUTSCHEN GLÜCKSSPIELE

Im Jahr 1995 gaben die Deutschen mehr als 40 Milliarden Mark für »offizielle« Glücksspiele aus; davon flossen 26 Milliarden als Gewinne an die Spieler, 7 Milliarden kassierten die Betreiber, weitere 7 Milliarden gingen an den Staat. Gemessen an den Bruttoeinsätzen waren die folgenden Spiele dabei am populärsten (wobei die Zahlen für Spielautomaten und Spielkasinos untertreiben – hier zählt nur das als Einsatz, was am Schluß des Abends in der Kasse liegt):

	Spieleinsätze 1995
1. Glücksspiele in Spielbanken	13,0 Mrd. DM
2. Spielautomaten in Spielbanken	10,5 Mrd. DM
3. Zahlenlotto	8,3 Mrd. DM
4. Klassenlotterien	2,4 Mrd. DM
5. Spiel 77	1,6 Mrd. DM
6. Super 6	970 Mio. DM
7. Pferdewetten	910 Mio. DM
8. PS-Sparen	840 Mio. DM
9. Rubbellose	503 Mio. DM
10. Glücksspirale	370 Mio. DM

Quelle: Archiv- und Informationsstelle der deutschen Lotto- und Totounternehmen, persönliche Mitteilung 1996.

DIE ZEHN UNFAIRSTEN DEUTSCHEN GLÜCKSSPIELE

Das fairste »offizielle« Glücksspiel ist Roulette: hier fließt beim Setzen auf einfache Chancen mehr als 95 % des Einsatzes an die Spieler zurück (aber Vorsicht: wenn man mehr als einmal setzt, kann man auch beim Roulette sehr schnell sein ganzes Geld verlieren). Auch die Spielautomaten in Casinos sind in diesem Sinne fair: sie schütten mehr als 80 % des Einsatzes an die Spieler aus. Weit weniger ist bei den folgenden Spielen zu gewinnen:

Gewinnausschüttung in
Prozent der Einsätze

1. TV Lotterien	25 %
2. Der Große Preis (ZDF)	27 %
3. Glücksspirale	35 %
4. Losbrief-Rubbellotterie	40 %
5. Landeslotterie Saar	46 %
6. Lotto	50 %
6. Toto	50 %
6. Rennquintett	50 %
9. Nordwestdeutsche Klassenlotterie	51 %
10. Süddeutsche Klassenlotterie	55 %

Quelle: *Roulette-Magazin* 3/1996.

DIE ZEHN SELTENSTEN LOTTOZAHLEN SEIT 1955   DIE ZEHN HÄUFIGSTEN LOTTOZAHLEN SEIT 1955

DIE ZEHN SELTENSTEN	DIE ZEHN HÄUFIGSTEN
13 (192)	32 (288)
28 (220)	49 (281)
34 (227)	21 (275)
8 (280)	38 (268)
24 (232)	19 (263)
32 (233)	48 (262)
45 (235)	26 (261)
44 (236)	46 (260)
29 (236)	42 (259)
30 (239)	9 (258)

Diese Zahlen betreffen nur das Samstagslotto (ohne Zusatzzahl, von der ersten Ziehung 1955 bis Mitte 1994). In dieser Zeit gab es 2.028 Ziehungen. Mit einer Wahrscheinlichkeit von 6/49 wird dabei eine bestimmte Zahl gezogen, etwa die 13, also müßten nach dem »Gesetz der Großen Zahl« alle Zahlen grob gesagt rund 2028x(6/49) = 248mal gezogen worden sein. Die relative Häufigkeit eines zufälligen Ereignisses nähert sich mit wachsender Zahl der Versuche immer mehr der theoretischen Wahrscheinlichkeit; das bedeutet aber nicht, daß auch die absoluten Zahlen ihren »theoretischen« Werten immer näher kommen müssen. In aller Regel ist das Gegenteil der Fall: auch wenn die relative Häufigkeit der 13 so sicher wie das Amen in der Kirche gegen 6/49 strebt – die absolute Häufigkeit der 13 entfernt sich immer mehr von dem Wert, den man nach der Theorie erwartet (siehe Walter Krämer: Denkste – *Trugschlüsse aus der Welt des Zufalls und der Zahlen*, Frankfurt am Main 1995). Es ist also sinnlos, in der Hoffnung, daß die 13 etwas aufzuholen habe und daher in Zukunft öfter gezogen werden müsse, bevorzugt die 13 anzukreuzen.

PS: Die erste überhaupt in Deutschland gezogene Lottozahl war genau die 13.

Quelle: *Mach mit – Das aktuelle Toto-Lotto-Magazin*, 27./28. August 1994.

DIE ZEHN UNBELIEBTESTEN LOTTOZAHLEN

Der Stuttgarter Statistiker Karl Bosch hat bei einer Auszählung aller Lottoscheine, die an einem bestimmten Spieltag in Baden-Württemberg abgegeben wurden, die folgenden zehn Zahlen als die unbeliebtesten ermittelt (in dieser Reihenfolge):

36, 43, 35, 29, 44, 42, 47, 22, 15, 14.

DIE ZEHN BELIEBTESTEN LOTTOZAHLEN

19, 9, 7, 17, 10, 11, 18, 25, 3, 32.

Quelle: Karl Bosch: *Lotto und andere Zufälle*, Braunschweig 1994.

DIE ZEHN GRÖSSTEN LOTTOGEWINNE SEIT 1955

Gewinn	Ziehung
20.496.450,80 DM	50/1994
16.415.049,20 DM	13/1992
13.368.408,50 DM	6/1995
12.397.315,30 DM	18/1993
12.245.738,30 DM	46/1993
10.721.943,20 DM	9/1996
10.580.798,70 DM	3/1994
10.567.731,60 DM	36/1994
10.442.244,40 DM	42/1994
10.015.714,80 DM	43/1993

Ab der Ziehung 49/1991 wurde das herkömmliche Samstagslotto vom sogenannten »Superlotto« abgelöst; der ewige Rekordgewinn beim alten Samstagslotto sind die 8 Millionen Mark aus der letzten Ziehung 1989.

Quellen: Broschüre »Sonderservice« der Nordwest Lotto und Toto Hamburg, verschiedene Jahre; Archiv- und Informationsstelle des Deutschen Lotto- und Totoblocks, persönliche Mitteilung 1996.

DIE ZEHN BELIEBTESTEN LOTTOREIHEN

An einem typischen Wochenende werden zwischen 100 und 150 Millionen Tipp-reihen für das Samstagslotto abgegeben – mit anderen Worten, jede der 13.983.816 möglichen Sechser-Kombinationen wird durchschnittlich zehnmal getippt. Dieser Durchschnitt verschleiert aber, daß gewisse Reihen weit öfter, andere dagegen weniger oft bzw. gar nicht abgegeben werden. Hier sind die zehn der beliebtesten (aus einer Auszählung von Karl Bosch für Baden-Württemberg auf ganz Deutschland hochgerechnet). Jede dieser Kombinationen wird republikweit mehr als 20.000mal getippt, würde eine dieser Reihen tatsächlich einmal gezogen, entfielen auf »Sechs Richtige« rund 200 Mark (der Kasten rechts unten enthält die Lotto-zahlen der Vorwoche).

Beliebte deutsche Lottotips

Quelle: Karl Bosch: *Lotto und andere Zufälle*, Braunschweig 1994.

ZEHN VON NIEMANDEM GETIPPTE LOTTOREIHEN

Spiegelbildlich zu den Lieblingsreihen bei den Lottozahlen gibt es auch die Waisenkinder: 6er-Reihen, die von niemandem ins Herz geschlossen werden. Die folgenden zehn Reihen wurden in den letzten zehn Jahren im deutschen Samstagslotto gezogen, ohne daß es einen einzigen Hauptgewinn gegeben hätte (aber Vorsicht: nach der Ziehung werden diese Reihen sehr schnell adoptiert, es ist wenig lohnend, *nach* der Ziehung eine dieser Reihen selbst zu tippen).

Tippreihe	Ziehung
1–20–29–34–38–39	4/1985
14–16–17–30–36–48	13/1985
12–23–28–30–45–47	23/1985
2– 3–10–31–32–42	28/1985
8–31–32–33–43–64	1/1986
6–32–33–35–44–47	31/1986
16–23–26–28–45–46	46/1986
6–17–36–37–42–44	2/1988
7–11–14–35–41–45	5/1988
2–16–18–36–45–46	11/1992

Quellen: Broschüre »Sonderservice« der Nordwest Lotto und Toto Hamburg, verschiedene Jahre.

ZEHN VERBOTENE LOTTO-STRATEGIEN

Wer beim Lotto auf selten oder nie getippte 6er-Reihen setzt, erhöht auf lange Sicht seinen Gewinn. Die folgenden Zahlenkombinationen sind deshalb unbedingt zu meiden:

1. Geometrische Muster aller Art
Werden sehr oft angekreuzt, einige wie oben gesehen pro Wochenende mehr als 20.000mal.

2. Arithmetische Muster
Primzahlen (1, 2, 3, 5, 7, 11, etc.), einfache Folgen wie 3–6–9–12–15–18 etc.

3. Alle Gewinnzahlen der Vergangenheit
Man mag es glauben oder nicht: selbst die Gewinnzahlen der allerersten Lottoziehung vom Oktober 1955 werden heute noch mehr als 100mal getippt. Als im Mittwochslotto im Juni 1995 eine bereits früher einmal im Samstagslotto gezogene Gewinnreihe auftrat, erhielten die Gewinner für 6 Richtige gerade 50.000 Mark.

4. Gewinnzahlen des Auslandes
Auch aktuelle und historische Gewinnzahlen des Schweizer, österreichischen, holländischen und französischen Lottos werden in Deutschland gerne angekreuzt.

5. Die 6 bisher häufigsten Lottozahlen
Viele Spieler glauben, das müßte auch in Zukunft so weitergehen. Deshalb gibt es im Gewinnfall kleine Quoten.

6. Die 6 bisher seltensten Lottozahlen
Das umgekehrte Argument: Weil diese Zahlen bisher so selten vorgekommen seien, hätten sie – Gesetz der Großen Zahl – quasi einen Rückstand aufzuholen. Auch wer so denkt, muß sich im Erfolgsfall den Gewinn mit vielen Gleichgesinnten teilen.

7. Die 6 Zahlen mit der längsten Wartezeit
Die bisher längste »Durststrecke« hatte die Zahl 45 auszuhalten – sie wurde im Samstagslotto über 78 Wochen, vom 3. März 1990 bis 31. August 1991, nicht gezogen. Und da viele Lottospieler glauben, daß lang verwaiste Zahlen größere Chancen hätten, sind auch diese Zahlen reine Quotenkiller.

8. Einfache arithmetische Variationen aller obigen 6er-Reihen
»Ich bin doch nicht blöd«, denkt sich so mancher Tipper, »ich setze auf die Zahlen der letzten Woche einfach einen drauf!« Und genauso denken Tausend andere ...

9. Einfache geometrische Variationen aller obigen 6er-Reihen
Viele Lottospieler versuchen sich dadurch von der Masse abzusetzen, daß sie populäre Muster an der Mittellinie des Tippfeldes oder an dessen Diagonalen spiegeln. Aber auch darauf sind schon viel zuviele andere bereits gekommen ...

10. Alle Kombinationen nur aus Zahlen unter 32
Da viele Lottospieler Geburtstagszahlen ankreuzen, garantieren auch 6er-Reihen nur aus Zahlen unter 32 immer eine kleine Quote.

Quellen: Karl Bosch: *Lotto und andere Zufälle*, Braunschweig 1994; Norbert Henze: »2000mal Lotto am Samstag – gibt es Kuriositäten?«, *Jahrbuch Überblicke der Mathematik 1995*.

DIE ZEHN AM EINFACHSTEN ZU MERKENDEN ZAHLEN ZWISCHEN 1 UND 100

8, 1, 100, 2, 17, 5, 9, 10, 99, 11.

DIE ZEHN AM SCHWIERIGSTEN ZU MERKENDEN ZAHLEN ZWISCHEN 1 UND 100

82, 56, 61, 94, 85, 45, 83, 59, 41, 79.

Diese Listen haben die holländischen Psychologen Milikowski und Elshout in Experimenten mit Studenten und Studentinnen ermittelt: Zu merken waren jeweils 20 zufällig ausgewählte Zahlen zwischen 1 und 100; den Probanden wurde eine Liste vorgelegt, eine Stunde später war diese Liste aus dem Gedächtnis aufzuschreiben; die obigen Zahlen wurden am besten bzw. am schlechtesten erinnert.

In anderen Experimenten wurden die Versuchspersonen aufgefordert, »gute« bzw. »schöne« und »böse« bzw. »häßliche« Zahlen zwischen 1 und 100 aufzuschreiben; die folgenden Listen zeigen das Ergebnis:

DIE ZEHN SCHÖNSTEN ZAHLEN ZWISCHEN 1 UND 100

10, 100, 36, 6, 24, 66, 16, 4, 1, 88, 21.

DIE ZEHN HÄSSLICHSTEN ZAHLEN ZWISCHEN 1 UND 100

37, 93, 41, 51, 39, 17, 13, 59, 29, 43, 53.

Quelle: Marisca Milikowski und Jan Elshout: »What makes numbers easy to remember?«, *British Journal of Psychology* 1995.

DIE ZEHN KLEINSTEN PRIMZAHLEN

1, 2, 3, 5, 7, 11, 13, 17, 19, 23.

DIE ZEHN GRÖSSTEN PRIMZAHLEN

$$2^{859433} - 1$$
$$2^{756839} - 1$$
$$391581 \times 2^{216193} - 1$$
$$2^{216091} - 1$$
$$3 \times 2^{157169} + 1$$
$$9 \times 2^{149143} + 1$$
$$9 \times 2^{147073} + 1$$
$$9 \times 2^{145247} + 1$$
$$2^{132049} - 1$$
$$9 \times 2^{127003} + 1$$

Schon der griechische Mathematiker Euklid hat nachgewiesen, daß es unendlich viele Primzahlen gibt. Wer gerne logisch tüftelt, macht sich das selber klar (einfach einmal annehmen, es gäbe nur endlich viele Primzahlen; natürlich muß es dann auch eine größte Primzahl geben, aber da man aus den vorhandenen Primzahlen immer eine Zahl konstruieren kann, die größer als diese größte Primzahl ist, sich aber nur durch 1 und sich selber teilen läßt, ergibt sich hier ein Widerspruch).

Da es unendlich viele Primzahlen gibt, kann es keine größte Primzahl geben – die Zahlen oben sind nur die größten aktuell bekannten (die größte hätte ausgeschrieben über 250.000 Ziffern; sie würde mehr als 20 Seiten dieses Buches füllen). Unter Mathematikern hat sich diese Jagd nach Primzahlmonstern zu einer regelrechten Sucht entwickelt.

Quellen: Paolo Ribenboim: *The Book of Prime Number Records*, New York 1988; Thomas von Randow: »Auf Primzahl-Jagd im Internet«, *Die Zeit* vom 27. September 1996 (die aktuellen Rekorde erfährt man unter www.utm.edu/research/primes/largest/html).

FÜNF PERFEKTE ZAHLEN

Eine »perfekte« Zahl ist die Summe der Zahlen, durch die sie sich teilen läßt: die Zahl 6 läßt sich durch 1, 2 und 3 teilen und ist zugleich die Summe von 1, 2 und 3. Damit ist 6 eine perfekte, und zwar die kleinste perfekte Zahl. Hier sind die nächsten vier (von derzeit 33 bekannten Exemplaren; die größte hat mehr als 500.000 Ziffern):

28, 496, 8128, 33550336.

17MAL DIE SIEBEN IN DER BIBEL

Die Zahl sieben (»numerus perfectus et sacratus«) kommt an mehr als 200 Stellen in der Bibel vor. Unter anderem hier:

1. Die sieben Tage der Schöpfungswoche (Gen. 2,2).

2. Die sieben Säulen am Haus der Weisheit (Prov. 9,1).

3. Die siebenfache Preisung Gottes (Ps. 119,164)

4. Die siebenfache Strafe für denjenigen, der den Brudermörder Kain erschlägt (Gen. 4,15.24).

5. Die sieben Vertreter aller reinen Tiere in der Arche Noah (Gen. 7,2).

6. Die sieben Tage bis zum Beginn der Sintflut (Gen. 7,10).

7. Die Landung der Arche im siebten Monat ihrer Reise (Gen. 8,4).

8. Die Aussendung der Tauben nach sieben Tagen (Gen. 8,12).

9. Die sieben fetten und die sieben mageren Kühe (Gen. 41,2-29).

10. Die sieben Tage der ungesäuerten Brote (Ex. 12,15.19).

11. Der siebenarmige Leuchter (Ex. 25,37).

12. Die sieben Gemeinden der Apokalypse (Apok. 1,4.11).

13. Das Buch mit den sieben Siegeln (Apok. 5,1).

14. Die sieben Augen und Hörner des Lamms (Apok. 5,6).

15. Die sieben Gaben des Heiligen Geistes (Is. 11,1-3).

16. Die sieben Engel mit den sieben Posaunen (Apok. 8,2.6).

17. Die sieben Worte Christi am Kreuz (Lukas 23,46).

Weitere religiöse Bedeutungen der Sieben finden wir in den sieben Sakramenten oder den sieben Vaterunserbitten. Und auch in vielen anderen Kulturen kommt die sieben an prominenter Stelle vor: Die sieben Kurfürsten (Böhmen, Brandenburg, Köln, Mainz, Pfalz, Sachsen und Trier), die sieben weisen Männer des antiken Griechenland (Kleobulos aus Lindos, Solon aus Athen, Chilon aus Sparta, Bias aus Priene, Thales von Milet, Pittakos aus Mytilene und Periandros von Korinth), die sieben Weltwunder, die sieben Hügel Roms (Aventin, Celius, Esquilin, Kapitol, Palatin, Quirinal und Viminal), die sieben Tore Thebens etc.

Quellen: E. Nack: *Götter, Helden und Dämonen*, Wien 1968; *Zürcher Bibel*, Zürich 1975; H. Meyer und R. Suntrup: *Lexikon der mittelalterlichen Zahldeutung*, München 1987; *Das neue Taschenlexikon*, 20 Bände, Gütersloh 1992; *Meyers Taschenlexikon*, 20 Bände, Mannheim 1992.

SIEBEN UNWAHRSCHEINLICHE WAHRSCHEINLICHKEITEN

1. Wahrscheinlichkeit für zwei gleiche Geburtstage bei 40 zufällig zusammengewürfelten Personen: 89 %.

2. Wahrscheinlichkeit, daß bei einem zufälligen Tausch aller 20 Millionen deutschen Ehefrauen ein Ehemann seine eigene Frau zurückbekommt: 63 %.

3. Wahrscheinlichkeit, daß die Erde in 5 Milliarden Jahren noch besteht: 0 %.

4. Wahrscheinlichkeit, daß die erste Ziffer einer zufällig aus der Zeitung ausgewählten Zahl eine 1 ist (keine Jahreszahl): 30 %.

5. Wahrscheinlichkeit, daß an einem Roulettetisch im Spielkasino Dortmund-Hohensyburg an einem Abend zehnmal in Folge Rot erscheint: 0,1 %.

6. Wahrscheinlichkeit, daß irgendeine Person, von deren Tod ein anderer die Nacht vorher träumt, am nächsten Tag tatsächlich stirbt: 8 %.

7. Wahrscheinlichkeit, daß eine früher gezogene deutsche Lottokombination bis einschließlich Juni 1995 ein zweites Mal gezogen wird: 28 %.

(Am 21. Juni 1995 wurde im Mittwochslotto die Gewinnreihe 15–25–27–30–42–48 aus dem Samstagslotto vom 20. Dezember 1986 ein zweites Mal gezogen. Dieses in den Medien als Sensation gefeierte Ereignis ist ungefähr so wahrscheinlich wie »zweimal Kopf« beim zweimaligen Werfen einer Münze).

Quellen: Walter Krämer: *Denkste! Trugschlüsse aus der Welt des Zufalls und der Zahlen*, Frankfurt am Main 1995; Norbert Henze: »Erstmals im Lotto dieselbe Zahlenreihe – eine Sensation?«, *Der mathematischnaturwissenschaftliche Unterricht*, 1995.

DIE ZEHN UNWAHRSCHEINLICHSTEN ZUFÄLLE

Mit einem »Zufall« meinen wir hier ein Ereignis, daß, bevor es eingetreten ist, sehr unwahrscheinlich war. Davon gibt es Millionen und Milliarden (fast alles, was uns und anderen zustößt, ist extrem unwahrscheinlich – die Wahrscheinlichkeit, daß eine bestimmte Schneeflocke exakt auf unserer Nase landet, ist kleiner als 10 Lottogewinne hintereinander, aber trotzdem landet nicht selten eine Schneeflocke exakt auf unserer Nase). Die folgende Liste faßt also nicht die zehn unwahrscheinlichsten, sondern die zehn ausgefallensten Zufälle zusammen, die uns in unserem bisherigen Leben als Statistiker und Zeitungsleser aufgefallen sind.

1. Die fünf Kinder Catherine, Carol, Charles, Claudia und Cecilia von Ralph und Carolyn Cummins aus Clintwood im amerikanischen Bundesstaat Virginia erblickten in mehrjährigen Abständen zwischen 1952 und 1966 das Licht der Welt, alle am 20. Februar.

2. Zwei weder verwandte noch verschwägerte Soldaten werden im Ersten Weltkrieg in das gleiche Lazarett gebracht. Sie sind beide 19 Jahre alt, haben beide eine Lungenentzündung, kommen beide aus Schlesien, dienen beide als Freiwillige in einer Transportkompanie und heißen beide Franz Richter.

3. Am 5. Dezember 1664 sinkt ein Atlantiksegler vor der walisischen Küste. Es sind 81 Menschen an Bord, einer davon, mit Namen Hugh Williams, überlebt. An einem anderen 5. Dezember 120 Jahre später versinkt ein anderes Schiff mit 60 Passagieren, der einzige Überlebende heißt Hugh Williams. Und als am 5. Dezember 1860 ein weiteres Schiff mit 25 Passagieren sinkt, heißt der einzige Überlebende ebenfalls Hugh Williams.

4. Eine Mutter aus dem Schwarzwald fotografiert ihren vierjährigen Sohn, bringt den Film nach Straßburg zum Entwickeln, kann ihn aber wegen des Ersten Weltkriegs nicht abholen. Zwei Jahre später kauft sie in Frankfurt einen neuen Film, um ihre inzwischen geborene Tochter aufzunehmen. Jedoch erweist sich der Film als doppelt belichtet, die erste Aufnahme zeigt ihren zwei Jahre vorher fotografierten Sohn.

5. Ein Monsieur Deschamps erhält als Knabe von einem Monsieur de Fontgibu einen Plumpudding geschenkt. Zehn Jahre später sieht Deschamps einen Plumpudding in einem Pariser Restaurant; er will ein Stück davon bestellen, aber der Plumpudding ist bereits bestellt, und zwar von Monsieur de Fontgibu. Viele Jahre später wird Deschamps zu einem Plumpudding geladen, wobei er bemerkt, jetzt fehle nur noch de Fontgibu. Darauf öffnet sich die Tür, und ein

uralter, desorientierter Greis tritt ein: Monsieur de Fontgibu. Er hatte sich in der Adresse geirrt und war rein zufällig in dieses Haus geraten.

6. Ein Mann mit Namen George D. Bryson mietet sich unangemeldet in einem Hotel in Louisville, Kentucky, ein, findet aber in seinem Zimmer einen Brief, adressiert an George D. Bryson, Zimmer 307. Jedoch war der Brief gar nicht an ihn gerichtet – der eigentliche Adressat des Briefes, ein George D. Bryson aus Montreal, der vorher dieses Zimmer innehatte, war soeben abgefahren.

7. Ein amerikanischer Soldat, aus dem Ersten Weltkrieg heimgekehrt, findet am Strand von Brooklyn eine angeschwemmte Waschbürste – seine eigene, die mehrere Jahre zuvor mit einem Truppentransporter und zahlreichen Kameraden des Soldaten nach einem deutschen U-Boot-Angriff vor der französischen Atlantikküste untergegangen war.

8. »Abertausende amerikanischer Kinder schreiben in diesen Monaten unbekannterweise Briefe an die im Persischen Golf eingesetzten US-Soldaten, um ihnen zu zeigen, daß man sie in der Heimat nicht vergessen hat«, konnte man während des Golfkrieges in der *Hannoverschen Allgemeinen Zeitung* lesen. »Die Anschrift lautet üblicherweise: ›An irgendeinen Soldaten‹. Einen solchen Brief erhielt in Saudi-Arabien der 27jährige Sergeant Rory Lomas aus Savannah im Staat Georgia. Wie es der Zufall wollte: Der Brief an irgendeinen Soldaten stammte von Lomas' zehnjähriger Tochter Cetericka.«

9. Eine aus Tschechien nach Deutschland übersiedelte Frau mit Vornamen Janina, Mutter zweier Kinder, telefoniert mit ihrer Freundin Eva in Prag, Mutter dreier Kinder, zum zweiten Mal verheiratet. Sie hatte sich verwählt, aber die Dame am anderen Ende der Leitung heißt tatsächlich Eva, hat drei Kinder, ist zum zweiten Mal verheiratet, und eine ihrer Freundinnen namens Janina ist kürzlich mit zwei Kindern nach Deutschland ausgereist (berichtet eine unserer Studentinnen, die Tochter von Janina).

10. Carl Zuckmayer findet eine handgemalte Wandtapete, die ihm im österreichischen Exil im Gasthof des Carl Mayr bei Salzburg zum ersten Mal begegnet war, nach langen Jahren in einer amerikanischen Intellektuellenvilla wieder: »Viele Jahre nach meiner Flucht aus dem besetzten Österreich«, schreibt er in *Als wär's ein Stück von mir*, »wurde ich drüben in Amerika einmal von Freunden aus meiner Vermonter Farm- und Waldeinsamkeit weggeholt, um einen amerikanischen Schriftsteller kennenzulernen, der sich einige kleine Autostunden weit in einer Ortschaft des alten, kolonialen Neu-England angesiedelt hatte.« Nach einer ausgiebigen Hausbesichtigung und nach langem Drängen

Zuckmayers schließt dieser ein unbeheiztes und deshalb nicht bewohntes letztes Gartenzimmer auf, worin fein säuberlich an der Wand verklebt die Originaltapete aus Salzburg hängt, »als hätte Carl Mayr soeben den letzten Farbtupfen aufgesetzt«.

Quelle: Walter Krämer: *Denkste! Trugschlüsse aus der Welt des Zufalls und der Zahlen*, Frankfurt am Main 1995.

28. KAPITEL:
ASCHE ZU ASCHE

ZWÖLF AUSSERGEWÖHNLICHE TODESFÄLLE

1. Oma sieht Nackten und fällt tot um
»Kommen Sie sofort ...«, konnte sie der Polizei noch sagen, »dann brach sie zusammen, Herzversagen, Tod.«

2. Winzer erstickt in Weinbottich
»Beim Zerstampfen der Trauben ist ein Winzer in Empurany im südfranzösischen Departement Ardèche am Wochenende in einem Weinbottich erstickt ... Der Winzer war ... vermutlich dem Kohlendioxid zum Opfer gefallen, das bei der Gärung der Trauben entsteht.«

3. Iltis erschießt Kreisrat
»Einen Rehbock wollte der Hobby-Jäger schießen, als er nachts um drei im Saebker Wald auf den Hochsitz kletterte. Aber es nähert sich nur ein Iltis, der Jäger feuert eine Ladung Schrot, der Iltis bleibt liegen. Um zu sehen, ob das Tier noch lebt, tippt der Jäger den Iltis mit dem Kolben seiner Doppelflinte an ...«

4. Todessturz vom Balkon
»Ein Bremer Schiffsoffizier gab eine Party ... In der Wohnung darüber ärgerte sich der Hausmeister über den Lärm so sehr, daß er sich über den Balkon beugte und eine Tomate an die Fenster der Ruhestörer warf.« Dabei verliert er das Gleichgewicht und fällt auf die Straße.

5. Playboy beim Fensterln abgestürzt
»Beim Fensterln in einer Pension mit hübschen Urlauberinnen ist ein 26jähriger Bayer von der Leiter gefallen ... Der junge Mann galt als der Playboy von Oberammergau.«

6. Vom Grabstein erschlagen
Ein junger Mann aus Glasgow will einen Weg abkürzen – über einen Friedhof, unter einem bogenförmigen Grabstein hindurch; der Stein stürzt um.

7. Zechpreller an Schweinshaxe erstickt
»An dem Tag, den er nicht überlebte, hatte der 37jährige Horst H. besonders großen Appetit. Der arbeitslose Verlagsangestellte aß ... eine legierte Tagessuppe, eine

446   Asche zu Asche

Portion Matjesfilet als Vorspeise, eine Portion Schweineschulter mit Sauerkraut und Kartoffelpüree, einen großen Eisbecher mit Früchten und Sahne, drei Stück Sahnetorte ...« Das zusammen mit sieben Glas Bier, dann verschwand er durch den Notausgang. Abends in einem anderen Lokal »aß er ein großes Schinkenbrot, dann eine knusprige Schweinshaxe ...«. Er verschluckt sich und erstickt.

8. Blitz erschlägt Wurstkönig
»Kurz unter dem Gipfel lächelte der Wurst-Millionär Hans März (45) erschöpft, aber zufrieden ins Tal hinunter ... Plötzlich schoß ein Blitz aus den Wolken. Er schlug direkt in den Filzhut des stämmigen Fabrikanten und tötete ihn auf der Stelle.«

9. Rock-Fan an Kopfverrenkungen gestorben
»Wieder hat sich ein Rock-Fan vor Begeisterung totgeschüttelt ... Der Schüler Christopher Tyrer (15) schüttelte seinen Kopf wie ein Irrer zur superlauten Musik – bis er zusammenbrach. Gehirnblutung!«

10. Fallschirmspringer prallen in der Luft zusammen
Bei einem Schauspringen in Florida prallen zwei Springer beim Fallen aufeinander, einer wird ohnmächtig, kann die Reißleine nicht ziehen und stürzt 2 Kilometer in die Tiefe ...

11. Im Wohnzimmer von Auto überfahren
»Beim Fernsehen im Wohnzimmer ist der Amerikaner William Skeen (42) in Dayton (Ohio) am Heiligen Abend von einem Auto getötet worden: Der Mann saß gerade auf seinem Sofa, als eine Autofahrerin die Gewalt über ihren Wagen verlor und eine Hauswand durchbrach.«

12. Mit Handy gegen Baum gelaufen
»Weil ihm beim Telefonieren ein Baum im Weg stand, starb der 36jährige Koreaner Kim Il Song an den Folgen eines ungewöhnliches Unfalls.« Herr Song war, sein Handy haltend, gegen einen Baum gelaufen; er ist kurz darauf in einem Krankenhaus gestorben.

Quellen: dpa sowie N. Jungwirth und G. Kromschröder: *Originelle Todesfälle*, ohne Ort und Jahr.

DIE ZEHN EUROPÄISCHEN LÄNDER MIT DEN MEISTEN AIDS-PATIENTEN

Bis Ende 1993 wurden der UNO rund 1 Million Aids-Erkrankungen gemeldet, die meisten, knapp 400.000, in den USA. Die wahren Zahlen sind aber weit größer (weltweit 4 Millionen geschätzte Erkrankungen, 16 Millionen Infizierte). Unter unseren Nachbarn in Europa weisen die folgenden Länder die meisten Aids-Fälle auf (aber Vorsicht: große und je nach Land abweichende Dunkelziffern):

		Offiziell gemeldete Fälle bis Ende 1993
1.	Frankreich	28.671
2.	Spanien	22.279
3.	Italien	20.320
4.	Deutschland	10.645
5.	Großbritannien	8.515
6.	Schweiz	3.548
7.	Niederlande	2.911
8.	Rumänien	2.637
9.	Portugal	1.675
10.	Belgien	1.521

Quelle: United Nations: *Statistical Yearbook*, 40. Ausgabe, New York 1995.

DIE GEFÄHRLICHSTEN INFEKTIONSKRANKHEITEN

Derzeit sterben jährlich 50 bis 60 Millionen Menschen, davon rund 17 Millionen in vergleichsweise jungen Jahren, an Infektionskrankheiten aller Art. Hier sind die gefährlichsten:

		Todesopfer weltweit 1995
1.	Akute Atemwegserkrankungen	4,4 Mio.
2.	Durchfallerkrankungen	3,1 Mio.
3.	Malaria	2,1 Mio.
4.	Hepatitis B	1,1 Mio.
5.	Aids	1,0 Mio.
5.	Masern	1,0 Mio.
7.	Neonatal Tetanus	500.000
8.	Keuchhusten	360.000
9.	Spulwurm/Hakenwurm	165.000

Quelle: Michael Day: »Scourge of infections kills the Third World's young«, *New Scientist*, 25. Mai 1996.

DIE FÜNF HÄUFIGSTEN TODESURSACHEN
IN DEUTSCHLAND

	Todesfälle 1993
1. Herz-Kreislaufkrankheiten	440.896
2. Krebs	213.748
3. Krankheiten der Atmungsorgane	52.934
4. Verletzungen und Vergiftungen	42.674
5. Krankheiten der Verdauungsorgane	42.280

Diese Liste wird oft falsch gelesen. Anders als viele glauben, zeugt sie nicht von der Schwäche, sondern von der *Stärke* unseres Gesundheitswesens: je mehr Menschen an Krebs und Kreislaufleiden sterben, desto höher die Lebenserwartung, desto besser die Medizin; in Ländern, wo die Menschen schon im Kindesalter an Malaria und Typhus sterben, gibt es keinen Krebs. (PS: Würde es der Medizin gelingen, Krebs als Todesursache völlig auszurotten, würde parallel dazu die Häufigkeit von Alzheimer und Herzinfarkt dramatisch steigen; der Zuwachs an Lebenserwartung wäre weniger als drei Jahre).

Quellen: Walter Krämer: *Wir kurieren uns zu Tode*, Frankfurt am Main 1993; *Statistisches Jahrbuch für die Bundesrepublik Deutschland 1995.*

DIE ZEHN IN DEUTSCHLAND AM HÄUFIGSTEN
VERORDNETEN MEDIKAMENTE

	Rezepte 1994	Rezepte 1995
1. Olynth	7,1 Mio.	7,8 Mio.
2. Voltaren Emulgel	6,4 Mio.	8,2 Mio.
3. Mucosulvan	5,3 Mio.	6,1 Mio.
4. L-Thoroxyn Henning	5,2 Mio.	5,7 Mio.
5. ACC-Hexal	5,2 Mio.	7,0 Mio.
6. Isoket	4,1 Mio.	4,3 Mio.
7. Paracetamol-Ratiopharm	3,8 Mio.	5,3 Mio.
8. ben-u-ron	3,8 Mio.	4,6 Mio.
9. Corinfar	3,6 Mio.	3,2 Mio.
10. Sinupret	3,5 Mio.	4,0 Mio.

Der Spitzenreiter Olynth ist ein Anti-Schnupfenmittel; es bremst das Anschwellen der Nasenschleimhäute. Voltaren ist ein Anti-Rheumamittel, Mucosulvan und

ACC-Hexal sind Hustensäfte, L-Thoroxyn springt für eine unterfunktionierende Schilddrüse ein, Isoket ist ein Koronarmittel, Paracetamol soll Schmerzen lindern, und so weiter durch den ganzen Katalog unserer menschlichen Leiden und Beschwerden hindurch.

Quelle: U. Schwabe und G. Paffrath (Hrsg.): *Arzneiverordnungs-Report '96*, Stuttgart 1996.

17 PROMINENTE OPFER DER SYPHILIS

1. Papst Alexander VI.
1431-1503. »Einer der größten Frauenjäger der Geschichte und einer der lasterhaftesten Menschen der Renaissance.« Auch sein Sohn Cesare Borgia und seine schöne Tochter Lucrezia Borgia litten vermutlich an Syphilis (das »Hausleiden« der Borgia), genauso wie die nachfolgenden Päpste Julius II. und Leo X.

2. Charles Baudelaire
1821-1867. Der Autor der *Blumen des Bösen*; auch bekanntgeworden durch seine Übersetzungen von Edgar Allen Poe.

3. Karen Blixen
1885-1962. Bekannt durch ihre Bücher über Afrika (unter dem Pseudonym Isak Dinesen), eine von wenigen prominenten Frauen, von denen man weiß, daß sie an Syphilis gelitten haben.

4. Randolph Churchill
1849-1895. Bekannter englischer Politiker des ausgehenden 19. Jahrhunderts; Vater von Winston Churchill.

5. König Franz I. von Frankreich
1495-1547. Wurde angeblich das Opfer eines rachsüchtigen Ehemanns, der seine von Franz verführte Frau absichtlich mit Syphilis infizierte.

6. Maurice Gamelin
1872-1958. Französischer Oberbefehlshaber an der Westfront 1940; durch Inkompetenz und Dummheit hauptverantwortlich für den deutschen Blitzsieg, litt seit Anfang der 30er Jahre an Syphilis, die, wie viele glauben, seine »dullness of intellect« zumindest teilweise mitverschuldet hat.

7. Paul Gauguin
1848-1903. Erst Freund, dann Feind der Impressionisten; starb arm und krank auf einer Südseeinsel.

8. Heinrich Heine
1797-1856. In vielen Biographien ist zwar nur von »einer schleichenden Krankheit, die seit langem an seinem Mark gezehrt hatte« die Rede, aber mit großer Wahrscheinlichkeit war es die Syphilis, an der dieser große Dichter starb.

9. Heinrich VIII.
1491-1547. Litt gegen Ende seines Lebens an zahlreichen Krankheiten zugleich, vermutlich auch der Syphilis; fühlte sich verfolgt und wurde ungewöhnlich fett.

10. E.T.A. Hoffmann
1776-1822. Spricht im Frühjahr 1819 erstmals von »einem Unterleibsübel mit gichtischen Zuständen«. Von da an verschlechterte sich Hoffmanns Zustand zusehends, bis er schließlich 1822 an der Syphilis verstirbt.

Ulrich von Hutten, eines der ersten prominenten Opfer der Syphilis, auf einem Holzschnitt von 1530.

11. Ulrich von Hutten
1488-1523. Berühmter Humanist und Reformator; an Syphilis gestorben mit 35 Jahren. »Er kommt herfür mit einer stumpfen Nasen, das Bein nach sich schleppend, mit grindigen Händen, stinkendem Atem, kranken Augen und verbundenem Kopf, Eiter fließt aus der Nasen und Ohren«, schreibt der große Erasmus von Rotterdam über den Mann, den er selbst noch kurz vorher als »das Entzücken der Musen« bezeichnet hatte.

12. Edouard Manet
1832-1883. Der »Vater des Impressionismus«. Starb mit 51 an einem »Rückenmarksleiden« (dem üblichen Euphemismus für die Syphilis).

13. Guy de Maupassant
1850-1893. Zeigte erste Zeichen der Syphilis in seinen frühen 20ern, wobei bis heute offenbleibt, ob er die Krankheit von seiner Mutter geerbt oder sich selbst zugezogen hat (für ersteres spricht, daß auch Maupassants Bruder in jungen Jahren an Syphilis erkrankte und daran gestorben ist). Weigerte sich, die Krankheit behandeln zu lassen, die sich daraufhin stetig verschlimmerte.

14. Friedrich Nietzsche
1844-1900. Gab 1879 krankheitshalber seinen Lehrstuhl in Basel auf. Obwohl kaum jemals offen ausgesprochen, war wohl auch die Syphilis ein Grund für diesen Abschied und für seinen späteren Wahnsinn.

15. Zar Peter der Große
1672-1725. Verschiedene Quecksilberkuren, denen sich Peter unterzog, lassen auf Syphilis schließen, wie auch seine angeblich rheumatischen Schmerzen, die sich gut durch Syphilis erklären lassen.

16. Franz Schubert
1797-1828. Muß mit 25 erstmals wegen einer »schweren venerischen Krankheit« ins Spital, stirbt mit 31.

17. Henri Toulouse-Lautrec
1864-1901. Hat sich die Krankheit mit Mitte 20 in Pariser Bordellen zugezogen und ist dann auch an deren Spätfolgen im Verein mit Alkoholmißbrauch gestorben. »Schon gut, es soll Ihnen nichts ausmachen, wenn ich mein Grab mit dem Schwanz grabe«, hat er zu einem besorgten Geistlichen gesagt.

Quellen: G. Séjournet: »La maladie de Toulouse-Lautrec«, *La Presse Medicale*, 25. Dezember 1955; *Encyclopaedia Britannica* (Maupassant); William Manchester: *The Last Lion*, London 1983, und verschiedene andere Bibliographien; Ernst Bäumler: *Amors verirrter Pfeil – Kulturgeschichte einer verschwiegenen Krankheit*, München 1989, Geoffrey Regan: *The Guiness Book of Military Blunders*, London 1991 (Gamelin).

ZEHN PROMINENTE, DIE AN MIGRÄNE LEIDEN ODER LITTEN

Seltsamerweise versuchen auch die meisten Menschen, die an Migräne leiden, ihre Krankheit zu verheimlichen (die schon 2000 v. Chr auf einer ägyptischen Papyrusrolle beschrieben wurde). So mußte 1994 eine Fernsehsendung über prominente Migräne-Kranke abgesagt werden, weil keiner der Eingeladenen bereit war, an der Sendung teilzunehmen.

1. Hildegard von Bingen
1098-1179. Gründerin und Äbtissin der Klöster Rupertsberg und Eibingen; eine der ersten Frauen, die über Medizin und Naturwissenschaften publizierten.

2. Wilhelm Busch
1832-1908. Vielgeliebter Verfasser humoristischer Bildergeschichten; als »seriöser« Maler, der er eigentlich sein wollte, weniger beachtet.

3. Marie Curie
1867-1934. Die einzige Frau mit zwei Nobelpreisen – 1903 den Nobelpreis für Physik (für die Entdeckung – mit ihrem Mann – der radioaktiven Elemente Polonium und Radium) und 1911 den Nobelpreis für Chemie.

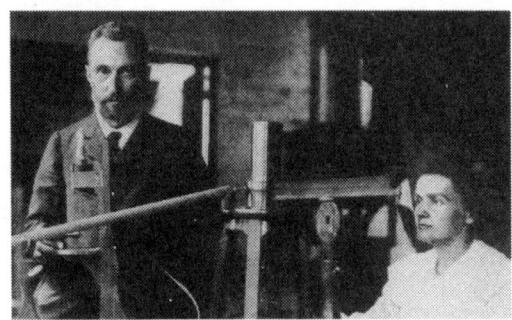

Pierre und Marie Curie

4. Charles Darwin
1809-1882. Der Begründer des »Darwinismus«, der Lehre von der Herausbildung neuer Arten durch »survival of the fittest«.

5. Elizabeth II.
Geb. 1926. Seit 1953 Königin von Großbritannien und Nordirland.

6. Sigmund Freud
1856-1939. Für viele einer der größten Scharlatane des 20. Jahrhunderts, Nervenarzt und Dozent für Neuropathologie in Wien.

7. Thomas Jefferson
1743-1826. Mitverfasser der amerikanischen Unabhängigkeitserklärung, dritter Präsident der USA.

8. Karl Marx
1818-1883. Keine Vorstellung nötig.

9. Friedrich Nietzsche
1844-1900. Noch eine Krankheit für diesen vielgeprüften Mann.

10. Madame Pompadour
1721-1764. Mätresse Ludwigs des XV.

Quellen: H. Göbel: *Kopfschmerzen*, Berlin 1994; *Das Neue Taschenlexikon*, 20 Bände, Gütersloh 1992; S. Karolyi: *Die Pompadour*, Berlin 1952.

DIE SIEBEN HÄUFIGSTEN UNFALLURSACHEN IM STRASSENVERKEHR

	Polizeilich aufgenommene Unfälle mit Personenschäden 1993
1. Überhöhte Geschwindigkeit	104.339
2. Mißachtung der Vorfahrt	67.470
3. Sonstige Fehler beim Abbiegen, Wenden etc.	64.576
4. Alkohol	37.977
5. Verstoß gegen Rechtsfahrgebot	35.252
6. Falsches Verhalten gegenüber Fußgängern	27.244
7. Fehler beim Überholen	22.276

Quelle: *Statistisches Jahrbuch für die Bundesrepublik Deutschland 1995.*

VIER AUSSERGEWÖHNLICHE SELBSTMORDE

1. Ein Arbeiter aus Trstnik (ehem. Jugoslawien) sägt sich mit der Kreissäge selbst den Kopf ab.

2. Eine junge Frau aus Melbourne erschießt sich in einem Leichenschauhaus. »Mein Tod soll nicht allzuviele Schwierigkeiten machen«, steht in ihrem Abschiedsbrief ...

3. Ein arbeitsloser Kranführer aus Hamburg sprengt sein Haus in die Luft, läuft in ein nahes Gartenhäuschen, trinkt eine Flasche Pflanzengift, legt sich eine Drahtschlinge um den Hals, und als sich diese zuzieht, schießt er sich noch eine Kugel in den Kopf.

4. Nach zehn erfolglosen Selbstmordversuchen sprengt sich der Österreicher Anton Kohlberger (24) auf einer Polizeiwache in Linz mit Dynamit in die Luft.

Quelle: N. Jungwirth und G. Kromschröder: *Originelle Todesfälle,* ohne Ort und Jahr.

DIE ZEHN LÄNDER MIT DEN HÖCHSTEN
SELBSTMORDRATEN

Selbstmorde pro 100.000 Menschen
und Jahr (Durchschnitt 1990-1995)

1. Ungarn	39
2. Finnland	30
3. Schweiz	23
3. Belgien	23
3. Österreich	23
6. Dänemark	22
7. Frankreich	20
8. Schweden	19
9. Deutschland	18
10. Japan	16

Diese Zahlen sind mit Vorsicht zu genießen: was ein Selbstmord ist, wird nicht in allen Ländern gleich gewertet. Aber sie zeigen doch, daß Reichtum allein nicht glücklich macht: Von Ungarn abgesehen sind es gerade die reichen Länder dieser Erde, in denen sich die Menschen gerne selbst entleiben. Außerdem fällt ein eklatantes Nord-Süd-Gefälle ins Auge: je mehr die Sonne scheint, desto seltener kommen die Menschen auf finstere Gedanken (in Frankreich etwa zählt man in der wolkigen Bretagne dreimal soviele Selbstmorde pro 100.000 Menschen wie auf Korsika).

Auch bei der Art des Selbstmords gibt es regionale Unterschiede: Franzosen hängen sich gerne auf, Deutsche erschießen sich, Engländer nehmen Gift. Manche glauben, daß dies auch die geringe Selbstmordhäufigkeit in England (8 pro Jahr und 100.000) gut erklärt: Sie versuchen es genauso häufig, nur funktioniert es nicht so oft ...

Quelle: »Put it down to cultural difference«, *The Economist*, 5. Oktober 1996.

DIE ZEHN UNGESÜNDESTEN BERUFE

Deutsche Arbeitnehmer sind pro Jahr im Durchschnitt 22 Tage krank. Dieser Durchschnitt verschweigt aber die große Spannweite von mehr als 19 Tagen alias vier Arbeitswochen bei den Krankmeldungen quer durch unsere Wirtschaftszweige. Hier sind die zehn Branchen, in denen am häufigsten krankgefeiert wird:

Branche	Soviele Tage war ein Arbeitnehmer dieser Branche 1994 im Durchschnitt krankgeschrieben
1. Öffentliche Verwaltung	30,6
2. Verkehrsbetriebe	26,7
3. Bahn und Post	25,4
4. Baugewerbe	25,1
5. Ernährungsindustrie	24,3
6. Gummiverarbeitung	24,2
7. Handel	23,2
8. Glasindustrie	21,4
9. Hüttenwesen	21,0
9. Stahlindustrie	21,0

Am Ende dieser Liste liegt das Bankgewerbe mit 11 Tagen.

Quelle: »Banker arbeiten sich gesund«, *Informationsdienst des Instituts der Deutschen Wirtschaft*, 11. Juli 1996.

DIE SECHS HÄUFIGSTEN BERUFSKRANKHEITEN

	Fälle 1992
1. Hautkrankheiten	25.147
2. Schwerhörigkeit	13.567
3. Bronchitis, Asthma	8.528
4. Staublunge	7.822
5. Infektionen	2.749
6. Sehnenscheidenerkrankungen	1.751

Quelle: *aktuell '95 – Lexikon der Gegenwart*, Dortmund 1994.

DIE ZEHN GEFÄHRLICHSTEN BERUFSKRANKHEITEN

Todesfälle 1994

1. Lungenkrebs mit Asbestose	184
2. Durch Asbest verursachtes Mesotheliom des Rippen- und Bauchfells	148
3. Erkrankungen durch ionisierende Strahlen	85
4. Quarzstaublunge (Silikose)	42
5. Asbeststaublunge (Asbestose)	14
6. Quarzstaublungenerkrankung in Verbindung mit aktiver Lungentuberkulose (Siliko-Tuberkulose)	13
7. Erkrankungen durch Benzol	8
8. Erkrankungen durch Chrom oder Chromverbindungen	6
9. Adenokarzinome der Nasenhaupt- und Nasenneben- höhlen durch Stäube von Eichen- oder Buchenholz	6
10. Durch chemisch-irritativ oder toxisch wirkende Stoffe verursachte Atemwegserkrankungen	6

Quelle: Bundesministerium für Arbeit und Sozialordnung: *Arbeitssicherheit '95*, Bonn 1996.

DIE ZEHN HÄUFIGSTEN KREBSARTEN

Soviele Deutsche sind 1994 an Krebs erkrankt:

Männer		Frauen	
1. Lunge	30.200	1. Brustdrüse	42.600
2. Prostata	22.000	2. Dickdarm	19.000
3. Harnblase	14.200	3. Gebärmutterkörper	11.000
4. Dickdarm	14.000	4. Magen	10.100
5. Magen	10.800	5. Mastdarm	8.700
6. Mastdarm	8.800	6. Lunge, Eierstöcke	7.900
7. Mundhöhle und Rachen	8.000	7. Gebärmutterhals	7.000
8. Niere	5.700	8. Harnblase	5.200
9. Bauchspeicheldrüse	4.700	9. Niere	4.500
10. Nervensystem	3.500	10. Gallenblase	4.200

Quelle: *Daten des Gesundheitswesens*, Schriftenreihe des Bundesministeriums für Gesundheit, Bd. 51, Ausgabe 1995.

ZEHN UNKONVENTIONELLE TODESARTEN

»Old professors never die, they just lose their faculties« hat einer der Autoren dieser Sammlung einmal auf einer Klotür in einer renommierten Universität gelesen. Das war ihm Anlaß, nach weiteren Einsichten dieser Art zu forschen.

    1. Old Bankers never die, they just loose interest.
    2. Old Burglers never die, they just steal away.
    3. Old Cashiers never die, they just check out.
    4. Old Prostitutes never die, they just fake away ...
    5. Old Composers never die, they just decompose.
    6. Old Garagemen never die, they just retire.
    7. Old Magicians never die, they just disappear.
    8. Old Mathematicians never die, they just loose some functions.
    9. Old Pacifists never die, they just go to peaces.
    10. Old Programmers never die, they just decompile.

Quelle: Internet-Seite www.yotta.com.

SIEBEN TÖDLICHE SPORTUNFÄLLE

1. Ein 54jähriger Angler sitzt seit Stunden am Ufer. Vom Herbststurm aufgeweicht bricht plötzlich die Böschung weg, der Mann rutscht ab und ertrinkt.

2. Mit viel Schwung wirft ein Sportfischer seine Angelsehne aus. Diese wickelt sich um eine Hochspannungsleitung – Stromschlag, Exitus.

3. Während eines Fußballspiels in Oldenburg gerät einem 22jährigen Mitspieler ein Kaugummi in die Luftröhre – der Fußballer erstickt.

4. Ein Schiedsrichter wird von einem umfallenden Tor erschlagen.

5. Ein 48jähriger Oberstudienrat legt sein Gewehr auf dem Schießstand ab. Eine Windböe bläst die Pappscheibe gegen die Waffe, darauf löst sich ein Schuß, durchschlägt den Hals des Schützen.

6. Ein 26jähriger Fußballspieler springt hoch, um einen Flankenball ins Tor zu köpfen, kollidiert mit dem gegnerischen Torwart, bricht sich den obersten Halswirbel und durchtrennt eine Arterie.

7. Ein Hobbytaucher mißachtet die Gebrauchsanweisung für seine Sauerstoffflasche. Er läßt sich in eine Tiefe absinken, wo wegen der niedrigen Temperatur das Kondenswasser im Lungenautomaten gefriert, der Taucher erstickt.

Quellen: »Todesfälle im Vereinssport in der Bundesrepublik Deutschland«, *Deutsche Zeitschrift für Sportmedizin*, Heft 1 (1996) 47; »Gefährlicher Urtrieb«, *Spiegel-Online* 11/1996.

29. KAPITEL: BLICK NACH VORNE ...

DIE ZEHN BEKANNTESTEN WELTUNTERGÄNGE

1. Das Jahr 992 nach Christus
In diesem Jahr fielen Mariä Verkündigung und Karfreitag zusammen – Geburt und Tod.

2. Das Jahr 1000 nach Christus
Damals hielten viele Bibelgläubige, die Apokalypse wörtlich nehmend, endgültig das Ende für gekommen: »Gemäß der Prophezeiung des Heiligen Johannes wird Satan nun bald von seinen Ketten befreit, denn die tausend Jahre gehen zu Ende ...«

3. Das Jahr 1169 nach Christus
Auslöser dieser Prophezeiung war ein seltenes astronomisches Ereignis: alle Planeten sind in einem einzigen Sternbild – der Waage – versammelt. Der Kaiser von Byzanz soll daraufhin die Fenster seines Palastes zugemauert haben.

4. Das Jahr 1524 nach Christus
Diesmal treffen sich drei Planeten, Jupiter, Saturn und Mars, im Sternbild der Fische – das Zeichen einer Sintflut. Auch kühle Köpfe wie Martin Luther sahen damals die Welt am Ende ihres Laufes angekommen.

5. Das Jahr 1666 nach Christus
Auslöser ist die Summe der Zahlen 1000 und 666 (die aus der Apokalypse bekannte »Zahl des Tieres«).

6. Mitternacht, 21. März 1843
Dieses Datum wurde von zahlreichen Theologen aufgrund des 8. und 9. Kapitels des biblischen Buches Daniel ermittelt; dort ist von »2300 Abenden und Morgen« die Rede, die die Erde dauern werde (ein Abend und Morgen = ein Jahr), sowie von siebzig Wochen alias 490 Jahren, die mit dem Tode des Erlösers im Jahr 34 schon vergangen waren. Damit verbleiben von der Geburt Jesu noch 2300-490+34 = 1844 Jahre. Der 21. März schließlich ergab sich durch den Frühlingsanfang, da ja auch die Welt im Frühling angefangen hatte.

Vor allem in Nordamerika wurde diese Prophezeiung viel geglaubt; diverse Nachkommen der seinerzeitigen »Adventisten« findet man dort noch heute.

7. Das Jahr 1881 nach Christus

Dieses Datum geht auf eine Wahrsagung einer gewissen »Mother Shipton« aus dem England des 16. Jahrhunderts zurück, die mit den Worten endet: »The world to an end will come – in eighteen-hundred-and-eighty-one.«

8. Der 4. Februar 1962

Weltuntergang nach einer Prophezeiung einer um die Mitte des 17. Jahrhunderts lebenden »Sybille von Prag« (die Dame soll auch das Auto – »ein Wagen, getrieben von seltsamem Wasser« – und die Eisenbahn vorhergesehen haben: »ein einziger dampfender Kessel wird hundert Postkutschen ziehen«).

9. Das Jahr 1998

Einmal ist 1998 = 3 x 666; und Jesus Christus wurde in der 1998. Woche seines Erdendaseins an das Kreuz geschlagen ...

10. Der 13. November 2026

An diesem Tag wird sich die Bevölkerungsdichte auf der Erde dem Wert unendlich nähern, wie amerikanische Wissenschaftler mit den Methoden des Club of Rome berechnet haben.

Quellen: Helmut Swoboda: *Propheten und Prognosen*, München 1979; Heinz von Förster u. a.: »Doomsday: Friday, 13 November, A. D. 2026«, *Science* 132, 1960, S. 1291-1295.

VIER VERKORKSTE WAHLPROGNOSEN

1. US-Präsidentenwahl 1936

Das US-Magazin *Literary Digest* sagt aufgrund einer aufwendigen Telefonumfrage einen Erdrutschsieg des Republikaners Landon voraus. In Wahrheit siegt F. D. Roosevelt mit großem Vorsprung (seine Wähler hatten keine Telefone).

2. US-Präsidentenwahl 1948

So sicher sind die Demoskopen, daß Thoms Dewey, der Herausforderer des amtierenden Präsidenten Truman, diese Wahl gewinnt, daß einige Zeitungen das Auszählen der Stimmen gar nicht erst abwarten. Truman gewinnt.

Der alte und neue Präsident Harry Truman am Morgen nach der Präsidentenwahl 1948

3. DDR-Volkskammerwahl 1990
Das größte Desaster aller deutschen Wahlprognosen; die meisten Umfrager gaben
der SPD um die 50 %. Endergebnis: SPD 21,9 %. Viele DDR-Bürger enthüllten
den Umfragen nicht ihre wahren Präferenzen; sie redeten den Medien, deren Vorliebe für die SPD kaum übersehen werden konnte, und den mit diesen (vermeintlich) verbündeten Umfragern nach dem Mund.

4. Landtagswahlen Frühjahr 1996
Das SPD-nahe Dortmunder Forsa-Institut sieht die FDP in allen drei Landtagswah-
len (Rheinland-Pfalz, Baden-Württemberg, Schleswig-Holstein) an der 5 %-Hürde
scheitern. Die FDP zieht bequem in alle drei Landtage ein.

VIER VORHERGESAGTE KATASTROPHEN DES 20. JAHRHUNDERTS

1. Der Untergang der Titanic

Im Jahr 1898, 14 Jahre vor dem Untergang der Titanic, erscheint *The Wreck of the Titan*, ein Roman eines gewissen Morgan Robertson über einen 75.000 Bruttoregistertonnen großen Ozeanriesen, der auf seiner Jungfernreise mit einem Eisberg kollidiert und sinkt; mehr als die Hälfte der 3.000 Passagiere ertrinken ...

Mit der zeitlichen Nähe des Unglücks nehmen die Vorahnungen zu: ein Geschäftsmann, der eine Reise auf der Titanic gebucht hatte, sieht das Schiff im Traum kieloben schwimmen (er annulliert die Buchung und überlebt). Oder eine Mrs. Marshall steht auf dem Dach ihres Hauses auf der Insel Wright, um die Titanic auf der Jungfernfahrt zu sehen, sie ruft: »Das Schiff wird nie Amerika erreichen, es wird vorher untergehen!« etc.

2. Der Reichstagsbrand

»Ich sehe Flammen, riesige Flammen ... Ein schrecklicher Brand ist ausgebrochen. Verbrecher haben das Feuer gelegt. Sie wollen Deutschland in letzter Minute ins Chaos stürzen, um den Sieg für null und nichtig zu erklären ...«

... sprach Erik Jan Hanussen alias Herman Steinschneider aus Ottakring am 26. Februar 1933, einen Tag vor dem Berliner Reichstagsbrand.

3. Die Ermordung Kennedys

... wurde von Dutzenden vorhergesagt. »Das Horoskop Präsident Kennedys zeigt Gesundheitsschäden und zu einer bestimmten Zeit die Gefahr, daß er von einem Fanatiker ermordet wird«, schreibt ein Astrologischer Kalender Anfang 1961. »Ich muß immerzu an das Weiße Haus denken. Wo ich gehe und stehe, sehe ich, wie sich eine dunkle Wolke auf das Weiße Haus herabsenkt«, orakelt das bekannte Washingtoner Medium Jeane Dixon zwei Tage vor dem Attentat.

4. Das Space-Shuttle-Desaster

Wurde schon im 16. Jahrhundert von Nostradamus vorausgesehen: »Neun werden weggeschickt, ihr Schicksal bei der Abreise besiegelt. K-T-L hat einen Fehler gemacht« (es waren zwar nur sieben Astronauten, und der Hersteller der defekten Rakete war die Firma Thiokol, aber immerhin ...).

Die Ermordung Kennedys oder der Untergang der Titanic wurden natürlich dutzendweise vorhergesehen, ganz einfach, weil jede Nacht Tausende von Leuten von allen möglichen Katastrophen träumen, und der Reichstagsbrand wurde vielleicht erst aufgrund der Prophezeiung von den Nazis selbst gelegt ...

Quellen: Martin Ebon: *Die Titanic wird untergehen und Kennedy getötet werden – Prophetien wurden wahr*, München 1974. (Zu Todesahnungen siehe auch das Kapitel »Zufälle« in Walter Krämer: *Denkste! Trugschlüsse aus der Welt des Zufalls und der Zahlen*, Frankfurt am Main 1995.)

DIE ZEHN BEKANNTESTEN PROGNOSEN
DES NOSTRADAMUS

1. Die Hinrichtung des englischen Königs Karl I. 1649

»Gent und Brüssel marschieren gegen Antwerpen,
das Parlament in London ermordet seinen König ...«
(Zeitgleich mit der Verhaftung Karls I. plante Phillip von Spanien die Rückerobe-
rung der Niederlande; seine Armee erreichte die Grenzstadt Antwerpen.)

2. und 3. Die Pest und der große Brand von London 1666

»Die große Pest in der maritimen Stadt wird nicht vergehen,
bis der Tod gerächt sein wird ...«
»Das Blut der Gerechten wird in London ausgetrocknet werden,
sechsundsechzigmal wird es im Feuer brennen ...«

4. Das englische Empire

»In England wird ein großes Reich entstehen,
die größte Macht für über 300 Jahre ...«

5. Den Aufstieg Hitlers und der Zweite Weltkrieg

»Wilde Bestien werden hungrig die Flüsse überqueren,
das Schlachtfeld wird zum größten Teil an Hitler fallen ...«

6. Die letzten Tage Hitlers und die Spaltung Deutschlands

»Die Burgen der Belagerten werden durch Pulver in den Tiefen versenkt.
Der Verräter wird darin lebendig begraben sein.
Niemals vorher lief eine so schlimme Spaltung durch das deutsche Volk.«

7. Die Atombomben auf Hiroshima und Nagasaki

»In Hafennähe in zwei Städten
werden zwei Geiseln erscheinen, wie es sie noch nie vorher gab ...«

8. Saddam Hussein

»... er wird kommen, gemein, böse und niederträchtig,
um Mesopotamien zu tyrannisieren ...«

9. Der Bürgerkrieg in Jugoslawien

»Es wird Blutvergießen geben,
und Dalmatien wird vor Angst zittern ...«

10. Die Scheidung von Prinz Charles und Lady Di

»Das Hochzeitslied wird in Tränen umgewandelt werden ...«

Michel de Nostradamus, Schriftsteller, Hobbykomiker und Arzt,
geboren am 14. Dezember 1503 in Saint Rémy, gestorben am 2. Juli 1566 in Salon

Nebenbei bemerkt hat Nostradamus nicht nur die Scheidung von Prinz Charles und Lady Di, sondern auch die Millionen sonstiger Ehescheidungen seit 1550 korrekt vorhergesehen ...

Das Rezept ist einfach: Man verfasse 1.000 Kurzgedichte der Art:

Früher oder später wird großes Unheil über ...
(undeutlich schreiben) kommen;
es wird regnen Hunde und Katzen,
die ... (undeutlich schreiben) werden fressen ihre ...
(undeutlich schreiben),
und der große Fürst des Morgenlandes etc.

Dann 500 Jahre auf kleiner Flamme kochen lassen ...

Quelle: Susan Capel: *Die Prophezeiungen des Nostradamus,* Erlangen 1995.

FÜNF UNBEKANNTE PROGNOSEN BEKANNTER LEUTE

1. »Das Radio hat keine Zukunft.« (Lord Kelvin, um 1910)
2. »Wir haben 60 Jahre ohne Fernsehen gelebt, und wir werden weitere 60 Jahre ohne das Fernsehen auskommen.« (Avery Brundage, Präsident des Internationalen Olympischen Komitees, 1960 zu Olympia und TV)
3. »Der Mensch wird es nie schaffen, sich der Kraft des Atoms zu bedienen.« (Robert Mullikan, Nobelpreisträger 1923)
4. »Zwischen der sozialistischen DDR und der imperialistischen BRD gibt es keine Einheit und wird es keine Einheit geben. Das ist so sicher und so klar wie die Tatsache, daß der Regen zur Erde fällt ...« (Erich Honecker 1981)
5. »Eher gewinnt der Stich in Wimbledon, als daß Kaiserslautern Deutscher Fußballmeister wird.« (Erich Daum, Fußballtrainer, einen Monat vor dem Sieg von Stich in Wimbledon zu den Chancen des späteren Deutschen Fußballmeisters 1. FC Kaiserslautern)

VIER FEHLPROGNOSEN FÜR DAS 20. JAHRHUNDERT

Die folgenden Prognosen wurden Ende des 19. Jahrhunderts von bekannten Wissenschaftlern und Experten für das 20. Jahrhundert abgegeben; sie sind hier nach Grad des Fehlschlages sortiert:

1. Autos
»Die neuen Automobile werden unsere Straßen so leise machen wie ein Waldweg; das Getrappel der Hufe und das Quietschen der Eisenräder werden verschwinden, und da Automobile so viel kleiner und seltener sind als Kutschen, haben wir auf den Straßen wieder viel mehr Platz.«

2. Motorisierte Kriegsführung
»Ohne Zweifel werden Automobile in künftigen Kriegen eine gewisse Bedeutung erlangen; aber zu einem bedeutenden Transportmittel für Soldaten werden sie erst in vielen, vielen Jahren werden.«

3. Waldsterben
»Wegen des enormen Holzbedarfs in Haushalten und Industrie wird es in den USA im Jahr 1920 kaum noch Bäume geben.«

4. Bevölkerungsexplosion
»Am Ende des 20. Jahrhunderts werden in den USA mehr Farbige als Weiße leben.«

Quelle: John Center: »1890 – Where America was a Century ago«, *The Futurist* 1990, S. 22-28.

ZEHN PROGNOSEN FÜR DAS JAHR 2000 VON 1968

1. Wirksame Appetit- und Gewichtskontrolle; kein Mensch muß mehr wiegen als er will.
2. »Winterschlaf« für medizinische Zwecke auch beim Menschen.
3. Riesenunterseeboote für Massenguttransporte.
4. Verläßliche langfristige Wettervorhersagen (inklusive Beeinflussung des Wetters durch den Menschen).
5. Weitgehende Verhinderung von Erbkrankheiten.
6. Planmäßiger Ackerbau und dauernd bewohnte Siedlungen auf dem Meeresboden.
7. Programmierbare Träume.
8. Aufschub des Alterungsprozesses und beträchtliche Zunahme der Lebenserwartung.
9. Interplanetarischer Güter- und Personenverkehr.
10. Privatflugzeuge für jedermann.

Das sind Prognosen des bekannten Futurologen Hermann Kahn; außer diesen Fehltreffern hat er aber durchaus auch Dinge wie Organverpflanzungen, den PC und das Internet vorhergesehen, an die 1968 sonst noch niemand dachte.

Quelle: H. Kahn und A. J. Wiener: *Ihr werdet es erleben*, Zürich 1968.

DIE SIEBEN GRÖSSTEN FEHLPROGNOSEN DES CLUB OF ROME

Im Jahr 1980, als noch viele Wissenschaftler und die meisten Journalisten an die Untergangsprognosen des Club of Rome glaubten, bot der amerikanische Wirtschaftsprofessor Julian Simon eine Wette an: 1000 Dollar, daß fünf ausgewählte Rohstoffe (Kupfer, Chrom, Nickel, Zinn und Tungsten), deren Verknappung und Verteuerung der Club of Rome vorhergesehen hatte, bis 1990 nicht teurer, sondern billiger werden würden. Der Umweltaktivist Paul Ehrlich nahm die Wette an und verlor – zehn Jahre später waren alle diese Metalle reichlicher und billiger geworden. Hier sind die eklatantesten Fehlprognosen des Club of Rome:

	Reserven 1970 laut CoR (Mio. Tonnen)	Reserven 1989	Tatsächlicher Verbrauch 1970-1989
1. Aluminium	1.170	4.918	231
2. Kupfer	308	560	176
3. Blei	91	125	99
4. Nickel	67	109	14
5. Zink	123	295	118
6. Erdöl	550	900	600
7. Erdgas	250	900	250

Von zwei Rohstoffen, Erdöl und Blei, haben wir allein zwischen 1970 und 1989 weltweit mehr verbraucht als laut Club of Rome am Anfang dieses Zeitraums zur Verfügung standen; bei Zink und Erdgas müßten wir ebenfalls inzwischen die Bestände vollständig geplündert haben.

Quellen: Norman Myers und Julian Simon: *Scarcity or abundance?*, New York 1994; W. Beckermann: *Small is stupid*, London 1995.

DIE ZEHN MEGATRENDS 2000

1. Die Weltwirtschaft wird zu ungeahnter Blüte reifen.
2. Die schönen Künste werden eine Renaissance erleben.
3. Der marktwirtschaftliche Sozialismus wird triumphieren.
4. Trotz internationalen Lebensstils werden nationale Traditionen immer wichtiger.
5. Der traditionelle Wohlfahrtsstaat wird untergehen.
6. Die Pazifikstaaten werden immer einflußreicher werden.
7. Die Frauen werden in die Führungsetagen einziehen.
8. Die Biologie wird die zentrale Wissenschaft werden.
9. Die Religionen werden wieder auferstehen.
10. Das Individuum wird Triumphe feiern.

Quelle: John Naisbitt und Patricia Aburdene: *Megatrends 2000*, Düsseldorf 1991.

ARTHUR C. CLARKES PROGNOSEN FÜR DAS 21. JAHRHUNDERT

1. Menschliche Kolonien auf Planeten.
2. Kontaktaufnahme mit außerirdischen Intelligenzen.
3. Überwindung der Schwerkraft.
4. Sonden in das Innere der Erde.
5. Beherrschung des Wetters.
6. Künstliche Erzeugung von Lebewesen.
7. Züchtung intelligenter Tiere.
8. Maschinen, die intelligenter sind als Menschen.
9. Unsterblichkeit.

Quelle: Arthur C. Clarke: *Im höchsten Grade phantastisch*, Düsseldorf 1963.

EINE PROGNOSE DES BATELLE-INSTITUTS DER ZEHN GRÖSSTEN TECHNOLOGISCHEN DURCHBRÜCHE BIS ZUM JAHR 2005

1. Perfektionierung der Genom-Analyse.
2. Neue Superwerkstoffe und Materialien.
3. Perfektionierung langlebiger, tragbarer Energiequellen als Ersatz herkömmlicher Batterien.
4. PC, FAX und Telefon zusammen in einem Apparat von der Größe eines Taschenrechners.
5. Intelligente Automatisierung von Produktionsprozessen (nicht nur die Arbeiter, auch die Manager werden überflüssig).
6. Aufhalten des menschlichen Alterungsprozesses.
7. Intelligente (zielsichere) Arzneimittel.
8. Autos mit simultanem Benzin- und Elektroantrieb.
9. Hochauflösendes Fernsehen.
10. Revolutionierung der Schulausbildung durch Computer und Computerspiele.

Quelle: »Hot technologies«, *Industry Week* vom 17. April 1995.

DIE ZEHN BEVÖLKERUNGSREICHSTEN EUROPÄISCHEN LÄNDER 2025

1995 lebten in Europa rund 370 Millionen Menschen; diese Zahl wird nach einer Prognose der UNO für 2025 kleiner, dann leben in:

	2025	1995
1. Deutschland	76 Mio.	82 Mio.
2. Großbritannien	62 Mio.	58 Mio.
3. Frankreich	61 Mio.	58 Mio.
4. Italien	52 Mio.	57 Mio.
5. Polen	42 Mio.	38 Mio.
6. Spanien	38 Mio.	39 Mio.
7. Niederlande	16 Mio.	15 Mio.
8. Belgien	10 Mio.	10 Mio.
8. Schweden	10 Mio.	9 Mio.
10. Ungarn	9 Mio.	10 Mio.

Quelle: *aktuell '97 – Lexikon der Gegenwart*, Dortmund 1996.

DIE ZEHN (ANGEBLICH) WICHTIGSTEN FOLGEN DES DIGITALEN INFORMATIONSZEITALTERS

1. Das öffentliche Bildungswesen stirbt.
2. Spontane Gemeinschaften lösen die Massengemeinschaft auf.
3. Die Ära der zentralen Steuerung wird endgültig zu Ende sein.
4. Neue Formen des Konsens beenden das leere Palaver der Politik.
5. Die Büros der Unternehmen sind dort, wo die Angestellten wohnen.
6. Netzwerke erzeugen virtuelle Familien.
7. Die Massenmedien sterben aus.
8. Neue Technologien werden wichtiger als grüne Ideale.
9. Das gläserne Leben führt zur positiven Anarchie.
10. Das Leben wird zur Kunst.

Quelle: G. Gerken und Michael A. Konitzer: *Trends 2015*, Bern 1996.

30. KAPITEL:
... UND ZURÜCK

STEFAN ZWEIGS STERNSTUNDEN
DER MENSCHHEIT

»Was ansonsten gemächlich nacheinander und nebeneinander abläuft, kompri-
miert sich in einen einzigen Augenblick, der alles bestimmt und alles entscheidet«,
schreibt Stefan Zweig. »Ein einziges Ja, ein einziges Nein, ein Zufrüh oder ein
Zuspät macht diese Stunde unwiderruflich für hundert Geschlechter und bestimmt
das Leben eines Einzelnen, eines Volkes und sogar den Schicksalslauf der ganzen
Menschheit.«

Hier sind elf dieser Schicksalsstunden, aus der Sicht von Zweig:

1. Die Entdeckung des Pazifischen Ozeans am 25. September 1513
Der Spanier Vasco Nuñez de Balboa führt eine kleine Truppe von Abenteurern
über die Landenge von Panama zum »Mar del Sur«, zum Südmeer, das nach Indien
führt.

2. Die Eroberung von Byzanz, 29. Mai 1453
Nach sieben Wochen Belagerung, nach zahlreichen vergeblichen, blutig abge-
schmetterten Sturmläufen, unterstützt von den stärksten Kanonen, die die Welt bis
da gesehen hatte, brechen 150.000 Türken durch die berühmten Theodosischen
Mauern, die Byzanz umschirmen; damit endet das Ostromische Reich und die
Herrschaft des Abendlandes in diesem Teil der Erde.

3. Georg Friedrich Händels Auferstehung, 21. August 1741
An diesem Tag sieht der einsame, von einem »inneren Frost« befallene Händel, der
keine Lust mehr am Komponieren und am Leben hat, zum ersten Mal den Text des
»Messiahs«; er beginnt am gleichen Tag sein Oratorium, vollendet es in knapp drei
Wochen.

4. Die Marseillaise, 25. April 1792
Ein gewisser, vorher und nachher nie als großer Tonkünstler hervorgetretener
Hauptmann Rouget vom Straßburger Festungskorps läßt sich vom Bürgermeister
überreden, aus Anlaß der Kriegserklärung Frankreichs an Österreich und Preußen
ein patriotisches Lied zu komponieren.

5. Die Weltminute von Waterloo, 18. Juni 1815
Marschall Grouchy, von Napoleon zur Verfolgung der Preußen detachiert, kehrt
gegen den Rat seiner Unterführer nicht nach Waterloo zurück. Damit ist der Sieg
der Engländer und das Ende Napoleons besiegelt.

**6. Die Marienbader Elegie (Goethe zwischen Karlsbad und Weimar,
   5. September 1823)**
Der 74jährige, von einer schweren Krankheit genesende Goethe schreibt auf der
Heimfahrt von Karlsbad nach Weimar sein vielleicht schönstes Gedicht.

7. Die Entdeckung Eldorados (J. A. Suter in Kalifornien, Januar 1848)
Im Januar 1848 findet ein Angestellter von Oberst Johann August Suter in einem
Bachlauf Gold. Trotz verzweifelter Versuche Suters, diesen Fund geheimzuhalten,
bricht der große kalifornische Goldrausch aus.

8. Dostojewski auf dem Semenowskplatz in St. Petersburg, 22. Dezember 1849
Im letzten Augenblick wird der mit seinen Freunden wegen revolutionärer
Umtriebe zum Tode verurteilte Dostojewski vom Zar begnadigt.

9. Das erste Wort über den Ozean (Cyrus W. Field, 28. Juli 1858)
An diesem Tag geht die erste Telegraphennachricht durch ein Kabel mit Lichtge-
schwindigkeit von England nach Amerika.

10. Der Kampf um den Südpol (Scott am 90. Breitengrad, 16. Januar 1912)
Der letzte weiße Fleck des Erdballs wird zum Ziel eines tödlichen Wettlaufs zwischen Scott und Amundsen.

11. Der versiegelte Zug (Lenin am 9. April 1917)
Das Deutsche Reich erlaubt dem russischen Revolutionär, aus seinem Exil in der
Schweiz durch Deutschland über Schweden nach Rußland heimzukehren.

Quelle: Stefan Zweig: *Sternstunden der Menschheit*, Frankfurt am Main 1962.

15 REKORDE AUS DER BIBEL

1. **Der älteste Mensch**
   Methusalem mit 969 Jahren.
2. **Das größte Schiff**
   die Arche Noah mit 150 Metern Länge und 25 Metern Breite.

3. **Der höchste Berg**
   ist unter allen in der Bibel erwähnten der Berg Ararat in der östlichen Türkei (dort Aghri Dag genannt) mit 5.156 Metern.
4. **Das höchste Gebäude**
   der Turm zu Babel, genaue Höhe unbekannt.
5. **Die meistgenannte Frau**
   Sara, die Frau von Abraham; sie wird in der Bibel 56mal genannt.
6. **Die längste Reise**
   dauerte 40 Jahre und führte im wesentlichen im Kreis herum.
7. **Das größte Bett**
   besaß ein König Og aus dem Ostjordanland; das Möbel war aus Eisen und vier Meter lang, zwei Meter breit.
8. **Die meisten Kinder**
   hatte Abdon, der Richter; er zeugte 40 Söhne.
9. **Der stärkste Mann**
   Samson; er tötete 1.000 Feinde mit dem Unterkieferknochen eines Esels.
10. **Der größte Mann**
    Goliath mit mehr als drei Metern.
11. **Der potenteste Mann**
    König Salomo mit seinen 700 Frauen und 300 Nebenfrauen.
12. **Der jüngste König**
    Joas, er wurde König im Alter von sieben Jahren.
13. **Der meistgenannte König**
    David, er wird 1.118mal in der Bibel namentlich erwähnt.
14. **Der größte Viehzüchter**
    Hiob, er hatte 14.000 Schafe, 6.000 Kamele und 2.000 Rinder.
15. **Der kürzeste Vers**
    »Da weinte Jesus« aus dem Johannes-Evangelium.

Quelle: Thomas Lardon und Klaus Müller: *Die Bibel – Das Buch der Rekorde*, 2. Auflage, München 1992.

DIE SIEBEN WELTWUNDER DES ANTIPATROS VON SIDON

Es gibt verschiedene Listen mit »Weltwundern« der Antike. Die bekannteste ist die des griechischen Dichters Antipatros von Sidon; in einem Gedicht aus dem 2. Jahrhundert preist er die folgenden Bauwerke als die größten Wunder aller Zeiten (in anderen Listen kommen noch andere Bauwerke wie der berühmte Leuchtturm von Alexandria oder das Kolosseum in Rom hinzu):

1. Die Stadtmauern von Babylon
Ein riesiger, zu Zeiten Nebukadnezars im sechsten und siebten Jahrhundert vor Christus vorwiegend aus Lehmziegeln erbauter doppelter Befestigungsring um die einstmals größte Stadt der Welt (auf den Mauerkronen konnten angeblich Wagen fahren; als Antipatros seine Liste aufstellte, war Babylon allerdings schon größtenteils verfallen).

2. Die hängenden Gärten der Semiramis
Ebenfalls unter Nebukadnezar in Babylon entstandene, terrassenförmig auf den Dächern eines Palastes angelegte künstliche Parkanlage.

3. Das Zeus-Denkmal in Olympia
Eine mehr als zwölf Meter hohe, reich geschmückte Götterstatue (das dabei verbrauchte Gold soll mehr als eine Tonne gewogen haben).

4. Der Koloß von Rhodos
Eine mehr als 30 Meter hohe, um die Jahre 304 bis 292 vor Christus errichtete Bronzestatue.

5. Die Pyramiden von Giseh

Der Koloß von Rhodos als Hafenwächter; wie er wirklich aussah, weiß man nicht, er wurde noch im Jahrhundert seiner Erbauung von einem Erdbeben zerstört.

6. Das Mausoleum von Halikarnaß
Marmorumkleidetes Grabmal für den kleinasiatischen Potentaten Mausolos aus dem vierten Jahrhundert vor Christus.

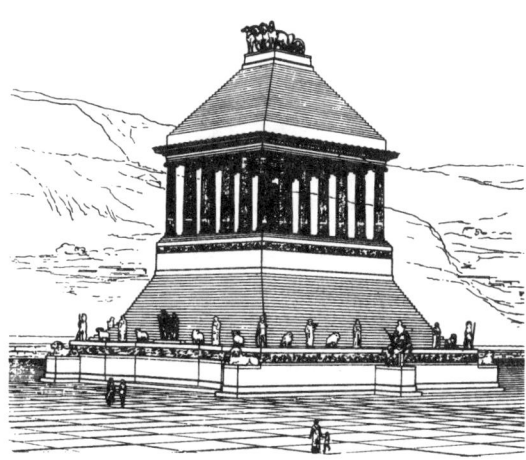

7. Der Artemis-Tempel von Ephesus
Große, in Form einer doppelten Ringhalle aus 127 Säulen angelegte Altaranlage.

Von diesen Wundern sind nur die Pyramiden heute noch zu sehen.

Quelle: Werner Eckschmidt: *Die Sieben Weltwunder: Ihre Erbauung, Zerstörung und Wiederentdeckung*, 8. Auflage, Mainz 1991.

Das Mausoleum von Halikarnaß in moderner Rekonstruktion: ein etwas groß geratenes Grab für einen eher marginalen Herrscher.

DIE ZEHN AM LÄNGSTEN REGIERENDEN HERRSCHER

1. König Pepi II. von Ägypten (90)
Herrschte als letzter König der 6. Dynastie von 2738 bis 2644 vor Christus (anfangs durch einen Vormund vertreten); nach seinem Tod begann im alten Ägypten eine Zeit der Auflösung und Anarchie.

2. König Ludwig XV. von Frankreich (72)
Urenkel Ludwigs des XIV.; erbte 1715 im Alter von fünf Jahren den Thron von seinem Urgroßvater; vor allem durch Mätressenwirtschaft (Pompadour und Dubarry) bekannt geworden. Unter seiner Herrschaft verloren die Franzosen ihre Besitzungen in Nordamerika.

3. Fürst Johann II. von Liechtenstein (71)
Regierte von 1858 bis 1929; großer Förderer von Wissenschaft und Kunst.

4. Kaiser Franz Joseph von Österreich (68)
Bekannt als Mann von Sissy; regierte von 1848 bis 1916. Der letzte große Habsburger-Kaiser (sein Nachfolger Karl I. dankte 1918 ab; seitdem gibt es in Österreich keinen Kaiser und keinen Adel mehr; die Habsburger dürfen das Land noch nicht einmal betreten).

5. Königin Viktoria von England (64)
Regierte von 1837 bis 1901 (das »viktorianische Zeitalter«).

6. König Georg III. von England (60)
Regierte von 1760 bis 1820, zuletzt in geistiger Umnachtung; wurde trotzdem 1814 auch noch König von Hannover.

7. König Ludwig XIV. von Frankreich (59)
Der Sonnenkönig; regierte von 1643 bis 1715, zunächst unter der Vormundschaft seiner Mutter. Unter ihm erreichte Frankreich den Gipfel seiner Macht.

8. Kaiser Pedro II. von Brasilien (58)
Besteigt mit sechs den Thron im Jahr 1831; wird 1889 wegen seiner sklavenfreundlichen Gesetze abgesetzt.

9. Königin Wilhelmine der Niederlande (58)
Regierte von 1890 bis 1948; während des 2. Weltkrieges nach England emigriert.

10. König Heinrich III. von England (56)
Regierte von 1216 bis 1272; zeitweilig durch seinen Schwager Simon von Montfort von der Macht verdrängt.

Quellen: *Wissenswertes von A bis Z*, Berlin 1983; Will und Ariel Durant: *Kulturgeschichte der Menschheit*, Köln 1985.

DIE ZEHN PFLICHTEN EINES MITTELALTERLICHEN RITTERS

1. Du sollst deiner Kirche glauben und ihren Befehlen folgen.
2. Du sollst die Kirche verteidigen.
3. Du sollst die Schwachen schützen.
4. Du sollst dein Vaterland lieben.
5. Du sollst vor keinem Feinde weichen.
6. Du sollst die Ungläubigen verfolgen ohne Unterlaß und ohne Gnade.
7. Du sollst deinem Lehnsherrn folgen.
8. Du sollst nicht lügen.
9. Du sollst großzügig und mildtätig sein gegen jedermann.
10. Du sollst immer sein der Meister des Guten und der Feind des Bösen.

Quelle: Léon Gautier: *Chivalry*, New York 1981.

ACHT HISTORISCHE GESTALTEN,
DIE NIE GELEBT HABEN

1. Odysseus

Obwohl der Trojanische Krieg nach Meinung der meisten Historiker nun doch stattgefunden hat (wenn auch nicht zehn Jahre lang und vielleicht an einem anderen Ort), wie auch ein König namens Agamemnon die Griechen in den Kampf geleitet hat, so sind doch die meisten anderen Figuren dieses Krieges, wie der tapfere Odysseus und sein Freund Achilles, von Homer ex post erfunden worden.

2. Maria Magdalena

Diese neben der Jungfrau Maria wohl bekannteste Frauengestalt des Neuen Testaments ist vermutlich eine aus drei anderen Personen zusammengesetzte Kunstfigur: eine gefallene Sünderin, vielleicht sogar Prostituierte (sie trifft Jesus im Haus eines Pharisäers und küßt ihm die Füße), eine der Frauen, die Jesus und seine Jünger begleiteten und speisten (die Zeugin der Kreuzigung und Auferstehung), und schließlich die Schwester eines Mannes, bei dem Jesus kurz vor seinem Tode zu einem Gastmahl einkehrt, und die ihm dort die Füße salbt (unter großem Protest der Jünger, die das für Verschwendung halten).

Nur die zweite dieser Frauengestalten wird in der Bibel mit Namen genannt: Maria aus Magdala. Die beiden anderen bleiben in den Evangelien namenlos; erst nachträglich hat man sie mit der Maria aus Magdala zu einer einzigen Person verbunden.

3. Siegfried

Dieser wohl bekannteste Nibelungenheld ist wie die anderen Gestalten der Nibelungensage frei erfunden. Als der Verfasser dieses Werkes um das Jahr 1200 die damals 700 Jahre zurückliegenden Wirren der Völkerwanderung zu seinem großen Heldenepos verdichtet, kann er sich nur auf sehr vage mündliche Überlieferungen stützen, die er mit Phantasiegestalten ausschmückt und um imaginäre Handlungen bereichert; die meisten im Nibelungenlied geschilderten historischen Begebenheiten haben so nie stattgefunden, und auch die wenigen nicht erfundenen, historisch verbürgten Figuren wie Dietrich von Bern und König Etzel haben mit ihren Vorbildern Theoderich und Attila fast nichts gemein.

4. König Artus

Auch der legendäre König Artus und seine Tafelrunde sind genau das: Legenden. Es hat sie nie real gegeben. Zwar kann man in Tintagel an der Küste Cornwalls Artus' Schloß und in Glastonbury in der Grafschaft Sussex Artus' Grab besuchen, aber Schloß wie Grab haben beide mit einem wahren König Artus nichts zu tun.

Die Artus-Legende mischt sich zusammen aus alten keltischen Sagen, einigen wenigen realen historischen Ereignissen (Anfang des 6. Jahrhunderts hat tatsächlich in Wales ein lokaler, heute längst vergessener Häuptling namens Artur existiert) und einem guten Schuß Phantasie des Geoffrey von Monmouth, der in seiner *Historia Regum Britanniae* um 1140 erstmals das Leben des Artus zusammenhängend schildert. Andere Versionen kursierten und kursieren auch in Frankreich, in Deutschland (Parzifal), sogar in Italien.

5. Till Eulenspiegel
Es ist zwar unbestritten, daß im Jahr 1350 ein Spaßvogel gleichen Namens (ein »nobilis parasitus Oulenspiegel«) in einem Hospital in Mölln im Herzogtum Lauenburg gestorben ist; noch heute kann man seinen Grabstein sehen. Aber die meisten seiner lustigen Streiche, mit denen ein unbekannter Autor 150 Jahre später die Obrigkeit verspotten wollte, hat man ihm erst nach dem Tode zugeschrieben.

6. Robin Hood
Wie viele andere Sagengestalten taucht auch dieser edle Räuber erst mehr als hundert Jahre nach dem Tode in den Schriften seines Landes auf; da waren aber alle Zeitzeugen längst gestorben. Die Wissenschaftler streiten noch, ob überhaupt ein reales historisches Vorbild existiert; wenn ja, darf man aber durchaus zweifeln, ob dies dem Robin Hood der Filme und Balladen wirklich ähnlich war.

7. Der Rattenfänger von Hameln
Vermutlich war der Rattenfänger ein Werber, der Jungvolk aus Hameln mit nach Osten nahm (noch heute gibt es ein Dorf Hamlingow bei Brünn in Tschechien). Die Ratten wurden dem Auszug erst später vorgeschaltet, um diesen Auszug der »Kinder« (das althochdeutsche »Kint« steht auch für »junger Mann« und »junge Frau«), der späteren Generationen schwer verständlich schien, nachträglich zu erklären.

8. Wilhelm Tell
Auch dieser Nationalheld hat niemals gelebt. Das sogenannte »Tellenlied« wurde 150 Jahre nach den fraglichen Ereignissen geschrieben; wie andere schriftliche Überlieferungen zu Tell steckt es voller Widersprüche (so schlossen etwa die Eidgenossen ihren Bund schon 1291, der Landvogt Geßler starb aber erst 16 Jahre später). Die Legende mit dem berühmten Apfelschuß findet sich schon in verschiedenen nordischen Märchen lange vor dem Jahr 1300, von wo sie, wahrscheinlich von durchreisenden Kaufleuten weitererzählt, in den Schweizer Tälern hängenblieb.

Quellen: William Lewis Hertslet: *Der Treppenwitz der Weltgeschichte*, 11. Auflage, Berlin 1965; G. Prause: *Tratschkes Lexikon für Besserwisser*, 5. Auflage, München 1991; J. F. Bergier: *Wilhelm Tell – Realität und Mythos*, München 1988.

NEUN IMAGINÄRE GROSSE WORTE

1. »Auch Du, mein Sohn Brutus.«
Angeblich die letzten Worte Cäsars; nach Berichten von Augenzeugen hat Cäsar
bei seiner Ermordung überhaupt nichts mehr gesagt.

2. »Welch ein Künstler stirbt mit mir!«
Dito Nero; in Wahrheit soll Nero sich bei einem Soldaten bedankt haben, der
einen Dolch aus Neros Wunde zog.

3. »Hier stehe ich, ich kann nicht anders.«
Diese mannhaften Luther-Worte vor dem Wormser Reichstag wurden dem großen
Reformator später von seinen Freunden angedichtet.

4. »Ich wollte es wäre Nacht, oder die Preußen kämen.«
Als Wellington vor der Schlacht von Waterloo mit seinen Generälen zum letzten
Mal zusammensaß, sagte er nur: »Unser Plan ist ganz einfach: die Preußen oder die
Nacht.« Mit anderen Worten, Wellington setzte darauf, daß sich die Franzosen
beim ständigen Anrennen gegen die Engländer erschöpfen würden; diese bräuch-
ten dann nur zu warten, bis es entweder dunkel würde oder die Preußen kämen.

5. »Dann sollen sie doch Kuchen essen.«
Im französischen Original heißt der Satz: »Qu'ils mangent de la brioche!« So patzig
soll Marie-Antoinette die Klagen ihrer Untertanen, sie hätten kein Brot zu essen,
abgewiesen haben. In Wahrheit wurden diese Worte schon 1760 von Jean-Jacques
Rousseau erfunden.

6. »L'Etat c'est moi.«
Diese berühmten Worte des französischen Sonnenkönigs Ludwig XIV. sind aus dem
Munde dieses Herrschers nie gefallen, zumindest wenn man seinem Biographen
Sieburg glauben darf: »Zwar ist es längst wahrscheinlich geworden, daß er diesen
Ausspruch nie getan hat, der auch seiner Staatsauffassung nicht entsprochen hätte.
Aber die Praxis, nach der der allgewaltige Monarch sein Land regierte, kam einer
Identifikation des Königs mit dem Staat doch so nahe, daß der gleichsam abstrakte
Absolutismus, den Richelieu entwickelt hatte, unter Ludwig XIV. durchaus persön-
liche Züge annehmen konnte.«

7. »Und sie bewegt sich doch!«
Weder in den Prozeßakten des Inquisitionsverfahrens, an dessen Ende Galilei die-
ses trotzige Schlußwort geäußert haben soll, noch in Galileis eigenen Briefen und
Schriften noch in anderen zeitgenössischen Quellen ist davon je die Rede.

Galilei vor der Inquisition: von der Nachwelt nicht immer korrekt gesehen.

8. »Von diesen Pyramiden schauen vierzig Jahrhunderte auf euch herab.«
Nach den Aussagen von Zeitgenossen hat Napoleon vor der Schlacht bei den Pyramiden keine Ansprache gehalten; den obigen Satz hat er zwanzig Jahre später, beim Diktieren seiner Memoiren auf St. Helena, dazugedichtet.

9. »Von hier und heute geht eine neue Epoche der Weltgeschichte aus.«

So soll Goethe im September 1792 in Valmy angesichts einer vor den revolutionären Franzosen fliehenden preußischen Armee gesprochen haben. Aber keiner der Zeitgenossen weiß etwas davon. Erst 1820/22, als Goethe seine Kampagne in Frankreich 1792 niederschrieb und damit 30 Jahre Zeit gehabt hatte, an seinem spontanen Wort zu basteln (und auch keine Angst mehr haben mußte, daß die Vorhersage danebengeht), kommt diese berühmte Prognose zum ersten Mal in Goethes Werken vor.

Quellen: William Lewis Hertslet: *Der Treppenwitz der Weltgeschichte*, 11. Auflage, Berlin 1965; Walter Krämer und Götz Trenkler: *Lexikon der populären Irrtümer*, Frankfurt am Main 1996.

DIE ERSTEN ZEHN PERSONEN, DIE VON DEN NAZIS »AUSGEBÜRGERT« WURDEN

Von 1933 bis 1945 haben die Nazis mehreren tausend Personen die deutsche Staatsbürgerschaft entzogen. Die erste dieser sogenannten Ausbürgerungslisten erschien im *Deutschen Reichsanzeiger* Nr. 198 vom 25. August 1933; die folgenden zehn Personen führten diese Liste an:

1. Dr. Alfred Apel, geb. 12. 3. 1882 in Düren
2. Georg Bernhard, geb. 20. 10. 1875 in Berlin
3. Dr. Rudolf Breitscheid, geb. 2. 11. 1874 in Köln
4. Eugen Epstein, geb. 25. 1. 1878 in Simmern
5. Alfred Falk, geb. 4. 2. 1896 in Berlin
6. Lion Feuchtwanger, geb. 7. 7. 1884 in München
7. Dr. Friedrich Wilhelm Foerster, geb. 2. 6. 1869 in Berlin
8. Hekkmuth von Gerlach, geb. 2. 2. 1866 in Mönchmotschelnitz
9. Elfriede Gohlke alias Ruth Fischer, geb. 11. 12. 1895 in Leipzig
10. Kurt Großmann, geb. 21. 3. 1897 in Berlin

Insgesamt enthielt diese Liste 33 Namen, an heute noch bekannten auch Wilhelm Pieck und Otto Wels. Sie endete mit den Worten: »Das Vermögen dieser Personen wird hiermit beschlagnahmt. Die Entscheidung darüber, inwieweit der Verlust der deutschen Staatsangehörigkeit auf Familienangehörige ausgedehnt wird, bleibt vorbehalten. Berlin, den 23. August 1933. Der Reichsminister des Innern, in Vertretung: Pfundtner.«

Quelle: Michael Hepp: *Die Ausbürgerung deutscher Staatsangehöriger 1933-45 nach den im Reichsanzeiger veröffentlichten Listen*, München 1985.

DIE KABINETTSLISTE DER VERSCHWÖRER DES 20. JULI

1. Reichskanzler und Chef des Kabinetts: Carl Gördeler
2. Vizekanzler: Wilhelm Leuchner
3. Außenminister: Graf Friedrich Werner
   von der Schulenburg
4. Innenminister: Julius Leber
5. Finanzminister: Ewald Loeser
6. Wirtschaftsminister: Karl Blessing
7. Kriegsminister: Generaloberst Erich Hoepner
8. Rüstungsminister: Albert Speer

Für die Ministerien der Post, Justiz und Landwirtschaft waren zunächst nur vorläufige, nach Etablierung der Regierung durch die endgültigen Minister abzulösende Beauftragte geplant. Das designierte Staatsoberhaupt (Generalstatthalter, Reichsverweser), zugleich oberster Befehlshaber der Wehrmacht, war Generaloberst Ludwig Beck. Der Attentäter Claus von Stauffenberg wäre Staatssekretär im Kriegsministerium geworden.

Von diesen Personen hat nur Albert Speer, der von seiner Nominierung nichts wußte, den Krieg überlebt; alle anderen wurden von den Nazis umgebracht.

Quellen: Hans Adolf Jakobson: *Spiegelbild einer Verschwörung*, Stuttgart 1984; *Chronik des 20. Jahrhunderts*, Dortmund 1988.

Er hätte Hitler als Reichskanzler abgelöst: Carl Gördeler, ehemaliger Oberbürgermeister von Leipzig, am 2. Februar 1945 in Berlin hingerichtet.

MICHAEL HARTS LISTE DER ZEHN EINFLUSS-REICHSTEN MENSCHEN DEUTSCHER SPRACHE

Die folgende Liste ist das geistige Kind des amerikanischen Mathematikers Michael Hart; er hat unter den rund 100 Milliarden Menschen, die nach Schätzung moderner Demographen seit Adam und Eva jemals geboren worden sind, diejenigen herausgefunden, die direkt oder indirekt das Weltgeschehen am nachhaltigsten beeinflußt haben.

Diese insgesamt 100 Personen umfassende Liste von Hart enthält auch 17 Personen deutscher Sprache (nur die Briten sind mit 18 noch häufiger vertreten). Hier sind die ersten zehn (Rang in der Gesamtliste in Klammern):

1. Johannes Gutenberg (8)
2. Albert Einstein (10)
3. Nikolaus Kopernikus (19)
4. Martin Luther (25)
5. Karl Marx (27)

6. Adolf Hitler (39)
7. Nikolaus Otto (42)
8. Ludwig van Beethoven (45)
9. Werner Heisenberg (46)
10. Gregor Mendel (58)

Johannes Gutenberg aus Mainz:
Der vielleicht einflußreichste Deutsche aller Zeiten

Die übrigen einflußreichen (ob im guten oder bösen Sinne) deutschsprachigen Menschen unter den 100 einflußreichsten aller Zeiten sind Max Planck (59), Siegmund Freud (69), Wilhelm Röntgen (71), Johann Sebastian Bach (72), Johannes Kepler (75), Leonard Euler (77) und Karl der Große (97). Aber auch hier hat sich die Sicht gewandelt: Karl Marx bekleidete in der ersten Auflage noch Rang 11, Siegmund Freud Rang 32.

Quelle: Michael H. Hart: *Die Hundert*, Frankfurt am Main 1994.

MICHAEL HARTS LISTE DER ZEHN EINFLUSSREICHSTEN MENSCHEN ALLER ZEITEN

1. **Mohammed (um 570-632)**
»Der einzige Mensch in der Geschichte, der sowohl in weltlicher als auch in geistiger Hinsicht einen gleichermaßen überwältigenden wie dauerhaften Erfolg errungen hat.«

2. **Isaac Newton (1642-1727)**
»Der größte und einflußreichste Naturwissenschaftler, der je gelebt hat.«

3. **Jesus Christus (?-30)**
Rangiert vor allem deshalb hinter Mohammed, weil nach Hart das Christentum nicht von einer, sondern von zwei Personen, Jesus und Paulus, begründet worden sei. Insofern stehe also die Leistung von Jesus hinter der des »Einzelkämpfers« Mohammed zurück.

4. **Buddha (um 560-480 v. Chr.)**
Begründer des Buddhismus.

5. **Konfuzius (um 551-479 v. Chr.)**
»Der erste, der die Grundvorstellungen der Chinesen in ein System ethischer Prinzipien zusammenfaßte.«

6. **Paulus (um 10-64)**
»Der erfolgreichste Missionar der neuen christlichen Religion.«

7. **Tsai Lun (um 50-118)**
Beamter am chinesischen Kaiserhof; der Erfinder des Papiers.

8. **Johannes Gutenberg (um 1397-1468)**
Der Verwerter des Papiers: erfand das Drucken mit beweglichen Lettern, sprengte so die Schleusen, die das Wissen der Menschheit bis dato zurückgehalten hatten.

9. **Christoph Kolumbus (1451-1506)**
»Leitete das Zeitalter der Forschungsreisen und der Kolonisation der neuen Welt ein und markierte damit einen kritischen Wendepunkt in der Geschichte.«

10. **Albert Einstein (1879-1955)**
»Der größte Naturwissenschaftler des 20. Jahrhunderts und einer der hervorragendsten Geister der Menschheitsgeschichte.«

Diese ersten zehn sind seit der ersten Auflage von 1979 unverändert. Auf den hinteren Rängen haben aber Wechsel stattgefunden: so sind Mao Tse-tung von 20 auf 89 und Lenin von 33 auf 84 gefallen, dafür sind Michael Gorbatschow mit Rang 95 oder Henry Ford mit Rang 91 neu dazugekommen.

Quelle: Michael H. Hart: *Die Hundert*, Frankfurt am Main 1994.

EPILOG:
WAS FASZINIERT UNS SO AN LISTEN?

Ja, was eigentlich?

»Alles hast du nach Maß, Zahl und Gewicht geordnet«, sagt die Bibel lobend über Gott, den Schöpfer aller Dinge (Buch der Weisheit 11.21). Aus Chaos wird strukturiertes Weltgeschehen, aus Durcheinander Miteinander, aus Unordnung Gestalt. Und dabei sind Listen ohne Zweifel eine große Hilfe.

Goethe, ein großer Freund von Listen und Tabellen, hatte über seinem Waschtisch eine Geologietabelle und eine Tonlehretafel hängen, ja er tapezierte sich ein ganzes Zimmer, das »Tabellenzimmer«, mit Listen aus Geographie und Optik, Biologie und Knochenlehre, sogar Poetik. In seiner »Würdigungs-Tabelle Poetischer Produktionen der letzten Zeit« sammelte er die Ausprägungen verschiedener Kategorien für die Würdigung literarischer Erzeugnisse in Listen; zum Beispiel:

- Bequem
- Mit Leichtigkeit
- Geübte Hand
- Überfrei
- Mit Bedacht und Sorgfalt
- Zart
- Männlich
- Gewandt
- Verständig
- Empirisch
- Frei und frank
- Weich
- Frisch

Bei dem poetischen Stoff selber unterscheidet Goethe zwischen: Alltäglich, Local und Sittenfremd, Vergangene Zeiten und Sitten, Verneinend, Neuere Sitten, Natürlich, Traditionell, Nationell, Studiert, Halbwahr, Vielseitig, Träumerisch und Vielartig. Weitere Listen in dieser Würdigungstabelle betreffen Form, Behandlung und Effekt. »Wie oft ich nur auch irgendein Heft oder Bändchen durchdenke«, schreibt Goethe, »so bin ich doch nicht im Stande mich hierüber ausführlich mitzuteilen. Möge [diese] Tabelle verdeutlichen wie ich mir den Wert von dergleichen Produktionen anschaulich zu machen suche.«

Listen, so sah schon Goethe, bringen Ordnung und System in unser Leben, ja sie machen in gewisser Weise ein höheres Leben überhaupt erst möglich. Nicht umsonst sind Intelligenztests voller Listen, in denen jeweils ein Begriff zu finden ist, der in diese Liste nicht hineingehört (Wer ist hier falsch: Cäsar, Lincoln, Sadat, Gandhi, Adenauer? Antwort: Adenauer, er wurde als einziger der fünf nicht ermordet, etc.).

Schimpansen machen keine Listen. Sie brauchen auch keine, denn Schimpansen passen sich passiv an ihre Umwelt an. Aktives Leben heißt, Chaos zu bekämpfen, Ordnung herzustellen, Ordnung vor Zerfall und Tod zu schützen; in diesem Sinn sind Listen unsere Antwort auf den berühmten Entropiesatz der Thermodynamik: alle Materie in abgeschlossenen Systemen strebt, wenn man sie gewähren läßt, zu maximaler Konfusion (wenn Sie das nicht glauben, betrachten Sie einmal ein Kinderzimmer). Mit Listen wehren wir uns gegen Schlamperei und Vergeßlichkeit (nur Gott im Himmel weiß, wieviele Verkehrsflugzeuge jährlich havarieren würden, wenn es die Checklisten beim Start nicht gäbe), auf Listen sammeln wir Geschenkwünsche für Weihnachten, Adressen von Schulfreunden, Gäste für Geburtstagsfeste, mit Listen teilen wir, wie Richard Nixon, unsere Mitmenschen in Freunde und in Feinde ein. Listen helfen uns, die Welt zu überblicken, aufzuteilen, scheibchenweise besser zu verdauen, Listen sind als Lebenshilfe einfach unentbehrlich.

Diese Nützlichkeit als Werkzeug kann aber die moderne Listen-Mania nicht komplett erklären. Schließlich fasziniert uns ja auch kein Korkenzieher und kein Bügeleisen. Zu der reinen Nützlichkeit der Listen kommt offenbar noch etwas anderes hinzu, und es ist auch gar nicht schwer zu sehen, was: einmal das moderne, typisch abendländische Bedürfnis, zusätzlich zu einer Zusammenstellung zusammengehörender Dinge auch noch das Beste, Größte, Schlechteste davon zu finden (Hitparaden, Rankings, Bestenlisten), aber auch der rein ästhetische Genuß der Konsonanz verwandter Dinge.

Wir geben gerne zu, daß wir dieser Lust am Aufspüren der Größten, Besten, Schnellsten usw. an vielen Stellen dieses Buches nachgegeben haben. Diese Lust, ober besser: dieses Laster, dieser fast zwanghafte Drang des aufgeklärten Abendländers, verwandte Dinge außer zu sammeln auch nach irgendwelchen Kriterien der Größe nach zu ordnen, ist sicher einer der Hauptgründe, warum heute alle möglichen Listen an allen möglichen Orten wie Pilze aus dem Boden schießen. Die reichsten, mächtigsten, ältesten, jüngsten, klügsten, dümmsten, am häufigsten am Blinddarm operierten usw. Menschen oder Tiere interessieren uns ganz offensichtlich ganz enorm. Hier spiegelt sich der Wettbewerbsgedanke, dem wir Westler tief verhaftet sind, wir wollen wissen, wo wir selber stehen, ob wir »normal« sind oder außergewöhnlich, und diesem Bedürfnis kommen Werke wie das *Guiness Book of Records* oder *The Top Ten of Everything*, die wir uns zuweilen erlaubt haben zu zitieren, sehr entgegen.

Ehe wir aber jetzt »die Sucht dieser Gesellschaft, alles Wissen und Scheinwissen ›aufzulisten‹« (Hans Schuh in der *Zeit*) allzulaut bejammern, sollten wir auch den zweiten Grund für unsere Listenverliebtheit bedenken, die Freude am Gleichklang, den Genuß, den wir empfinden, wenn wir Dinge, die zusammengehören, auch zusammen sehen. Jeder Briefmarkensammler kennt das Gefühl, wenn die letzte langgesuchte Marke eines Satzes endlich aufgefunden worden ist, und jeder Gebrauchtwagenhändler stellt wenn möglich gleiche Modelle nicht verstreut auf seinen Hof, sondern nebeneinander. In unserem Familienfotoalbum kleben die Bilder von Betriebsausflug, von der Kindertaufe und vom Sommerurlaub nicht wie Kraut und Rüben durcheinander, sondern zusammen, und selbst Kinder sammeln ihre Murmeln gern getrennt nach Farbe, Größe oder Muster. Dieser Drang des Zusammenfügens gleichartiger Dinge ist nicht nur so wie oben ausgeführt für das Überleben nützlich, er befriedigt auch ein ästhetisches Bedürfnis (wobei wir hier offenlassen wollen, ob dieses ästhetische Bedürfnis nur deshalb existiert, weil es für die Evolution der Spezies Homo sapiens von Nutzen ist), und in diesem Sinne würden wir uns freuen, wenn möglichst viele Leser die Freude, die wir selber beim Zusammenfassen unserer Listen hatten, mit uns teilten.

REGISTER